U. Pulver / A. Lang / F. W. Schmid (Hrsg.)

Ist Psychodiagnostik verantwortbar?

Helmut Gorkert

1.12.82

Ist Psychodiagnostik verantwortbar?

Wissenschaftler und Praktiker diskutieren Anspruch, Möglichkeiten und Grenzen psychologischer Erfassungsmittel

Herausgegeben von

Urs Pulver
Alfred Lang
Fred W. Schmid

Verlag Hans Huber Bern Stuttgart Wien

Science sans conscience n'est que ruine de l'âme.

François Rabelais, Pantagruel 8

ISBN 3-456-80523-3

Druck: Lang Druck AG Liebefeld-Bern
Printed in Switzerland

Inhaltsverzeichnis

III. L A E S S T S I C H P S Y C H O D I A G N O S T I S C H E T A E T I G K E I T H E U T E N O C H V E R A N T W O R T E N ?

Zusammenfassende Stellungnahmen

A N H A N G

1. Vorwort

Das vorliegende Buch bedarf einer kleinen Gebrauchsanweisung. Es bietet sich mühelos zur Lektüre an, stellt aber, will man Gewinn daraus ziehen, dennoch ernsthafte Ansprüche an den Leser. Die lockere Folge verschiedenartiger Beiträge, die abwechslungsreiche Form der Darbietung, der oft kolloquiale Stil laden ein zum Blättern, Anlesen und Einhaken da und dort, und man dürfte, falls interessiert an Fragen der psychologischen Diagnostik, überall Anregungen zur Ueberlegung und Auseinandersetzung finden. Vor allem dürfte es einem jeden leicht fallen - jenem, der die psychologischen Untersuchungsmittel längst abgeschrieben hat, aus diesem oder jenem Grunde, so gut wie jenem, der sie nach wie vor gerne und mit Ueberzeugung anwendet, auf diese oder jene Weise - ihnen allen dürfte es nicht schwer sein, Stellen zu finden, die ihre eigenen Ansichten bestätigen und bestärken.

Die Herausgeber sind der Auffassung, dass sich diese Benützung des Buches als Einstieg empfiehlt und eignet. Gewiss darf und soll man sich, ausgehend von Vorlieben und Einstellungen, die man bereits mitbringt, in die Lektüre und die aufgeworfenen Probleme hineinziehen lassen. Aber wir würden bedauern, wenn es mit einer ausschliesslich selektiven Kenntnisnahme sein Bewenden haben sollte. Das Buch will und kann mehr bieten. Es stellt nicht (bloss) eine Sammlung verschiedener Ansichten über Psychodiagnostik und Testverfahren dar. Meinungen stehen in ihm nicht unverbunden nebeneinander. Vielmehr sind sie miteinander in Interaktion getreten - und gerade darin liegt der besondere Charakter des vorliegenden Buches. Es lebt weniger von den geäusserten Auffassungen als solchen, als vielmehr von der Auseinandersetzung zwischen ihnen, vom Prozess, der durch den Austausch bei den Meinungsträgern in Gang gekommen ist. Der Leser, der irgendwo "anbeisst", wird darum bald entdecken, dass die einzelnen Beiträge aufeinander Bezug nehmen, dass sie jeweilen

Antworten darstellen oder Antworten auslösen; und die Herausgeber wünschen und hoffen, dass er auch selber voll ins Gespräch hineingezogen, ein Mit-Denkender, Mit-Diskutierender, Sich-mit-Entwickelnder wird. Erst so dürfte er den ganzen Nutzen von der Lektüre haben.

Eine Auseinandersetzung zwischen verschiedenen Standpunkten, wie sie dieser Band bietet, lässt sich nicht künstlich in Gang setzen. Sie muss sich ergeben aus realen Geschehnissen und Begegnungen. Das vorliegende Buch ist aus solchen entstanden. Schweizer Psychologen, Vertreter von Forschung, Ausbildung und Praxis, haben sich im Jahre 1975 an zwei Tagungen zusammengefunden, um sich mit der umstrittenen Frage der psychologischen Diagnostik zu befassen. An diesen Versammlungen wurden Referate gehalten, die grundsätzliche Probleme beleuchteten, dann in Diskussionen und Arbeitsgruppen eingehend besprochen, und eine erste Veröffentlichung löste zusätzliche Stellungnahmen aus. Wie sich zeigte, hatte das Thema den Teilnehmern lange schon auf den Nägeln gebrannt.

Dass das Gespräch aber sofort und mit unmittelbarer Intensität einsetzte, dafür sorgte ein Referat von Alfred Lang anlässlich der ersten Tagung. Lang stellte die Situation des Psychodiagnostikers als die eines Mannes dar, der heute unausweichlich einem Dilemma zwischen zwei unausweichlichen Dilemmata ausgeliefert ist - Dilemmata zwischen Alternativen, die alle gleicherweise unerwünscht sind -, und bezeichnete darum die Psychodiagnostik als kaum mehr verantwortbar. (Wir haben das Referat an den Anfang unseres Buches gestellt.) Langs kompromisslose Analyse zwang in der Folge Hörer und Leser zur Stellungnahme; mit ihr haben sich im Laufe des weiteren Gesprächs die meisten Referenten und Votanten, in mehr oder weniger direkter Weise, auseinandergesetzt. Fast alle versuchten, die Psychodiagnostik gegenüber Langs Infragestellung zu rechtfertigen (und Lang selber gesellte sich ebenfalls unter sie); aber sie taten es aus sehr unterschiedlichen Positionen heraus und mit recht gegensätzlichen Argumentationen; so gerieten die Befürworter der Diagnostik ihrerseits in Meinungsverschiedenheiten und demonstrierten damit, dass es heute eine von allen geteilte Vorstellung über Wesen und Aufgaben der Diagnostik nicht gibt.

Für die beteiligten Psychologen bildeten die Tagungen von 1975 einen wichtigen Markstein. Die Frage nach Vorgehensweisen und Einsatzmöglichkeiten psychologischer Erfassungsmethoden schürzte sich zur Existenzfrage der Psychodiagnostik. Ob und in welchen Formen dieses Anwendungsfeld der Psychologie noch verantwortbar sei, dieses Problem hat die Gemüter damals und seither in imperativer Weise bewegt. Man hat sich daran gemacht, die Diagnostik neu zu durchdenken; denn es war klar geworden, dass, falls sie überleben soll - und das ist keineswegs die Auffassung aller - eine grundsätzliche Neubesinnung nottut, die auch vor der Infragestellung der bisher bestgeglaubten Dogmata (etwa jenen wissenschaftlich-methodologischer Art) nicht zurückscheuen darf.

Die Tagungsteilnehmer haben spontan das Bedürfnis empfunden und geäussert, die bewegten Auseinandersetzungen des Jahres 1975 einem breiteren Interessentenkreis zugänglich zu machen. An den Prozessen, die hier in Gang gesetzt wurden, sollen auch andere Kollegen teilhaben. Auch andere - und damit sind nun eben die Leser dieses Buches gemeint - sollen sich in die Bemühungen einschalten, aus den verschiedenen Meinungen eine Synthese zu gewinnen - oder, falls ein Ausgleich unmöglich sein sollte, mit aller Umsicht einen Entscheid zu treffen. Und damit wird es sich der Leser so wenig wie der Teilnehmer der Tagungen leicht machen können. Die Gespräche des Jahres 1975 haben die "Lösung" ja noch nicht gebracht, und auch dieses Buch enthält sie nicht. Nur die Materialien wurden bereitgestellt. Es bedarf intensiver geistiger Arbeit, um damit weiterzukommen. Das vorliegende Buch ist darum ein Arbeitsbuch. Der Leser wird selber vergleichen, gegenüberstellen, zusammensetzen, Verbindungen schaffen müssen. Nur wenn er sich dieser Mühe unterzieht, wird er seine eigene Antwort auf die Frage, ob Psychodiagnostik verantwortbar sei, wirklich verantworten können.

Dass es beinahe drei Jahre gedauert hat bis zur Publikation dieser Texte, beruht namentlich auf der Mühseligkeit und Langwierigkeit des gewählten Vorgehens. Vor allem die Erstellung und Ueberarbeitung der Tonband-Transkripte, der Austausch mit den zahlreichen beteiligten Fachleuten sowie das Schreiben und Korrigieren der Druckvorlage waren sehr zeitaufwendig. Diese Arbeiten konnten leider nicht in den Aufgabenkatalog einer Institution oder in das Pflichtenheft zeitweilig dafür freigestellter Mitarbeiter aufgenommen werden. Aus ihrer Betreuung im Nebenher erklärt sich denn auch, dass editionstechnisch allerlei Mängel zu beklagen sein dürften - etwa uneinheitliche Handhabung gewisser orthographischer Belange oder allerhand Schwankungen im Druckbild -, Unvollkommenheiten, die wir den Leser zu übersehen bitten. Zur Perfektion reichte es einfach nicht; wir strebten sie für unser Arbeitsbuch auch gar nicht an. Andere vom Leser allenfalls empfundene "Schwächen" - etwa die Beibehaltung gewisser Anklänge an den Schweizer Dialekt - wurden bewusst und absichtlich in Kauf genommen.

Da sich während der Vorbereitung der Publikation ein Umfang abzuzeichnen begann, der weit über das anfänglich mit dem Verlag Vereinbarte hinausging, mussten wir auf den Einschluss gewisser Beiträge aus den 75er Diskussionen verzichten. Wir entschlossen uns, die noch unbekannten Texte der Tagung über die Rolle der Psychodiagnostik in der Beratung (Teil II) unverkürzt zu veröffentlichen, aus den bereits einmal publizierten Beiträgen zur ersten Tagung (über die Krise der Diagnostik, Teil I) dagegen nur jene aufzunehmen, welche die Thematik der zweiten vorbereitet haben und zu deren Verständnis nötig sind - insbesondere die ganze Diskussion um Langs Autonomie-Referat. Damit ist trotz des Reichtums angeschnittener Fragen doch eine gewisse Geschlossenheit der Thematik gewährleistet.

Die Realisierung dieses Bandes war nur möglich dank der bereitwilligen Mithilfe zahlreicher Personen. Die Referenten erklärten sich bereit, ihre Texte durchzusehen und Korrekturen zu lesen, die Votanten, ihre Aeusserungen sprachlich zu überarbeiten. Ihnen allen sei hiermit bestens gedankt. Dank verdienen vor allem aber auch Fachleute und Sekretärinnen jener Stellen, die sich der mühseligen Arbeit der Tonbandabschrift oder der Uebersetzung unterzogen (Akademische Berufsberatungen Aargau, Bern und Zürich, Studien- und Studentenberatung Basel, Studentenberatung Bern, Psychologisches Institut der Universität Bern). Einen Einsatz ganz besonders verdienstvoller Art verdanken wir schliesslich Frau Käthi Zahnd, Sekretärin an der Akademischen Berufsberatung Bern, die das druckfertige Manuskript erstellte.

Bern, im Frühling 1978

Urs Pulver
Alfred Lang
Fred W.Schmid

I. Krise der Diagnostik

Beiträge zu einem Symposium der Schweizerischen Gesellschaft für Psychologie (SGP)

am 12. April 1975 in Bern

Vorbemerkungen

Am Nachmittag des 12. April 1975 führte die Schweizerische Gesellschaft für Psychologie (SGP) im Rahmen ihrer Jahresversammlung an der Universität Bern unter der Leitung von Prof.Dr.Alfred Lang ein Symposium über die "Krise der Diagnostik" durch. Zunächst wurden drei Kurzreferate gehalten, ein französischsprachiges (Rieben, Roth & Schmid, 1975) sowie zwei deutschsprachige (Pulver und Lang); ihnen folgte eine spontane, angeregte Diskussion. Die Redaktion der Schweizerischen Zeitschrift für Psychologie (Sekretär: Alfred Lang) erbat sich anschliessend die Referate zum Abdruck und lud zudem alle Votanten ein, ihre Diskussionsbeiträge auf knappem Raume schriftlich niederzulegen. Die Publikation erfolgte in der dritten Nummer von Band 34 der Zeitschrift (Symposium, 1975). Ein gleichzeitig ergehender Aufruf um weitere Stellungnahmen trug eine Reihe zusätzlicher Texte ein, die im ersten Heft von Band 35 (Krise, 1976) ebenfalls veröffentlicht wurden. Da deren Einsendetermin zwei Monate nach der Tagung der Arbeitsgemeinschaft für akademische Berufsberatung (siehe Teil II) festgesetzt war, sind die Texte zum Teil in Kenntnis auch dieser zweiten Veranstaltung abgefasst worden.

In Teil I dieser Publikation werden rund zwei Drittel der Referate (Lang, Pulver) und Diskussionsvoten (Schmid, Wälti, Dupont, Pulver, Blaser, Flammer) vom 12. April 1975 sowie der zusätzlich eingetroffenen Stellungnahmen (Spörli, Landolf, Schallberger, Meili) wiedergegeben. Die Auswahl erfolgte nach Gesichtspunkten, die im Vorwort kurz dargelegt wurden. Dabei hatte das Referat von Alfred Lang (Kapitel 2) - inzwischen in erweiterter Form noch einmal publiziert (Lang, 1977) - eine prägende Wirkung auf den Diskussionsverlauf; ein beachtlicher Teil der Voten und Stellungnahmen versteht sich als direkte Entgegnung auf Lang (Kapitel 4 und 5); die erste dieser Entgegnungen (Schmid) hat dabei den Charakter eines eigentlichen Korreferates angenommen. Der Text Spörlis bildet eine knappe Vorausnahme von Gedankengängen, die inzwischen in einer grösseren Publikation vorgelegt wurden (Spörli, 1978). Die in den Kapiteln 7 und 8 wiedergegebenen Beiträge handeln die "Krise der Diagnostik" in anderer Weise ab.

Bei der Vorbereitung dieses Buches wurden die Texte im allgemeinen nur geringfügig verändert. Für die Publikation in der Zeitschrift gekürzte Beiträge sind in der Originalfassung aufgenommen (Pulver), wegen der Raumbeschränkung damals zu knapp gefasste etwas ausgebaut worden (Wälti; vor allem Flammer). Das Votum Duponts wurde von Pulver ins Deutsche übertragen.

2. Diagnostik und Autonomie der Person

Alfred Lang

Man kann von einer Krise der Diagnostik sprechen, weil eine ganze Reihe von Problemen, zum Teil seit Jahrzehnten, ungelöst sind; die Krise ist also eigentlich chronisch, aber durch gewisse sozio-kulturelle Bedingungen unserer Zeit akzentuiert.

Man hat im allgemeinen diese Probleme der Diagnostik als Methodenprobleme verstanden und eine unglaublich grosse Menge Aufwand und Einsatz für Methodenentwicklungen und Testtheorie mobilisiert. In der Tat sind Methodenprobleme im Prinzip immer lösbar. Von methodologischen Schwierigkeiten will ich aber heute nicht sprechen.

Denn es gibt auch Probleme substantieller Natur, d.h. Schwierigkeiten, die im Wesen des diagnostischen Ansatzes liegen, und deren Ueberwindung also möglicherweise eine fundamentale Neuorientierung erheischt.

Ich denke etwa daran, dass die Diagnostik, die wir seit 70 Jahren pflegen, doch eigentlich die am besten gesicherte Erkenntnis der modernen Psychologie verleugnet, nämlich dass Handeln stets auf inneren und äusseren Bedingungen beruht. Mit ganz wenigen Ausnahmen tut die Diagnostik - Theorie und Praxis! - so, wie wenn die Kenntnis der inneren Bedingungen genüge.

Oder ich denke daran, dass die Diagnostik, die wir pflegen, dem Phänomen der Entwicklung nur mit äusserst primitiven Mitteln (z.B. mit dem IQ-Konzept oder mit altersbezogenen Normentafeln) gerecht zu werden versucht und es häufig weitgehend missachtet (z.B. bei vielen Diagnosen im Rahmen klinischer Nosologien).

Für solche substantielle Probleme gibt es Lösungen sicher nur in recht ferner Zukunft. Denn sie setzen voraus, dass wir über eine psychologische Oekologie und über eine wirkliche Entwicklungspsychologie verfügen. Ich glaube, die Diagnostik ist in grandioser Verkenntnis der Realität vorgeprellt und hat die Welt glauben gemacht, sie könne Aufgaben übernehmen, für die sie nicht gerüstet ist.

Auf dem Hintergrund solcher Einsichten ist es zu begrüssen, dass sich das Bewusstsein einer Krise ausbreitet. Wenigstens so lange, als sich die Diagnostik nicht vom Ganzen der Psychologie loslöst, besteht Hoffnung, dass sie ihre übersteigerten Ansprüche reduziert. Diagnostiker könnten, statt immer wieder neue Tests nach dem alten Schema zu fordern, vermehrt versuchen, sich an den entsprechenden Entwicklungen der Grundlagenforschung zu orientieren und diese dann auch im Hinblick auf ihre praktischen Bedürfnisse zu beeinflussen. Allerdings ist nicht zu übersehen, dass sich in vielen Ländern eine psychologisch-diagnostische Praxis ziemlich fest etabliert hat, die in der Regel ziemlich unbekümmert um die genannten Schwierigkeiten weiterhin naive öffentliche Erwartungen nährt und fördert.

Tatsächlich zeigt eine Umfrage unter den in der Schweiz im Personenregister der Testkommission angeführten 830 Psychologen ein recht konservatives Bild der Testpraxis.[1] Geantwortet haben 237 Diagnostiker oder rund 30% der Schweizer Psychologen. Die Antwortenden sind freilich nicht repräsentativ für die Schweizer Psychologen; zu weitgehende Schlussfolgerungen müssen daher vermieden werden. Diese Diagnostiker testen immerhin nach ihren Angaben pro Monat zwischen 1 und 500 Probanden, im Median 13,5 Probanden oder beinahe einen Probanden jeden Tag[2]. Für die Durchführung und Auswertung psychologischer Tests verwenden sie 27,5% ihrer Arbeitszeit; und rund drei Viertel finden dies angemessen; nur 12% meinen, das sei zuviel. Den Testresultaten messen die Antwortenden im Median ein Gewicht von rund 25% beim Zustandekommen der Diagnose bei; wichtiger ist ihnen allerdings noch das persönliche Gespräch mit 30%, während auf die Lebensgeschichte

[1] Umfrage zur Anwendung psychologischer Tests in der Schweiz, durchgeführt von K.Belser und Th.Pfäffli unter der Leitung von F.Stoll und A.Lang im Januar 1975. Vgl. Kurzbericht von A.Lang und F.Stoll (1976). Der ausführliche Bericht ist vergriffen.

[2] Falls etwa 600 Diagnostiker in der Schweiz in ähnlicher Weise arbeiten, so ergäbe das 600 x 13,5 x 12 oder rund 100'000 Getestete pro Jahr, d.h. ungefähr einen ganzen Jahrgang der Schweizer Bevölkerung.

des Probanden sowie auf die Ueberlegungen und Erfahrungen des Psychologen je rund 20% fallen[3]. Die Diagnostiker beurteilen die Zukunft ihrer Tätigkeit recht zuversichtlich: fast zwei Drittel meinen, die Testdiagnostik werde in Zukunft ein ungefähr ähnliches Ansehen bewahren; ungefähr ein Achtel erwartet sogar eine Ausweitung ihrer Bedeutung. Während im allgemeinen kaum Unterschiede zwischen den Antworten aus der deutschen und der französischen Schweiz festgestellt werden, ist man in dieser Hinsicht in der Romandie doch etwas weniger optimistisch.

Wenn ich dann noch die Liste der meistverwendeten Tests anschaue, dann muss ich gestehen, dass mich dieses Bild der Testpraxis mit einiger Sorge erfüllt[4]. Hat sich diese Form der Anwendung von Psychologie, die unter Laien nicht selten als ihre Hauptanwendung gilt, schon so weit von der sie fundierenden Wissenschaft losgelöst, dass sie Erkenntnisse und Kritik dieser Wissenschaft kaum noch berücksichtigt? Haben wir eine solche Trennung der Wissenschaft und ihrer Anwendung einfach resignierend hinzunehmen? Soll psychologische Dienstleistung, die sich der Diagnostik bedient, eine Art "Kunsthandwerk" sein, gegründet auf Praxis und Autoritäten? Oder erfordert solche Beschäftigung mit dem Menschen die Fundierung in einer Wissenschaft vom Menschen?

Solche Ueberlegungen veranlassen mich, hier auf einen dritten Problemkreis näher einzugehen, der zwar auch substantielle und methodische Schwierigkeiten betrifft, in erster Linie aber in die Frage mündet, ob und wie Diagnostik betrieben werden soll: also den ethischen Aspekt betrifft. Im Unterschied zu den methodischen und den substantiellen Aspekten sind hier Lösungen nicht von einer rascheren oder langsameren Weiterentwicklung der Psychologie zu erwarten, sondern diese Probleme können jederzeit diskutiert werden. Lösungen bringen hier entweder einen Wandel des vorherrschenden Menschenbildes in unserer Kultur oder aber eine Selbstbeschränkung der Diagnostik. Sozio-kulturelle Verän-

[3] Man kann also sagen, dass zumindest im Selbsturteil der Diagnostiker die Forderung Pulvers nach nicht blindem Testen durchaus erfüllt ist.

[4] Vgl. den Beitrag von F.Stoll in diesem Band (Kap.18).

derungen betreffen in erster Linie Wertsetzungen; mit Wissenschaft können Lösungen sozialer Probleme zwar vorbereitet, nicht aber getroffen werden. Ich bringe also meine Gedanken zur Krise der Diagnostik nicht als Wissenschaftler vor, sondern als ein informiertes Mitglied unserer Gesellschaft, das sich fragt, ob diese Art der Anwendung von Psychologie zur Lösung von Problemen beiträgt.

Lassen Sie mich meine Kritik in die folgende These zusammenfassen: Professionell betriebene psychologische Diagnostik und Autonomie der Person sind antagonistisch.

Diese These möchte ich zunächst als eine wertfreie Feststellung eines Sachverhalts verstanden wissen. Sobald man allerdings konkrete Vorstellungen über die Autonomie der Person entwickelt und einen hohen Grad an Autonomie für wertvoll erachtet, so stellt sich die Frage nach der Bewertung der Diagnostik. Lassen Sie mich im Folgenden zunächst also von solchen Wertungen abstrahieren. Darauf ist am Schluss zurückzukommen. Vielmehr möchte ich versuchen, meine These zu differenzieren und damit natürlich auch zu relativieren. Gilt die Feststellung für jede Art Diagnostik, oder kann man verschiedene Arten von Diagnostik unterscheiden, für die der Widerspruch zur Autonomie der Person unterschiedlicher Natur oder Stärke ist?

Zur Beantwortung muss ich zunächst mein Verständnis von psychologischer Diagnostik darstellen.

Der Ausdruck Diagnostik bezeichnet eine Hauptmethode der angewandten Differentialpsychologie. Der Ansatz der psychologischen Diagnostik ist in Analogie zur medizinischen Diagnostik entstanden; der Begriff wurde daher wohl immer etwas enger gefasst als von den Erfordernissen angewandter Psychologie her nötig wäre. Denn allgemein heisst Diagnostik zunächst einfach: Feststellen eines Sachverhaltes; nicht notwendig eines Sachverhaltes über Personen. Ferner ist Diagnostik natürlich nicht Selbstzweck, sondern man diagnostiziert stets im Hinblick auf etwas, insofern man je nach dem festgestellten Sachverhalt unterschiedlich mit diesem Sachverhalt umgehen wird. Psychologische Diagnostik bereitet Entscheidungen über Interventionen, Massnahmen, Beratungen, Therapie usf. vor.

Ich würde also etwa definieren: Als angewandte Differentialpsychologie meint Diagnostik das geregelte Sammeln von Daten über Individuen derart, dass Entscheidungen gerechtfertigt sind, welche den Lebenslauf, die Entwicklung dieser Individuen, in intendierter Art beeinflussen.

In dieser Definition stecken wenigstens vier Fragen, auf die ich nun näher eingehen will:

1. Wer intendiert die Beeinflussung des Lebenslaufs?
2. Welche Art Daten werden gesammelt?
3. Wie werden die Entscheidungen gerechtfertigt?
4. Wer trifft die Entscheidungen?

Im Bewusstsein schrecklicher Vereinfachung versuche ich, jede dieser Fragen mit zwei oder drei idealtypischen Antworten zu versehen. Ich weiss, dass der konkrete Fall nie ausschliesslich im einen oder im andern Typus untergebracht werden kann; nichtsdestoweniger scheinen mir die Unterscheidungen geeignet, gewisse grundlegende Paradigmata von Diagnostik herauszuarbeiten, welche unterschiedliche ethische Implikationen haben.

1. Wer intendiert die Beeinflussung des Lebenslaufs?

In Frage kommen der Proband selbst, der Diagnostiker oder ein Dritter als Auftraggeber. In jedem Fall wird zwischen Proband und Diagnostiker eine Art Kontrakt geschlossen, in den meisten Fällen mehr implizit als explizit. Den Probanden interessiert dabei wenig, in welch heiklem Verhältnis manchmal Auftraggeber und Diagnostiker zueinander stehen. Für den Probanden ist vielmehr entscheidend, ob er den Kontrakt mit dem Diagnostiker frei von sich aus eingeht, oder ob ihm ein solcher Kontrakt von aussen aufgezwungen wird. Es gibt völlig freie Kontrakte: der Proband sucht den Berater auf und unterzieht sich dem von diesem vorgeschlagenen diagnostischen Verfahren. Es gibt aber auch völlig aufgezwungene Kontrakte. Legalistisch gesehen mögen sie nicht allzu häufig sein (z.B. gerichtlich angeordnete Begutachtung); im Erleben des Probanden sind sie aber wohl nicht so selten, sei es in der klinisch-psychologischen Diagnostik, in erziehungsberaterischen Abklärungen oder in schulischen und betrieblichen Selektionsfragen. Immerhin dürfte es angezeigt sein, eine dritte Kontraktform zu unterscheiden, den bedingt freien Kontrakt, bei welchem der Proband freiwillig ein bestimmtes Ziel anstrebt, zu dessen Erreichung er aber gezwungenermassen die Bedingung einer diagnostischen Abklärung eingehen muss.

2. Welche Art Daten werden gesammelt?

Selbstverständlich entscheidet der Diagnostiker auf Grund der Fragestellung des Kontrakts darüber, was für Daten er über den Probanden braucht und wie er sie erhebt. Es scheint mir aber für das Verhältnis zwischen Proband und Diagnostiker von entscheidender Bedeutung, ob der Diagnostiker seine Daten ad hoc, d.h. aus seiner persönlichen Perspektive, sammelt, oder ob der Diagnostiker seine Daten über den Probanden zu rechtfertigen versucht, indem er Methoden verwendet, deren Ergebnisse von seiner Person unabhängig sind. Also entweder Daten über den Probanden, die dieser Diagnostiker allein durch seine Person rechtfertigt, oder Daten, die objektiv, d.h. soweit reliabel sind, als irgendein anderer Diagnostiker sie auch erheben könnte.

Pulver (Kap.3) plädiert für Sowohl-als-auch, und, wenn ich ihn richtig verstehe, für eine nicht wieder auflösbare Vermengung der beiden Arten von Daten. Ohne zunächst dafür oder dagegen Stellung nehmen zu wollen, möchte ich zu bedenken geben, dass nach Vermengung die Gesamtdaten nur den Charakter von ad hoc-Daten haben und mithin nur Schlüsse zulassen, die dieser Diagnostiker allein durch seine Person rechtfertigen kann.

3. Wie werden die Entscheidungen gerechtfertigt?

In der Praxis sind oft Daten und Entscheidungen nicht sauber zu trennen; manchmal werden auch mehrere zyklische Phasen des Datensammelns und des Entscheidens durchlaufen (vgl. etwa Kaminski, 1970), was die Situation kompliziert. Aber zumindest begrifflich, vielleicht besser auch praktisch, ist die Unterscheidung wichtig, weil auf Grund derselben Daten verschiedenartige Entscheidungen oder dieselben Entscheidungen auf unterschiedliche Weise oder durch unterschiedliche Entscheidungsträger getroffen werden können. Beispielsweise kann ein knappes Schulreifetestresultat verbunden mit der Feststellung einer eher schwächlichen Konstitution und verhältnismässig günstigen familiären Verhältnissen zu durchaus unterschiedlichen Einschulungsentscheiden führen: bei den Eltern, bei der Kindergärtnerin, beim Schulpsychologen, bei verschiedenen Schulpsychologen oder sogar beim selben Schulpsychologen, der im Rahmen unterschiedlicher Tendenzen zweier Beratungsstellen arbeitet. Aehnlich wie die Daten können auch die Entscheidungen nach dem Grad der intersubjektiven Invarianz, mit der sie aus den Daten hervorgehen, charakterisiert werden. Entweder sind die Entscheidungen in den Daten als solchen enthalten und müssen nur unter Beizug allgemeiner oder differentieller psychologischer Gesetzmässigkeiten (z.B. in der Form von Validitätsgleichungen) expliziert werden: man spricht dann von aktuarischen Entscheidungen. Oder jemand muss die Daten zusammen mit seinen persönlichen Erfahrungen in einem intuitiv-klinischen Verfahren verarbeiten und so zu einer hier und jetzt einmaligen Entscheidung kommen.

4. Wer trifft die Entscheidungen?

In Frage kommen der Proband selbst, der Diagnostiker, ein Dritter oder ein automatisches Verfahren. Wieder ist es für den Probanden von geringer Bedeutung, ob der Andere, der über ihn entscheidet, der Diagnostiker selbst oder eine Drittperson ist. Man kann also drei Antworten geben:

a) Der Proband bleibt autonom: es wird ihm vom Diagnostiker Information vorgelegt, die gesammelten Daten in ursprünglicher oder in verarbeiteter Form zusammen mit weiterem relevanten Material wie Bezugsnormen oder Erfahrungen anderer Personen; aber der Proband selber ist es, der daraus die Schlussfolgerungen zieht.

b) Bei heteronomer Entscheidung ist zu unterscheiden zwischen einem institutionalisierten und einem personalisierten Verfahren. Im heteronom-institutionellen Fall geht die Entscheidung aus den Daten und dem beigezogenen Bezugsmaterial automatisch hervor, wenn ein im voraus festgelegtes Entscheidungsverfahren durchgespielt wird. Beispielsweise sind Schulnoten Daten; der Schüler wird nicht promoviert, wenn sein nach Vorschrift gewichteter Durchschnitt nicht 4,0 erreicht. Eine multiple Regressionsgleichung aus mehreren Testprädiktoren auf ein Selektionskriterium bringt ebenfalls heteronom-institutionelle Entscheidungen hervor.

c) Weitaus die meisten Institutionen delegieren jedoch die Aufgabe des Entscheidens an Personen, die angesichts eines Datenmaterials, sei es ad hoc oder objektiv oder gemischt, in einem intuitiven oder quasi-aktuarischen Prozedere die Entscheidung treffen.

Tab. 1: Übersicht über die 36 Paradigmata der Diagnostik (vgl. Text)
VD = Validitätsdilemma, MD = Machtdilemma

Kontrakt	*Entscheidungsträger*	*Datensammlung*			
		ad hoc		objektiv	
		Entscheidungsweise		*Entscheidungsweise*	
		intuitiv	aktuarisch	intuitiv	aktuarisch
frei	autonom	Ideal pers. Ber.	–	fundierte Beratung	VD
	heteronom-persönl.	Vertrauens-verhältnis	–	VD	VD
	heteronom-institut.	–	–	–	–
bedingt frei	autonom	Macht-gefälle	–	VD + MD	VD
	heteronom-persönl.	Macht-gefälle	(Selektions-praxis)	VD + MD	VD
	heteronom-institut.	–	–	–	VD verschärft
aufge-zwungen	autonom	–	–	–	–
	heteronom-persönl.	Experten-urteile	(z. B. Schul-promotion)	Experten-macht	Totali-tarismus
	heteronom-institut.	–	–	–	Totali-tarismus

Die vier Fragen und ihre 10 Antworten sind natürlich nicht unabhängig voneinander. Es ergeben sich prinzipiell 36 Paradigmata von Diagnostik; aber etwa die Hälfte davon sind sinnlos, weil beispielsweise intuitives Vorgehen in heteronom-institutionellen Entscheiden unmöglich oder aktuarisches Vorgehen bei ad hoc-Daten unsinnig sind. Dennoch wird gerade Letzteres recht häufig praktiziert, etwa bei Selektion auf Grund von Schulnoten (vgl. Tabelle 1).

Einige weitere Fälle möchte ich herausgreifen:

Wenn der Gerichtsgutachter um sein Expertenurteil gebeten wird, so diagnostiziert er in der Regel in einem aufgezwungenen Kontrakt auf Grund von ad hoc-Daten in intuitiver Weise, und er repräsentiert in seiner Person die entscheidende Institution weitgehend. Hier entsteht ein ausgesprochenes Machtgefälle zwischen Diagnostiker und Proband, das im analogen Fall beim bedingt freien und sogar beim freien Kontrakt nur wenig gemildert ist. Denn der Diagnostiker kann Willkür üben sowohl beim Datensammeln wie auch beim Verarbeiten. Der Proband kann wenig mehr tun als sich diesem "Besserwisser" anvertrauen. Der Diagnostiker rechtfertigt seine Empfehlungen oder Entscheidungen letztlich aus seiner persönlichen Autorität, ohne allerdings dafür persönliche Verantwortung zu übernehmen. Der Proband kann nie wissen, wie weit die Entscheidungen des Diagnostikers durch dessen Interessen bestimmt sind. Ausweichen kann er seinen Empfehlungen nur im freien Kontrakt. Aber auch da muss ihn das Gefühl des Ausgeliefertseins an einen unkontrollierbaren Mehrwisser plagen. Eine Einbusse in seinem Selbstwertgefühl ist in vielen Fällen für den Probanden die Folge: denn befolgt er den Rat des Diagnostikers, so hat er gewissermassen "aus der Hand des Experten" gelebt; schlägt er ihn aus und die Entwicklung gibt dem Diagnostiker recht, so ist erst recht sein Selbstwertgefühl angeschlagen, seine Unfähigkeit, aus sich selbst heraus zu leben, demonstriert.

Bei ad hoc-Daten ist eigentlich nur der Fall der intuitiven und autonomen Entscheidung im freien Kontrakt vertretbar. Man könnte ihn als Idealfall persönlicher Beratung darstellen. Etwas problematisch macht ihn bloss die Möglichkeit von Widersprüchen zwischen der Datenaufbereitung verschiedener Diagnostiker.

Alle übrigen Fälle bei ad hoc-Daten - und das gilt auch bei objektiven Daten, sobald die Entscheidung intuitiv ist! - führen grundsätzlich in ein bedenkliches Dilemma zwischen Zufall und Willkür. Ich nenne es das Machtdilemma, weil der Proband dem Diagnostiker ausgeliefert ist und/oder keine Möglichkeit hat herauszufinden, ob die Entscheidung oder Empfehlung bloss zufällig so herauskommt oder ob sie der Diagnostiker im Hinblick auf seine eigenen Interessen und Ziele so steuert. Man muss dabei dem Diagnostiker durchaus nicht notwendig Manipulation unterstellen; aber auch der Diagnostiker ist ein Mensch, auch er unterliegt den Mechanismen der Sozialwahrnehmung und der Dissonanzreduktion; häufig ist er Angestellter einer interessierten Institution, oft sogar des Staates. Aus der Sicht des Diagnostikers stellt sich eigentlich das Machtdilemma sogar verschärft: er ist versucht, die Datensammlung, die Datenauslese, die Datenverarbeitung genau so anzulegen, dass die Dinge gerade zueinander und zu seinen Zielsetzungen passen; er kann leicht sagen - und die meisten Diagnostiker werden das durchaus mit gutem Gewissen tun! -, er handle im besten Interesse seines Probanden. Aber genau das ist der Kern des ethischen Problems: was der Diagnostiker ad hoc zusammenstellt und/oder intuitiv entscheidet ist von niemandem, und insbesondere nicht vom Probanden selbst, nachprüfbar, weil es bloss aus der Person dieses Diagnostikers gerechtfertigt ist.

Sie werden nun einwenden, das sei doch schliesslich bei allen Dienstleistungen von Professionen wie Aerzten, Anwälten, Architekten usf. genau so der Fall. Die arbeitsteilige Gesellschaft beruht ja darauf, dass es Leute gibt, die über gewisse Dinge besser Bescheid wissen als alle andern. Mir scheint, dieser Einwand übersieht einen fundamentalen Unterschied zwischen Dienstleistungen bezüglich Einzelfunktionen und solchen, die gewissermassen die ganze Person betreffen. Es ist sinnvoll, Einzelentscheide an Experten zu delegieren; in der Regel ist der Erfolg solcher Entscheidungen hinterher beurteilbar und - leider mit einigen Ausnahmen! - sind die professionellen Experten für Fehlentscheide haftbar. Nicht so bei typischen psychologischen Dienstleistungen: betroffen ist in der Regel die gesamte Persönlichkeitsentwicklung des Probanden; bis ein allfälliger Schaden erkennbar wird, ist eine Wiedergutmachung schwer oder unmöglich und jedenfalls sind Lebensabschnitte "vertan". Eine Uebernahme der Verantwortung durch den Psychologen ist rhetorisch.

Die Fälle von Diagnostik auf Grund von objektiven Daten sind in der heutigen Praxis sehr viel seltener. Auf die Förderung dieser Paradigmata zielen die Methodenverbesserungsvorschläge der meisten Testtheoretiker ab. Sie führen jedoch in ein zweites Dilemma zwischen dem Zufall und dem Schicksal, das ich das Validitätsdilemma nennen möchte.

Verfügten wir über psychodiagnostische Verfahren mit vollständiger Validität, so wäre dies aus dem Gesichtspunkt des testtheoretisch orientierten Diagnostikers ideal, für den Probanden jedoch unerträglich, da ihm jede Wahlfreiheit entzogen wäre. Die diagnostischen Verfahren, über die wir tatsächlich verfügen, eröffnen andererseits wieder dem Zufall das Feld. Das ist aus der Sicht des Diagnostikers, insbesondere bei institutionellen, aber auch bei persönlich-heteronomen Entscheidungen im Rahmen von Wahrscheinlichkeitsüberlegungen durchaus sinnvoll. Aus der Sicht des Probanden stellt sich das Problem anders! Eine Entscheidung, die im Sinne einer Prädiktion mit der Wahrscheinlichkeit p getroffen wird, ist für den Probanden nicht zu p% richtig; sondern sie wird sich einmal als entweder 100% richtig oder 100% falsch herausstellen. Das Dilemma besteht für alle Prädiktionen, die mit Validität irgendwo zwischen $r = 0$ und $r = 1$ gemacht werden. Je kleiner die Validität, desto weniger sinnvoll ist es für den Probanden, die Prädiktion zu berücksichtigen, obwohl für die entscheidende Institution beispielsweise durchaus noch ein Selektionsgewinn gegeben sein kann. Je grösser andererseits die Validität, desto weniger sinnvoll ist es für den Probanden, die Prädiktion nicht zu berücksichtigen. Denn eine valide Prädiktion zu missachten hiesse doch eigentlich das Schicksal herausfordern. Eine valide Prädiktion zu beachten heisst jedoch wiederum seine Autonomie aufzugeben, aus dritter Hand zu leben. Das Validitätsdilemma stellt sich nicht grundsätzlich anders, ob die Entscheidungsweise nun heteronom oder autonom ist und der Kontrakt aufgezwungen oder frei.

Versucht man nun, dem Validitätsdilemma auszuweichen, indem man - wie dies auch von Pulver (Kap.3) vorgeschlagen wird - bewusst die unvollständige Validität des Verfahrens in Kauf nimmt und die Lücke zur Rechtfertigung der Entscheidung von seiten des Diagnostikers durch ein intuitives und also heteronom-persönliches Verfahren oder durch den Beizug von ad hoc-Daten überbrückt, so fällt man notwendig wieder ins Machtdilemma.

Die psychodiagnostische Praxis führt also in manchen Fällen in ein Dilemma zwischen zwei Dilemmata.

Schlussbemerkung

Ich bin kein Kulturphilosoph. Aber ich kann nicht umhin, die Frage der Autonomie der Person als die mutmassliche zentrale Frage unserer Zeit zu betrachten. Dafür zeugen nicht nur die Entwicklung in der Frage der Partizipation oder die weltweiten Autarkiebestrebungen oder Anarchismus und Drogensucht (wenn ich nicht befriedigend autonom leben kann, kann ich ebensogut mein Leben wegwerfen), sondern ganz besonders auch eine fundamentale Gegensätzlichkeit zwischen der sozialistischen und der im Westen vorherrschenden Weltanschauung: nämlich ob letzten Endes das Individuum für die Gemeinschaft oder die Gemeinschaft für das Individuum da sein soll.

Meine persönliche Wertung ist eindeutig für eine starke Autonomie der Person. Ich weiss, dass ich nicht ohne Gemeinschaft leben kann; immerhin kann ich es in einer reduzierten Gemeinschaft. Eine umfassende und mehr oder weniger durchorganisierte Gemeinschaft, der ich in keiner Weise ausweichen kann, macht mir aber Angst, legt mir soviel Sachzwang und/oder durch andere Personen verkörperte Macht auf, dass mir wenig Spass am Leben bleibt. Mancher versucht, wenn er der Macht nicht ausweichen kann, nach Möglichkeit selber über solche Macht zu verfügen. Setzt er sich über den Machtanspruch des Andern hinweg, so wird sich erweisen, welcher Anspruch stärker ist. Ich zweifle, dass auf diesem Weg eine lebenswerte Gemeinschaft möglich ist.

Meine Alternative: ich werte die Autonomie der Person hoch und sehe ihre Begrenzung im Autonomieanspruch des Andern, den ich achten muss, wenn ich meinen eigenen Autonomieanspruch erfüllt haben will. Jede Einschränkung der Autonomie in einem angeblich überindividuellen Interesse bedarf der Rechtfertigung durch einen interindividuellen Konsens.

Auf die Diagnostik bezogen heisst das, dass ich all jene Paradigmata, wo entweder der Kontrakt oder die Entscheidung autonom erfolgen, für verhältnismässig unproblematisch halte; es bleibt allenfalls abzuklären, inwieweit solche diagnostischen Praktiken ihren Aufwand wert sind. Bei allen andern Paradigmata jedoch, d.h. sobald der Kontrakt eingeschränkt oder gar unausweichlich ist oder die Entscheidungsträger andere Personen sind, ergibt sich ein unlösbares doppeltes Dilemma: Entweder erfolgt die Datensammlung objektiv und die Entscheidung aktuarisch: dann bin ich entweder meinem Schicksal (im Falle vollständiger Validität des Verfahrens) oder dem Zufall (im Falle unvollständiger Validität) ausgeliefert; oder die Entscheidungsgrundlage, also die Daten, oder die Entscheidung selbst, sind bloss durch Personen gerechtfertigt: dann bin ich wieder entweder dem Zufall oder dem Machtanspruch des Diagnostikers bzw. dessen der hinter ihm steht ausgeliefert.

Entweder dem Machtdilemma oder dem Validitätsdilemma ist nicht auszuweichen. Allemal sind das Welten - Schicksal, Zufall oder Willkür -, die ich nicht für anstrebenswert halte. Insofern die diagnostische Praxis dazu beiträgt, solche Welten zu fördern, möchte ich dafür plädieren, dass man Diagnostik nicht als ein hauptsächliches Anwendungsgebiet der Psychologie pflegt.

3. Die Krise der psychologischen Diagnostik – eine Koartationskrise

Urs Pulver

Als ich mit dem Thema dieses Symposiums konfrontiert wurde und mir überlegte, inwiefern es heute eine Krise der psychologischen Diagnostik gebe, wurden mir vor allem zwei Entwicklungen deutlich, die irgendwie konträr zueinander stehen, aber letztlich doch die gleiche Wurzel haben und sich jedenfalls in der Ablehnung psychodiagnostischer Untersuchungsmittel verbinden: einerseits die Enttäuschung vieler Testbenutzer und Lehrender über die recht mageren Resultate jahrzehntelanger Bemühungen um wissenschaftlich verantwortbare Tests, andererseits die veränderte Haltung des Publikums, das sich gegen Ansprüche der Testpsychologie, Menschen durchschauen und ihre Entwicklungen und künftigen Verhaltensweisen voraussagen zu können, auflehnt.

Ueberblickt man die Entwicklung der Psychodiagnostik in diesem Jahrhundert in den gröbsten Zügen, so sieht man, wie es mit einem recht naiven, ungebrochenen Vertrauen begonnen hat, man könne durch Konfrontation von Personen mit mehr oder weniger standardisierten Aufgaben sichere Schlüsse über ihre Eigenart erhalten, die für alle möglichen Zwecke im Dienste des Geprüften oder der an ihm Interessierten nützlich seien. Die drei Vierteljahrhunderte seither haben eine dauernde Verfeinerung und Spezifizierung dieser Methoden gesehen, wobei Amerika führend vorausgegangen ist und Europa zögernd, aber seit der Jahrhundertmitte mit um so mehr Vehemenz, folgte. Man hat die Tests zu raffinierten Messinstrumenten für interindividuelle Unterschiede in klar abgegrenzten Verhaltensdimensionen ausgebaut, die erlauben sollen, gewisse künftige Verhaltensweisen mit genau angebbarer Wahrscheinlichkeit vorauszusagen. Im Sinne einer solchen "Psychometrie" wurde eine detaillierte, ausgeklügelte Messtheorie und Messmethodik entwickelt, die heute nur noch Spezialisten voll zugänglich ist (vgl. etwa Fischer, 1974).

Utilität = Nützlichkeit

Je wissenschaftlicher man aber wurde, desto deutlicher musste man erkennen, wie unsicher alle Prognosen sind. Die statistischen Zusammenhänge zwischen erzielten Testergebnissen und vorausgesagten Kriterien sind enttäuschend niedrig, die Konfidenzintervalle meist schwindelerregend weit, und die Bedingungen, unter denen man sich so wackelige Voraussagen überhaupt erlauben darf, erst noch dermassen einschränkend, dass man sie in der Praxis kaum je erfüllen kann.

Aus der Vogelschau betrachtet besteht der grosse Fortschritt der Psychometrie vor allem darin, dass man heute mit erstaunlicher Präzision weiss, wie wenig man auf diese Weise wissen (und voraussagen) kann. Unter diesen Umständen wird es unumgänglich, die Frage nach der Rentabilität des ganzen Unternehmens zu stellen. Lohnt es sich, weiterhin Zeit, Kraft und Geld in die Entwicklung von Testverfahren, Testtheorie und Testanwendung zu stecken, wenn die praktischen Ergebnisse doch so mager sind? In der Schweiz müssen erst noch die beschränkten demographischen und finanziellen Möglichkeiten in Betracht gezogen werden. Die Utilitätsüberlegungen von Cronbach und Gleser (1965), entwikkelt in einem Land mit scheinbar unbegrenzten Möglichkeiten, erhalten auf die kleine, viersprachige Schweiz übertragen ein etwas anderes Gesicht.

Wenn von dieser Seite her beklagt wird, dass die Tests zu wenig voraussagen, so wird von anderer Seite her befürchtet, sie könnten zuviel voraussagen. Die - inzwischen stark gedämpften - Ansprüche und Hoffnungen des Messspezialisten bilden ihrerseits die Zielscheibe der Angriffe eines Teils des Publikums. Wären Entwicklung und Verhalten des Einzelmenschen wissenschaftlich wirklich voraussagbar, so hätte das sehr fragwürdige Konsequenzen. Man müsste sich dann nämlich wohl oder übel entschliessen, bei jeder Lebensentscheidung den psychologischen Experten beizuziehen, wollte man nicht riskieren, die einzig vernünftige Wahl zu verfehlen. Darüber hinaus aber liefe man die fast unabwendbare Gefahr, von Interessengruppen verschiedenster Art manipuliert zu werden. Das Publikum - vor allem linker Observanz - verwahrt sich darum mehr und mehr dagegen, sich durch Tests voraussagen und manipulieren zu lassen.

So geben sich heute, in den Vereinigten Staaten wie auch in Europa, kritische Kenner der Testmethodik, einschliesslich vieler Lehrender der Psychologie, und kritisches Publikum, einschliesslich vieler Studierender der Psychologie, die Hand zur Ablehnung der Tests: weil sie zu wenig und doch noch zu viel leisten.

Was sagt nun der praktisch tätige Psychologe dazu? Die Antwort, die ich zu geben versuche, ist natürlich geprägt durch meine eigene berufliche Erfahrung. Es ist die Sicht eines Praktikers, der im Dienste der Beratung Einzelner steht, welche nach Alter und Entwicklungsstand geistig selbständige Partner des Psychodiagnostikers sind. Im Lichte dieser beruflichen Erfahrung möchte ich die Krise der psychologischen Diagnostik, von der wir heute sprechen, eine "Koartationskrise" nennen. Wir haben eingangs kurz skizziert, was aus der Psychodiagnostik im Verlaufe dieses Jahrhunderts in Theorie und Praxis geworden ist. Nach meiner Meinung hat ihre Entwicklung einen sehr einseitigen Weg eingeschlagen, und heute wird offensichtlich, was besorgte Kritiker schon längst vorausgesagt haben: dass wir auf diesem Weg allein die gesteckten Ziele nicht erreichen können.

Um möglichst ohne Umschweife zu zeigen, was ich meine, konstruiere ich ein Beispiel. Nehmen wir an, ein Gymnasiast - und nennen wir ihn etwa Hans Müller - werde von seinen Eltern zu uns geschickt, weil seine Schulleistungen deutlich abnehmen. Frage: warum? und: was weiter? Ein klassischer Fall. Nehmen wir weiter an, wir machen mit ihm (unter anderem) einen HAWIE. Und schliesslich lassen wir Hans Müller, der sich bisher intensiv eingesetzt hat, während der Testaufnahme plötzlich zu weinen beginnen, so dass wir es im Augenblick für untunlich erachten, mit dem Test weiterzufahren.

Ich habe absichtlich ein extremes Beispiel bereitgestellt, weil sich daran in kurzer Zeit das Grundsätzliche überdeutlich herausstellen lässt. Was uns hier interessiert, ist der Stellenwert, den der Tränenausbruch im Rahmen unserer psychodiagnostischen Aufgabe hat. Vom Standpunkt der Psychometrie aus bildet er eine unerwünschte Störung. Er verunmöglicht (vorderhand) eine korrekte Messung und unterbricht den diagnostischen Prozess. Das wird am deutlichsten, wenn wir unserer Zeit vorauseilen und für einmal annehmen, die Psychometrie hätte ihr Ideal bereits erreicht und die Testaufnahme würde durch den Computer erfolgen. Dann müsste die Sekretärin nämlich an dieser Stelle den psychodiagnostisch arbeitenden Apparat abschalten. Als singuläres Ereignis, jeder statistischen Vergleichbarkeit, jeder Reliabilitäts- und Validitätsprüfung unzugänglich, als HAWIE-Antwort auch keineswegs voraussehbar, ist das Weinen für Psychometriker und Computer diagnostisch völlig irrelevant. Der Test wird einfach an einem andern Tag fortgesetzt und ergibt einen IQ von vielleicht 115 oder 120. Resultat: der Ratsuchende ist mit so und so viel Prozent Wahrscheinlichkeit in der Lage, die Gymnasialausbildung erfolgreich abzuschliessen. Die Schulschwierigkeiten sind noch nicht erklärt, guter Rat bleibt teuer. Der Diagnostiker oder Computer greift darum die nächste vorgeplante Frage auf und präsentiert das entsprechende Messinstrument. Zum Schluss ist der Ratsuchende eingefangen durch seinen Stand inbezug auf eine Reihe von Dimensionen, mit jeweils präzise angebbaren Sicherheitsmargen, die allerdings normalerweise so weit gesteckt sind, dass Erklärungs- und Voraussagewert der Ergebnisse recht begrenzt bleiben.

Dieses Verfahren kann unter bestimmten Bedingungen ausgezeichnet dazu dienen (und auch genügen), um Entscheidungen bei grossen Zahlen von Individuen im Durchschnitt treffsicherer zu machen. Es kann Institutionen, die - und soweit sie - nur statistisch denken, bei der Personalrekrutierung auf breiter Basis und bei ähnlichen Fragen Geld und Aufwand sparen helfen. Und auch für unseren Hans Müller mag und sollte es interessant sein, zu sehen, wie er sich in verschiedenen Fähigkeits- und Persönlichkeitsdimensionen mit Gleichaltrigen vergleicht. Es ist wünschbar, ja unerlässlich, das zu wissen, wenn wir mit ihm über seine Probleme, seine Möglichkeiten und seine Zukunft reden wollen. Aber wenn wir Ergebnisse und Prognosen aus psychometrischen Tests zur Sprache bringen, dürfen wir Hans Müller und seinen Eltern ehrlicherweise auch eine andere Tatsache nicht verschweigen: wie unsicher nämlich alle diese Aussagen sind; dass wir zum Beispiel sogar dann, wenn die prognostische Validität eines Tests für das interessierende Kriterium zwischen .50 und .60 liegt - und wie selten finden wir schon solche Werte! -, mit einer Sicherheit von 90%, also in 9 von 10 Fällen, fast nur extreme Ausgänge am Gegenpol ausschliessen können. Und wenn Sie zehn Beratungen pro Woche hätten, wäre jede Woche einer darunter, bei dem sogar diese gegenläufige Prognose zutrifft! Welcher ist es? Hans Müller? Der Computer weiss es nicht, und der methodenstrenge psychometrische Diagnostiker will es durch andere als statistisch abgesicherte Tests auch nicht wissen. Da hilft Hans Müller auch sein Weinen nichts.

Und nun der sogenannte "klinische" Diagnostiker, der von Theoretikern wie etwa Hans Westmeyer (1972) bereits totgesagt wird? Wie verhält er sich, wenn Hans Müller beim HAWIE zu weinen anfängt? Genau umgekehrt. Im Gegensatz zur Sekretärin der Zukunft schaltet er den psychodiagnostischen Apparat nicht etwa aus, sondern erst recht ein. Er "horcht auf". Er hält das Weinen - obgleich nicht eingeplant, obgleich statistisch unerfasst, obgleich durch keine allgemeinen Gesetzmässigkeiten oder Korrelationen eingefangen oder gesichert - für eine Antwort des Probanden von vermutlich höchster psychodiagnostischer Relevanz. Es setzt bei ihm eine neue Gedankenkette in Gang. Er versucht, seine Beobachtung mit vorher gemachten Beobachtungen in Beziehung zu setzen und zu verstehen, aus welcher individuellen, vielleicht nur für diesen Ratsuchenden allein geltenden Gesetzmässigkeit eine solche Reaktion erfolgt sein könnte. Ihn interessieren nicht nur die Dimensionen interindividueller Vergleichbarkeit, sondern vor allem auch die intraindividuellen dynamischen Abläufe und Zusammenhänge. Zu diesem Zwecke bildet er Hypothesen und formuliert neue, zum vornherein gar nicht erwogene Fragen, die ihn wahrscheinlich zu einer Umstellung des Untersuchungsprogramms führen und jedenfalls die Fortsetzung des Gesprächs bestimmen. Er mag - je nach Situation - den Ratsuchenden etwa fragen, bei welchen Gelegenheiten ihm sonst (oder: das letzte Mal) die Tränen gekommen seien; oder: woran ihn diese Art von Aufgaben erinnert habe; oder was immer. Damit sucht er neue Anhaltspunkte zu gewinnen und seine Hypothesen, für die es keine statistischen Validitätsuntersuchungen gibt und geben kann, zu überprüfen und zu verfeinern. Im extremen Fall kann sich auf diese Weise das Weinen als der Schlüssel zur Lösung seiner diagnostischen Aufgabe erweisen.

Wie gesagt, ein krasses Beispiel. Weinen in der Testsituation kommt bei reiferen Ratsuchenden immerhin extrem selten vor, und es würde von jedem Psychologen, auch dem methodenstrengsten Psychometriker, zumindest als Alarmzeichen in die diagnostischen Ueberlegungen einbezogen. Was aber, wenn es sich um weniger extreme Beobachtungen handelt? Hans Müller könnte sich auch nur ärgerlich an die Stirn geschlagen, oder resigniert den Kopf geschüttelt, oder eine auffallende Zwischenbemerkung gemacht haben. Solcherlei Dinge lassen sich bei jeder psychologischen Untersuchung zu Dutzenden feststellen. Es sind Reaktionen und Antworten des Klienten, die nicht im einzelnen vorauszusehen und in keinem Erfassungsraster vorgegeben sind, zu vielfältig in ihrer Art und jede für sich genommen zu selten, um statistisch erfassbar zu werden. Statistisch zu packen wären sie höchstens dann, wenn wir von ihrem spezifischen Gehalt weitgehend abstrahierten und sie mehr oder weniger willkürlich zusammenfassten in sehr breite (und notwendigerweise recht banale) Kategorien - womit wir im besten Falle wiederum nur mathematisch zwar präzise, aber ihrer Bedeutung nach sehr unsichere Angaben über den relativen Stand des Klienten in bezug auf eine aussagearme allgemeine Verhaltensdimension gewännen. Es ist aber gerade die besondere Art und Ausprägung solcher Reaktionen, welche den Weg zu fruchtbaren Hypothesen über die psychische Dynamik beim Klienten und damit vielleicht zur Klärung der gestellten Frage eröffnen kann. Wenn wir uns im Rahmen der Psychodiagnostik auf statistisch erfassbare - also häufig vorkommende, zum vornherein festgelegte, leicht vergleichbare oder durch Abstraktion vergleichbar gemachte - Verhaltensmerkmale beschränken, zum Beispiel eine ganze Untersuchung lang nur immer a, b, c oder d anstreichen lassen, so entgehen uns sämtliche solche Beobachtungsmöglichkeiten.

Ich kann mir eine psychologische Einzelfalldiagnostik nicht ohne das Registrieren, Auswerten und Ueberprüfen solcher schwer voraussehbarer Beobachtungen vorstellen. Für mich bilden sie das Fleisch um das Knochengerüst der psychometrischen Resultate. Sie absichtlich unbeachtet zu lassen, müsste ich als Verzicht werten, beste Chancen zur Erfüllung der übernommenen Aufgabe wahrzunehmen. Ich hielte es dem Klienten gegenüber für nicht verantwortbar. Die Beobachtung und Verwertung solcher Reaktionen erscheint mir so wichtig und fruchtbar, dass man ihr Auftreten aber auch nicht dem Zufall allein überlassen darf. Man muss es provozieren; und damit es sich als individuell charakteristisch deuten lässt, muss man es durch standardisierte Aufgaben und Reize provozieren. Zu diesem Zwecke dienen die vielen sehr verschiedenartigen psychodiagnostischen Verfahren, die nicht den Anspruch erheben, zu "messen", sondern nur den, individuell bezeichnendes Verhalten zu "evozieren". Es sind übrigens sehr oft jene Verfahren, die den Klienten am meisten ansprechen und für ihn die grösste "face validity" besitzen. Ob man ihnen, nach dem Vorschlag mancher Psychometriker, die Bezeichnung "Tests" vorenthalten sollte, scheint mir eine zweitrangige Frage; es würde dies freilich dem allgemeinen Wortgebrauch zuwiderlaufen. Hingegen fehlt für sie noch ein zusammenfassender Name ausser der negativen Sammelbezeichnung "nichtmetrische Verfahren". Man mag sie, positiv gewendet, explorative oder evokative Methoden nennen oder wie immer; ich selber schätze am meisten den Namen "Beobachtungsmethoden".

Als "Tests" im Sinne solcher psychodiagnostischer Beobachtungsinstrumente möchte ich versuchsweise definieren Verfahren, bei denen man eine Person mit einer standardisierten Aufgabe konfrontiert, um ihr Verhalten und ihre Leistungen beobachten und aus dem Vergleich mit Verhalten und Leistungen anderer Personen unter gleichen Bedingungen Hypothesen über Eigenart und Funktionsweise dieser Person bilden zu können.

Die Anwendung solcher Untersuchungsmethoden ist nicht scharf abgrenzbar von andern Funktionen und Aspekten in der Beziehung Psychologe-Klient, namentlich nicht von der Beratung. Man könnte sie, frei nach Clausewitz, eine "Fortsetzung des psychologischen Gesprächs mit andern Mitteln" nennen. Die gewonnenen Beobachtungen werden - oft unmittelbar anschliessend, oft später - dem Klienten zurückgespiegelt und mit ihm diskutiert. Das "Validierungsgespräch" über Beobachtungen und Interpretationen wird somit gleichzeitig zum Beratungsinstrument. Tests können, so angewendet, zu einem Mittel des Feedback, ja gelegentlich der Selbsterfahrung werden.

Wenn man Psychodiagnostik so auffasst und betreibt, entgeht man dem eingangs erwähnten Widerspruch. Ihre Aussagen werden für den Einzelnen wieder relevant, und sie bedrohen und vergewaltigen ihn gleichwohl nicht, weil sie ihn zu Selbsterfahrung und Selbstbeurteilung einladen. Gleichzeitig können dabei die viel systematischer gewonnenen Ergebnisse psychometrischer Verfahren - die für sich allein genommen dem Einzelnen der weiten Sicherheitsgrenzen wegen doch recht wenig zu sagen haben - durch die Einbettung in individuell relevante Zusammenhänge sinnvoller interpretiert werden. Damit eröffnet sich eine Chance, die "Krise der psychologischen Diagnostik" zu überwinden.

Aber damit wird sich der überzeugte Psychometriker keineswegs einverstanden erklären. Längst haben wir, während unserer Ausführungen, seinen resignierten Seufzer vernommen: Rückfall in die Willkür und die Subjektivität des autonomen Diagnostikers früherer Jahrzehnte! Soll die ganze Lektion des fortschreitenden 20. Jahrhunderts in wissenschaftlicher Methodik ungehört verhallt sein? Kommt die Urwelt, die "Intuition" im Rahmen der Psychologie wieder zum Zuge?

Gemach! Ganz so eindeutig ist die "wissenschaftliche Rechtslage" nicht! Der Positivismus des 20. Jahrhunderts hat gewisse blinde Flecke erzeugt. Was ist denn eigentlich der "subjektiven Willkür" entzogen bei den methodisch sauberen Mess-Verfahren? Sicher das Feststellen und Anwenden statistischer Zusammenhänge sowie das Kombinieren und Schlüsseziehen auf ihrer Basis. Der Computer zum Beispiel, als Garant für methodische Unbestechlichkeit, wird ohne Ansehen der Person und ohne jede subjektive

Schwankung seine Resultate auswerfen - auf Grund dessen, was wir ihm ursprünglich eingegeben haben.

Bei diesem letzten Punkt aber liegt das Problem. Um die Realität, und das heisst hier: einen Menschen und sein Verhalten computergerecht messen und erfassen zu können, müssen wir auswählen und kategorisieren. Wir ziehen nur in Betracht, was in der vergleichbaren Bevölkerungsgruppe häufig genug vorkommt, und wir müssen es nach Aehnlichkeiten zusammenfassen und durch willkürliche Begrenzungen unter sich absondern. Das ist es, was wir mit sogenannten operationalen Definitionen leisten. Von der Mannigfaltigkeit psychischer Erscheinungen her gesehen bedeutet aber jede Auswahl und jede Kategorisierung eine subjektive Willkür, die das Gemeinte zum Teil trifft und zum Teil verfehlt. Diese Fehlerquelle gehört zwar unaufhebbar zum Erkenntnisprozess. Wollen wir aber dem Objekt so gut wie möglich gerecht werden, so müssen wir unsere Willkür immer wieder relativieren und korrigieren durch Kontrolle und Orientierung an den unmittelbaren Gegebenheiten der Realität. Wir müssen in Betracht ziehen, dass jeder einzelne Fall besondere Aspekte aufweist und andere Zusammenhänge relevant erscheinen lässt.

Der Messtheoretiker (und erst recht der Computer) kann und will darauf keine Rücksicht nehmen. Unsere ursprünglichen Willkürentscheide sind in Messinstrumenten und Speichern gleichsam eingefroren. Ob sie dem einzelnen Fall angemessen sind oder nicht, sie werden als feste, unveränderliche Grössen addiert und multipliziert, manipuliert und transformiert. Und wenn am Anfang kleine Ungereimtheiten mit eingeflossen sind, so können sie durch Multiplikation und Transformation sehr wohl zu grossen werden. Was dann am Ende herauskommt, hat oft kaum mehr einen erkennbaren Bezug zur gemeinten Realität. Das ist es, was etwa Westmeyers logische Gedankenketten oder Hubers (1973) mathematische Ableitungen so lebensfern macht.

Grundsätzlich: dass Willkürakte in der Psychometrie fixiert und strikte kanalisiert werden, macht sie zwar gegen individuelle Schwankungen bei und zwischen diagnostisch arbeitenden Psychologen einigermassen immun, hat aber den schwerwiegenden Nachteil, dass sie den zu erfassenden Gegebenheiten in sehr ungleichem Masse (und manchmal recht schlecht) angepasst sind. Was mit dem konkreten Stück Wirklichkeit, dem wir uns als Psychodiagnostiker zu widmen haben, im Verlauf einer streng psychometrischen Bearbeitung geschieht, ist freilich dem Subjekt und seiner sogenannten "Willkür" entzogen - aber zugleich auch dem Objekt, das heisst der Realität, auf die es Bezug nimmt. Vorgehen und Resultate in diesem Falle "objektiv" zu nennen, ist daher nur teilweise zutreffend.

Sie verstehen wohl, worauf ich hinaus will. Der von manchem Psychometriker schon abgeschriebene "Diagnostiker" hat - bei allen möglichen Unzulänglichkeiten - vor dem Computer einen unschätzbaren Vorteil. Er bleibt in seinen Realitätsermittlungen und -verarbeitungen flexibel, er bleibt während des ganzen psychodiagnostischen Prozesses in unmittelbarem Kontakt mit der Realität und kann dieser seine Kategorien nach Bedarf laufend neu anpassen.

Ob er das tut und wie er es tut, ist freilich eine andere Frage. Sie hängt nicht nur von persönlicher Begabung und Eigenart des Psychologen, sondern sehr stark auch von seiner Schulung ab. Es wäre ein verhängnisvoller Irrtum zu meinen, um psychodiagnostische Beobachtungen im Sinne meiner Darlegungen zu machen, sinnvolle Hypothesen daraus ableiten und deren Ueberprüfung vornehmen zu können, bedürfe es keiner besonderen psychologischen Schulung, dafür genüge der gesunde Menschenverstand. Beobachtungen und daraus abgeleitete Hypothesen können in sehr verschiedenartiger, mehr oder weniger kritischer und reflektierter, gewiss auch in mehr oder weniger adäquater Weise gewonnen und verwendet werden, und es lassen - oder sagen wir besser: liessen? - sich Regeln und Anweisungen zu objektgerechtem Vorgehen aufstellen, vermitteln und einschulen, wenn man diesem Problem nur die nötige Aufmerksamkeit schenkt. Wer psychologische Ausbildung im Gebiete der angewandten Psychologie auf Schulung in statistischer Methodik beschränken möchte, übernähme deshalb eine schwere Verantwortung. Hans Müller und seine Eltern wollen und können sich nicht abspeisen lassen mit reinen psychometrischen Wahrscheinlichkeitsbetrachtungen; sie wollen mit dem Berater eingehend über die Person Hans Müller reden und sich im Hinblick auf die akute Frage mit neuen Aspekten und Hypothesen auseinandersetzen, wie sie sich eben durch psychodiagnostische Beobachtungen ergeben; und dabei haben sie einen berechtigten Anspruch auf sachkundige Hilfe. Wenn der Berater in dieser Hinsicht nicht geschult ist, dann wird er entweder auf solche Hilfeleistung verzichten, und die Müllers suchen eine ungeschulte oder problematisch geschulte Person auf, die ihnen den Dienst noch so gerne erweist; oder aber der Berater wird sich im Freistil tummeln und sich auf dem Felde nichtmetrischen Testens auf eigene Faust für die Koartation schadlos halten, die er sich während der psychometrischen Ausbildung aufzwingen musste. Damit ist niemand gedient, nur eine grosse Chance vertan.

Gewiss kennen Sie alle Meehls berühmtes Buch von 1954 - wenigstens aus Zitaten und Berichten. Er hat darin die Ueberlegenheit aktuarischer vor klinischer Datenverarbeitung unter bestimmten Bedingungen nachgewiesen, nämlich, um es vereinfacht zu sagen, im Rahmen der Zielsetzungen der Psychometrie, und andere haben einige seiner Aussagen seither noch erhärtet. Wenn wir Psychodiagnostik nur als Psychometrie verstehen, ist es darum sinnlos, noch weiter Psychodiagnostiker heranzubilden. Sie leisten bestenfalls - und viel langsamer und mühsamer - die einfacheren jener Dinge, die ein Computer wesentlich zuverlässiger tut. Wie Hans Westmeyer unter diesen Voraussetzungen richtig schliesst, sollte man dann alle individuellen Kräfte in die Forschung und die Entwicklung von Computerprogrammen werfen. Ob sich das lohnt, haben wir allerdings eingangs bezweifelt.

Aber einige unter Ihnen kennen vielleicht auch Meehls Verwahrung von 1959 (Meehl, 1967) gegen entstandene Missverständnisse. In einem Vortrag hat er damals aufgezählt, was alles der Kliniker besser tun kann, und wenn Sie seine Liste durchgehen, so finden Sie darunter fast alles aufgeführt, was eine Psychodiagnostik im Einzelfall bei nicht allzu einfacher Fragestellung zu leisten hat.[1] Alle Fortschritte der Psychometrie können uns der dadurch auferlegten Verantwortung nicht entheben. Ob wir diesen Anforderungen gewachsen sind, hängt zu einem guten Teil von unserer Ausbildung ab. Vernachlässigt diese die nicht-metrischen Tests und deren kritische Verwendung, so werden wir auch das nicht leisten, was nur von uns geleistet werden kann. Dann müsste die Krise der Psychodiagnostik ihren Höhepunkt erreichen. Insofern ist sie auch eine Konsequenz der Ausbildung.

Ich hoffe, nicht zuviel Anlass zu Missverständnissen gegeben zu haben. Ich habe keine Attacke gegen die Psychometrie als solche geritten. Ich anerkenne, ja bewundere durchaus die ungeheuren Anstrengungen der Psychologie auf dem Gebiete des Messens psychischer Eigenschaften; ich schätze die erzielten Verfeinerungen und Fortschritte und den gleichsam erzieherischen Wert der entsprechenden Schulung im wissenschaftlichen Denken; ich ziehe in meiner praktischen Arbeit grossen Nutzen aus den immer besseren Methoden. Mein Angriff richtet sich nur gegen den immer häufiger und immer wirksamer geltend gemachten Monopolanspruch der Messmethoden in der Psychologie, der meines Erachtens zur Hauptsache dafür verantwortlich ist, dass die psychologische Diagnostik in eine Krise geraten ist. Eine zweite, ebenso unentbehrliche Seite der Psychodiagnostik ist deswegen vernachlässigt worden. Nur eine Kombination beider Ansätze sichert der Psychodiagnostik als Ganzem einen Sinn.

[1] Zusammenfassend kann man sagen: wenn es darum geht, 1. klar umschriebene Verhaltensereignisse in zum voraus abgrenzbaren Situationen 2. aufgrund eines gleichmässig festgelegten, nicht variablen und nicht ergänzbaren Datenmaterials 3. möglichst präzise vorauszusagen, und wenn 4. zulängliche statistische Untersuchungen über die Beziehung zwischen den Testdaten und Verhaltensereignissen prinzipiell durchführbar und 5. für die einschlägige Bevölkerungsgruppe effektiv durchgeführt worden sind, dann ist die "aktuarische" der "klinischen" Methode stets überlegen. Das ist es, was die zahlreichen Untersuchungen im Umkreis des Meehl'schen Problems nachgewiesen haben. Mit Blick auf diesen Fall darf man getrost sagen: "gebt dem Computer, was des Computers ist!" Der in der Beratung engagierte Psychologe mag hingegen selber prüfen, wieviele dieser Voraussetzungen (und wie oft) für seine Arbeit zutreffen.

4. Langs «Krise der psychologischen Diagnostik»: Eine Entgegnung aus der Praxis

Fred W. Schmid

Wer als Praktiker die wissenschaftliche Auseinandersetzung auf einem oder mehreren Teilgebieten der Psychodiagnostik laufend verfolgt, hat gelegentlich gegen Gefühle der Frustration anzukämpfen, wenn er feststellt, wie viel geistige Energie für die Erforschung methodischer Detailprobleme aufgewendet wird, die für ihn ohne unmittelbare Bedeutung sind, während gleichzeitig die für seine Tätigkeit zentralen Grundsatzfragen weder gestellt noch gar beantwortet werden. Alfred Lang darf für sich in Anspruch nehmen, mit der Anregung des Symposiums über die "Krise der psychologischen Diagnostik" und seinem provokativen Referat aus dieser Tradition ausgebrochen zu sein und die Problematik der Psychodiagnostik als solcher in einer Grundsätzlichkeit zur Diskussion gestellt zu haben, die ihresgleichen sucht. Dafür sei ihm im Namen aller, die sich beruflich mit Psychodiagnostik beschäftigen und an einer Klärung der Möglichkeiten und Grenzen ihrer Aktivität interessiert sein müssen, aufrichtig gedankt.

Die verdiente Anerkennung von Langs Initiative bedeutet freilich nicht, dass man auch mit dem Inhalt seiner Ausführungen einig gehen muss. Der Schreibende muss im Gegenteil gestehen, dass er sich bei aller Sympathie für Langs Engagement von dessen Einwänden nicht so sehr berührt gefühlt hat, wie dies eigentlich der Fall sein müsste angesichts der Tatsache, dass er als betriebspsychologisch tätiger Diagnostiker unter anderem mit Klienten zu tun hat, die mit ihm nur einen "bedingt freien" Kontrakt eingehen und die sich auf Grund seiner Befunde unter Umständen mit einer "heteronomen" Entscheidung seitens des Auftraggebers konfrontiert sehen. Er steht also genau in der Zielrichtung des Angriffs, und wenn er sich davon nicht mehr betroffen fühlt, so verpflichtet ihn sein Berufsgewissen dazu, sich zu fragen, ob er sich unter dem Einfluss seiner langjährigen Ausübung der angefochtenen Praktiken bereits in einer Abwehrstellung verschanzt hat, durch die auch der schrillste Mahnruf nicht mehr hindurchdringt, oder ob die Kritik ihrerseits Schwächen aufweist, die sie als nicht wirklich stichhaltig erscheinen lassen und ihre Zurückweisung rechtfertigen. Ich möchte nachstehend begründen, weshalb mir die zweite Folgerung die überzeugendere scheint; dies in der Hoffnung, durch eine klare Abgrenzung der Standpunkte nicht etwa zu einer Vertiefung des Grabens zwischen Hochschule und Praxis, sondern zu dessen immer besseren Ueberbrückung beizutragen.

Profund = tief, gründlich

1. Mangelnde empirische Begründung des Arguments

Lang ist dem ganzen Tenor seiner Ausführungen zufolge ein Psychologe, der von den drei Kriterien der Wissenschaftlichkeit, als da sind Präzision, Profundität und Relevanz der Befunde, dem ersten einen besonders hohen Wert zuerkennt und sich damit im wesentlichen in eine positivistische Tradition einreiht (Polanyi, 1958). Der eine, hälftige Teil seines Vorwurfs an die Adresse der Psychodiagnostik lautet ja gerade, dass deren Aussagen zu wenig objektiv und empirisch gesichert seien und deshalb gar nicht die erforderliche Validitätsstufe erreichen könnten, sogar wenn den verwendeten Erfassungsmitteln ein entsprechendes Potential zukäme - ein Vorwurf, mit dem er zweifellos nicht allein dasteht und dem in manchen Situationen die Berechtigung auch nicht abzusprechen ist.

In diesem Zusammenhang stellt sich aber die Frage, was Lang seinerseits getan hat, um seine Kritik empirisch zu fundieren und ihr den Status der von ihm mit Recht so hochgeschätzten wissenschaftlichen Respektabilität zu verleihen. Er ist offensichtlich nicht in psychologische Beratungspraxen gegangen und hat dort keine systematischen Beobachtungen über den Einsatz der diagnostischen Mittel und den Ablauf des diagnostischen Prozesses durchgeführt; abgesehen von der kleinen Umfrage unter Praktikern, aus der er einige Zahlen zitiert, die aber bestenfalls illustrativen Charakter aufweisen und die er wohl nicht im Ernst als die

Kritik an Lang ↑

wissenschaftliche Basis für seine Aussagen aufgefasst sehen möchte.

Es erscheint somit eine Diskrepanz zwischen den Idealforderungen Langs, deren Nichteinhaltung er an anderen kritisiert, und seinem eigenen methodischen Vorgehen. Sie erinnert an die Unstimmigkeit, die sich ergibt, wenn geniale Wissenschafter etwa vom Schlage eines Skinner unter Aufbietung ihrer kreativsten geistigen Kräfte den "Nachweis" dafür erbringen, dass der Mensch letztlich als seelenloses, völlig von aussen gesteuertes Automaton zu betrachten ist. Deklarierte Ueberzeugung und eigenes Tun stimmen nicht überein, wodurch die Glaubwürdigkeit der aufgestellten Thesen beeinträchtigt wird. Könnte Lang uns ad oculos vordemonstrieren, dass der Feld-, Wald- und Wiesendiagnostiker mit seinem Vorgehen laufend die legitimen Autonomie-Bedürfnisse des Probanden verletzt und diesem ernsthaften Schaden zufügt, so käme seinen Einwänden ein ganz anderes Gewicht zu, als jetzt, wo nicht klar zu erkennen ist, woher er seine "Fakten" bezieht und aus welchen nachvollziehbaren Erfahrungen sich die Vehemenz seiner Argumentation eigentlich herleitet.

2. Einseitige Betonung des prognostischen Aspekts

Eine empirische Untersuchung der Beratungsvorgänge, wie sie sich in den schweizerischen Instituten und Privatpraxen abspielen, würde zweifellos zeigen, dass sie nicht in dem Ausmass von prognostischen Feststellungen bestimmt werden, wie Lang dies offenbar annimmt. Wenn man die Aktivitäten der Diagnose, Prognose und Beratung einander vereinfachend gleichsetzt, wie er es zu tun scheint, so klammert man damit den gesamten "klinischen" Bereich im Sinne sowohl der ganzheitlich-intuitiven Erfassungsmittel als auch der Beratungstechnik unbesehen aus der Diskussion aus, so als ob sie dafür nicht relevant wären. Sie sind es aber in hohem Masse, haben wir doch eine ganze Epoche der Auseinandersetzung um die sogenannten "nicht-direktiven" Beratungsmethoden erst seit kurzem hinter uns. In deren Verlauf ist auch immer wieder die Frage gestellt worden, wie Tests angewandt und

Testinterpretationen vermittelt werden können, ohne dass das Beratungsziel "Stärkung (nicht nur "Gewährleistung"!) der Autonomie des Klienten" dadurch gefährdet wird.

Der Schreibende hat sich selber schon vor Jahren in einer Reihe von Aufsätzen (Schmid F.W., 1964, 1966a, 1966b, 1968) intensiv mit dieser Problematik auseinandergesetzt. Ausgehend von der heute von Lang wiederholten Feststellung, dass die prognostische Validität der Erfassungsmittel gewöhnlich nicht ausreicht, um die zukünftige Entwicklung des Klienten zuverlässig vorauszusagen, postulierte er damals eine Zweifaktorentheorie der Beratung, die den dynamischen Aspekten einen ebenbürtigen Platz einräumte und analog zu den Ausführungen Pulvers an diesem Symposium einen Ausweg aus dem Langschen Dilemma aufzeigte. Wenn es gegenwärtig eine "Krise der Diagnostik" gibt, so wurde sie damals nicht nur vorweggenommen, sondern einer möglichen konzeptionellen Lösung entgegenführt, die sich seither mindestens in der eigenen Praxis bewährt hat. Den früheren Stellungnahmen wäre höchstens beizufügen, dass wir inzwischen in einigen Situationen auch wieder vertrauensvoller prognostizieren dürfen, nachdem die angewandte Diagnostik seit Meehls (1954) klassischer Kritik nicht stillgestanden ist, sondern Verfahren wie die "Assessment Centers" für Führungskräfte hervorgebracht hat, die langfristig sich bewährende Eignungsdiagnosen unter Heranziehung der so oft in Zweifel gezogenen "weichen" Methoden wie Interviews und projektiver Tests ermöglichen (Bray, Campbell & Grant, 1974; Dunnette, 1971; Huck, 1973).

3. Problematische Begriffssprache

a) "Prognose". In Langs doppeltes und offenbar philosophisch zu verstehendes Dilemma zwischen Zufall, Schicksal und Machtmissbrauch gerät man nur dann, wenn man die beraterische Prognose als Verhaltensprognose in einem engen Sinn, das heisst, als Prognose eines konkreten Tuns interpretiert, wie sie bei einer hypothetischen Testvalidität von 1 natürlich automatisch gegeben wäre. Es dürfte aber auch unter realistischen Bedingungen selten, wenn überhaupt vorkommen, dass beraterische Prognosen eine Art von Struktur aufweisen, wie sie im Beispiel: "Du wirst in drei Jahren die Maturität bestehen" gegeben ist. Vielmehr handelt es sich in der Regel um "Vermögensprognosen" vom Typus: "Wenn Du Dich entsprechend einsetzst und einstellst, kannst Du voraussichtlich das Maturitätsziel erreichen", bzw. um "Befriedigungsprognosen" von der Art: "Die Maturitätsvorbereitung wird Dir auf die Dauer wohl mehr Befriedigung bringen als eine praktische Berufslehre." Diese Art von Prognose, deren philosophischer Status einmal näher geklärt werden müsste, scheint die Möglichkeit der eigenen Stellungnahme deutlich zu implizieren, wenn nicht eine solche geradezu herauszufordern; ist es doch wirklich meine Sache als Ratsuchender und nicht diejenige irgendeiner Autoritätsperson, wie weit ich mich für ein Ziel einsetzen will und welche Lebensumstände ich für mich befriedigend finde. Ein Autonomie-Konflikt auf Seiten des Klienten resultiert mindestens nicht zwingend, sondern nur dann, wenn die psychologischen Voraussetzungen entsprechend sind. Für den erfahrenen Berater ist es denn auch ein Alarmzeichen, wenn er der Tendenz eines Klienten inne wird, ihn zum Orakel umzufunktionieren, und er wird auf Grund seiner täglichen Auseinandersetzung mit der Beratungswirklichkeit keinen Augenblick zögern, sich der Auffassung von William James anzuschliessen, einen Menschen zu verstehen, bedeute noch lange nicht, dessen Vorausbiografie schreiben zu können (Cronbach, 1970).

b) "Entscheidung". In Uebereinstimmung mit seiner betont prognostischen Ausrichtung sieht Lang das Problem der Entscheidungsfindung vor allem als ein solches der statistischen Erfolgswahrscheinlichkeiten. Er erwähnt dann allerdings selber eine Grenze dieser Betrachtungsweise, die sich daraus ergibt, dass nach Wahrscheinlichkeitsüberlegungen getroffene Entscheidungen sich auch im Einzelfall als vertretbar erweisen müssen, wenn diesem eine selbständige Bedeutung zukommt. Letzteres dürfte in der Psychodiagnostik praktisch immer der Fall sein ausser in jenen nicht allzu häufigen Selektionssituationen, in denen das Interesse an einem optimalen Gruppenstandard so eindeutig dominiert, dass ihm gegenüber die individuellen Erwägungen legitimerweise in den Hintergrund treten können.

Die Frage ist damit aufgeworfen, in welchem Verhältnis Wahrscheinlichkeitsaussagen und Entscheidungsfindung im Normalfall überhaupt zueinander stehen. Angenommen, meine Chance, eine Matur zu bestehen, errechne sich auf Grund eines erzielten Testergebnisses zu 70%, darf ich mich davon eher zu einem positiven Entschluss, die Maturitätslaufbahn einzuschlagen, bewegen lassen, als wenn die Erfolgswahrscheinlichkeit nur 30% betragen würde? Gefühlsmässig scheint dies der Fall zu sein, aber die genauere Ueberlegung führt auf ein Problem: Wenn von zehn Personen mit dem gleichen Testwert, wie ich ihn erzielt habe, sieben das Ziel erreichen, bedeutet dies wirklich, dass auch meine persönlichen Chancen 7:3 stehen, das heisst, dass ich in zehn voneinander unabhängig gedachten Anläufen siebenmal reüssieren würde, dreimal nicht? Offensichtlich ist dieser Analogieschluss nur unter der sehr einschränkenden Bedingung statthaft, dass ich mich in keiner anderen erfolgsrelevanten Voraussetzung von den Probanden der Validierungsstichprobe unterscheide, dass also die einzigen in der Situation auftretenden Variablen die vom Test erfasste Eignungskomponente X und der Zufall sind. Sollte ich hingegen sehr viel fleissiger sein als die Vergleichspersonen, oder in Prüfungen chronisch zu stuporösem Versagen neigen, oder während der Zeit der Vorbereitung eine einschneidende Veränderung meiner Lebensumstände erfahren, so können meine persönlichen Erfolgsaussichten dadurch erheblich beeinflusst werden und theoretisch jeden Wert im Bereich von $0<P<1$ annehmen. Natürlich müssen diese unkontrollierten Einflüsse umso stärker sein, je stärker die vom Test erfasste Eignungskomponente ausgeprägt ist, um deren Einfluss aufheben zu können, worin eine gewisse Rechtfertigung für den Analogieschluss von den Gruppen- auf die persönlichen Erfolgschancen liegt. Gerade diese für die Begründung notwendige Bezugnahme auf die individuelle Ausprägung von Eigenschaften zeigt aber, dass es bestenfalls indirekte Wege sind, auf denen kollektive Wahrscheinlichkeitsüberlegungen das persönliche Entscheidungsverhalten bestimmen können und bestimmen dürfen.

Wir müssen somit der Tatsache ins Auge blicken, dass in erkenntnistheoretischer Sicht den prognostisch begründeten Eignungsfaktoren im Einzelfall immer nur ein hinweisender Charakter zukommt und dass sie deshalb prinzipiell nicht zur alleinigen Grundlage einer individuellen Beratung gemacht werden dürfen. Wie anders könnte man sonst beispielsweise jenen Fällen von extremer Abweichung zwischen Testresultat und Lebensleistung gerecht werden, denen jeder Berater früher oder später begegnet? Allgemein bekannt ist, dass es Genies gibt, die es im Leben zu nichts bringen. Weniger geläufig dürfte der umgekehrte Fall sein, der in meinem Material am markantesten durch einen Hochschulprofessor technischer Richtung vertreten ist. Er hat wichtige industrielle Erfindungen gemacht, ist jedoch nach den Ergebnissen der durchgeführten Intelligenztests eindeutig als minderbegabt einzustufen und wird auch von seinen Bekannten entsprechend geschildert, dies jedenfalls im Sinne der Engstirnigkeit, Fachidiotie und infantilen Selbstbezogenheit.

Also doch Relativität aller Diagnostik im Sinne Langs? Nicht notwendigerweise; denn als Alternative zu einem fragwürdig gewordenen, weil rein prognostisch fundierten Eignungsprinzip bietet sich ein erweitertes, dynamisches Neigungsprinzip (Schmid, 1966 a&b) an, das der persönlichen Autonomie vollumfänglich Rechnung trägt und so, wie es Pulver in seinem Referat geschildert hat, einem ganzheitlich-"klinischen" Vorgehen nutzbar gemacht werden kann, sei dies im Rahmen einer individuellen Beratung oder unter Umständen sogar einer institutionellen Selektion. Ein seelisch gesunder, reifer, autonomer Mensch trifft die für seine Lebensgestaltung bestimmenden Entscheidungen letztlich nicht auf Grund von Vergleichen mit andern oder eines Abwägens von abstrakten Erfolgschancen, sondern einer eingehenden Selbsterforschung und gewissenhaften Ergründung dessen, was er im tiefsten will und muss. Wir müssen ihn als Berater in diesem Bestreben nach Selbstverwirklichung unterstützen und dürfen ihm keinen wesensfremden, aus pseudowissenschaftlichen Vormeinungen hergeleiteten Verhaltensmodus aufzwingen. Lang würde dieser letzten Forderung vielleicht durchaus zustimmen; aber man muss auch sehen, dass es nicht nur praktische Möglichkeiten gibt, sie zu verwirklichen, sondern dass ihr in der Werthierarchie jedes Beraters, der diesen Namen verdient, unzweifelhaft ein hoher Rang zukommt.

c) "Autonomie versus Heteronomie". Dass die Anwendung der Psychodiagnostik auf Klienten im Auftrag von Institutionen wie Familie, Schule, Betrieb, Militär oder Gerichtswesen ethische Implikationen mit sich bringt, welche die individuelle Beratung im Dienste des direkt Betroffenen nicht aufweist, ist eine unbestrittene und von Lang zu Recht betonte Tatsache. Die Gefahr des Missbrauchs besteht, und es kann ihr wie in vielen anderen Berufen nur durch die Setzung verpflichtender moralischer Massstäbe und die Erziehung des fachlichen Nachwuchses zu verantwortungsbewusstem Handeln begegnet werden.

Es geht aber doch entschieden zu weit, die Autonomie-Problematik, die bei Drittaufträgen potentiell immer gegeben ist, derart hochzuspielen, dass dem Berater schliesslich nur noch die Alternative zwischen Ablehnung und unethischem Handeln bleibt. Das, was Lang selber als ihm methodisch gerechtfertigt scheinende "schreckliche Vereinfachung" bezeichnet hat, führt hier zu Verzerrungen, die einer klaren Erfassung des Tatbestandes nicht dienlich sind. Betrachten wir deshalb einmal die Wirklichkeit, wie sie sich auf einem der Spezialgebiete des Schreibenden, der Eignungsbeurteilung von höheren Führungskräften, darstellt!

Wir haben drei Partner in einem solchen Kontrakt, das auftraggebende Unternehmen (U), den Klienten (K) und den Begutachter (B) in der Person des beauftragten Psychodiagnostikers. Nehmen wir zur Verschärfung der Problemstellung an, beim Klienten handle es sich um einen bereits seit Jahren in der Firma tätigen, angesehenen Mitarbeiter, und die gestellte Frage sei diejenige nach seiner Eignung für eine höhere und funktionell andersgelagerte Position als diejenige es ist, die er gegenwärtig ausübt. Dann erhalten wir folgende mögliche Kombination von Stellungnahmen, wobei (+) positives, (-) negatives Eignungsurteil bedeutet:

	1	2	3	4	5	6	7	8
U	+	+	-	-	-	-	+	+
K	+	-	+	-	-	+	-	+
B	+	+	+	+	-	-	-	-

In welchen von diesen acht Konstellationen liegt nun tatsächlich der Keim zu einem Autonomie-Konflikt, und wie ist dieser beschaffen? Fall 1 und Fall 5 sind offensichtlich unproblematisch; hier liefert die Untersuchung nur die Bestätigung dessen, worüber sich der Klient und seine Vorgesetzten schon einig waren. Einig sind sich Klient und Berater auch in den Fällen 3 und 7; sie werden sich somit zusammentun und versuchen, die massgebenden Stellen im Unternehmen von ihrer gemeinsamen Auffassung zu überzeugen, was einer Unterstützung des Autonomiestrebens des Klienten gleichkommt. Fall 2 ruft nach einer Aufmunterung und Beeinflussung des Mitarbeiters, die auch nur in die Nähe einer Brechung seines Eigenwillens zu treiben aber aus naheliegenden Gründen unklug wäre. Noch weniger weit wird der Berater diesbezüglich in Fall 4 gehen, in welchem er Unternehmen und Klient mit ihrer negativen Einstellung gegen sich hat.

Bleiben als einzige potentiell problematische Fälle Nr. 6 und 8, wobei Fall 8 die etwas gemildertere Form darstellt, weil der Psychologe hier wiederum Unternehmen <u>und</u> Klient gegenübersteht und man ihn somit mindestens nicht der Parteilichkeit bezichtigen kann. Aber Fall 6 ist offenbar auch allein derjenige, der wirklich Anstoss erregt: Einverständnis zwischen Berater und Unternehmen zum Nachteil des beruflich höherstrebenden Klienten, Entscheidung zu seinen Ungunsten, Beeinträchtigung seines Autonomiestrebens und, ausgesprochen oder unausgesprochen, Verletzung der sozialen Gerechtigkeit.

Aber auch hier sieht die Wirklichkeit bei näherem Hinsehen nochmals etwas anders aus. Der verantwortungsbewusste Berater wird, wenn sich eine Konstellation dieser Art abzuzeichnen beginnt, seine Stellungnahme ganz besonders gewissenhaft und selbstkritisch überprüfen. Er wird, keineswegs nur aus philanthropischen Gründen, sondern (wenn er kein reiner Psychometriker ist!) aus echter Ueberzeugung, das zum Ausdruck gebrachte Selbstvertrauen des Kandidaten als potentiell erfolgswirksame Variable uneingeschränkt mit in Rechnung stellen. Nur wenn er sich trotzdem nicht zu einer Revision seiner Auffassung durchringen kann, wird er diese seinem Auftraggeber kundtun und nach aussen vertreten - im Bewusstsein, damit vielleicht einen Fehler zu begehen und dem Klienten zu schaden, aber auch in der aus so und so viel früheren Erfahrungen genährten Erwartung, wahrscheinlich recht zu haben und dem Kandidaten mit seiner Intervention ein für ihn viel schmerzlicheres und nachteiligeres Versagen in der neuen Position zu ersparen.

Das Gesagte lässt sich dahingehend verallgemeinern, dass natürlich auch eine Einteilung in "positive" und "negative" Eignungsurteile noch eine Vereinfachung darstellt und in Wirklichkeit alle möglichen und denkbaren Abstufungen vorkommen. Ferner werden die Kontrahenten als rationale Wesen sich nicht unbesehen auf eine generelle Erfolgsprognose festlegen, sondern diese mit einer qualitativen Charakterisierung der Kandidatenpersönlichkeit sachlich zu untermauern suchen. Damit ergibt sich die Möglichkeit der Suche nach einem begründeten Konsensus, von der denn auch meist Gebrauch gemacht wird. Bei der Erarbeitung einer solchen "Verhandlungslösung" kommt der Berater dank der Vertrauensstellung, die er geniesst, sowie der vertieften Einsicht in die Kandidatenpersönlichkeit und in die betrieblichen Strukturen, über die er verfügt, oft erst dazu, seinen eigentlichen und unentbehrlichen Beitrag zu leisten.

Wenn es noch eines zusätzlichen Beleges dafür bedarf, dass Autonomie und Heteronomie in der Psychodiagnostik nicht als unaufhebbare Gegensätze aufgefasst werden dürfen, so wäre er darin zu sehen, dass viele der "Feed-back-Gespräche", in denen die zugewiesenen Kandidaten über die Ergebnisse ihrer Untersuchung orientiert werden, sich auch für den kritischen Beobachter in nichts von einem "gewöhnlichen", individuellen Beratungsgespräch unterscheiden dürften. Ferner ergeben sich gerade in neuester Zeit mit der zunehmenden Anerkennung, welche die psychodiagnostischen Methoden in Wirtschaft und Verwaltung finden, immer mehr Querverbindungen dergestalt, dass in institutionellem Auftrag Untersuchte ihre Freunde und Kollegen zu einer privaten Abklärung ermuntern, und dass umgekehrt in ihrem persönlichen Auftrag untersuchte Firmenchefs und höhere Vorgesetzte später ihre Mitarbeiter zu einer Untersuchung anmelden.

Der Schreibende hofft, mit diesen Ausführungen gezeigt zu haben, dass sich die Gegenstände von Langs Kritik auch in einem freundlicheren und für die Bemühungen der Praktiker günstigeren Licht darstellen lassen, als er aus der Sicht des engagierten Theoretikers glaubte, darauf werfen zu müssen. Die Psychodiagnostik lebt, und sie künstlich zurückzustutzen würde heissen, die Psychologie einer der humansten Funktionen zu berauben, die sie hervorgebracht hat: der eingehenden und wissenschaftlich vertieften, zwar immer mit Risiken und Gefahrenquellen behafteten, aber im Fall des Gelingens für alle Beteiligten unerhört fruchtbaren Beschäftigung mit den Wesenshintergründen der individuellen Persönlichkeit.

5. Diagnostik und Autonomie: weitere Entgegnungen an Lang

5.1 Diagnostik, psychologische Hilfeleistung und Wertehierarchie

Jean-Blaise Dupont

1. Als praktizierender Psychologe (und natürlich auch als Ausbildner künftiger Praktiker) habe ich die Umfrage beantwortet, auf welche A.Lang in seinem Referat anspielte. Ich habe mich dabei zwar bemüht, so gut als möglich Auskunft zu geben, empfand den Fragebogen jedoch als eine Art Filter (um nicht zu sagen als eine Zwangsjacke), der mich daran hinderte, meine Ansichten und vor allem meine Vorgehensweisen adäquat darzustellen. Von daher könnte man mindestens die Frage aufwerfen: gibt die Umfrage wirklich die Sichtweise der Befragten wieder? wäre es nicht vielleicht angezeigt, sie zu wiederholen, aber anders, und auf breiterer Basis?

2. In seiner Wertehierarchie hat A.Lang meines Erachtens die Autonomie der Person an die Spitze gestellt; sie bildet offenbar jenen Wert, der ihm als oberster Massstab dient. Als Ausdruck einer Philosophie oder Ethik (auf die Bezeichnung kommt's nicht an) stellt seine Hierarchie nur eine unter verschiedenen Wahlmöglichkeiten dar; man kann ihr andere, ebenso legitime gegenüberstellen. Im Namen einer andern Philosophie steht mir das Recht auf Errichtung einer davon abweichenden Hierarchie zu, welche beispielsweise das Glück oder die Entfaltung der Person obenan stellt - Werte, welche mir noch erstrebenswerter erscheinen als die Autonomie. Wenn ich mich bei meiner Intervention als Psychologe (die sich ja nicht auf Diagnostik beschränkt) im Sinne eines solchen Wertesystems veranlasst sähe, einen Einfluss auf meinen Klienten auszuüben, etwa in Richtung auf vorübergehende oder teilweise Einschränkung seiner Autonomie, so würde ich mich zu entsprechendem Vorgehen verpflichtet

fühlen, namentlich dann, wenn die Persönlichkeitsentwicklung meines Klienten die Befriedigung des Sicherheitsbedürfnisses auf Kosten der Autonomie erforderte. Zudem: aus meiner Sicht der Dinge benötige ich diagnostische Mittel, um die Probleme meines Klienten zu verstehen, selbst wenn diese Mittel nicht perfekt sind; darum sehe ich nicht ein, warum ich auf ihre Benützung verzichten (und mir - diesmal im Namen einer Art von wissenschaftlichem Purismus - Abstinenz auferlegen) sollte. Wenn A.Lang, mit Berufung auf seine Philosophie, für sich selber das Recht beansprucht, aller Diagnostik zu entsagen, so hätte er doch wohl kaum die nötige Legitimation - ohne Logik und Deontologie des Faches zu verletzen -, auch andern Psychologen diese seine Haltung nahezulegen (oder sie ihnen gar abzufordern). Da er von ganz spezifischen Prämissen ausgeht, kann er aus ihnen nicht allgemeine Schlüsse ziehen, die für jedermann Gültigkeit beanspruchen; es sei denn, er könnte vorgängig die Ueberlegenheit seiner Philosophie über die von mir vertretene (oder andere) schlüssig nachweisen.

3. In einem allgemeineren Sinne kann man sich die Frage stellen, ob Langs kritische Einwände nicht einer breiteren Grundströmung der Kritik zuzuordnen wären, die für unsere Zeit - auch auf andern Gebieten als jenem der Psychologie - charakteristisch ist. Eine stets wache kritische Einstellung ist zwar unerlässlich und wird, so hoffe ich, von den Praktikern der Diagnostik nie aufgegeben; sie ist unabdingbare Voraussetzung für die Verbesserung ihrer Methoden. Aber will man, im Sinne Langs, gleich so weit gehen, das Loblied auf die Unterdrückung aller Psychodiagnostik anzustimmen, dann müsste man doch wohl zunächst zeigen, dass jener Psychologe, der Tests verwendet, mit seinem Vorgehen die Probleme der Klienten schlechter zu lösen vermag als derjenige, der auf Diagnostik mittels Tests verzichtet. Wenn man den verfügbaren Untersuchungsergebnissen und praktischen Erfahrungen Glauben schenken darf, steht ein solcher Beweis noch aus.

5.2 Autonomie und Entscheidungsspielraum

Ulrich Wälti

Herr Lang leitet den Schlussabschnitt der Zusammenfassung seines Referates mit dem Satz ein: "Wertet man die Autonomie der Person hoch, so ist eine diagnostische Praxis, die in das Dilemma zwischen Schicksal, Zufall und Willkür führt, abzulehnen." Ein solches Hineinführen in das erwähnte Dilemma könnte allenfalls dann stattfinden, wenn psychologische Diagnostik eingesetzt würde zu Reihenuntersuchungen, wie sie gelegentlich etwas unreflektiert und naiv gefordert werden; etwa zur "systematischen Früherfassung von Störungen der psychischen Entwicklung". Es besteht kein Zweifel darüber, dass das von Lang erwähnte Validitätsdilemma eine kategorische Zurückweisung solcher Ansinnen verlangt.

In aller Regel ist es aber nicht so, dass der Diagnostiker mit seinen Methoden in eine heile Welt eindringt und seine "Opfer", die ohne ihn glücklich gewesen wären, ruchlos dem "Dilemma zwischen Schicksal, Zufall und Willkür" überantwortet. Vielmehr sucht der "Klient" den Psychodiagnostiker sehr oft gerade deshalb auf, weil er sich in seinem täglichen Leben der Willkür, dem Zufall und/oder dem Schicksal, die ohne Zutun des Psychologen ihren Lauf nehmen würden, ausgeliefert fühlt. Die von Herrn Lang postulierte Autonomie der Person ist leider im Alltag sehr oft nicht gegeben. Die Rolle des Psychologen ist dann in der Regel nicht die, die Autonomie seines Klienten noch weiter einzuschränken, sondern im Gegenteil zu versuchen, durch Aufzeigen von Alternativen und nach Möglichkeit auch durch Einflussnahme auf die Umwelt des Probanden dessen Entscheidungsspielraum zu erweitern. Dies gilt selbst für das unter negativem Vorzeichen zitierte Gerichtsgutachten (bedingt freier oder aufgezwungener Kontrakt, der zu einer heteronomen Entscheidung führt). Im ordentlichen Rechtsverfahren kann ja ein solches Gutachten gegebenenfalls nur strafmildernde, in keinem Fall aber strafverschärfende Wirkung haben (dies gilt evtl. nicht inkriminierte Validität =

im Zusammenhang mit der unseres Staates unwürdigen und die Menschenrechte verletzenden administrativen Massnahme der "Verwahrung")

Ein Wort zum "Validitätsdilemma": Ich erlaube mir hier die ketzerische Behauptung, dass empirische Studien zur Frage der Validität klinischer Urteile für die Praxis oft irrelevant sind, weil sie recht häufig zu einer Unterschätzung der inkriminierten Validität führen. Selbstbestätigungstendenz, Inkongruenz der experimentellen mit der klinischen Fragestellung (Unterstellung einer Ueberforderung der Instrumente durch den Kliniker, die in Wirklichkeit nicht stattfindet), Nicht-Wiederholbarkeit der klinischen Situation unter Laborbedingungen von der motivationalen Seite der Beteiligten her, methodologische "Pitfalls" (z.B. unbekümmertes Ersetzen von Individual- durch Kollektivtests) wären einige Stichworte, über die ich meine Behauptung zu beweisen gedächte. Als Praktiker liebe ich jedoch handfeste praktische Beispiele: Würde im Rahmen einer empirischen Studie über den Voraussagewert von Intelligenztests ein Gymnasiast mit einem IQ von 80 gefunden, so wäre dies ein Faktum, das den Autoren willkommene Munition zum Angriff auf die Validität der Methode bieten würde. Jeder Kliniker, der bei einem Gymnasiasten einen IQ von 80 feststellen würde, würde mit Sicherheit sofort beginnen, den Fehler zu suchen, den er selber bei der Untersuchung gemacht hat. Messfehler dieser Art dürften bei "Serienarbeit", wie sie für empirische Studien notwendig ist, zudem häufiger auftreten als unter klinischen Bedingungen.

Schliesslich noch eine generelle Bemerkung zum Thema: Versteht man unter einer Krise ein akut auftretendes Geschehen im Sinne einer Veränderung oder gar Erschütterung bestehender Verhältnisse, so ist zum Thema unserer Diskussion ein Fragezeichen zu setzen. Sicher ist man zuweilen den Möglichkeiten einer Psychodiagnostik gegenüber unkritischer und optimistischer gewesen als heute. Die grundsätzliche Problematik einer Methode, welche versucht, die Massstäbe zur Beurteilung des Einzelnen am Kollektiv zu gewinnen, hat aber zu jeder Zeit bestanden. Das technische Angebot wiederum ist zu keiner Zeit besser gewesen als heute. Will man dann also den Krisenbegriff - etwa aus dramaturgischen Gründen - beibehalten, so müsste wohl eher von einer "Krise der Diagnostiker", oder evtl. nur von einer "Krise einiger Diagnostiker" gesprochen werden.

5.3 Autonomie, Willkür und Objektivität

Urs Pulver

Prognose und Autonomie

Wenn ich Lang richtig verstehe, vertritt er die Auffassung, je weniger prognostisches Wissen über sich selber ein Klient habe, desto autonomer sei er in seinen Entscheidungen. Aus der Beratungspraxis gewinne ich gerade den umgekehrten Eindruck: je mehr einer in dieser Sache weiss, desto autonomer kann er entscheiden. Woher dieser Gegensatz der Auffassungen? Ich nehme an, dass er zusammenhängt mit der Rolle, die man prognostischen Aussagen zuweist, und letztlich mit dem Menschenbild, von dem man ausgeht. Wenn man Entwicklung und künftiges Verhalten des Menschen als völlig determiniert und darum auch grundsätzlich voraussehbar betrachtet, dann erklärt sich der Modus der Wahrscheinlichkeit, der gleichwohl allen Prognosen vorderhand noch anhaftet, nur aus der (allenfalls einmal überwindbaren) heutigen Unvollkommenheit unserer Erkenntnismittel. Je besser diese darum sind und werden, desto klarer führen sie uns den unausweichlichen Gang unserer Entwicklung vor Augen und berauben uns so unseres (illusionären) Freiheitsgefühls. Hält man umgekehrt den Status blosser "Wahrscheinlichkeit" für ein essentielles Moment aller Prognosen, betrachtet man die menschliche Entwicklung als zwar durch viele innere Voraussetzungen mitbestimmt, die aber nur Möglichkeiten - Chancen oder Gefahren - darstellen, über deren Realisierung das letzte Wort noch keineswegs gesprochen ist, dann sieht die Sache wesentlich anders aus. Stärken erweisen sich dann als umso besser nutzbar, je genauer man sie kennt, und Schwächen als umso verhängnisvoller, je wehrloser man ihnen, infolge Unkenntnis, ausgeliefert ist. Autonomes Entscheiden und Handeln setzt aus solcher Sicht die Kenntnis seiner eigenen Möglichkeiten voraus. In dieser Auffassung ist freilich ein Menschenbild impliziert, das einen gewissen Grad an Freiheit (sich selber gegenüber!) einschliesst - das heisst, der Mensch wird so genommen, wie er sich im Normalfalle selber erlebt. - Dieser Unterschied im Menschenbild ist übrigens relevant für die oft gegensätzliche Verwendung und Kontrolle von Prognosen in Forschung und Praxis. Wenn wir einem Ratsuchenden etwa mitteilen, angesichts seiner Haltung zur Arbeit sei es äusserst fraglich, ob er sein Ziel erreiche, so liegt uns wenig daran, Recht zu behalten, auch wenn wir uns nur in diesem Falle als erfolgreiche Prognostiker bestätigen könnten. (Wollten wir die Treffsicherheit unserer Prognosen überprüfen, so müssten wir sie dem Klienten tunlichst vorenthalten.) Wir verbinden mit unserer Aussage vielmehr die Hoffnung, dass er sich aufraffe, seine charakteristische Haltung zu ändern, und damit die Prognose widerlege: das wäre dann als Bewährung der psychologischen Beratung zu buchen.

Datensammlung

Lang unterscheidet bei seiner Analyse der Datensammlung zwei Arten von Daten: solche, die von jedem Diagnostiker gleich erhoben werden könnten, und solche, die an die persönliche Perspektive eines bestimmten Diagnostikers gebunden sind, und er setzt diese Unterscheidung, so wie ich ihn verstanden habe, mit der Unterscheidung von "Messdaten" und "Beobachtungsdaten" im Sinne meiner heutigen Ausführungen gleich. Ich glaube jedoch, dass hier zwei Unterscheidungsprinzipien unrechtmässig vermischt werden, die richtigerweise eine Dreiteilung im Ausgangsmaterial nahelegen. In der Psychodiagnostik gibt es erstens die Erhebung "vorwegdefinierter", "auf bestimmte Merkmale festgelegter" (Rütter, 1973, S.26), für eine statistische Analyse tauglicher und vorbereiteter Daten: das sind die Daten der Psychometrie. Jeder Fachmann, der diese Methoden anwendet, muss die gleichen Daten gewinnen. (Bei der Kombination und Interpretation ausschliesslich so gewonnener Daten ist dann fraglos die aktuarische Methode überlegen. "Klinische" Auswertung wird erst sinnvoll und wünschbar, wenn auch andere Daten zur Verfügung stehen.) Zweitens gibt es demgegenüber die Erhebung nicht "vorwegdefinierter" und nicht zum vornherein festgelegter, für statistische Analysen untauglicher (weil mehr oder weniger singulärer) Daten. Auch sie sind aber insofern nicht "subjektgebunden", als potentiell jeder Diagnostiker sie in gleicher Weise gewinnen kann, auch wenn keine Garantie besteht, dass er es im konkreten Fall wirklich tut. Sie liegen als Tatsachen offen zutage ("wer Augen hat, der sehe"); sie sind sehr häufig auch in Leistungen des Klienten (Texten, Zeichnungen), in Protokollen oder Tonbändern (künftig vielleicht auch Video-Bändern) fixiert. Es sind die Daten, die man mit den "nicht-metrischen Tests" (und durch Beobachtungen während der Aufnahme metrischer Tests) zu gewinnen sucht. Sie heben sich schliesslich von einer dritten Gruppe von Daten ab, nämlich jenen, die tatsächlich an die Person des Erfassenden gebunden sind, die der Diagnostiker beim Klienten zu "erspüren" glaubt und die ein jeder (schon vorgängig aller Interpretationsbemühungen) in guten Treuen anders wahrnehmen kann. Auch solche "Eindrücke" des Diagnostiker können für die Beratung relevant werden; aber es ist entscheidend, dass der Psychologe Daten der zweiten und dritten Art deutlich unterscheiden lernt. Die Dichotomie Langs, bei der sie im gleichen Abteil zu finden sind, bildet dazu sicher kein taugliches Mittel.

Objektivität

In der Diskussion über die Psychodiagnostik (wie wohl bei allen wissenschaftlichen Fragen) spielt der Begriff der "Objektivität" eine grosse Rolle. Er eignet sich ausgezeichnet als Mittel der Auseinandersetzung; denn was "objektiv" genannt werden kann, hat zum vornherein einen Vorsprung vor allem scheinbar weniger Objektiven. Aber was heisst eigentlich "objektiv"? Der Psychologe, insbesondere auch der Psychodiagnostiker, ist um eine rasche Antwort meist nicht verlegen. Lienert (1969, S.13) definiert "Objektivität" als den Grad, in dem die Ergebnisse (eines Tests) unabhängig vom Untersucher sind, und Rütter (1973, S.24) präzisiert, unter Objektivität sollte weder "Nichtsubjektivität" noch "Uebersubjektivität", sondern "Intersubjektivität" verstanden werden, das heisse "Verständigung zwischen Subjekten". Aber, so fragen wir, zwischen welchen Subjekten? Gewiss soll es nicht eine "demokratische Intersubjektivität" sein, bei der alle mitreden können, auch wenn sie nichts von der Sache verstehen und nicht entsprechend ausgebildet sind. Gemeint ist de facto stets eine "Experten-Intersubjektivität", eine Verständigung zwischen Fachleuten, die angemessen geschult, trainiert, belesen sind. Damit aber stellen sich nur wieder neue Probleme. Drenth, ein überzeugter Verfechter dieser Intersubjektivitäts-Theorie (1969, S.49f.), weist an andern Stellen seines Buches beiläufig darauf hin, dass die Beurteiler-Uebereinstimmung durch gleiche Bildungsschicht, gleiche Ausbildung, gleiche Praxis künstlich erhöht werden könne (S.161) und keineswegs die Validität der Aussage zu verbürgen brauche (S.121), ohne freilich das grundsätzliche Dilemma zu erkennen, das sich daraus ergibt, dass man so (gerade) auch unter Experten immer wieder "intersubjektive Bestätigungen gemeinsamer Vorurteile" feststellen kann. Und was ist zu tun, wenn die Experten in ihrer Wirklichkeitsauffassung auseinandergehen, wenn es in der gleichen Sache verschiedene Experten-Intersubjektivitäten gibt? Hilft es weiter, dass dann jede Gruppe ihre eigene Intersubjektivität als die allein objektive definiert? Hat - demokratisch - die grösste Gruppe die Objektivität auf ihrer Seite (die Zeitgenossen also gegen Kopernikus oder Galilei)? Weil all das nicht befriedigt, berufen sich die Intersubjektivisten doch meist wieder auf ein anderes Kriterium, nämlich die strikte, unbestechliche Anwendung einer bestimmten, festgelegten Methode, die ihrerseits die Objektivität, das heisst die "Unabhängigkeit von der Person des Untersuchers", verbürgen soll. Objektivität im Sinne solcher "Methodentreue" schützt zwar vor subjektiven Schwankungen. Da aber die Realität so vielgestaltig ist, gibt es auch vielfältige Methoden zu ihrer Erfassung. Welches ist die "objektive" unter ihnen? (Auch hier gilt das Gesetz: natürlich die eigene! die von unserer Gruppe definierte! heute meist: nur eine statistisch-quantitative!).

Alle diese Ansätze sehen also das Heil der Objektivität nur in ihrem negativen Zug, der in der Anweisung besteht: weg vom individuellen Subjekt, weg von der (offenbar nur als Willkür konzipierbaren) Subjektivität des Einzelnen! Die Frage, ob dies notwendigerweise zum Objekt hinführe und ihm stets angemessen sei, scheint daneben als belanglos zu gelten. Könnte man aber nicht Objektivität - indem man dieses Wort wieder "beim Wort nimmt" - auch positiv, vom Objekt her, definieren, zum Beispiel als "Objekt-Adäquatheit" - die dann allerdings weder durch Intersubjektivität noch durch Methodentreue allein sichergestellt wäre? (Dafür liefert die Wissenschaftsgeschichte genug Beispiele.) Annäherung an das Objekt und Entfernung vom Subjekt sind zwei an sich unabhängige Tendenzen, die manchmal parallel laufen, manchmal nicht. Es scheint mir unbezweifelbar, dass man sich gewissen Objekten erkenntnismässig gar nicht annähern kann, wenn man um jeden Preis vom Subjekt weg will; dass es also Realitäten gibt, bei denen das dem Menschen mögliche Mass an Erkenntnis nur in der Form von Kompromissen zwischen Objektnähe und Subjektnähe gelingen kann. Wenn wir uns die Sache genauer überlegen, müssen wir zugeben, dass im Prinzip jede Erkenntnis - wenn auch mit sehr verschiedener Gewichtsverteilung - einen solchen Kompromiss darstellt. Die grösstmögliche "Objektivität" dürfte stets das Ergebnis eines Optimierungsprozesses sein, der je nach Erkenntnisgegenstand und Erkenntnisziel verschieden verläuft. Die Befolgung einseitiger Maximen (wie der heute üblichen "Flucht vor dem erkennenden Subjekt") führen nur dazu, dass wir - und zwar vor allem gerade auf dem Felde der psychologischen Diagnostik - auf gewisse uns zugängliche Erkenntnisse überhaupt verzichten.

5.4 Diagnostik im Dienst des Realitätsprinzips[1]

Siro Spörli

Alfred Lang hat in verdankenswerter Weise eine Kontroverse in Gang gebracht, welche zur Reflexion und Artikulation eigener Positionen zwingt. Dies gilt insbesondere für den Verkehrspsychologen, der zunächst in besonderem Masse im Schussfeld von Langs Kritik zu stehen scheint, weil er ja seine Fahrtauglichkeitsabklärungen in einer dem Probanden aufgezwungenen Situation vornimmt und im Falle einer negativen Eignungsprognose möglicherweise sowohl materielle wie auch "narzisstische" Werte des Probanden tangiert. Dennoch kann ich Langs Bedenken in zwei grundsätzlichen Punkten nicht folgen:

a) Handeln als Resultante innerer und äusserer Bedingungen: Lang wirft der Diagnostik vor, dass sie mit wenigen Ausnahmen in Theorie und Praxis den Anspruch erhebe, Prognosen seien allein auf Kenntnis innerer Verhaltensbedingungen abstützbar. Lang verkennt hier offenbar die mindestens in gewissen Bereichen moderner Psychodiagnostik immer zentraler werdenden Bemühungen um die Anforderungsanalyse (task analysis). Das fahrtauglichkeitsdiagnostische Konzept "Schweizerische Verkehrspsychologische Normaluntersuchung" (im folgenden SVN), das ich mitentwickeln konnte, basiert in hohem Masse auf solchen, ausgesprochen "bereichsspezifischen" Bemühungen. Gewiss ist eine "Handgelenk-mal-Pi"-Diagnostik mit Verwendung einiger gerade verfügbarer, in ihrer Zulänglichkeit für die jeweilige Fragestellung ungeklärter Verfahren als ein leider noch allzu oft praktizierter Scharlatanismus zu taxieren. Die Anerkennung des durchgängigen Interaktions-Charakters menschlichen Erlebens und Verhaltens nötigt m.E. aber keineswegs zu einem diagnostischen Pessimismus, wohl aber zur Schaffung (teil-) simulativer Versuchsanordnungen, die dem an-

[1] S.Spörli hat inzwischen seine "kritische Theorie diagnostischer Praxis" am Beispiel der Verkehrspsychologie weiter entwickelt und in einem Buch vorgelegt (Spörli, 1978).

visierten Bewährungsbereich möglichst strukturanalog sind. Gerade wenn man Verhalten gewissermassen als Resultante von Person- und Situationsbedingungen anspricht, wird die retrospektive Frage sinnvoll, ob im Einzelfall ein "Versagen" an einer Fahrprüfung oder in einer bestimmten Verkehrssituation (oder analog auch etwa in einer Maturaprüfung!) seine alleinigen Ursachen in Personvariablen habe, welche sich in einer gut konzipierten diagnostischen Situation durch Vergleich der Probandenleistung mit der Population objektivieren lassen. Die diagnostische Situation wird hier geradezu zur Chance für das Individuum, seine Leistungsmöglichkeiten unter günstigsten Bedingungen zeigen zu können. Aus solcher Sicht kommt der Diagnostik die vornehme Aufgabe zu, objektiver - im Sinne von grösserer Personadäquatheit, Rationalität sowie Transparenz des Selektionsvorganges - zu Entscheidungen beizutragen, die in jedem Falle und notfalls auch ohne Diagnostiker getroffen würden. Eine so verstandene Diagnostik hat sich allerdings nachdrücklich mit dem Problem zu befassen, dass auch die Testsituation selbst Störbedingungen enthalten kann, welche im Einzelfall optimale Probandenentfaltung handikapiert. Die SVN hat diese Gesichtspunkte zentral thematisiert und zu einer "Exkulpationssyndromatik" systematisiert. (In jeder Fahrtauglichkeitsabklärung wird Vorliegen oder Nichtvorliegen der Syndrome "Prüfungsangst", "Fahrausbildungsmängel" sowie "Fahrausbildung, -prüfung und Eignungsabklärung beeinträchtigende passagere Belastungszustände" geprüft.)

b) Gewährleistung individueller Autonomie. Es fehlt hier der Raum, detailliert auf die philosophische Problematik von Langs Autonomiebegriff einzutreten. Nur zwei gedankliche Inkonsistenzen seien hier aufgegriffen: Beim (durchaus utopischen) Fall einer Testvalidität von 1,0 würde die Wahlfreiheit dem Individuum ja nicht durch den Test entzogen, sondern durch die - eine solche Validität allererst ermöglichende - Tatsache der durchgängigen Determiniertheit menschlichen Verhaltens; man sollte nicht statt des Esels Schicksal den Sack Test schlagen!

Zweitens anerkennt Lang zwar Autonomiegrenzen, welche durch Autonomieansprüche Anderer gesetzt werden, aber er verschliesst

effort = Anstrengung, Leistung, Mühe

offenbar die Augen vor der Notwendigkeit der Austragung des Anspruchskonfliktes. Auf den Strassenverkehr bezogen, heisst das Folgendes: Das m.E. durchaus zu rechtfertigende gesellschaftliche Interesse an Verkehrssicherheit und Verkehrsfluss kann in gewissen Fällen mit dem Fahranspruch des Individuums kollidieren. Gerade wenn man nun mit Lang die Tatsache beklagt, dass unsere Gesellschaft immer anonymer verwaltet wird, zeichnet sich für die Diagnostik immer deutlicher der Stellenwert einer "Kommunikationsinsel" ab, in welcher unter einer best-effort-Maxime der Dialog mündiger Individuen angestrebt wird. Wie bereits angedeutet, kann dies einmal heissen, dass der Diagnostiker sich zum Anwalt des Individuums macht, das ohne ihn Opfer beispielsweise eines bürokratisch-juristischen Räderwerks geworden wäre. Aber selbst im Falle der Eignungsverneinung handelt der Diagnostiker recht besehen nicht allein im Interesse der Gesellschaft und im Sinne der Autonomiebeschränkung des Individuums: sofern nämlich die testsituativen Hürden wirklich zulänglich, d.h. anforderungskonform sind, erspart bei negativem Testausgang der Diagnostiker dem Probanden ja lediglich eine ungleich schmerzlichere spätere Konfrontation mit einer Realität, der das Individuum nicht gewachsen wäre. In beiden Testausgängen versteht sich der Diagnostiker also als Sachwalter des Realitätsprinzips, weil er ja nichts anderes tut, als inneren und äusseren Grenzen und Möglichkeiten des Individuums zur Anerkennung zu verhelfen. Freilich will der Validitätsanspruch, der mit dieser stolzen Haltung impliziert ist, eingelöst werden. Dies ist aber nicht nur über extrem hohe und praktisch unerreichbare Prädiktoren-Kriterien-Korrelationen zu erreichen. Unabdingbar im Sinne einer demokratischen Rechtsstaatlichkeit ist lediglich die Minimierung von Auslesefehlern zweiter Art (in Wirklichkeit Taugliche werden zu unrecht als untauglich erklärt). Die gesellschaftspolitische Rechtfertigung einer solchen Diagnostik besteht im Nachweis, dass der Diagnostiker weniger Fehler zweiter Art macht als die expliziten oder impliziten Selektionsmechanismen, die ohne sein Eingreifen am Werk wären. Testkonstruktiv ist die Minimierung von Selektionsfehlern zweiter Art dadurch anzustreben, dass das content-Spektrum der teilsimulativen Testanordnungen, das auch im günstigsten Falle immer schmäler bleiben wird als dasjenige der realen Bewährungssituation, möglichst wenige Kriteriums-irrelevante Schwierigkeiten beinhaltet; unter dieser Voraussetzung läuft die Diagnostik auf eine Ueberprüfung des Vorliegens von Mindestvoraussetzungen hinaus, welche zwar notwendige, aber noch nicht hinreichende Bedingungen für spätere Bewährung sind.

Eine so verstandene Diagnostik ist äusserst anspruchsvoll. Ausser präzisen Vorstellungen über Kompensationsmöglichkeiten setzt sie die Meisterung des bereits angesprochenen Problems voraus, dass auch die Testsituation selbst Kriteriums-irrelevante Störbedingungen beinhalten kann. Die Meisterung dieses Problems ist mit Sicherheit nicht nur über die psychometrische Verfeinerung der diagnostischen Mittel zu erreichen. Die Frage, ob im Einzelfall ein ungünstiger Testausgang nicht doch nur testsituationsspezifische Gründe habe, ist wohl ohne "klinische" Schulung und Erfahrung nicht entscheidbar. Von hier aus ist Langs Paradoxon, dass gesteigerte Validitäten auch ihre Gefahren haben, voll zu unterstützen. Mit Recht fürchtet Lang jene Orwell'sche Zukunftsperspektive, in welcher psychologische Selektions-Technokraten in schwer kontrollierbaren Schnellverfahren Schicksal spielen. Dass derartige Befürchtungen nicht ganz aus der Luft gegriffen sind, scheinen gewisse deutsche Entwicklungstendenzen im Zusammenhang mit Numerus-Clausus-Selektionsproblemen zu zeigen. Aus eigener Forschungs- und Praxiserfahrung weiss ich zudem, in wie hohem Masse psychometrische Verbesserungen zu oberflächlicherem Kategorisieren verleiten, weil jeder Diagnostiker als Mensch der Entscheidungskrise entgehen möchte, die in letzter Analyse ein in jedem Einzelfalle neu zu bestehender Bewährungsprozess des Diagnostikers zu sein scheint, der allein jenen best effort garantiert, von dem bereits die Rede war.

Von hier aus ergibt sich eine ganz entscheidende Forderung an die psychologischen Ausbildungsstätten: Auch eine noch so sehr verfeinerte Psychometrie ist keine Alternative für kommunikative Sensibilisierung! Deshalb erscheint genau betrachtet auch die altehrwürdige, unlängst auch noch von der Schweizerischen Testkommission verwendete Klassifikation von Tests in Abhängigkeit von einer angeblich differenziellen Interpretationsbedürftigkeit der Rohwerte höchst fragwürdig. In der hier entwickelten Sicht der Dinge ist die Würdigung etwa eines d2-Ergebnisses prinzipiell genau so anspruchsvoll wie eine Rorschach-Auswertung. Solange dies nicht klar gesehen wird, wird Psychodiagnostik missbraucht werden können. Diese Möglichkeit des Missbrauchs spricht aber ebensowenig gegen die wissenschaftliche Psychodiagnostik wie die Wasserstoffbombe gegen die Kernphysik. Allerdings wird der verantwortungsbewusste Wissenschaftler in Zukunft vermehrt auch "politisch" aktiv werden müssen, um die ethische Nutzung seiner Arbeit in der Gesellschaft zu gewährleisten. Lang hat einen verdankenswerten ersten Schritt in Richtung einer Uebernahme solcher Wächterfunktionen getan. Man wird nun aber nach meiner Ueberzeugung das Problem nicht damit lösen, dass man sich mit wissenschaftlicher Noblesse aus bevorstehenden Zeitströmungen herauszuhalten versucht. Wenn sich die Psychologie von der Gesellschaft nicht immer nur - nach Etablierung bereits verfahrener Prämissen - "konsumativ" beanspruchen lassen will, wird sie sich den auf uns zukommenden gesellschaftlichen Problemen - und zu ihnen gehören auch Fragen der Auslese - stellen müssen. Dann wird sie die Chance haben, emanzipatorisch die Prämissen mitzuformieren, und der Gefahr entgehen, blosse Dienerin der "Systemzementierung" zu bleiben. Um nochmals mit der Verkehrspsychologie zu exemplifizieren: Bei schlichter Verzichterklärung wäre die Verkehrspsychologie nicht in der Lage gewesen, das auf dem verhängnisvollen und falschen Unfällertheorem beruhende Populärkonzept einer verkehrspsychologischen Minoritäten-Elimination zurückzuweisen und eine Individuums-zentrierte Fahrtauglichkeitsdiagnostik im Dienste der Rechtssicherheit und Rechtsgleichheit zu etablieren und darüberhinaus Gehör zu schaffen für die Zukunftsforderung, Verkehrssicherheit eher mit den Mitteln von Schulung und Ergonomie als durch Auslese anzustreben.

6. Antwort

Alfred Lang

Ich muss mich beschränken, auf einige mir besonders wichtig scheinende Diskussionsbemerkungen zu antworten.

Herrn Schmids Unterscheidung zwischen Diagnose und Prognose halte ich nicht für möglich. Erst recht im Rahmen der Beratung scheinen mir dies bloss zwei Aspekte einer jeden Aussage des Psychologen zu sein: "du könntest erwägen, dies oder jenes zu tun" oder "ich rate dir, dieses oder jenes zu tun" sind doch offensichtlich prognostische Aussagen, die die diagnostischen Aussagen implizieren: "denn du hast die entsprechenden Voraussetzungen"; und wenn man diagnostisch sagt: "du hast diese und jene Eigenschaften", so impliziert das: "und damit kannst du dieses sinnvollerweise tun, aber jenes nicht".

Zu Herrn Schmids heftiger Zurückweisung meiner Ueberlegungen möchte ich betonen, dass ich nicht die Intentionen der Diagnostiker bezüglich der Wirkungen ihrer diagnostisch-prognostischen Aussagen in Zweifel ziehe, sondern nur die Effekte bedenken möchte, die sie ohnehin erzielen, ob intendiert oder nicht, nämlich insbesondere auf Grund ihrer professionellen Position. Ich erkläre gerne meine Bereitschaft, solche Effekte, über die ich im Referat nur meine Vermutungen äussern konnte, auch empirisch zu untersuchen, vorausgesetzt, die damit verbundenen ethischen Fragen lassen sich befriedigend regeln und die Diagnostiker vermitteln mir den Zugang zu ihren Klienten.

Herr Pulver missversteht mich, wenn er interpretiert, dass ich glaube, Mangel an prognostischem Wissen erhöhe die Autonomie der Person. Die Autonomie ist nicht vom Umfang des prognostischen Wissens abhängig; denn prognostisches Wissen ist seiner Natur nach stets unvollständig, und Wissenserweiterung kann das Handeln sogar lähmen. Autonomie ergibt sich meiner Meinung nach aus dem Verhältnis der Person zur Informationsquelle der Prognose. Sie ist unabhängig vom Inhalt der übermittelten Information und daher auch von ihrem Umfang. Sie ist allenfalls ein Aspekt der Metakommunikation.

Herrn Pulvers Gegenüberstellung von Psychometrie und "Beobachtung" kann ich nicht folgen. Trotz seiner Vorwegnahme dieses Arguments halte ich seinen Vorschlag für eine Einladung zur Wiederholung eines Holzwegs. Ich möchte dies wie folgt begründen: Auch Herr Pulver geht davon aus, dass seine "besonderen und seltenen Ereignisse" ihren Grund haben, d.h. er arbeitet im Rahmen einer deterministischen Wissenschaftstheorie. Dieser Grund muss sich dann notwendig auch in anderen, weniger seltenen und weniger besonderen Verhaltensweisen der betreffenden Person zeigen; sonst ist er nicht erforschenswert. Dann ist dieser Grund aber auch grundsätzlich einem psychometrischen Verfahren zugänglich, und es ist nur eine Frage der Zeit und Geduld, bis das betreffende psychologische Konstrukt definiert und ein geeignetes Messinstrument entwickelt ist. Schliesslich möchte ich zu bedenken geben, dass auch die Beobachtung dieser seltenen und besonderen Ereignisse doch irgendwie anders als bloss aus der Person des Diagnostikers gerechtfertigt werden sollte, sofern dieser für sich eine wissenschaftlich fundierte Tätigkeit in Anspruch nimmt. Die Gütekriterien der Tests sind doch nur gerade ein solcher Rechtfertigungsversuch. Will man bei den Beobachtungen darauf verzichten, so heisst das, dass man die diagnostische Tätigkeit (zumindest auch) aus der Person des Diagnostikers rechtfertigt. Die Konsequenzen davon habe ich in meinem Referat darzustellen versucht.

Bei Diagnostik an Kindern scheint mir das Autonomieproblem eigentlich eher verschärft als abgeschwächt. Hier delegieren die Eltern ihre Autonomie, zusammen mit dem Kind oder für das Kind zu entscheiden, an den Erziehungsberater usf. Das muss für das Kind wie ein Modell erscheinen, ein Vorbild dafür, wie man zur Bewältigung von Schwierigkeiten sein Leben dem Experten überantwortet. Für Eltern und andere Handlungsbevollmächtigte ist es übrigens noch viel schwerer als für unmittelbar Beratene, eine Diagnose/Prognose des Sachverständigen nicht zu befolgen; denn schlägt man den Rat aus und es kommt schief heraus, so sind die Vorwürfe kaum zu entkräften.

Zur Frage der Werthierarchie, die Herr Dupont aufgreift, möchte ich wiederholen, dass meine Hochwertung der Autonomie meine persönliche Stellungnahme darstellt; selbstverständlich sind andere Wertordnungen genau so legitim, und gerade aus dem Blickpunkt der Autonomie aller Personen möchte ich andere Wertordnungen der Andern achten. Das braucht mich aber nicht zu hindern, andere Wertordnungen zu kritisieren. Und gerade der Vorschlag Duponts, psychologische Dienstleistungen zur Vermehrung des Glücks oder zur Entfaltung der Person anzubieten, weckt in mir eine Gedankenfolge, die auf den ersten Blick übertrieben scheinen mag, die zur Diskussion zu stellen mir aber wichtig scheint.

Beiträge zu vermehrtem Glück oder individuelle Entfaltungshilfen, die sich nur diejenigen leisten können, die sowieso schon privilegiert sind, sind nicht Dienstleistungen, deren Anbietung ich für besonders dringlich halte. Im Gegenteil, sie widerstreben meinem Bedürfnis nach einem gewissen Ausmass an sozialer Gerechtigkeit; analog den materiellen Gütern sollten auch solche geistigen Güter nicht von Partikulärinteressen verwaltet und nach Belieben dispensiert werden. Anderseits erschreckt mich die naheliegende Alternative, die ja nicht selten befürwortet wird, solche Dienstleistungen im Interesse der persönlichen Entwicklung von Staates wegen allen anzubieten, noch mehr. Denn setzt man in die Staatsverfassung ein "Recht auf psychologische Dienstleistung", so ist der dienstleistende Psychologe auch verpflichtet, im Interesse seines arbeitgebenden Staates zu beraten. Seine "Arbeit an der ganzen Person des Klienten" ist aber dann doch von ganz anderer Tragweite als die der staatlich geregelten Dienstleistungen bezüglich Einzelfunktionen wie Zivil- oder Strafrecht, Gesundheit, Elementarbildung usf. Da ist vielleicht doch mein "Recht auf weitestmögliche Autonomie für alle" eine etwas bescheidenere Zielsetzung, die eher geeignet ist, eine pluralistische Gesellschaft funktionsfähig zu erhalten.

Herrn Duponts Forderung nach einer vergleichenden Ueberprüfung des Nutzens psychologischer Dienstleistungen mit oder ohne Testdiagnostik schliesse ich mich gerne an. Nach meinen Hinweisen auf methodische, substantielle und ethische Schwierigkeiten der Diagnostik sind die "ökonomischen" Aspekte mein vierter Punkt gewesen, unter dem ich die "Krise der Diagnostik" diskutieren wollte. Ein verlässlicher Nachweis ihres Nutzens oder ihres Schadens ist leider immer noch nicht verfügbar. Ich weiss nicht, ob der Nutzen oder Schaden in summa grösser ist. Aber ich möchte für selbstverständlich halten, dass einem Angebot professioneller Dienstleistungen ein Nachweis von deren Nutzen vorauszugehen hat. Diesen Standpunkt will ich niemandem aufzwingen. Aber ihn zu sagen fühle ich mich verpflichtet.

7. Diagnostik und Diagnostiker: Diskussionsbeiträge

7.1 Psychodiagnostik als Broterwerb

Andreas Blaser

Bisher wurden vor allem aus der Sicht des Psychologen die Fragen der Gültigkeit und der korrekten Anwendung der Diagnostik besprochen. Man darf dabei nicht vergessen, dass der Testdiagnostiker eine Dienstleistung vollbringt. Ein grosser Teil des Status der praktischen Psychologie gründet sich überhaupt auf die Verdienste der diagnostischen Forschung. Ganz besonders deutlich zeigt sich diese Tatsache in der klinischen Psychologie und in der Berufsberatung und Personalauslese, wo der Psychologe in erster Linie Diagnostiker zu sein hat und erst in zweiter Linie möglicherweise ad personam zugeteilte andere Funktionen übernehmen kann. Somit wäre in der ganzen Diskussion um die Krise der Diagnostik auch der Auftraggeber, die Gesellschaft miteinzubeziehen. Diese erwartet vom Diagnostiker ganz eindeutig, dass er diagnostiziert, urteilt, vergleicht, voraussagt. Der Test wird vom laienhaften Auftraggeber - und welcher Nicht-Psychologe ist in diesen Fragen kein Laie - meist in unkritischer Weise geradezu magisch überwertet. Dem Test haftet ein Prestige der unbestechlichen Objektivität und des "Tiefenblicks" an, woraus der Diagnostiker sich nur mit Mühe entziehen kann. Selbst klinische Fachleute, ich denke an Psychiater, die man immer wieder aufklärt, kommen nicht davon weg, im Test ein Aequivalent zu einem Laborbefund zu sehen und/oder den Test als prestigeträchtiges Alibiinstrument zu verwenden, um sonst schwer zu begründende Urteile dem Auftraggeber schmackhaft zu machen. Andererseits gibt es Kreise, welche die Diagnostik als unzulässiges Mittel gänzlich ablehnen, sei diese Kritik wissenschaftlich oder rein politisch motiviert.

Man versetze sich nun in die Stellung des Diagnostikers: auch der gut geschulte, kritische Psychologe, welcher Diagnostik nicht als Handwerk, sondern in der ganzen Komplexität betreibt, muss sein Brot als Diagnostiker verdienen. Je kritischer er der Diagnostik gegenüber eingestellt ist, desto grösser muss seine kognitive Dissonanz werden. Diagnostiker, die zudem mit "klinisch-diagnostischen" Methoden konkurrieren (vgl. den unentschiedenen Streit über die klinische vs. die aktuarische Voraussage), geraten in eine absolute Zwickmühle, weil in dieser Situation beliebig die eine Methode der andern vorgezogen werden kann. So kommt es, dass der Diagnostiker auf dem Seil balancierend seine Existenzberechtigung aufrecht erhalten muss. Dass diese Berechtigung nicht gegeben ist, wurde von der Sache her nicht überzeugend gezeigt.

7.2 Die Validierung des Diagnostikers

Peter Landolf

Obwohl ich am Symposium "Krise der Diagnostik" nicht teilnehmen konnte, las ich die gedruckten Referate und Diskussionsbeiträge mit grossem Interesse, aber auch - was ich nachfolgend begründen möchte - mit einiger Enttäuschung. Die Auseinandersetzung rüttelte mich selbst aus einer Art diagnostischem Verdrängungsschlaf (auf der Studentenberatung der Universität Bern verwendeten wir 1974 nur noch bei 6 Prozent unserer Klienten Tests) und motivierte mich zu eigenen Gedanken, wofür ich dankbar bin.

Trotz der insbesondere von F.W.Schmid, A.Blaser und U.Wälti aus der Praktikerperspektive gegenüber A.Lang geltend gemachten "mildernden Umstände" halte ich Langs grundsätzliche Bedenken für gerechtfertigt. Dies ganz einfach aus der belegbaren Beobachtung heraus, dass einerseits die Benützer psychologischer Dienstleistungen dem Testdiagnostiker auch heute noch häufig übersteigerte Erwartungen entgegenbringen (und dessen Aeusserungen auch gegen seinen Willen entsprechend selektiv wahrnehmen), anderseits ein Grossteil der Diagnostiker Tests selbst erschütternd unkritisch verwenden. Langs Warnruf liesse sich wohl durch nichts besser legitimieren als durch die gegenwärtig in der Bundesrepublik Deutschland im Gang befindliche Entwicklung von geradezu apokalyptisch anmutenden Testsystemen zur beruflichen Instradierung der auszubildenden Jugendlichen sowie zur Selektionierung studienwilliger Abiturienten für Numerus-Clausus-Fächer! Die Kritik Langs hat m.E. allerdings vornehmlich gesellschaftspolitische Relevanz. Sie wirft aber - und das wurde sicher zu wenig erkannt - auch die ungelöste Frage nach dem Verhältnis von Wissenschaft und Praxis auf. Jedenfalls erhielt ich den Eindruck, dass das Anliegen beider Seiten von der jeweiligen Gegenseite zu wenig verstanden und deshalb über weite Strecken aneinander vorbeigeredet wurde.

Einige Dissonanzen in der Auseinandersetzung scheinen mir ferner daher zu kommen, dass der Blick allgemein noch viel zu stark auf die Testdiagnostik fixiert war und die "Krise der Diagnostik" zu einer "Krise der Testanwendung" reduziert wurde. Was psychologisches Diagnostizieren erkenntnistheoretisch überhaupt bedeutet und wie die Prozesse der Urteilsbildung in und ausserhalb der Interaktion zwischen Psychologe und Klient ablaufen, blieb erstaunlicherweise praktisch unreflektiert. Dabei dürfte die Mikroanalyse solcher Urteilsprozesse doch unschwer ergeben, dass im Grunde genommen auch ohne Verwendung von Tests laufend - und meist wenig bewusst und kontrolliert - diagnostiziert wird. So beurteilt etwa der Betriebspsychologe einen Stellenbewerber ganz eindeutig mehr aufgrund seiner "Präsentation" (Bewerbungsschreiben, Auftreten, Stimme usf.), seines "Formats" (Ausbildungsgang, Laufbahngradient, Referenzen, bisheriges Salär usf.) sowie dem Grad seiner Uebereinstimmung mit betriebssoziologischen Standards ("würde der Bewerber nach meinem Gefühl in diese oder jene Abteilung passen?") als aufgrund von Testresultaten, die ja vom Diagnostiker erst noch wieder ausgewählt, gewichtet und beurteilt werden müssen. Allgemeiner ausgedrückt: Die Testdiagnostik spielt im Prozess der Urteilsbildung in den meisten Fällen eine untergeordnete Rolle. Viel bedeutsamer ist die leider noch weitgehend im Dunkeln liegende nichttestologische Diagnostik, und es schiene mir vordringlicher, beispielsweise die an der Urteilsbildung beteiligten Wahrnehmungsprozesse, Frage- und Datenauswahlmuster sowie Verstehenskategorien wissenschaftlich zu untersuchen, als sich ausschliesslich über Sinn und Unsinn des Testens zu streiten.

Die Testaskese, zu der A.Lang aufruft, ändert also gar nichts an der Tatsache, dass so oder so diagnostiziert wird. Der praktizierende Diagnostiker stellt lediglich (vermutlich in Verkennung von Langs eigener Intention) grollend fest, dass die Wissenschaft im Begriffe ist, ihn offenbar noch mehr im Stich zu lassen als bislang. Einen Schritt weiter versucht U.Pulver mit der Einführung von "Beobachtungsmethoden" zu gehen. Damit wird zweifellos ein Teil des erwähnten "diagnostischen Dunkelbereichs" objektiviert und standardisiert. Das Problem der Validität solcher Methoden und insbesondere der darauf basierenden Urteilsprozesse des Diagnostikers bleibt jedoch bestehen, ja wird dadurch erst recht sichtbar.

Ausser acht gelassen wurde am Symposium auch die Verhaltensdiagnostik (im Sinne von Kanfer), die wohl v.a. dort nicht mehr vernachlässigt werden kann, wo es um das Abschätzen künftiger Verhaltensweisen aufgrund der Lerngeschichte gegenwärtiger geht. Allerdings bewegt sich auch die Verhaltensdiagnostik nicht auf dem "gesicherten" Boden durchvalidierter Testmethoden, sondern bedarf der geschulten und sensibilisierten Diagnostikerperson.

Wie man das Diagnostikproblem auch angeht: es beginnt und endet beim Diagnostiker selbst, und der Psychodiagnostiker ist es, der in erster Linie auf seine "Validität" hin überprüft werden müsste. Lieber ein schlechter Test in der Hand eines guten Diagnostikers als umgekehrt! Wie aber kann sichergestellt werden, dass der Diagnostiker "valide", d.h. ohne Wahrnehmungsverzerrung, Urteilsfehler, unterschwelliges Manipulieren arbeitet? F.W.Schmid spricht von "Erfahrung", "Verantwortungsbewusstsein", "Gewissenhaftigkeit", "Selbstkritik", "Setzung verpflichtender moralischer Massstäbe" und "Erziehung des fachlichen Nachwuchses zu verantwortungsbewusstem Handeln". U.Pulver betont seinerseits den Ausbildungsaspekt und fordert die Korrektur und Relativierung der diagnostischen Willkür "durch Kontrolle und Orientierung an den unmittelbaren Gegebenheiten der Realität". A.Lang lehnt - wenn ich ihn recht verstehe - jede Rechtfertigung diagnostischer Tätigkeit aus der Person des Diagnostikers ab und verzichtet darauf, die Frage der Validität des Psychodiagnostikers als wissenschaftliches Thema zu statuieren. Wie sollen aber Absolventen eines Psychologiestudiums die diagnostischen Aufgaben, die in der Praxis ohnehin auf sie zukommen, verantwortbar lösen, wenn sie einerseits eine testabstinente Haltung mitbringen, anderseits keine praktische Erfahrung im Umgang mit diagnostischen Methoden bzw. mit Klienten besitzen? Ohne die relative Bedeutung von Test- und Beobachtungsmethoden verkennen zu wollen, muss ich doch meine Ueberzeugung ausdrücken, dass nur derjenige Psychologe ein guter Diagnostiker sein kann, der auch seiner Subjektivität gewahr ist, sie bewusst und offen in Rechnung stellt und sie konsequent schult und "validiert", damit die Relationen zwischen seinen subjektiven Reaktionen und deren Korrelaten (Auslöser, Verhaltenskonsequenzen) möglichst stimmig und transparent erscheinen. Von zentraler Bedeutung halte ich dabei die Schulung der Fähigkeit des Diagnostikers, Interaktionsprozesse zu verstehen, Gespräche zu führen und ein hohes Mass an Einfühlung zu realisieren. Diese Anliegen sind zu bedeutsam und zu schwierig, um sie einfach der Praxis zu überlassen. Sie müssen (auch) Gegenstand wissenschaftlicher Forschung und Ausbildung sein.

Ein bescheidener, aber wichtiger erster Schritt zur Verbesserung der Situation könnte in der Institutionalisierung der Kommunikation zwischen Wissenschaftlern und Praktikern bestehen, damit beide Teile erst einmal zur Kenntnis nehmen, was der Partner überhaupt betreibt und was er von ihm lernen könnte ...

8. Die Diagnostik und ihre Krise: Diskussionsbeiträge

8.1 Die Differentielle Psychologie in Krise

August Flammer

Die gegenwärtige "Krise der Diagnostik" kann unter gewissen Gesichtspunkten als Folgekrise der Krise der Differentiellen Psychologie betrachtet werden. Diese letztere schwelt eigentlich schon lange. Die zur Routine gewordene Diagnostik konnte bezeichnenderweise weiter existieren, auch wenn Teile ihrer Grundlagen zusammengebrochen waren. Es ist vielleicht typisch für die psychologische Anwendung überhaupt, dass erst eine neue gesellschaftspolitische Diskussion die diagnostische Routine so gründlich erschütterte. Gemeint ist hier der Anspruch der Diagnostik, psychologische Unterlagen für längerfristige Entscheide über Individuen bereitstellen zu können.

Die Psychologie der Individuellen Differenzen (ID) hat im deutschen Wissenschaftsbetrieb um die Jahrhundertwende mit grossen Versprechen angefangen (Stern, 1900, 1911) und seither verhältnismässig viel Forschungsaufmerksamkeit genossen. Die ersten Blüten zeigte sie in der Entwicklung von Persönlichkeitstypologien, die auch rasch ausserhalb von Fachpsychologenkreisen rezipiert wurden. Bald aber suchte die Differentielle Psychologie von der Beschreibung mit diskreten Klassenbegriffen loszukommen und kontinuierliche Dimensionen zu definieren, zu messen und auf ihre Gegenstandsverankerung zu untersuchen. Auf kontinuierlichen Skalen wurden individuelle Merkmale praktisch stufenlos lokalisierbar. Ja, solche Skalen gestatteten in unveränderter Form auch die Erfassung von Veränderungen (durch Entwicklung oder Lernen) über die Zeit; d.h. Messungen nach Wachstumsverschiebungen waren prinzipiell auf der Skala darstellbar, ohne dass die Skala die Struktur der Beziehungen zwischen den individuellen Messwerten beeinflusste. (Die meisten konkreten Skalen erwiesen sich bekanntlich bald als diesem Ideal noch nicht gewachsen.) Der Ehrgeiz der Differentiellen Psychologie war schliesslich der, die individuellen Abweichungen von Durchschnittswerten präzis und zeitüberdauernd zu erfassen, auch bei Veränderung der Durchschnittswerte. Die Differentielle Psychologie wollte langfristige Vorhersagen der ID ermöglichen, unabhängig von Zeit und von für alle "gleichen" Einflüssen, unabhängig z.B. von Entwicklung oder Unterricht. Wie weit erfüllte sich diese Hoffnung? Unter drastischer Vereinfachung lässt sich heute feststellen:

(1) Ein gewisses Ausmass an ID-Varianz bleibt über Jahre und Jahrzehnte erhalten; es ist aber so klein, dass auf dieser Basis langfristige Prädiktionen gegenüber den betroffenen Individuen meist nicht verantwortbar sind. - Ich glaube, Prof. Lang hat mit der einen Seite des Validitätsdilemmas diesen Zusammenhang anvisiert. Validität sprechen wir zwar meistens je bestimmten Messinstrumenten zu oder ab. Es scheint aber, dass das für viele zum unreflektierten Alibi geworden ist. Das Messinstrument kann durchaus treffend, präzis und umfassend sein; sollten sich aber die Individuellen Abweichungen (als Messgegenstand) im Laufe der Zeit unsystematisch verändern, ist doch keine Prädiktionsgenauigkeit gewährleistet. Natürlich, was heisst "unsystematisch verändern"? Im Grunde genommen nur "unvorhersagbar verändern". Damit ist die Erklärung der Unvorhersagbarkeit leider zirkulär. Man kann immer dafür argumentieren, dass wir noch nicht die richtigen Modelle und die richtigen Prädiktoren gefunden haben. Nur, was hilft diese vage Hoffnung in der praktischen diagnostischen Arbeit, wenn jetzt konkret vorhergesagt werden soll?

Aber auch innerhalb der Differentiellen Psychologie haben viele angefangen, die Hoffnung aufzugeben, die ID seien grundsätzlich auch langfristig und praktisch vollständig vorhersagbar, d.h. ihre Veränderungen mit wenigen und einfachen Persönlichkeitsvariablen erklärbar (Flammer, 1975). Dieser Vorschlag ist für die diagnostische Praxis hart, rennt aber sonst in der Psychologie manche offene Türe ein; die sog. experimentelle Psychologie hat sich darauf spezialisiert, Veränderungen zu erzielen und mit Situationsvariablen zu erklären. Sogar die psychometrische Testtheorie hat teilweise nachgezogen: In seinem Buch von 1972 fasste Cronbach (et al., 1972) bereits früher erfolgte Vorschläge zu einem kohärenten konzeptuellen und technischen System, der Generalisierbarkeitstheorie, zusammen. Man spricht nicht mehr von Objektivität, Reliabilität und Validität, sondern von Generalisierbarkeit, genau genommen von ihrer Einschränkung in Abhängigkeit von Umständen wie Verschiedenheit der Messzeitpunkte, der Itemstichproben, der Testdurchführer, aber auch der Anweisungen, der Lerngelegenheiten, usw., inkl. deren Interaktionen (vgl. auch Cardinet et al., 1976).

Das Zugeständnis der allfälligen enormen intraindividuellen Variabilität des Menschen selbst ist in der Praxis, wie ich sie gesehen habe, leider immer wieder in Gefahr, sich als scheinbar unnötig zu erweisen, da sich mitunter Tests viel besser bewähren, als man nach allem erwartet hätte. Kürzlich stellte ein Schulleiter fest, dass seine Aufnahmeprüfungsbatterie sich recht gut bewähre, hätten doch in den letzten Jahren nur drei Prozente der Schüler hernach noch zurückgewiesen werden müssen. Wenn man aus korrelationsstatistischen Untersuchungen weiss, wie schlecht die gleichen Prädiktoren die ID-Variation der einzelnen Schüler <u>innerhalb</u> der gleichen Klasse vorhersagen, dann hätte ich von der Schule eine bessere Meinung, wenn die Entscheidung für wenigstens dreissig Prozent der Schüler später noch revidiert worden wäre!

(2) Für das bisher Gesagte ist es keine Ueberraschung, eher eine Bestätigung, dass die mehrmalige Informationsentnahme im Verlauf der Zeit und nach zwischengeschobenem Treatment (resp. die Erfassung eines Stückes individueller Entwicklungs- oder Lernkurve) bisher zu keiner nennenswert höheren Prädiktionsgenauigkeit geführt hat (Flammer, 1974; Rost, 1977). Man spricht viel von der Unreliabilität solcher Entwicklungskurvenmessungen. Auch hier: ist es wirklich das Instrument und nicht der Gegenstand, der "ungenau" ist?

(3) Eine Zeitlang erhoffte man sich den Erfolg von der Erfassung möglichst vieler ID-Dimensionen. Multivariate Methoden wurden Mode. Bis jetzt ist der grosse Erfolg ausgeblieben. Zu-

nächst, und das ist sicher richtig, sind natürlich methodisch-technische Schwierigkeiten zu lösen. Sie haben u.a. mit der Korreliertheit der Prädiktoren zu tun und der daraus resultierenden Instabilität "hinterer" Prädiktoren in Regressionsgleichungen. So werden Einzeltests fast unersetzbar. Oft sind die Gleichungen aber auch kaum über verschiedene Probandenstichproben hinweg generalisierbar, wie die (nicht umsonst so seltenen) Kreuzvalidierungsversuche lehren. Dass solche Ergebnisse auch psychologietheoretisch kaum fassbar sind, betrachte ich nicht nur als ein Epiphänomen.

(4) ID gehen mit nachfolgenden situativen Bedingungen der Entwicklung und des Lernens bedeutsame Wechselwirkungen ein. Es ist dies ein weiterer Aspekt des Verdienstes von Lee Cronbach (1957, 1975; Cronbach and Snow, 1977), die selbstgebauten Käfige der Differentialpsychologie und der Psychometrie aufgebrochen zu haben. Er hat Modelle bereitgestellt, die es erlauben, in die Prädiktion explizit auch situative Bedingungen (z.B. Therapietyp und -dauer, Lehrmethode) einzubeziehen. (Für eine deutsche Darstellung mit Literaturübersicht, s.Flammer, 1973.) Liegt hier eine Chance für Diagnostiker, die die Umpolung des Anwendungsfeldes von der Diagnostik zur Therapie nicht mitzumachen vermögen: Diagnostik in Interaktion mit Therapie, aber immer noch Diagnostik?

Auch diese hochfliegenden Hoffnungen der Theoretiker mussten sich bald stark dämpfen: Die Interaktionen sind offensichtlich nicht einfache und auch nicht wenige. Sie sind praktisch unbewältigbar hohen Grades und auch praktisch unbewältigbar viele. Zudem verhindert die offensichtlich rasche Veränderung der interagierenden Persönlichkeitsmerkmale (s.1) eine langfristige Prädiktion mit so komplizierten Gleichungen (s.2) erst recht (Flammer, 1976).

(5) "Do you still believe in Individual Differences?" Das ist eine typische Frage desillusionierter ID-Psychologen. Ich glaube nicht daran; ich "sehe" sie. Das muss auch gesagt sein: Auch wenn ID langfristig nur schlecht vorhersagbar sind, existieren sie - gerade jetzt - eben doch! Verschiedene Menschen haben - gerade

jetzt - verschiedene Kompetenzen, verschiedene Interessen. Es gibt genug Gründe, verschiedenen Menschen hier und jetzt auf verschiedenen Weisen zu begegnen, zu helfen. Ob es in irgendwelcher fernen Zukunft einmal keine ID mehr gibt oder geben soll, ist eine andere Frage; aber jetzt gibt es sie, und sie sind relevant für unser unmittelbares Handeln. Ich halte es für möglich, dass bestimmte ID verlässlich festgestellt (vgl. psychologische Lehrbuchmethodik) und kurzfristige Entscheidungen "gewinnbringend" getroffen werden können.

Die Frage im Anschluss an Prof.Lang ist die, ob wir durch die drastische Reduktion der Reichweite der Entscheidungen das Validitätsdilemma aus der Welt schaffen können. Man könnte für gewisse Bereiche vielleicht argumentieren, dass die kurzfristige Entscheidungsvalidität (lies: Vorhersagegenauigkeit) allen aktuellen Ansprüchen genügt; bliebe dann also der Determinismus, die unheimlichere der beiden Alternativen. Aber wer sagt denn, dass der Diagnostiker über Ziele entscheiden soll und nicht nur über optimale Wege zu Zielen? Natürlich muss er in bezug auf Ziele entscheiden. Mal sind diese aber vom zu Diagnostizierenden vorgegeben, mal geben Eltern sie vor, mal auch ein gewisser gesellschaftlicher Konsensus (z.B. als Curriculum). Nicht dass ich für mich (und jeder für sich) durch solche fremden Zielgeber verpflichtet werden kann, aber als Diagnostiker von andern Personen entscheiden wir ja nicht für uns persönlich. Das heisst wenigstens, dass unsere Situation nicht dramatischer ist als die der Pädagogen, die auch Ziele für andere zu akzeptieren oder zu rechtfertigen haben.

Mit dem Vorschlag, Diagnostik als Informationsbeschaffung zur Abstützung instrumenteller Entscheidungen aufzufassen, entschärft sich auch das Machtproblem. Instrumentelle Entscheidungen sind grundsätzlich wissenschaftlich begründbar; das Einhalten dieser Regeln im Einzelfall ist eine Frage von Verantwortung und Vertrauen. Wo die Gesetzmässigkeiten ungenügend bekannt sind, wird der Diagnostiker oft doch einen guten Dienst erweisen können, wenn er aufgrund seiner (nur unvollständigen) Fachkenntnisse wenigstens den am wahrscheinlichsten zum Ziel führenden Weg aufzeigt.

Mein Vorschlag ersetzt das Validitäts- und das Machtdilemma durch das Zielproblem sozialen Handelns. Es ist mir bewusst, dass das Unbehagen zunächst nur verschoben wird, in dieser Formulierung aber die Diskussion dorthin weist, wo sie unverzerrter geführt werden kann und die Diagnostik per se entlastet. Wir stehen vor der im weitesten Sinn pädagogischen Zielfrage. Sie kann in diesem Kurzbeitrag nicht aufgerollt werden. Wichtig für den Diagnostiker ist zunächst, gleichzeitig zu sehen, dass Erziehung wegen der Schwierigkeit der Frage auch nicht aufgeschoben werden kann, so wenig wie meine Zeit still steht, wenn ich über meine Ziele unsicher werde.

Zusammengefasst gehen meine Vorschläge dahin, die Diagnostik von der Aufgabe der langfristigen Vorhersage zu entbinden (weil ihr die Differentielle Psychologie dazu die Grundlagen nicht gibt), die Diagnostizierbarkeit von ID hic et nunc deswegen nicht wie das Kind mit dem Bade auch auszuschütten, ja die Notwendigkeit der Abstützung unmittelbarer Einflussmassnahmen auf gegebene, zu diagnostizierende ID anzuerkennen, und schliesslich Diagnostik instrumentell zu verstehen und die Diskussion des Machtproblems innerhalb der Zieldiskussion sozialen Handelns überhaupt zu führen.

8.2 Psychodiagnostik und psychologische Theorieentwicklung

Urs Schallberger

Die Referate und Diskussionsvoten des Symposiums "Krise der Psychodiagnostik" enthüllen ein ausserordentlich vielfältiges und vielschichtiges Krisenbewusstsein. Wenn man aber einmal von jenen Problemen absieht, die sich eher auf die Funktion der angewandten Psychologie, ihre Perzeption durch das Publikum oder ihre ethische Seite usw. beziehen, als auf die Diagnostik selbst, scheint als ein wesentlicher Kern der Krise jenes alte Problem übrig zu bleiben, das man im Anschluss an Meehl (1954) häufig mit der Gegenüberstellung von statistischer (aktuarischer) und klinischer Methode zu kennzeichnen versucht. Diese Gegenüberstellung birgt jedoch die Gefahr in sich, auch zu einer jener unfruchtbaren Etikettierungen zu werden, wie man sie der Diagnostik selbst vorwirft, und zwar insbesondere dort, wo sie in eine abschliessende Kontrastierung von (objektiver) "Wissenschaft" und (subjektiver) "Intuition" einmündet. Mit einer solchen Klassifizierung wird nämlich zu leicht ein grosser Problemkreis verdeckt, dem sich die Psychologie zu lange entzogen hat, was sich heute unter anderem in Form einer schwierigen Situation der Diagnostik in bestimmten Anwendungszusammenhängen auswirkt. Auf diesen Problemkreis soll im folgenden in der gebotenen Kürze etwas eingegangen werden.

Ich gehe davon aus, dass Diagnostik in irgendeiner Form unentbehrlicher Bestandteil der meisten Formen psychologischer Arbeit am Individuum ist: Erst fallspezifisches Wissen vom Charakter einer mehr oder weniger gut gesicherten Theorie über das, was bei diesem Individuum an Problemrelevanten vorliegt, erlaubt die Konzipierung von fallspezifischem Handeln. So gesehen hat die Diagnostik immer eine Hilfsfunktion; ihr Wert für die angewandte Psychologie ergibt sich in letzter Instanz nicht aus irgendwelchen formalen Kriterien an sich, sondern aus der kontrollierbaren Nützlichkeit zur Beantwortung von Fragestellungen, die sich im Laufe psychologischer Arbeit ergeben. In der fast unübersehbaren Vielfalt solcher Fragestellungen lassen sich auf dem Hintergrund unseres Themas vor allem zwei grosse Klassen abgrenzen, nämlich erstens jene, bei denen es primär um interindividuelles Vergleichen geht, und zweitens jene, bei denen das Schwergewicht auf der Erfassung der intraindividuellen Organisation eines Probanden (Pb) liegt.

Die These, die hier vertreten wird, besagt nun, dass sich die wissenschaftliche Diagnostik, in der Gestalt der Psychometrie, zu sehr auf den Aspekt des interindividuellen Vergleichens konzentriert hat. (U.Pulvers Wort von der Koartationskrise trifft in dieser Hinsicht genau zu.) Allerdings hoffte sie, damit auch einen Zugang zur intraindividuellen Organisation des Individuums zu finden, was sich heute zunehmend deutlich als unmöglich erweist. Dies hat zur Folge, dass die Frage nach der individuellen Funktionsweise einer Persönlichkeit (soweit sie für eine bestimmte Fragestellung von Relevanz ist) den Fragesteller heute automatisch an die Grenze der "Unwissenschaftlichkeit" oder Kunst führt - nicht weil die Frage an sich unwissenschaftlich wäre, sondern weil die Wissenschaft hierfür (im Unterschied zum interindividuellen Vergleichen) keine nach irgendwelchen intersubjektiven Standards legitimierbaren Datensammlungsstrategien und Modelle bereitstellt.

Um dies etwas deutlicher zu machen, sei kurz und verkürzend die Grundkonzeption der Psychometrie skizziert. Trotz ihrer heute noch erkennbaren Herkunft aus der klassischen Eigenschaftenpsychologie, haben sich die Auffassungen von ihrer Natur und ihren Möglichkeiten seither bekanntlich grundlegend gewandelt. In unserem Zusammenhang wichtig sind vor allem: 1. die explizite Warnung vor der Reifizierung dessen, was die Tests "messen", und 2. das Abhängigmachen der Aussagemöglichkeiten von empirisch gesichertem Validitätswissen über das spezifische Instrument, bezogen auf die relevante Teilpopulation, aus der der Pb stammt, und im Hinblick auf die in Frage stehenden treatments (im selben weiten Sinne des Wortes, wie es bei Cronbach und Gleser (1965) verwendet wird). In ihrer reinsten Form führt diese Auffassung zur aktuarisch betriebenen Psychometrie, für die allein übrigens der Objektivitätsanspruch der Diagnostik voll zutrifft. Im Effekt läuft dies dann darauf hinaus, dass ein Test als Provokation einer Verhaltensstichprobe betrachtet wird, die dazu dient, mittels Validitätswissen der beschriebenen Art zu statistischen Prognosen zu gelangen.

Für gewisse psychodiagnostische Fragestellungen, nämlich jene, die auf die Abschätzung der Chancen eines Individuums in bestimmten treatments auf dem Hintergrund eines interindividuellen Vergleichs gerichtet sind, scheint dieses Vorgehen tatsächlich heute optimal zu sein, wie empirische Untersuchungen immer wieder zeigen. Der Begriff Krise in diesem Zusammenhang könnte höchstens auf die Einsicht Bezug nehmen, dass auch nach allen Regeln aktuarischer Kunst gestaltetes Prognostizieren noch weit von einer absoluten Treffsicherheit entfernt ist. Diese Einsicht kann natürlich aber nur dann krisenerzeugend wirken, wenn vorher gänzlich unrealistische Erwartungen bestanden haben, die sich zum Beispiel auf dem Hintergrund der so beliebten Feststellung über die "unvergleichliche Komplexität" des Gegenstandes der Psychologie sehr merkwürdig ausnehmen.

Welches sind nun aber jene "anderen" Fragestellungen, bei denen die aktuarische Psychometrie nach der obigen These versagen soll? Vergegenwärtigen wir uns ein jetzt naheliegendes Beispiel: Gegeben sei eine Fragestellung, für die zwar möglicherweise relevante psychometrische Instrumente, aber kein präzises Validitätswissen (z.B. in bezug auf die spezifische Lage des Pb oder die aktuellen treatments) zur Verfügung stehen. Sicher ist dies eine der häufigsten diagnostischen Situationen, und zwar nicht nur aus historisch zufälligen, sondern aus prinzipiellen Gründen: Es ist ja völlig unmöglich, für alle denkbaren Fragestellungen solches Wissen bereitzustellen. Dann gibt es - wenn man die Möglichkeit des Rückfalls in die Eigenschaftenpsychologie ausklammert - im Prinzip zwei, meist kombiniert angewandte Auswege: das "lockere" Anwenden des aktuarischen Verhaltensmusters, vor allem in Form von oft nur schwer legitimierbaren Analogieschlüssen auf der Basis des nicht direkt zutreffenden Validitätswissens, und zweitens der Versuch des Vl, für sich ein Bild der Persönlichkeit des Pb und dessen spezifischen Funktionierens "nachzukonstruieren", um Vorstellungen über wahrscheinliche Ergebnisse der Interaktion zwischen diesem Pb und den in Frage stehenden treatments - wozu zum Beispiel auch bereits die Art der Fortführung einer Beratung gehören kann - zu entwickeln. Dieser zweite Weg dürfte einem der wesentlichsten Grundmuster des klinisch genannten Vorgehens entsprechen und in manchen Zusammenhängen der wichtigere sein. Die entscheidende Frage ist aber, was es benötigen würde, um aus der heutigen "Kunst" und zu Recht kritisierten Unkontrollierbarkeit wenigstens teilweise eine kommunizierbare und an gewissen Standards überprüfbare diagnostische Strategie zu machen.

Diese Frage ist natürlich nicht leicht zu beantworten. Jedenfalls scheint aber klar zu sein, dass von der heutigen Konzeption der Psychometrie (des interindividuellen Vergleichens von Verhaltenseffekten) aus keine Lösung denkbar ist. Denn es besteht kein direkter Uebergang von der Lokalisation eines Pb als Punkt in einem n-dimensionalen Raum hypothetischer Konstrukte, deren Beziehung untereinander weitgehend ungeklärt oder im Sinne eines additiven Modells eingerichtet worden sind, zu einem Funktionsmodell menschlichen Erlebens und Handelns, in dessen Rahmen jene Nachkonstruktion möglich wäre. Auf diesem Hintergrund wird es dann auch verständlich, warum manche Diagnostiker in solchen Situationen testologisch nicht abgesicherte Tests oder Arbeitsproben oder qualitative Indikatoren usw. einsetzen, die in den Augen des Diagnostikers eben genau jene Informationen über das individuelle Funktionieren zu liefern scheinen, die er benötigt. Um dieses Verfahren im oben umschriebenen Sinne zu optimieren, wären aber (neben vielen anderen) vor allem die folgenden Vorbedingungen zu erfüllen: Erstens müsste ein empirisch gut abgesichertes allgemeines Funktionsmodell der im gegebenen Zusammenhang relevanten Verhaltensbedingungen unter Einbezug der zeitlichen und umgebungsmässigen Dimensionen gegeben sein, auf das man dann den Pb beziehen könnte. Zweitens müsste dieses Modell die relevanten Parameter (im weitesten Sinne des Wortes) angeben. Ferner müssten Datensammlungsstrategien zur Verfügung stehen, um an möglichst gute Schätzungen dieser Parameter heranzukommen, und zwar auch dann, wenn aus prinzipiellen oder praktischen Gründen keine einfache und direkte Messung möglich ist. Wesentlich ist dabei in unserem Zusammenhang, dass diese Parameter u.U. wenig mehr gemeinsam haben müssen mit jenen, die sich in der aktuarischen Diagnostik bewähren (man denke zum Beispiel an das analoge Problem in der Meteorologie!). Und noch wesentlicher ist, dass diese Parameter in einem ausdifferenzierten Funktionsmodell miteinander verbunden sind und erst von daher ihre Bedeutung erlangen.

Ist diese - hier natürlich nur skizzierte - Sichtweise richtig, dann scheint mindestens eine der Wurzeln der "Krise der Diagnostik" in dieselbe Richtung zu weisen, wie sie in modernen Entwicklungen verschiedener Bereiche der angewandten (z.B. Arbeitspsychologie) und der allgemeinen Psychologie (z.B. Psychologie der kognitiven Prozesse) bereits deutlich zum Ausdruck kommt, nämlich zum Uebergang von vorwiegend korrelativen Fragestellungen zu (empirisch verankerten) Struktur- und Funktionsmodellen. Das Fehlen von wissenschaftlichen Theorien dieser Art, die sich unmittelbar für die Verwendung in der diagnostischen Praxis anbieten, macht diese Praxis bis zu einem gewissen Grade angewiesen auf jene mehr oder weniger sophistizierten naiven Verhaltens- und Persönlichkeitstheorien, die man immer wieder antrifft, und die in einem oft erstaunlichen Gegensatz zur modernen Psychologie stehen. Wie man aber auch in dieser schwierigen Situation den Kontakt mit der grundwissenschaftlichen Psychologie und ihren heutigen Partialtheorien produktiv aufrecht erhalten könnte, zeigt etwa der bis heute wohl intensivste und differenzierteste Versuch einer Psychologie psychologischer Praxis, der von G.Kaminski (1970) vorgelegt wurde.

Als "Vorprellen der Diagnostik in grandioser Verkenntnis der Realität" (Lang) ist aus dieser Sicht vor allem auch anzusehen, dass sie sich zu früh und zu lange als eine von der grundwissenschaftlichen Psychologie relativ unabhängige Disziplin verstanden hat. Man muss vielmehr davon ausgehen, dass sich die Diagnostik so lange und im selben Masse zu entwickeln hat, wie sich die grundwissenschaftliche Psychologie entwickelt, und dass diagnostische Praxis damit immer umfangreicheres psychologisches Wissen voraussetzt. Darin läge dann aber offensichtlich auch die einzige Chance - wenn man von Radikallösungen absieht -, die Krise zu überwinden. Bedenkt man die lange Entwicklung, die der Psychologie auf ihrem Weg zur Wissenschaft vom Erleben und Verhalten noch bevorsteht, bleibt dem Diagnostiker wohl nichts anderes übrig, als zu lernen, auf dem Hintergrund des jeweils aktuellen psychologischen Theorienstandes so problembewusst als möglich mit der Krise zu leben.

8.3 Bemerkungen zur sogenannten Krise der psychologischen Diagnostik

Richard Meili

Die Diskussion über die "Krise der psychologischen Diagnostik" bereitet mir ein gewisses Unbehagen, weil dabei ein subjektives Gefühl des Unbefriedigtseins über den Zustand der Diagnostik umgewandelt wird in die objektive Tatsache einer Krise. In den letzten Jahren haben sich Politiker gesträubt die Existenz einer Wirtschaftskrise anzuerkennen; sie haben also umgekehrt sichtbare Tatsachen nicht als Krise anerkennen wollen, aus leicht verständlichen Gründen. Es liegt also immer eine gewisse Willkür in der Verwendung dieses Begriffs, da genaue Kriterien fehlen. Krise ist, wie ein bekanntes Wörterbuch sagt: Ein gefährlicher oder entscheidender Moment in der Entwicklung der Dinge. Trifft dies auf die psychologische Diagnostik zu oder verwendet man den Begriff nur, um auf die Notwendigkeit eines radikalen Wandels aufmerksam zu machen? Das wäre notwendig, wenn eine unhaltbare Situation bestände. Wenn dies aber nicht der Fall ist, dann besteht die Gefahr, dass eine wirkliche Krise entsteht.

Seit ungefähr 60 Jahren wird mit mehr oder weniger wissenschaftlichen Mitteln psychologische Diagnostik betrieben, d.h. es werden psychische Charakteristika von Individuen in ihrem Ausprägungsgrad bestimmt. Früher wurde dies - wie in grossem Umfang auch heute noch - auf Grund subjektiver Eindrücke gemacht - nach den Sternen, der Physiognomie usw. Seither sind durch wissenschaftliche Forschung das Wissen über den diagnostischen Prozess und deren Ergebnisse beträchtlich vermehrt und die Diagnoseverfahren verbessert worden. Der heutige Diagnostiker kann, wenn er diese Kenntnisse verwertet, sicherer arbeiten, als dies in den Anfängen der Fall war. Es liegen aber keine neuen Befunde vor, die das bisherige Vorgehen prinzipiell in Frage stellen.

Das bedeutet nun keineswegs, dass alles zum Besten steht, und dass keine Ursache zu Unzufriedenheit vorhanden sein könne; es sollte nur aufgezeigt werden, dass kein sachlicher Krisenzustand existiert.

In der gegenwärtigen Diskussion über die psychologische Diagnostik können drei Haupttendenzen festgestellt werden, die aber natürlich nicht ganz unabhängig voneinander sind.

1. Es wird befürchtet, dass durch die Diagnostik die persönliche Freiheit, die Autonomie der Person, beeinträchtigt werde.
2. Die zur Verfügung stehenden Mittel seien grossenteils ungenügend und führten oft zu falschen Ergebnissen.
3. Das übliche Vorgehen des Diagnostikers, das darauf hinzielt, dem Individuum in konstanter Weise zukommende Fähigkeiten und Eigenschaften zuzuschreiben, sei im Prinzip verfehlt, da die Person in stetigem Wandel begriffen ist.

Diese Einwände, die seit jeher geltend gemacht wurden, haben alle ihre Berechtigung, und nach meiner Erfahrung sind wenigstens den wissenschaftlich ausgebildeten Diagnostikern diese Gefahrenquellen mehr oder weniger gegenwärtig. Man gibt sich aber einer Täuschung hin, wenn man meint, durch vollständigen Verzicht auf jede Diagnostik - die radikale Lösung - oder durch Verwendung ganz anderer Verfahren ihnen begegnen zu können.

Die Berechtigung und die Hintergründe der drei kritischen Einwände sollen nun kurz beleuchtet werden.

ad 1) Die heute wieder stärkere Beachtung des Autonomieaspektes hängt ohne Zweifel mit der allgemein anwachsenden Opposition gegen die zunehmende Beschränkung der persönlichen Freiheit durch äussere Zwänge politischer, wirtschaftlicher und administrativer Natur zusammen. Die Bewegung auf vermehrte Mitbestimmung ist eine der markantesten Manifestationen dafür. In den USA setzte die Opposition gegen Tests schon vor mindestens 10 Jahren ein, weil diese dort in für uns unvorstellbarem Masse verwendet wurden. Auch bei uns werden Testergebnisse vor allem bei Stellenbewerbungen, manchmal aber auch bei Entlassungen, in einer Weise verwertet, die ethisch nicht verantwortbar ist. Es ist deshalb sehr wichtig, auf diese Gefahren der Diagnostik hinzuweisen. In diesem Sinne sind die "Ethischen Richtlinien" der SGP wertvoll, wo es z.B. heisst: "Informationen und Ergebnisse, welche der Psychologe in seiner beruflichen Tätigkeit erlangt... dürfen nur mit Einwilligung des Betroffenen weitergegeben werden." Es ist zu hoffen, dass sich diese Regel durchsetzt, mehr kann wohl nicht erreicht werden, solange es Personen gibt, die mehr Macht haben als andere. Ein Verzicht auf eigentliche Diagnostik würde nur dazu führen, dass noch fehlerhaftere und unkontrollierbare Beurteilungen über Personen Entscheidungen bestimmen würden.

ad 2) Für die in gewissen Kreisen anwachsende Skepsis gegen Tests gibt es verschiedene Gründe. Die Tests selbst sind nicht schlechter, sondern eher besser geworden; aber die Zahl der Untersuchungen, die deren Grenzen aufzeigen, steigt an. Auch die Zahl der Diagnostiker, die dank ihrer wissenschaftlichen Ausbildung ihre praktischen Erfahrungen kritisch prüfen, vermehrt sich wohl. Damit hat sich eine manchmal blinde Testgläubigkeit in eine Testskepsis verwandelt. Ich meine, dass dies eine gesunde und notwendige Reaktion ist, die aber nicht zu falschen Folgerungen führen darf. Man sollte sich z.B. nicht zu viel versprechen von der Einführung neuer, "besserer" Verfahren. Die Erfahrung zeigt, dass ein neues Verfahren erst nach etwa zehnjähriger sorgfältigster Prüfung richtig bewertet werden kann, wobei sich in der Regel der ursprüngliche Optimismus bedeutende Abstriche gefallen lassen muss. Der Wert eines Tests hängt weniger vom Instrument als solchem, seiner Reliabilität und sog. Validität ab, sondern von der Kenntnis möglichst vieler Kovarianzen mit anderen Tests und anderen z.B. soziologischen Variablen. Darum ist die Gültigkeit der Interpretation des Testresultates sehr stark von der Erfahrung bedingt, die der Diagnostiker mit einem Verfahren hat.

ad 3) Dieses grundlegendste Argument verlangt eine eingehende Würdigung, zu der dieser kurze Aufsatz keinen Raum bietet. Es ist theoretisch durchaus begründet, bezieht sich aber nur auf einen unrealistischen Anspruch an die Diagnostik, die Auffassung nämlich, der Diagnostiker müsse und könne eine unbedingt richtige und umfassende, in allen Lebenssituationen gültige Kenntnis einer Person vermitteln. Dazu ist die Diagnostik und vor allem die Prognostik heute und in einem nicht generell bestimmbaren Mass auch prinzipiell sicher nicht fähig. Sie kann trotzdem bei richtiger Verwendung der üblichen Verfahren mehr leisten als der berühmte gesunde Menschenverstand.

Wenn man auf Grund einer Testbatterie oder eines Persönlichkeitsfragebogens wie z.B. dem MMPI ein Profil zeichnet, erhält man ein Bild der Person, das, auf das Aeussere übertragen, ungefähr einer Zeichnung entspricht, die z.B. aus 10 ausgewählten Punkten besteht Das genügt meistens, um eine Person von einer anderen zu unterscheiden, wobei aber die Unterschiede schlecht interpretiert werden können. Besitzt man aber, wie oben erwähnt, genügend Informationen über die Tests und setzt man dieses Profil in Beziehung zu Beobachtungen, die während der Arbeit mit dem Probanden gemacht werden konnten, und zu anamnestischen Informationen, dann wird das Bild sicher realitätsnäher. Dieses für mich einzig vertretbare Vorgehen steht etwa in der Mitte zwischen einer primitiven Testanwendung - die manchmal als die einzig wissenschaftliche bezeichnet wird - und der "intuitiven" Menschenkenntnis. Die objektiven, feststehenden Testresultate liefern Fixpunkte, die die Subjektivität der Beobachtungen und Eindrücke korrigieren können. Je nach dem Probanden, den verwendeten Tests und den über sie vorhandenen objektiven Informationen können im Gesamtprozess die Testresultate oder die übrigen Informationen das grössere Gewicht haben. Ein solches Verfahren ist nicht im strengen Sinn wissenschaftlich, aber es soll auf einem Maximum von wissenschaftlichen Daten basieren. In diesem Sinn habe ich schon im Vorwort zu meiner "Psychologischen Diagnostik" (1936) geschrieben: "Psychologische Diagnostik ist eine Kunst und als solche nicht lehrbar. Ihre Ausübung erfordert jedoch gewisse Techniken und gewisse psychologisch Kenntnisse..."

Die Ueberwindung der Krise der psychologischen Diagnostik kann sicher nicht in deren Eliminierung, sondern nur in deren Vervollkommnung bestehen. Dazu kann wahrscheinlich weniger die Erfindung neuer Instrumente führen, als erweiterte und vertiefte Kenntnis über die Bedingungen des menschlichen Verhaltens im allgemeinsten Sinn und eine Verbesserung der Ausbildung. In ihr sollten weniger die Testtechniken und die psychometrischen Fragen im Vordergrund stehen, sondern die allgemeine Psychologie in ihrer Beziehung zu den diagnostischen Ergebnissen.

II. Die Stellung der Psychodiagnostik in der modernen Beratung

Protokoll einer Tagung der Schweizerischen Arbeitsgemeinschaft für akademische Berufs- und Studienberatung (AGAB)

am 1.—3. Oktober 1975 in Gwatt bei Thun

Vorbemerkungen

Während die Beiträge in Teil I sich zwar durchwegs auf das Symposium der Schweizerischen Gesellschaft für Psychologie beziehen, aber in ihrer grossen Mehrzahl erst nach dessen Durchführung niedergeschrieben wurden, stellen die Texte in Teil II eine Art simultanen Protokolls des Kurses dar, der vom 1. bis zum 3. Oktober 1975 von der Schweizerischen Arbeitsgemeinschaft für akademische Berufs- und Studienberatung (AGAB) unter Leitung von Dr.Fred W.Schmid und Dr.Urs Pulver in der Reformierten Heimstätte Gwatt (Berner Oberland) durchgeführt wurde. Die Referate sind - soweit nicht bereits in schriftlicher Fassung vorliegend - auf Band aufgenommen und anschliessend ins Reine geschrieben worden, desgleichen alle Diskussionen in Plenum und Arbeitsgruppen, mit Ausnahme der Verhandlungen einer französischsprachigen Gruppe (bei der die Aufnahme misslang). Unmittelbare Gesprächsaufzeichnungen wären für Dritte mühsam zu lesen; deshalb haben sich alle Beteiligten der Mühe unterzogen, ihre Aeusserungen sprachlich zu überarbeiten, ohne dabei dem Gesprächsverlauf die Spontaneität zu rauben. Nachträgliche Ergänzungen oder Veränderungen wurden in die Voten nicht aufgenommen, sondern bloss als Fussnoten beigefügt.

Das Kursgeschehen ist somit - und zwar im originalgetreuen Ablauf - fast vollständig festgehalten; ausgelassen wird in dieser Publikation - abgesehen von der oben erwähnten Lücke - nur die Arbeit des zweiten Nachmittags ("Analyse von exemplarischen Beratungsfällen mit dem Ziel einer kritischen Durchleuchtung des diagnostischen Prozesses", in den Arbeitsgruppen). Der Zielsetzung möglichst originalgetreuer Wiedergabe entsprechend sind auch Begrüssungs- und Schlussworte zur Tagung einbezogen worden; dagegen wurden die französischsprachigen Voten der Herren Auderset, Dupont und Gander ins Deutsche übersetzt, in Kapitel 14 von Urs Pulver, in Kapitel 17 von Fred W.Schmid. Für die Diskussionen hatte die Kursleitung Themen suggeriert; die Gespräche nahmen aber zum Teil einen anderen Verlauf. In dieser Schrift haben wir deshalb die entsprechenden Kapitel (14 bis 17) den vorwiegend behandelten Fragestellungen gemäss neu überschrieben. Im Sinne einer Orientierungshilfe für den Leser versuchten wir ausserdem, durch das Setzen von Zwischentiteln nachträglich eine Gliederung der Gespräche vorzunehmen, wobei wir freilich mehr Schwerpunkte benennen als Abgrenzungen markieren konnten.

Beizufügen ist noch, dass den Teilnehmern in Gwatt die Referate und Voten vom 12. April 1975 (Teil I) zwar bekannt waren (bzw. sein konnten), aber bloss soweit, als sie in der Schweizerischen Zeitschrift für Psychologie bis dahin schon publiziert waren (Symposium, 1975). Die Herren Blaser, Schallberger und Wälti konnten an der Tagung nicht teilnehmen, die Herren Dupont, Eckardt, Flammer, Lang, Meili und von Uslar mussten sie vor ihrem Abschluss (zu verschiedenen Zeitpunkten) verlassen.

9. Begrüssung

Fred W.Schmid

Meine sehr verehrten Damen und Herren,
liebe Kolleginnen und Kollegen,

Es ist mir eine Freude, Sie im Namen der Veranstalterin, der Schweizerischen Arbeitsgemeinschaft für akademische Berufs- und Studienberatung, und der Organisatoren zu unserer Tagung, "Die Stellung der Psychodiagnostik in der modernen Beratung", hier in Gwatt willkommen heissen zu dürfen.

Gwatt ist eine Stätte der Besinnung, und unser Zusammensein während dieser drei Tage soll einer Besinnung auf grundsätzliche Fragen unserer Tätigkeit als Diagnostiker und Berater gewidmet sein.

Konkret ist das Bedürfnis nach einer solchen Besinnung aus einem mehrfachen Unbehagen heraus entstanden:

- einem Unbehagen darüber, dass die Stellung der Psychodiagnostik in der Beratung nicht geklärt ist. Manche Berater setzen formalisierte psychodiagnostische Mittel zur Erfassung der Persönlichkeit des Ratsuchenden ein, andere glauben darauf verzichten zu können und stützen sich ausschliesslich auf das explorative Gespräch. Wenn spezielle diagnostische Verfahren verwendet werden, so geschieht dies mit unterschiedlichen Zielsetzungen, verschiedenen Methoden und in wechselndem Umfang;
- einem Unbehagen darüber, dass die Stellung der Diagnostik innerhalb der professionellen Psychologie nicht geklärt ist. Gewisse Fachkollegen, die ausserhalb des beraterischen Sektors tätig sind, stehen ihr skeptisch gegenüber oder lehnen sie ganz ab. Die Kritiker sind besonders zahlreich im Lager der Experimentalpsychologen, die dazu neigen, ihr mangelnde wissenschaftliche Genauigkeit vorzuwerfen, sowie in demjenigen der Psychotherapeuten, von denen einige befürchten, sie richte nur unnötige Schranken zwischen Therapeut und Klient auf und sei damit geeig-

net, den Ablauf des Heilungsprozesses zu behindern. Vor allem von Angehörigen neuerer therapeutischer Schulen wird diese letztere Auffassung vertreten; und da diese zuletzt entstandenen Schulen am meisten im Gespräch sind und bei der jüngeren Psychologen-Generation teilweise grosses Ansehen geniessen, ist es nicht verwunderlich, dass es immer schwieriger wird, unter dem Nachwuchs Leute zu finden, die bereit sind, den erheblichen Aufwand an Zeit und geistiger Energie zu erbringen, der für eine gründliche Einarbeitung in die Psychodiagnostik erforderlich ist

- einem Unbehagen, das mit diesem letztgenannten Punkt in Zusammenhang steht und sich auf die Tatsache bezieht, dass die Stellung der Diagnostik in der Ausbildung der Psychologen an den Hochschulen nicht geklärt ist. Einige ausländische Universitäten haben den diagnostischen Unterricht in jüngster Zeit auf Grund wissenschaftsideologischer Erwägungen überhaupt abgeschafft, einige schweizerische sind aus Gründen, die schwer zu durchschauen sind, nie wirklich dazu gekommen, ihn in verantwortbarer Breite und Vertiefung einzuführen. Welchen Platz müsste ein solcher Unterricht im Curriculum wirklich einnehmen und wie wäre er zu gestalten?
- einem Unbehagen schliesslich darüber, dass auch die Stellung der Psychodiagnostik in der Oeffentlichkeit nicht geklärt ist. Letztere schwankt mehr als ein halbes Jahrhundert nach dem Zeitpunkt in dem die Tests erfunden worden und breitere Kreise zum erstenmal damit in Berührung gekommen sind, immer noch zwischen Verteufelung und Ueberschätzung, wobei es oft nur eines geringfügigen Anlasses bedarf, um die eine Haltung in die andere umschlagen zu lassen. Es wäre müssig und wenig erhebend, sich mit allem befassen zu wollen, was während dieser langen Epoche in den Zeitungen und Zeitschriften an Druckerschwärze über die Psychodiagnostik vergossen worden ist; aber dass die Einstellung der Oeffentlichkeit unserer Disziplin gegenüber sich so lange nicht stabilisieren konnte und immer wieder dieselben alten Einwände in neuer Form vorgebracht werden, ist doch ein eigenartiges Phänomen und Grund zu einer leisen, aber anhaltenden Beunruhigung für die Fachleute. An die elektrische Eisen-

bahn haben sich die Menschen immerhin mit der Zeit gewöhnt, warum nicht auch an die Tests und das Getestetwerden?

Solche mehrfache Beunruhigung gibt uns sicher genügend Anlass und Rechtfertigung für die Durchführung einer Tagung, die der grundsätzlichen Besinnung auf die Stellung der Psychodiagnostik in der modernen Beratung gewidmet sein soll; auch wenn es natürlich vermessen wäre, davon verbindliche Antworten auf alle oder auch nur einen grösseren Teil der gestellten Fragen zu erwarten.

Ueber diesen inhaltlichen Aspekten wollen wir aber die methodischen Gesichtspunkte nicht vergessen, unter denen der bevorstehende Kurs konzipiert worden ist. Als Organisatoren liessen wir uns sehr stark von der Absicht leiten, es mit einem Brückenschlag von der Theorie in die Praxis zu versuchen - dies natürlich deshalb, weil wir in der bestehenden Trennung von Praxis und Theorie, die gerade in unserem Land sehr ausgeprägte Formen angenommen hat, eine der wesentlichen Ursachen für die Schwierigkeiten vermuten, mit denen die Psychodiagnostik heute zu kämpfen hat. Die gewählte methodische Konzeption spiegelt sich darin, dass wir uns an unserem ersten Kurstag mit den theoretischen Grundlagen der Psychodiagnostik, am zweiten mit deren Besonderheiten aus der Sicht der Beratung und am dritten mit diagnostischen Verfahren für die Beratung beschäftigen wollen. Auf diese Weise hoffen wir, jedem etwas geben zu können, demjenigen, den ein eher wissenschaftliches Interesse und demjenigen, den rein praktische Bedürfnisse in unseren Kreis geführt haben.

Das Ziel unserer Veranstaltung ist dabei letztlich ein berufspolitisches: nämlich durch Klärung wichtiger grundsätzlicher und praktischer Fragen einen Beitrag an die Bestimmung des Kurses zu leisten, den die psychodiagnostische Praxis und Forschung, soweit sie die Beratung betreffen oder tangieren, in den kommenden Jahren nehmen sollten.

Diese Zielsetzung war denn auch massgebend für die Festlegung der Adressaten, an die wir die Einladung zur Teilnahme richteten. Eingeladen wurden, neben den Mitgliedern der Schweizerischen Arbeitsgemeinschaft für akademische Berufs- und Studienberatung

(AGAB) auch diejenigen der Vereinigung Schweizerischer Schulpsychologen und Erziehungsberater (VSSE) sowie der Schweizerischen Gesellschaft für Psychologie (SGP). Ich richte einen besonderen Gruss an die Kollegen aus den befreundeten Fachorganisationen, die der Einladung gefolgt und heute zu uns gestossen sind.

Es obliegt mir die angenehme Pflicht, die folgenden Referenten unter uns zu begrüssen (in alphabetischer Reihenfolge):

- Herrn Prof.Jean-Blaise Dupont, Direktor des Instituts für Angewandte Psychologie an der Universität Lausanne, der als Hochschullehrer Pionierarbeit auf dem Gebiet einer wissenschaftlich fundierten Ausbildung von zukünftigen Berufsberatern leistet;
- Herrn Prof.Alfred Lang, Extraordinarius für Psychologie an der Universität Bern, der mit seinen provokativen Thesen zu den gesellschaftspolitischen Implikationen der psychodiagnostischen Tätigkeit sicher auch in diese Tagung wie schon in diejenige der SGP vom vergangenen Frühjahr ein belebendes Element hineintragen wird;
- Herrn Prof.emer.Richard Meili, den ich Ihnen allen nicht vorstellen muss, weil er der verehrte Doyen der schweizerischen Psychodiagnostik und auch im Ausland bekannteste Vertreter unseres Faches ist;
- Herrn Dr.Urs Pulver, Leiter der Akademischen Berufsberatung Bern und Mitorganisator dieser Tagung, dessen fundierte Beiträge aus dem Blickwinkel der Praxis viele von Ihnen kennen und der mit seinem Sekretariat zusammen freundlicherweise die gesamte administrative Vorbereitung des Kurses übernommen hat;
- Herrn Prof.François Stoll, Extraordinarius für Angewandte Psychologie an der Universität Zürich, der vom Beginn seiner Tätigkeit an sein aktives Interesse an einer besseren diagnostischen Ausbildung der Hochschulabsolventen unter Beweis gestellt hat;
- Herrn Prof.Detlev von Uslar, Ordinarius für theoretische Psychologie an der Universität Zürich, der für die schweizerische Beratungspraxis nur schon deshalb eine wichtige Persönlichkeit ist, weil bei ihm Jahr für Jahr weitaus die grösste Zahl von Psychologie-Studenten und potentiellen Nachwuchsleuten für unser Fach ihre Ausbildung abschliessen.

Wir freuen uns besonders, dass die Herren von der Hochschule unserer Einladung so bereitwillig Folge geleistet und damit ihre Bereitschaft bekundet haben, in einen Dialog mit der Praxis zu treten. Wir hoffen, dass dieser Dialog früher oder später zur Lösung einiger der Probleme führen wird, die uns an dieser Tagung beschäftigen werden.

Ferner wird heute abend noch unser ausländischer Gastreferent, Herr Dr.Hans-Henning Eckardt, Leiter des Psychologischen Dienstes der Bundesanstalt für Arbeit in Nürnberg, zu uns stossen. Er wird uns übermorgen von einem grossen Projekt berichten, das seit einigen Jahren von der Zentralstelle der deutschen Berufsberatung betrieben wird und eine Vereinheitlichung und Verbesserung des diagnostischen Instrumentariums zum Ziel hat, das den Berufsberatern zur Verfügung steht.

Im Namen der Organisatoren wünsche ich Ihnen allen: Praktikern, Hochschullehrern und Forschern, Welschen und Deutschschweizern, akademischen Berufsberatern und Kollegen aus den Nachbargebieten, einige anregende und bereichernde Kurstage. Ich erkläre die Tagung für eröffnet und erteile als erstem Referenten Herrn Pulver das Wort zu seinem Vortrag.

10. Von der Mannigfaltigkeit psychologischer Erfassungsmittel in der Beratung

Urs Pulver

Psychodiagnostik und Beratung

Die Tagung, zu der wir uns hier versammelt haben, wurde vor Jahresfrist konzipiert, lange bevor die Absicht der Schweizerischen Gesellschaft für Psychologie bekannt wurde, ein Symposium über die "Krise der Diagnostik" durchzuführen. Auch wir hatten im Verlaufe der Jahre den Eindruck gewonnen, die Lage der Psychodiagnostik bedürfe einer grundsätzlichen Klärung. Desinteresse an ihr oder gar Widerstand gegen sie verbreiten sich unter den Fachleuten immer stärker. Unser Kurs sollte der Erörterung der Frage dienen, ob und in welcher Form die Verwendung psychologischer Erfassungsmittel doch noch einen Sinn haben kann. Wir waren darum überrascht und erfreut, als wir vom Thema der SGP-Jahresversammlung 1975 Kenntnis bekamen, und wir betrachteten und betrachten die beiden Tagungen des Jahres 1975 über Grundfragen der Psychodiagnostik als zusammenhängend. Sie haben Referate und Diskussionsvoten vom 12. April anfangs letzter Woche zugestellt erhalten und, wie ich hoffe, zumindest etwas durchgesehen.

Es wäre verlockend, eine Tagung wie die hier in Gwatt mit einer Erhebung darüber zu beginnen, was jeder Einzelne von uns aus der Diskussion vom Frühjahr für sich selber gemacht hat. Wahrscheinlich gingen die Stellungnahmen auch bei unserer Gruppe recht weit auseinander. Ich persönlich habe zunächst einmal den Eindruck erhalten, verschiedene Fachleute sprächen im Grunde von verschiedenen Dingen, wenn sie sich über Psychodiagnostik und über Tests äussern. Das war wohl immer so, und vielleicht kann es nicht wundern, dass es - trotz langjähriger Verfeinerung der Methoden und stets wachsender Literatur -

noch heute so ist. Ganz offensichtlich hat sich die Testtheorie immer ausschliesslicher an der Vorstellung orientiert, psychologische Erfassungsmittel dienten vorwiegend Zwecken der Prognose, nosologischer Klassifikation und Entscheidungsfällung; dass sie in einem grossen Bereich psychologischer Praxis eine andere Funktion haben, wurde von manchem beraterisch tätigen Psychologen zwar deutlich gespürt, fand aber kaum je eine theoretische Begründung. Entwürfe zu einer solchen, wie jener Fred W.Schmids vor einem Jahrzehnt (Schmid, 1966c), fanden recht wenig Beachtung, und die psychologischen Praktiker fuhren fort, ihren nonkonformistischen Umgang mit Tests als eine Art "Sünde vor der Wissenschaft" zu empfinden. In dieser Unsicherheit werden sie bestärkt durch Lehrbücher wie das des Niederländers Pieter Drenth (1969), das etwa die individuelle Anwendung psychologischer Tests beim Counseling zwar richtig als "Ausgangspunkt für die gemeinsame Problemanalyse" charakterisiert, der Sache selber aber nur ein paar wenige Zeilen widmet, abgeschlossen durch die bezeichnenden Worte: "Allerdings befinden wir uns nicht mehr im Bereich der Psychodiagnostik, bei der es grundsätzlich nur um Richtigkeit und Wahrheit geht". Auch die uns in der Gesamthaltung verwandtesten amerikanischen Beratungs-Lehrbücher, wie etwa das von Leona E. Tyler (1969), ordnen Tests fraglos dem Prognose- und Entscheidungsgesichtspunkt unter. Das wachsende Unbehagen, dass man damit die persönliche Autonomie des Ratsuchenden verletzen könnte, und die resignative Einsicht, dass vielfach gerade die für Prognosezwecke bestbearbeiteten Mittel im individuellen Fall recht wenig hergeben und bewirken, führten mehr und mehr zur Ablehnung der Diagnostik durch die Berater oder zu gekünstelten Kompromissen wie beispielsweise der Wahl der Tests durch den Ratsuchenden selber (vgl. Goldman, 1971).

Unser Kurs ist vorwiegend - wenn auch nicht ausschliesslich - den Problemen der Psychodiagnostik in der Beratung gewidmet. Er wird eingeleitet durch dieses Referat, in welchem an meinem persönlichen Beispiel dargestellt werden soll, warum ein Berater dennoch psychologische Erfassungsmittel verwendet und wie er damit umgeht. Ein Stück persönlichen Bekenntnisses liegt also in der folgenden Darlegung. Es beginnt schon bei der Kennzeichnung des Beratungsbegriffes, welcher natürlich den Einsatz der Methoden wesentlich mitbestimmt. Das Verständnis von Beratung, wie ich es mit vielen anderen zusammen heute aufrechterhalte, ist niedergelegt im ersten der dreizehn Grundsätze des SHK-Berichtes über die Beratungsdienste im schweizerischen Erziehungs- und Ausbildungswesen (Beratung, 1974). Dort heisst es schlicht und einfach: "Beratung versteht sich als Hilfe zur Selbstfindung und persönlichen Entscheidung." In dieser Definition liegt - wie im folgenden hoffentlich spürbar wird - eine ganze Philosophie. Beratung erstreckt sich, wie es im Abschnitt 412 dieses Berichtes heisst, "auf eine Vielfalt von Problemen des Erziehungs- und Ausbildungsprozesses, insbesondere: Wahl eines angemessenen Bildungsganges; Lösung schulischer Probleme; Ueberwindung persönlicher Schwierigkeiten, die sich aus Entwicklungskrisen oder Ausbildungssituationen ergeben; Berufsfindung und berufliche Weiterentwicklung." Die "Hilfe zur Selbstfindung" darf in solchen Situationen nicht in erster Linie in prognostizierender Rat-Erteilung durch einen besser Wissenden an einen weniger Wissenden bestehen. Vielmehr geht es dabei um zwei Dinge: einmal um den Versuch einer Horizonterweiterung beim Ratsuchenden, das heisst darum, zu ermöglichen, dass er seine Entscheidungen nicht allzu zufällig oder voreingenommen oder auf irrtümlichen Vorstellungen beruhend trifft. Einer der Wege hierzu ist Informationsvermittlung. Zweitens, und damit eng verbunden, geht es um den Versuch, Ausgangslage und Bedingungen der erwähnten Wahlsituationen und Schwierigkeiten in gemeinsamem Bemühen zu klären, zu erklären und durchzuarbeiten, so, dass der Ratsuchende sein Problem von neuen Seiten her sehen und besser lösen kann. In einem früheren Vortrag versuchte ich darzulegen, wie dieses Ziel durch das beraterische Gespräch angegangen werden kann (Pulver, 1973). Ich hoffe heute zeigen zu können, dass der Beizug psychodiagnostischer Erfassungsmittel in der Beratung dem gleichen Ziel dienen kann. Die Tatsache, dass sowohl in der schweizerischen akademischen Berufsberatung als Ganzer wie auch an unserer Berner

Stelle nur rund 30% der Ratsuchenden einer psychodiagnostischen Abklärung unterzogen werden, beweist dabei deutlich, dass diese immer nur als Hilfsmittel verstanden wird; sie ordnet sich grundsätzlich dem Gespräch unter; an der SGP-Tagung habe ich von einer "Fortsetzung des Gesprächs mit andern Mitteln" gesprochen. Wie diese Mittel beschaffen sein und wie sie angewendet werden sollten, das ist das Thema dieses Vortrags; ich versuche einen tour d'horizon über die verschiedenen Arten von Tests zu geben, die ich in meiner Beratungstätigkeit einsetze, Gründe zu nennen, die mich zu ihrem Gebrauch veranlassen, und Probleme zu erörtern, die sich dabei stellen.

Probleme psychodiagnostischen Messens

Fast jede psychodiagnostische Untersuchung schliesst einen Intelligenztest ein, d.h. eines jener Mittel, die versuchen, die Intelligenz des Probanden zu messen. Was heisst das, "Messen"? Lothar Michel (1964, S.19) definiert Messung als "quantitative Bestimmung der relativen Position, die ein Individuum hinsichtlich eines oder mehrerer psychischer Merkmale innerhalb der Population, welcher es angehört, einnimmt." Eine solche Bestimmung ist bekanntlich schwierig. Jedes Verhalten, auch jede Testantwort und jede Testleistung, ist multideterminiert. Psychodiagnostisches Messen ist der Versuch, unter Ausschluss oder Konstanthaltung aller andern möglichen Einflüsse eine uns einzig interessierende Determinante des Verhaltens möglichst zuverlässig zu erfassen. Eine solche "Purifikation" des empirisch Erhobenen ist immer nur näherungsweise möglich; es ist ausgeschlossen, je eine vollständige Uebersicht über sämtliche die Unterschiede einer Testleistung mitbestimmenden Faktoren zu gewinnen oder sie gar alle unter Kontrolle zu bringen. Wenn man die Literatur im Ueberblick zu betrachten versucht, erkennt man bald das Aussichtslose eines solchen Unterfangens: man kann, will man die gewünschte Variable vom einen der Störefriede reinigen, immer nur den Teufel mit Beelzebub austreiben, zum Beispiel durch saubere Standardisierung zwecks Ausschluss von Umweltvariablen nur den Einfluss nichtbeabsichtigter anderer Variablen von innen her vergrössern, wie etwa Testangst und Reaktion auf unnatürliche Atmosphäre.[1] Manfred Sader hat 1961 in einem klugen Büchlein, das zum Teil diesem Problem gewidmet ist, kompromisslos formuliert: "Völlige Exaktheit ist für den psychologisch-diagnostischen Versuch nicht erreichbar." (S.54).

Diese Unerreichbarkeit einer sauberen Ausscheidung ist allerdings kein Grund, nicht wenigstens den Versuch zu machen, sich diesem gesetzten Ziel möglichst zu nähern. Ich hatte in den letzten Jahren Gelegenheit, mich wieder in die Psychometrie einzuarbeiten, und war höchst beeindruckt von dem, was die Messmethodik mit Hilfe ausgeklügelter Vorsichtsmassnahmen, Hilfskonstrukte, Berechnungen usw. in den letzten Jahren zustandegebracht hat. Wenn man nicht der Chimäre einer absoluten Objektivität nachrennt, sondern sich mit einem pragmatischen Optimierungsverfahren zufriedengibt, dann sind die Erfolge beachtlich. Wo immer es darum geht, ganz bestimmte, gezielte, oft wiederkehrende Fragen im Durchschnitt möglichst treffsicher zu beantworten, sind solche isolierenden Standortbestimmungen auf einer interindividuellen Dimension unentbehrliche Hilfsmittel geworden.

Auch in der Beratungssituation gibt es eine Reihe von Fragestellungen, die die Verwendung solcher Mittel nahelegen, insbesondere in Bezug eben auf die Intelligenz oder auf spezifische Fähigkeiten des Ratsuchenden. Die Aussagekraft genauer Messungen ist hier allerdings doppelt begrenzt. Einerseits sind deren empirisch festgestellte Zusammenhänge mit anderen Verhaltensweisen, etwa Schul-, Prüfungs- oder gar Berufserfolg, recht gering. Leona Tyler betont (1969, S.90), dass die Korrelationen zwischen Testergebnissen und Erfolgskriterien nicht

[1] Das gilt zum Beispiel für das Bemühen, die "unterschiedliche Wirkung verschiedener Untersuchungsleiter" auf die einzelnen Probanden durch mechanisierte Testdurchführung auszuschalten (vgl. Eckardt, 1977b, S.145). Dass manche Versuchspersonen ausgesprochene Freude haben, an einem Computerterminal zu arbeiten, dass viele Neurotiker dabei weniger gehemmt sind, peinliche Dinge zu bekennen, und dass das durch Arbeit am Testgerät erhöhte Angstniveau vieler sich in der Folge eher abbaut (S.147), ist zwar gewiss beruhigend, belegt aber doch sehr schön die hier vorgetragene Ueberlegung.

hoch genug seien, um uns je das Recht zu einer definitiven Erfolgsprognose zu geben. Voraussagen können immer nur probabilistisch sein. Aber diese Einschränkung gilt nicht nur für Validitätskoeffizienten, sondern auch für die Messung selber. Die moderne Testtechnik hat deren Genauigkeit zwar ständig verbessert. Aber der Zuwachs besteht bekanntlich kaum darin, dass man die exakte "Position eines Individuums hinsichtlich eines Merkmals", zum Beispiel seinen "wahren" Intelligenzstand, immer zuverlässiger angeben könnte. Vielmehr nimmt bloss die Präzision der Aussage zu, welches Mass an Vertrauen man in die Ergebnisse haben dürfe. Selten ist es ein besonders hohes. Will man es, zum Beispiel im Rahmen der Intelligenzbeurteilung, etwas verbessern, so muss man mehrere parallele Messungen des gleichen Merkmals vornehmen. In der Beratungspraxis mit ihren äusseren Beschränkungen kann eine so erkaufte Zunahme an Genauigkeit in der Messung einer Dimension nur auf Kosten der Abklärung anderer Seiten gehen. Lohnt sich der mit einem solchen Verzicht verbundene Aufwand? Bei einzelnen Fragestellungen vielleicht: ja; in den meisten Fällen, vom Ziel und Effekt der Beratung her beurteilt, jedoch kaum. Cronbach und Gleser (1965, S.130 ff.) und in neuester Zeit Fred W.Schmid (vgl. Diskussionsbeitrag auf S.47) haben auf die Fragwürdigkeit probabilistischer Aussagen im Einzelfall nachdrücklich hingewiesen. In der Beratung geht es, wie uns Drenth eben vorhält, nicht um eine abstrakte, vom Ratsuchenden gleichsam losgelöste "Wahrheit", sondern um die Hilfe, die wir dem Klienten bieten, die Wirkung, die wir bei ihm erzielen können. Und da zeigt sich immer wieder, dass für diesen weder die exakte Höhe noch die präzise Vertrauenswürdigkeit einer Masszahl, aber auch nicht der genaue Prozentsatz seiner voraussagbaren Erfolgschancen, eine wesentliche Rolle spielt. In der verschiedenartigen Aufnahme und Verarbeitung solcher Mitteilungen von Klient zu Klient liegt ein viel mächtigerer Faktor, der alle messtechnischen Verfeinerungen vollständig nutzlos machen kann, und der Berater konzentriert sich besser darauf, wie er den einzelnen Ratsuchenden am besten "erreicht", denn auf ein Höchstmass an Genauigkeit.

Für das "Herankommen" an den Ratsuchenden spielt beispielsweise eine grosse Rolle, ob er unsere Testresultate überhaupt ernstnimmt. Oft glaubt er uns gar nicht, dass wir mit der Serie kleiner, belangloser Aufgaben, auf die er unter Zeitdruck, meist mit blossem Anstreichen eines Buchstabens, antworten musste, seine "Intelligenz" gemessen haben. Die "face validity" eines Tests, über die der Wissenschafter lächelt, spielt für den Erfolg einer Beratung eine wesentliche Rolle, und der Berater hat gelernt, sie auch fachlich ernst zu nehmen. Vor einer Woche ist in der "Weltwoche" unter dem Titel "Zum Henker mit dem Intelligenzquotienten!" ein Artikel erschienen, in welchem ein mit dem HAWIE Getesteter sein Testerlebnis und seine Reaktion darauf schildert. (Bommer, 1975). Der Aufsatz ist lesenswert in doppelter Hinsicht: weil er nämlich zeigt, wie wenig solch ein Test auch einem Gutabschneidenden als Zeugnis seiner Intelligenz einleuchtet, und wie recht er damit - unfreiwillig - hat, da sein Elaborat beweist, dass einer selbst bei einem IQ von 119 höchst unintelligente Gedankengänge zu Papier geben kann. Aber der an den Intelligenz-Messungen zweifelnde Ratsuchende hat nicht bloss oberflächliche Journalisten auf seiner Seite, sondern auch eine ganze Reihe ernstzunehmender Psychologen. Auf einen von ihnen möchte ich besonders hinweisen, nämlich auf Bernard G. Rosenthal (1974), der in einem originellen Buch gezeigt hat, was die Menschen im alten Griechenland, im Mittelalter und in der Renaissance im Gegensatz zum Amerikaner des 20. Jahrhunderts unter Intelligenz verstanden haben, und wie sie, falls daran interessiert, diese Intelligenz testmässig zu erfassen versucht hätten. Neben dem Reichtum der von Rosenthal vermittelten Anregungen erscheint unser heutiges Instrumentarium schon recht armselig, und wir Berater der Berner Stelle können froh sein, dass wir doch seit Jahren wenigstens Versuche unternehmen, mit Mitteln wie unseren Ueberlegungs-Aufgaben auch andere Aspekte dessen zu erfassen, was man landläufig unter intelligentem Denken versteht. Der Proband wird hier immerhin eingeladen, aktiv-schöpferisch zusammenhängende Gedanken zu Themen zu entwickeln, die für ihn einigermassen relevant sind. Die Ergebnisse stehen oft in krassem

Gegensatz zur gemessenen "Intelligenz". Manch einer mit sehr hoher IST-Kurve gibt äusserst dürftige, unüberlegte, einfallsarme "Ueberlegungen" oder auch Definitionen zu Protokoll und lässt uns damit begreifen, warum er trotz rascher, ungestörter, treffsicherer Reaktion auf serienweise gestellte banale Fragen im Gymnasium keine guten Noten und im Studium keine produktiven Arbeiten erzielt. Peter Landolf (1966) hat vor zehn Jahren dieses Problem in einem Aufsatz systematisch und programmatisch abgehandelt. Die Auswertung der eben erwähnten psychodiagnostischen Versuche ist allerdings nur schwer in Zahlen zu fassen; sie muss qualitativ erfolgen, und das heisst hier vor allem: die Isolierung jener Determinanten der Testleistung, die uns besonders interessiert, etwa der Fähigkeit, wesentliche Aspekte eines Problems zu erfassen, ist bei komplexeren Aufgaben kaum mehr möglich; Leistungsbereitschaft, Aufgabeverständnis, Haltung zur Untersuchung und viele andere Faktoren fliessen in die Testleistung mit ein und geben ihr eine individuelle Färbung, die nicht mehr leicht zu reduzieren ist auf eine präzise Mess-Gerade. In andern Worten: Das Testergebnis verlangt nach Analyse und Erklärung.

Erklärung und Individualität

Auch saubere metrische Resultate rufen ja oft nach Erklärung. Das ist zum Beispiel immer dann der Fall, wenn gemessene Intelligenz und benotete Schulleistungen auseinandergehen. Dann ist es unsere Aufgabe als Berater, durch diagnostische Arbeit diesen Widerspruch nach Möglichkeit zu erklären. Und damit stossen wir nun auf die entscheidende Frage, warum wir im Verlaufe der Beratung überhaupt psychodiagnostische Mittel anwenden. Wir mögen für selbstverständlich genommen haben, dass das - wo nicht geradewegs zu Prognosezwecken - mit der Absicht geschehe, für ein zum Problem gewordenes "Realverhalten" eine zuverlässige Erklärung zu finden; und nun wird das Mittel, das diese Erklärung liefern soll, seinerseits als erklärungsbedürftig bezeichnet. Tatsächlich glaube ich, dass wir hier umdenken müssen. Es wäre unfruchtbar, von der Auffassung auszugehen, dass das Realverhalten gleichsam die Frage stellt und das Testresultat die Antwort erteilt. Realverhalten und Testverhalten stehen - zumindest in der Beratung - nicht auf verschiedenen Ebenen des Erklärungsversuches. Tests mache ich nicht darum, weil sie zuverlässigere Auskunftgeber über die Person sind als all das, was ich sonst von ihr und über sie in Erfahrung bringen kann, sondern weil diese andern Auskünfte zur Erklärung oft noch nicht genügen, und weil sie vielfach schwer aus dem Zusammenhang der besonderen Umstände zu lösen sind. Mit Mitteln, welche mir anders kaum zugängliche Verhaltensausschnitte provozieren, und welche, weil ich die Reaktionen vieler darauf beobachtet habe, auch einen gewissen Vergleich erlauben, suche ich neue Aufschlüsse zu gewinnen, und die Erklärung erwächst aus der Gegenüberstellung und Zusammenschau der verschiedenen Informationen.

Der Positivismus hat dem Erklärungsbegriff eine präzise Bedeutung zu geben versucht. Hempel und andere haben ein Subsumptions-Schema der Erklärung entwickelt, und Westmeyer (1972) hat es auf die Diagnostik übertragen. Nach diesem Schema müssen wissenschaftliche Erklärungen immer so erfolgen, dass man angibt, aufgrund welcher Antezedensbedingungen und gemäss welchen Gesetzen oder Gesetzmässigkeiten es zur Erscheinung E, dem Explanandum (etwa einem Schulversagen), gekommen ist. Der allgemeinverbindliche, normative Anspruch dieses Erklärungsbegriffs ist von manchen Philosophen, etwa Taylor (1964), von Wright (1974) oder Louch (1969) in überzeugender Weise zurückgewiesen worden; wir brauchen uns damit nicht näher zu beschäftigen. Für uns ist hier interessant, dass Westmeyer in seiner Grundlegung einer "normativen Diagnostik" nur Gesetzmässigkeiten kollektiver, interindividueller Art beizieht und gelten lässt. Fritz Keller versagt in der Schule, <u>weil</u> er eine mit dem Test X gemessene Intelligenz von 90 hat und <u>weil</u> die Schulleistungen der Gruppe, der er zugehört, mit den Leistungen in Test X eine Korrelation von .60 aufweisen. Wie im konkreten Fall Fritz Kellers Test- und Schulleistungen zusammenhängen, kann wissenschaftlich nur im Rückgriff auf die Gruppe erklärt werden.

Der mit individuellen Fällen arbeitende Psychologe fragt hier: warum? Warum sollten die Gesetzmässigkeiten, denen das psychische Funktionieren folgt, bei einem so komplizierten System, wie es der Mensch darstellt, das sich ein Leben lang in teilweiser individueller Abgeschlossenheit entwickelt hat, nur allgemeiner Natur sein? Warum könnte eine Erklärung individueller Phänomene nur darin bestehen, die relative Position eines Menschen auf einer allgemeinen Dimension herauszufinden und sein persönliches Verhalten auf das statistische Verhalten seiner Gruppe zurückzuführen? Gordon W. Allport, überzeugter Verfechter einer andern Auffassung, hat einmal ausgemalt, wie der sprichwörtliche Besucher vom Mars über diese einseitige Verbohrtheit unserer Erforschung des Menschen den Kopf schütteln müsste (1960, S.127). Der Grund für eine so realitätsferne Haltung der Wissenschaft kann bloss methodologischer Natur sein: er ist darin zu finden, dass sich allein kollektive Gesetzmässigkeiten nach positivistischen Standards feststellen lassen. Mit "Richtigkeit und Wahrheit" haben freilich solche methodologischen Vorentscheidungen wenig zu tun. Als Berater bin ich mit vielen Psychologen der Ueberzeugung, dass interindividuell messbare Verhaltenszüge nur - wenn auch nützliche - Abstraktionen, nicht aber Erklärungsgründe sind; dass sich vielmehr ein Verhalten nur aus der individuellen Struktur eines Menschen und aus den Gesetzmässigkeiten, die sich in seiner persönlichen psychischen Entwicklung gebildet haben, erklären lässt. In Gruppen festgestellte statistische Gesetzmässigkeiten können dabei zwar wichtige Erklärungshilfen bieten, sind aber selber der Erklärung bedürftig.

Diese vielleicht etwas theoretisch klingende Gegenüberstellung bekommt für den Praktiker sofort Leben, wenn wir sie auf die Diagnostik anwenden. Die in Amerika längst gebräuchlichen, heute auch im deutschen Sprachgebiet immer mehr verbreiteten Persönlichkeitsfragebogen machen deutlich, was gemeint ist. Auf diesen Kurs hin habe ich wieder einmal solch einen Test an mir selber durchgeführt. Ich fand ihn anregend und faszinierend und war gespannt, zu sehen, was nun aus meinen Antworten zu lesen wäre. Da erlebte ich Enttäuschungen, die mein Verständnis für missvergnügte "Weltwoche"-Journalisten anwachsen liessen. Beispielsweise hatte ich zwei Dinge bejaht, nämlich, dass es vieles gebe, worüber man sich ärgern könne, und dass ich mich zurückhalte, wenn jemand mit mir Streit beginnen möchte. Für mich ergibt dies zusammen ein möglicherweise hochrelevantes individuelles Pattern - für den Fragebogen dagegen ergibt es null, weil die beiden Antworten statistisch positiv beziehungsweise negativ mit einem Gesamtmass der Aggressivität und Erregbarkeit korrelieren und sich darum gegenseitig aufheben. Es mag gewiss richtig sein, dass man der einzelnen Fragebogen-Antwort in der Regel keine grosse diagnostische Bedeutung zumisst. Erst die Verbindung verschiedener Antworten lässt Regelmässigkeiten oder typische "Züge" in Erscheinung treten. Die Frage ist bloss: welche Verbindungen? Fragebogen pflegen - teils mit Recht - die Dimensionen der Beurteilung zum vornherein festzulegen; zum Beispiel werden 16 Persönlichkeitsfaktoren ("16 PF") definiert und gemessen. Jede Antwort hat zum vornherein ihren fixierten Platz, der ihr anlässlich der statistischen Voruntersuchung zugewiesen worden ist. In der beraterischen Diagnostik kann es nun zwar tatsächlich wertvoll sein, wenn wir unseren Klienten zeigen können, wie sie sich etwa in Bezug auf ein Aggressionsmass in die Reihe Gleichaltriger und Gleichgeschulter einfügen. Noch wertvoller ist es hingegen für den Fortgang der Beratung und die daraus zu ziehenden Schlüsse, wenn wir nach individuellen Patterns Ausschau halten und etwa den Ratsuchenden mit Vermutungen über die internen Prozesse konfrontieren können, die sich beim Auftreten aggressiver Regungen in ihm abspielen - auch wenn uns hier ein quantitativer Vergleich mit anderen nicht zur Verfügung steht. Ich lege darum Wert darauf, wenn immer die Zeit dazu reicht, die einzelnen Antworten auf Persönlichkeitsfragebogen noch vergleichend zu betrachten, um so ein individuelles Bild vom Ratsuchenden zu gewinnen. Leider ist das heute oft kaum mehr möglich, da die Fragebogen zur Erleichterung der statistischen Auswertung immer häufiger auf Computer-Bearbeitung hin angelegt sind. Ich muss Ihnen gestehen, dass sich meine Wahl der verwendeten Mittel, auch bei den Neigungstests, weniger nach ihrer statistischen Ausarbeitung und Ueberprüfung richtet als nach der Möglichkeit einer konkreten Einsichtnahme in die Antworten. So sind mir jene Neigungstests am liebsten, bei denen man sich nicht mit der Kenntnisnahme einer so oder so hohen Säule für beispielsweise soziale Interessen abfinden muss, sondern wo man durch Quervergleiche der Antworten den persönlichen Stil dieser Neigung, ihre spezifische Einbettung in andere Einzelinteressen feststellen kann. Schon eine schlichte Liste zu unterstreichender Tätigkeitswörter kann sehr eindrückliche individuelle Interessenmuster offenbaren.

Reduktion auf Dimensionen - Erfassung der Person

Einer der wichtigsten Unterschiede zwischen der Messung allgemeiner Dimensionen einerseits und der Herausarbeitung individueller Persönlichkeits- und Interesse-Muster andererseits besteht dabei in der involvierten Beziehung Psychologe-Klient. Dimensionen können und müssen durch den Fachmann in geistiger Abgeschiedenheit vom Klienten erhoben, berechnet und weitergegeben werden; nur er weiss, wie man zur Wahrheit gelangt; der Ratsuchende ist passiver Rezipient der als objektiv dargebotenen Ergebnisse. Anders beim individualisierenden Vorgehen. Das individuelle Bild des Klienten muss mit diesem zusammen erarbeitet oder zumindest von ihm überprüft und beantwortet werden, wenn es als Erkenntnis hinlängliche Gültigkeit erlangen soll.[2]

[2] Diese Aussage steht offensichtlich in diametralem Gegensatz zu jener Langs (S.25), der gerade dann (und nur dann) vom Ausgeliefertsein des Klienten "an einen unkontrollierbaren Mehrwisser" spricht, wenn der Diagnostiker individualisierend vorgeht, statt objektive Messungen vorzunehmen. Offenbar gehen die Meinungen darüber auseinander, was für den Getesteten beklemmender ist: einem Uebermittler-Experten gegenüberzustehen, der gleichsam als Vollzugsbeamter der Wahrheit von seiner Person unabhängige Befunde bekanntgibt, die sich jeglicher Diskussion entziehen - auf seiten des Diagnostikers, weil durch persönliche Qualifizierung der Befunde subjektive Willkür einflösse; auf seiten des Klienten, weil er die statistische Wahrheits-Maschinerie unmöglich durchschauen kann und sich der wissenschaftlichen Autorität des Experten blind anvertrauen muss -, oder aber einem Partner-Experten, welcher dank einem Wissens-Vorsprung auf diesem Gebiet seine als persönlich prokla-

Solch gemeinsame Interpretationsarbeit kann sich natürlich selber zu einem der wertvollsten Teile der Beratung entwickeln. Leo Goldman, der ein ganzes Buch der Verwendung von Tests in der Beratung gewidmet hat, beschreibt den diagnostischen Prozess als "gemeinsamen Lernprozess" von Berater und Klient (1971). Als geradezu klassisches Beispiel einer derartigen ratsuchendenzentrierten Beratungsdiagnostik sei die an unserer Beratungsstelle häufig gebrauchte, von Peter Landolf entwickelte "Methode zur Erfassung akademischer Interessen und Neigungen" (MAKI) erwähnt. Auswertung nach allgemeinen Dimensionen spielt bei ihm eine höchst bescheidene Rolle, statistische Masse fehlen; aber der Test spricht an, er veranlasst den Ratsuchenden zu fruchtbarem Nachdenken und macht ihn zum gründlichen Beratungsgespräch bereit; es ist auch schon vorgekommen, dass er ihn unmittelbar zur inneren Klarheit und damit zur Lösung des Problems führte, ohne dass der Berater noch seinerseits interpretieren und mithelfen musste. Der MAKI kann so gelegentlich zum psychologischen "Selbsterfassungsmittel" werden.

Das eigentliche Schlachtfeld unterschiedlicher Auffassungen über Psychodiagnostik bilden aber nicht die bis dahin besprochenen Methoden, sondern - und zwar seit jeher - die projektiven Tests. Wir wollen kurz auf den meist-verwendeten unter ihnen eintreten, den Rorschach (und seine Parallelformen und Abarten). Wer häufig mit dem Rorschach zu tun hat, ist beeindruckt, ja oft überwältigt von der Mannigfaltigkeit der Antwortmöglichkeiten und der Fülle individueller Aspekte, die aus den Testprotokollen auf uns zufliessen. Diese Mannigfaltigkeit und Fülle bildete von jeher die grosse Chance und zugleich das grosse Problem des Rorschach-Tests. Sie irgendwie zu ordnen und in den Griff zu bekommen, war das Anliegen schon des Testgründers selber, der einen Weg dazu mit seiner klassischen Signierungsmethode gewiesen hat - einen Weg allerdings, der sich in der Folge als sehr zwiespältig erwies. Das Signierungsproblem

mierten Ueberlegungen, Eindrücke und Hypothesen zu offener Diskussion stellt. Klienten-Forschung wäre hierzu erwünscht.

hat über Jahrzehnte die ganze Rorschach-Entwicklung und -Diskussion stark dominiert; es haben sich Schulen gebildet, teils konservativere, teils renovationsfreudigere, und sind miteinander in Konkurrenz getreten; sie teilen aber meist eine Auffassung, die man bezeichnen könnte mit: "in signis veritas". Viele Rorschacher glauben, wenn man nur richtig signiere und richtig zähle - und darin liege die Kunst -, so ergebe sich durch interpretierende Uebersetzung das wahre Bild der Persönlichkeit von selber.

An einer solchen Auffassung kann man nun von zwei diametral verschiedenen Seiten her berechtigte Kritik üben. Die eine Kritik hat im deutschen Sprachbereich neuerdings durch das Buch von Fischer und Spada einen drastischen Ausdruck gefunden. Diese zwei Autoren bezeichnen alle nicht-psychometrischen Ansätze projektiver Verfahren als "Rückschritt auf das vorwissenschaftliche Stadium der subjektiven Informationsverarbeitung" (1973, S.24). An ihrer Kritik würde ich gewiss die Argumentation unterstützen, dass man Zahlen nur dann wie Messwerte behandeln und quantitative Operationen an ihnen durchführen darf, wenn sie auf eindeutige, zuverlässige Weise gewonnen sind. Fischer und Spada ziehen daraus den Schluss, dass man die Fülle der im Rorschach beobachtbaren Antwortcharakteristika auf ein paar wenige Dimensionen zu reduzieren hat, damit sie wissenschaftlich erfassbar werden. Ganz-, Detail- und Kleindetailantworten beispielsweise dürfen nur eine einzige Dimension mit einheitlicher, linearer Bedeutung bilden. Sie nehmen damit einen grossen Verlust an Information zugunsten einer allfälligen grösseren Sicherheit der Schlüsse in Kauf - einen Verlust, der manchen Berater bestimmen würde, auf den Rorschach als Mittel überhaupt zu verzichten. Auf keins von beiden verzichten, weder auf die Fülle noch auf die Psychometrisierung, wollen Zubin und seine Mitarbeiter (1965), die ganze 96 Rorschach-Dimensionen einer Messung zugänglich machen - ein beeindruckendes Unterfangen, reizvoll für Forschungszwecke, aber völlig unmanageabel für die Praxis.

Auch da wieder die Frage, ob sich der Aufwand lohnt. Denn

nicht alles und jedes an einem Rorschach-Protokoll scheint dem Berater auszählens- und interpretierenswert. Die individuelle Art und Weise zu erfassen, in welcher der Ratsuchende die Formdeut-Aufgabe verstanden und bewältigt hat, und sie ihm zurückzuspiegeln - das erachten wir als die zentrale Aufgabe, die der Rorschach dem Berater stellt. Von hierher kommt die umgekehrte Kritik am landläufigen Signierungsglauben, wie sie Fred W. Schmid im Rahmen seiner Auseinandersetzung mit einem Formdeut-Lehrbuch für die Beratung formuliert hat (Schmid, 1966c). Die Signa können bei einer solchen Interpretationsform nur als Hinweise auf Aspekte der Vergleichbarkeit dienen. Lehrmeister dieser Form der Rorschach-Verwendung gibt es viele; ich möchte nur auf so verschiedenartige Fachleute wie Roy Schafer (1954), Françoise Minkowska (1956) oder Ernest G.Schachtel (1966) hinweisen. Frau Minkowska etwa hat in ihren Abhandlungen eindrücklich gezeigt, wie man an einem Rorschach-Protokoll die wesentlichen, individuell auffallenden Züge herauskristallisieren und alles für die Fragestellung Belanglose beiseite lassen kann.

Dieses Verfahren des Heraushebens für den Individualfall wesentlicher Züge ist bei anderen, für die Beratung äusserst wertvollen Erfassungsmitteln sogar unumgänglich. Ich denke dabei in erster Linie an den Ungricht'schen Sohnaufsatz (Ungricht, 1955), der im allgemeinen einen der aufschlussreichsten Bestandteile des Untersuchungsmaterials unserer Beratungsstelle bildet. Aufschlussreich sind diese Aufsätze fast immer - aber worüber sie jeweils Aufschluss geben, das weiss man zum vornherein nie. Jeder Aufsatz ist in seinen Aussagemöglichkeiten individuell, kann andere relevante Themen aufwerfen, kann andere Einblicke geben, kann Erklärungen auf andern Ebenen notwendig machen. Hier ist eine Einschränkung auf Dimensionen, wären Normierungen und feste Deutungsregeln sinnlos und aussichtslos. Jeder spricht anders auf das Thema an, und das ist das diagnostisch Aufschlussreiche.

Selektive Testauswertung und Einbezug des Rahmenverhaltens

Damit ist die Frage der "Selektivität" in der Testauswertung aufgeworfen. Darf man bei dieser Aufgabe selektiv sein? Dürfen wir zur Erklärung eines Problems in der Beratung vor allem das beiziehen, was sich im konkreten Falle als aufschluss- und hilfreich erweist, und all das beiseite lassen, was vielleicht statistisch gut gesichert, aber banal oder belanglos zu sein scheint? Anders formuliert: haben wir ein Recht, guten Gewissens das zu tun, was uns die Praxis täglich aufzwingt, wenn wir trotz unserer zeitökonomischen Beschränkungen dem Ratsuchenden wirklich helfen wollen? Wer diese Frage verneint, geht wahrscheinlich von einem unrealistischen Begriff der "Erklärung" aus. Erklärung ist meines Erachtens nicht, wie es einige positivistische Testtheoretiker haben möchten, das Finden wissenschaftlicher "Wahrheit". Es ist immer nur ein Aufstellen von Hypothesen, ein Prozess der Annäherung an das Gefüge der Bedingungen, die für ein Phänomen verantwortlich sind. Ausser vielleicht in strengen Experimenten der Physik ist es in der Realität nie möglich, diese Bedingungsstruktur eines Ereignisses, eines Prozesses, eines Verhaltens vollständig zu eruieren. In der Praxis ist das aber auch gar nicht das Ziel, weder in der Technik, noch in der Kriminalistik, noch in der Psychologie, noch irgendwo. Um ein uns interessierendes Phänomen zu erklären, müssen wir immer nur bestimmte, für den spezifischen Fall relevante Dinge in Erfahrung bringen - vor allem jene Bedingungen, die eine Veränderung, eine Abweichung, einen Widerspruch, eine Fehlfunktion durchsichtig machen. Alles vollständig erklären zu wollen, wäre - und zwar ganz besonders in der Psychologie - ein unendliches und zum Scheitern verurteiltes Unternehmen. Auch der Westmeyer'sche Normativ-Diagnostiker bringt das nicht zustande. Nur wählt er andere Erklärungswege aus als der von mir beschriebene Berater, treu seinen methodologischen Prinzipien folgend, ohne Rücksicht auf die Eigenart des Einzelfalles.

Der beraterisch tätige Diagnostiker fühlt sich umgekehrt dem Einzelfall und nicht einer spezifischen Methode verpflichtet.

Er sucht das individuell Wesentliche im Bild eines Klienten zu erfassen, und dabei kann und darf er nicht bloss Testergebnisse zu Rate ziehen. Hilfsmittel für seine Erklärungsversuche kann und muss ihm alles werden, was er vom Ratsuchenden erfahren und gesehen hat. Während der psychodiagnostischen Untersuchung zum Beispiel interessiert ihn darum ebensosehr auch das "Rahmenverhalten" des Probanden, vor allem dessen Haltung zu Test und Tester, ein Komplex von Determinanten, dem in neuerer Zeit Hans Hartmann (1970) eine ausführliche Studie gewidmet hat. Um auch derartige Informationen über den Ratsuchenden zu gewinnen, lasse ich persönlich es mir nicht nehmen, bei meinen Beratungsfällen mit diagnostischer Untersuchung stets selber einige Tests durchzuführen, etwa den Rey-Gedächtnistest oder den Hebeltest nach Meili, um das Anpacken der Aufgabe, das Verhalten bei Erfolg und Misserfolg, die Reaktion auf das Beobachtetwerden usw. wie auch die Rückwirkung aller dieser Prozesse auf die eigentlich geforderte Leistung unmittelbar zu beobachten. Die Multidetermination jeder Testleistung, von der wir eingangs sprachen und die aus psychometrischer Sicht einen zu überwindenden Störfaktor darstellt, wird so zu einer Chance, einem Challenge der psychodiagnostischen Untersuchung. Der Berater versucht sie auszunützen, und er kann das tun, wenn er die Untersuchung möglichst vielfältig gestaltet, durch Mannigfaltigkeit der angewandten Mittel Variationen der Anforderungen, der Antwortarten, der angesprochenen Bereiche, auch der Beziehungsmöglichkeiten zum Testleiter herbeiführt. Durch den Vergleich des Verhaltens in allen diesen Situationen, namentlich durch Feststellen individuell charakteristischer Konstanten und Wechsel, unter Einbezug der erbrachten Leistungen, kann man oft ein recht plastisches Bild vom psychischen Funktionieren der Versuchsperson gewinnen.

Das lässt sich schliesslich noch direkter ansteuern. Man kann Aufgaben stellen, bei denen das Zusammenspiel von zielgerichteten Lösungsbemühungen und Gesamtverhalten des Ratsuchenden den eigentlichen Beobachtungsgegenstand bildet. Ich möchte als Beispiel dafür mein "Lieblingskind" unter den Erfassungsmitteln, den sogenannten Unsichtbaren Würfel kurz erwähnen. Bei diesem "Testgespräch" führe ich den Ratsuchenden durch eine zusammenhängende Serie an sich einfacher mathematischer Ueberlegungen und schaue ihm dabei gleichsam beim Denken zu: beim Suchen von Lösungswegen, beim Stocken, Anstossen, Sich-Wundern und Sich-Aergern, bei der berechtigten oder unberechtigten Selbstkritik, beim Versuch, Misserfolge dem Testleiter gegenüber zu vernebeln oder zu erklären usw.usw. Der vom Klienten verlangte Denk-Stoff und viele Arten, ihn zu bewältigen, sind mir aufs gründlichste vertraut; mir fallen daher viele Besonderheiten des Reagierens auf. Fast immer gewinne ich aus dem Versuch wertvolle Hypothesen und weiterführenden Gesprächsstoff, der Erklärung und Beratung vorantreibt. Eine "Beobachtungsmethode" also, die zu einem berater-spezifischen Instrument geworden ist, kaum unverändert übertragbar auf andere, und doch unerhört hilfreich im Beratungsprozess. Sie steht gegenüber dem strikten Messinstrument, wie wir es am Anfang dargestellt haben, - selbst wenn sie der Sache nach auch ihrerseits auf eine Erfassung der Intelligenz abzielt - am andern Extrem einer Skala psychologischer Untersuchungsmittel. Man muss natürlich die Relativität der beiden Methoden voll realisieren, um fruchtbar damit arbeiten zu können. Ich würde persönlich nie aus dem "Unsichtbaren Würfel" Schlüsse auf die Intelligenz ziehen, ohne auch eine Intelligenzmessung vorzunehmen; aber ebensowenig kann ich in der Beratung mit einem puren Messresultat anfangen, ohne solche Direktbeobachtungen zur Erklärung mit einzubeziehen. Sie sehen, dass ich, im Rahmen eines mannigfaltigen Testprogramms, selbst Erfassungsmethoden das Wort rede, die vom Berater her individualisiert sind, das heisst Mitteln, die dem Psychologen gleichsam auf den Leib geschnitten sind. Darin liegt nun allerdings nicht mehr das geringste an "Messung" - und doch sind solche Untersuchungsmethoden "Hypothesenspender" par excellence; sie bringen uns wesentlich weiter in unseren Versuchen zur Erklärung und Lösung des gestellten Problems und haben für den Ratsuchenden oft grösste Ueberzeugungskraft.

Damit sind wir reif geworden für ein paar zusammenfassende Ueberlegungen. Nach meiner Auffassung unterscheidet sich Psychodiagnostik im Rahmen der Beratung also wesentlich von dem, was durch die heutigen Lehrbücher vermittelt wird. Das letzte ist Diagnostik für Auslese- und Klassifikationszwecke. Gemäss unserer Darstellung können wir mit der Psychodiagnostik aber auch grundsätzlich von diesem Paradigma abweichende Ziele anstreben. Statt in der Absicht, eine grössere Zahl von Individuen inbezug auf eine vorwegdefinierte Dimension, unter Abstraktion aller andern möglichen Gesichtspunkte, linear anzuordnen, können wir Tests auch benutzen, um verschiedene charakteristische Seiten einer zu beratenden Person kennen zu lernen und ihr Verhalten damit besser zu erklären. Die Lehrbuch-Variante der Diagnostik soll normalerweise dazu dienen, probabilistische Prognosen über gleichfalls vorwegdefinierte künftige Verhaltensweisen aufzustellen, um darauf gegründete Entscheidungen über oder für die Person fällen zu können. Die ganz anders ausgerichtete beraterische Diagnostik mit ihrem Netz auf das Individuum zugeschnittener Hypothesen ermöglicht uns hingegen, mit dem Ratsuchenden seine persönliche Situation in ihren wesentlich scheinenden Zügen durchzubesprechen, Vermutungen über künftige Chancen und Gefahren zu entwickeln und aus dieser Sicht der Dinge Pläne für die Zukunft zu entwerfen. Solche Besprechungen der Zukunftsgestaltung "Prognosen" zu nennen, hiesse den gleichen Begriff auf zwei ganz verschiedene Operationen, und folglich mit grosser Unpräzision anwenden. Der Unterschied der diagnostischen Zielsetzung hat seine Konsequenzen für die Planung der ganzen Untersuchung. Während gezielte "Prognosen" im engeren Wortsinne - wenigstens im Durchschnitt - umso treffsicherer sind, je exakter die Messung des damit korrelierenden Merkmals ist - was etwa zur Verwendung mehrerer Intelligenztests statt eines einzigen führt -, wird eine "Zukunftsbesprechung" umso ergiebiger und für den Ratsuchenden einleuchtender, je breiter und mannigfaltiger die angewandten Untersuchungsmittel waren.

Die diagnostische Arbeit des Beraters müssen wir eingebettet sehen in den Beratungsprozess als Ganzes. Es wäre unfruchtbar und illusorisch, im Augenblick, wo wir Tests anwenden, unser Bild des Ratsuchenden vom Nullpunkt her neu aufbauen zu wollen, etwa indem wir Testergebnis um Testergebnis auf statistische Absicherung hin überprüfen und - bei günstigem Ausgang - als neutrale Elemente für eine Rekonstruktion nach dimensionalen Merkmalen verwenden. Wir haben als in die Beratungsbeziehung eingetauchter Partner - wollen wir uns nicht selber etwas vormachen - keine andere Wahl als die, vom Bild des Klienten auszugehen, das wir aus den bisherigen Beratungsgesprächen bereits mitbringen. Wenn wir während einer Beratung in die Diagnostik einsteigen, leiten wir einen Prozess der schrittweisen Differenzierung, Präzisierung und Korrektur dieses hypothetischen Bildes ein, eine fortlaufende Strukturierung und Umstrukturierung der ursprünglichen Eindrücke in Zusammenarbeit mit dem Ratsuchenden als Partner, bis hin zum Punkt, wo wir in der Lage sind, einen konstruktiven Beitrag zur Lösung des gestellten Problems zu liefern, oder - im ungünstigen Falle - unsere Unfähigkeit dazu einsehen müssen.

Beraterische Diagnostik ist kein hochwissenschaftliches Artefakt. Meines Erachtens müssen wir sie von der Alltagspsychologie her verstehen. Auch mit den schlichten Mitteln seiner "naiven Psychologie" muss der Mensch ja laufend andere Menschen verstehen und dessen Probleme lösen helfen; er geht dabei von Beobachtungen aller Art aus und versucht, wie Heider (1958) analysiert hat, die festgestellten Erscheinungen auf mehr oder weniger konstante Züge der Situation und der beteiligten Personen zurückzuführen und so das Geschehen im Dienste eines tragfähigen Weltbildes zu erklären. Unser praktisches Fortbestehen beruht darauf, dass unsere naiven Erklärungsversuche zu einem guten Teil richtig sind. Aber bekanntlich können wir uns auch täuschen, aus den verschiedensten Gründen heraus - zum Teil, weil eigene Bedürfnisse unsere Wahrnehmungen und Erklärungen zu stark mitbeeinflussen, zum Teil, weil wir ungenau und oberflächlich beobachten oder schlussfolgern. Das sind Einschränkungen der sachadäquaten Erkenntnis, die aber nichts daran ändern, dass wir immer auch, ja sogar in erster Linie, nach solchen streben.

Psychologische Diagnostik im dargestellten Sinne ist eine Systematisierung und Verfeinerung des naiven Erklärens, indem sie Gelegenheiten zu erweiterten Beobachtungen und besseren Vergleichen schafft. Sie ist den nämlichen Gefahren der Täuschung ausgesetzt wie dieses, versucht aber, die Gefahren zu erkennen und ihrer Herr zu werden. Was sie über das naive, "vorwissenschaftliche" Erklären heraushebt, ist also ein Doppeltes: es geht ihr zentral darum, mehr zu beobachten und bessere Schlüsse zu ziehen (dies der positive, "progressive" Aspekt), und das unter möglichster Ausschliessung von Verzerrungen durch eigene, einer sachadäquaten Erfassung entgegenlaufende Prozesse (dies der negative, "regressive" Aspekt). Welches Gewicht man diesen beiden Aspekten zuordnen will, daran scheiden sich nun allerdings die Geister. Es gibt hier dem Grundstil nach drei Wege. Man kann das Hauptgewicht auf die "progressive" Seite legen, sich in Feinheit der Beobachtung schulen, die reiche Entfaltung von Schlüssen und Vermutungen pflegen und dabei die Gefahr von Verzerrungen in Kauf nehmen oder gar übersehen. Das ist die Art vieler intuitiv arbeitender Diagnostiker, die einen ungebrochenen Glauben in die sachgerechte Erkenntnisfähigkeit des Subjekts besitzen. Das Vorgehen kann bekanntlich zu genialen Treffern, aber auch zu genialistischen Fehltreffern führen. Man kann umgekehrt das Hauptaugenmerk auf die "Verzerrungsvermeidung" richten und sich auf Methoden festlegen, die eine Einwirkung verfälschender Prozesse weitgehend ausschliessen. Man beschränkt sich in diesem Falle strikte auf Feststellungen, die mit solchen Methoden überhaupt gewinnbar sind, ungeachtet der Frage, wie ergiebig oder unergiebig die daraus gezogenen Schlüsse für die Problemstellung sind. Genährt wird eine solche Haltung aus dem nicht weniger irrationalen Glauben, jede Mitwirkung des individuellen Subjekts am Erkenntnisprozess müsse diesen notwendig in die Irre führen. Zentrales Anliegen wird damit die "Asepsis" in der Erkenntnis. Ein guter

Teil der Psychometrie läuft heute auf dieser Linie. Für die Beratung propagiere ich dagegen einen dritten Weg, der im Versuch besteht, eine Balance zwischen den genannten "progressiven" und "regressiven" Seiten zu finden: Es geht bei diesem darum, sich mit den Verzerrungsmöglichkeiten hinlänglich vertraut zu machen; durchtränkt mit solcher Kenntnis sollte man sich dann jedoch auf dem progressiven Wege möglichst weit vorwagen; man sollte also erfinderisch sein in Hypothesen und kritisch in ihrer Annahme.

Das führt nun abschliessend noch zur Frage der Validierung. Gestehen wir uns als Berater offen ein, dass die meisten Untersuchungsmittel, die wir verwenden, für die zu lösenden Fragestellungen nicht im wissenschaftlichen Sinne "validiert" sind. Aber gestehen wir uns andererseits auch ein, dass wir nicht auf eine solche Validierung warten können und wollen, noch zu warten brauchen. Peter Landolf hat kürzlich das Wort geprägt, dass wir unsere Bemühungen nicht mehr darauf richten sollten, die Tests zu validieren, sondern die Diagnostiker. So wie ich sein Wort verstehe, weist es auf Validierung im Sinne des eben gezeigten dritten Weges hin. Es sollte nämlich unabdingbar zur Schulung und Vorbereitung des Psychodiagnostikers gehören, dass er alle uns bekannten Verfälschungsquellen gründlich kennen lernt und persönlich - durch vielfache Uebungen während seiner Ausbildung - in ihrer Wirkungsweise erfahren hat; er sollte immer wieder angehalten werden, "Schlüsse", die sich ihm aufdrängen, nur als Hypothesen aufzufassen, sie miteinander zu vergleichen und gegeneinander abzuwägen; er muss gelehrt werden, sie mit dem Ratsuchenden selber zu besprechen und dessen Meinung im sogenannten "Validierungsgespräch" ernst zu nehmen; er muss gleichzeitig auch die Grenzen der Selbsterkenntnis und der Akzeptierungsbereitschaft bei Ratsuchenden in Rechnung stellen lernen; er muss seine Mittel immer wieder vergleichend anwenden, ein grosses Erfahrungsgut sammeln, Rückschau halten, Besinnung üben. Vor allem aber: Er sollte in keiner Weise zur Einseitigkeit erzogen werden. Wenn man ihm etwa Westmeyer zur Lektüre empfiehlt, sollte man ihm auch Imoberdorf (1971) empfehlen, um es in einer Formel auszudrücken. Der Psychodiagnostiker darf nicht glauben, dass man irgendwie, mit irgendeiner Methode, die "Wahrheit" gepachtet habe. Es gibt viele Wege zur Wahrheit, und in der Beratungsdiagnostik ist es gut, sich ihr von vielen Seiten her anzunähern.

Ich plädiere daher, als Berater, für die Mannigfaltigkeit in allen Formen: Mannigfaltigkeit der uns gegenübertretenden Menschen, Mannigfaltigkeit der von ihnen vorgebrachten Probleme, Mannigfaltigkeit der Methoden zu ihrer Erfassung, Mannigfaltigkeit der Erklärungsversuche und -ebenen, Mannigfaltigkeit der Wege zur Hilfeleistung, Mannigfaltigkeit der Beratungsbeziehungen und - schliesslich - Mannigfaltigkeit der Wahrheit.

11. Einige Überlegungen zur Rechtfertigung psychodiagnostischer Tätigkeit in der Beratung

Alfred Lang

Ich bin gebeten worden, an dieser Tagung über beraterische Diagnostik aus der Sicht der Wissenschaft zu sprechen; ich sollte gewissermassen die "Anforderungen der Wissenschaft an die Psychodiagnostik" präzisieren.

Für einen empirischen Wissenschaftler ist eine solche Aufgabe unlösbar, es sei denn, er verlege sich auf methodologische Detailforderungen und setze dabei einen allgemeineren Zielrahmen als unproblematisch voraus; das ist offensichtlich nicht, was wir heute tun wollen. Ich werde zunächst die Unerfüllbarkeit dieser Aufgabe zu begründen versuchen und dazu einige wissenschaftstheoretische Ueberlegungen anstellen, die mir für das Problem relevant erscheinen.

Das führt mich dann zu einer Darstellung meiner Sicht der beraterischen Diagnostik. Ich versuche einen Kontext aufzuzeigen, von dem ich mir vorstelle, dass er die Rolle der Diagnostik deutlich machen kann. Dabei gehe ich einmal davon aus, dass der Berater als Problemlöser fungiert und seinen Gegenstand ähnlich wie irgendeine angewandte Wissenschaft angeht. Allerdings erzwingen einige Besonderheiten seines Gegenstandes einige Einschränkungen seiner Handlungsmöglichkeiten, auf die ich hinweisen werde. Zweitens betrachte ich den Berater als eine soziale Instanz, einen Rollenträger, dem man einen Auftrag gibt, wenn er seine Lösungsmöglichkeiten rechtfertigen kann. Ich untersuche Möglichkeiten der Rechtfertigung der Psychodiagnostik aus der Person des Beraters und aus der beraterischen Tätigkeit selbst und finde beide Ansätze reichlich problematisch. Das veranlasst mich, für einen Abbau der formellen Diagnostik in der Beratung zu plädieren.

Ich möchte im voraus den Stellenwert meiner Ueberlegungen deutlich machen. Ich mache, entsprechend der Komplexität des

Gegenstandes und der Nichtverfügbarkeit einschlägiger Methoden und Befunde, bloss eine impressionistische "Diagnose"; meine Deutung beansprucht nicht mehr zu sein als das, was ich der Diagnostik beim Problemlösen zugestehe: unverbindliche, aber vielleicht bedenkenswerte Ideen; keine gesicherten, gerechtfertigten Aussagen, sondern bloss Argumente, die das Feld und den Fortgang einer Diskussion vielleicht etwas beeinflussen können. Ich muss diese Qualifizierung vorausschicken, weil ich in Gesprächen immer wieder unerfüllbaren Erwartungen begegne. Verlangt man vom empirischen Wissenschaftler Aussagen in Gebieten, in denen seine Wissenschaft nicht gearbeitet hat, verlangt man insbesondere von ihm Aussagen über Wertfragen oder Sollensforderungen, so kann er nur sprechen wie irgend ein anderer Bürger auch. Er hat allenfalls den Vorteil, über mehr Information als andere um das Problem herum zu verfügen. Man sollte sich aber hüten, seine Konjekturen mit einem helleren und grösseren Halo zu verbrämen als die Ueberlegungen anderer informierter und gewissenhafter Diskussionsteilnehmer.

Wissenschaftstheoretische Ueberlegungen

Unter wissenschaftlichen Disziplinen versteht man mehr oder weniger stringente Systeme von gehaltvollen Sätzen, die untereinander einen Zusammenhang aufweisen und die zumeist auf einen Gegenstandsbereich bezogen sind.

Zweierlei Arten von Sätzen können unterschieden werden: Sachaussagen, d.h. deskriptive Sätze vom Typus: "hier und jetzt finde ich A" oder "wenn ich dort zur Zeit t_1 A finde, so finde ich zur Zeit t_2 dort B" und dgl.

Zweitens gibt es normative Sätze, d.h. Wertforderungen vom Typus: "A soll sein" oder "B soll nicht sein", "A ist wünschbar" oder "B ist zu vermeiden".

Der Zusammenhang der Sätze untereinander ist oft mehr oder minder hierarchisch, d.h. Aenderung von Sätzen auf höherer Ebene (Axiome, Grundforderungen) bedingen Aenderungen von Sätzen auf niedrigerer Ebene, nicht aber umgekehrt.

Von allen Sätzen, die eine Disziplin ausmachen, sei ein Teil der Sachaussagen richtig, der Rest falsch; bei den Wertforderungen seien gültige und ungültige zu unterscheiden. Ueber Richtigkeit und Gültigkeit bestehen oft Zweifel; die Disziplinen scheinen eigentlich genau zu dem Zweck entwickelt zu werden, über die Richtigkeit bzw. Gültigkeit von möglichst vielen Sätzen entscheiden zu können, indem diese aus dem Bezug auf den Gegenstandsbereich und aus dem Bezug der Sätze untereinander mehr oder weniger wahrscheinlich oder gelegentlich auch eindeutig gemacht werden. Manchmal wird ausschliesslich auf den Zusammenhang der Sätze untereinander abgestellt: das sind die logischen Disziplinen wie Logik oder Mathematik; manchmal wird mehr oder weniger Gewicht auf den Bezug zu einem spezifischen Gegenstandsbereich gelegt: das sind die empirischen Disziplinen wie die Naturwissenschaften oder die Sozialwissenschaften. Man muss sich aber bewusst sein, dass es keine Disziplinen gibt, die rein auf den Gegenstandsbezug abstellen: die operationale Definition einer Sache ist nur insofern sinnvoll, als die definierte Sache einen Bezug zu anderen definierten Sachen aufweist, also Bestandteil einer Theorie bildet.

Wir bekommen so eine einfache Wissenschaftssystematik (in lockerer Anlehnung an Weingartner, 1971): Deskriptive Disziplinen wie Physik, Chemie, Astronomie, können den normativen Disziplinen wie Ethik, Theologie gegenübergestellt werden, und theoretische Disziplinen wie die Mathematik können den empirischen gegenübergestellt werden.

Die Einteilung taugt aber nicht viel, weil viele Disziplinen Mischformen sind: Normforderung ohne Sachbezug ist unsinnig; so sind die meisten normativen Disziplinen mehr oder weniger auch deskriptiv, z.B. Recht, Pädagogik. Wie schon gesagt, ist Empirie ohne Theorie, also isolierte Einzelsätze, wenig sinnvoll. Aber auch das Umgekehrte, Theorie ohne Empirie, wird zwar als reines Spiel betrieben, aber doch immer auch mit der Absicht, bei Gelegenheit die entwickelte mathematische Struktur einem Sachverhalt als Begriffsnetz aufzulegen.

Diese Verflechtung von Empirie und Theorie scheint mir überhaupt ganz wesentlich die Tätigkeit des Wissenschaftlers zu bestimmen. Besonders deutlich wird das im Falle der Anwendung einer Disziplin. Ich möchte so weit gehen und behaupten, dass Wissenschaft immer letztlich den Versuch von Problemlösung darstellt und damit auf Anwendung abzielt. Allerdings kann sich eine Disziplin unter Umständen schon recht sehr verselbständigen und eine Eigendynamik entwickeln, die den lange gehegten falschen Glauben, Wissenschaft diene der absoluten Wahrheitsfindung, nährt. Wie man sieht, kann selbst ein so hoch-abstraktes theoretisches Gebilde wie die Relativitätstheorie der Lösung des Energieproblems oder möglicherweise der beschleunigten Auslöschung der menschlichen Art "dienen".

Der Berater als Problemlöser

Nun bitte ich um Verzeihung dafür, dass ich so lange bei so elementaren Trivialitäten über Wissenschaften verweile. Aber ich möchte nun die Frage stellen, ob die beraterische Tätigkeit nicht der so aufgefassten wissenschaftlichen Tätigkeit strukturgleich sei: der Berater als Problemlöser.

Der Berater entwickelt ein System von Sätzen über den Gegenstandsbereich "Lebenslauf eines Klienten". Er unterscheidet Grundlegendes und Akzidentelles. Er strebt an, die Sätze untereinander mehr oder weniger konsistent zu formulieren; zu diesem Zweck formuliert er zuerst vorläufig und versucht nachher Falsches und Ungültiges auszuscheiden. Von allen seinen Sätzen beansprucht er, dass sie für die Problemlösung im Bereich "Lebenslauf des Klienten" von Bedeutung sind. Wie die wissenschaftlichen Disziplinen hat er einen spezifischen Gegenstandsbereich seiner Tätigkeit im Auge und stösst allerdings immer wieder auf Abgrenzungsschwierigkeiten. Vordergründig macht er überwiegend empirische Aussagen (eine Anamnese, ein Interessen- oder ein Leistungsprofil), aber natürlich zieht er stets weiterreichende "theoretische" Zusammenhänge bei (z.B. schliesst er vom Leistungsprofil auf ein Fähigkeitsprofil, indem er Stabilitätsnachweise für seine Tests voraussetzt; oder seine Interpretation eines unangepassten plötzlichen Weinens kann Theorien der verschiedensten Art implizieren, z.B. tiefenpsychologische, oder auch einfach kumulierte Erfahrung des Beraters mit plötzlich weinenden Klienten und ähnlichen Erscheinungen).

Seine Sätze sind teils deskriptiv und teils normativ. Auch darin gleicht er verschiedenen Humanwissenschaften wie der Soziologie, der Anthropologie oder der Pädagogik. So beschreibt er etwa Fähigkeiten oder Eigenschaften, die der Klient mutmasslich hat; er beschreibt Leistungsanforderungen, die bestimmte Berufe stellen; werden die beiden deskriptiven Aussagen aufeinander bezogen, so resultieren normative Aussagen: Fähigkeiten und Anforderungen sind kompatibel oder nicht, der Beruf kann oder soll angestrebt oder vermieden werden.

Wenn Sie mir so weit folgen können, möchte ich nun zwei besondere Aspekte der beraterischen Tätigkeit herausgreifen, die geeignet sind, die Strukturgleichheit, insbesondere mit einigen wissenschaftlichen Disziplinen, noch deutlicher zu machen.

Genetische Gebilde

Da ist erstens die Frage der Gerichtetheit der Zeitreihen. Es gibt Wissenschaften, die ihren Gegenstand so konzipieren, dass die Sätze oder Gesetze gegen die Zeit symmetrisch sind (Mechanik, Elektrodynamik, Chemie): retrospektive und prospektive Aussagen sind nicht voneinander unterscheidbar, bzw. nur nach willkürlicher Festlegung eines zeitlichen Nullpunkts. Nicht so bei allen biologischen, geistigen und sozialen Wissenschaften: Ein Organismus, ein Individuum, aber auch eine Kultur werden von den respektiven Disziplinen als genetische Gebilde aufgefasst, deren Zeitreihe gerichtet und, wie Lewin (1922; vgl. auch Lang, 1964) sagt, nach vorne offen sind. Das heisst, im jeweils gegenwärtigen Zeitpunkt der Geschichte eines solchen Gebildes ist seine Herkunft enthalten, aber seine Zukunft hängt von weiteren Bedingungen ab.

Der Wissenschaftler kann also über ein solches Gebilde rückwärts bezogene Aussagen im Prinzip ohne weiteres machen. Für jedes Merkmal wird er die zugrundeliegenden Bedingungen - falls seine Wissenschaft erfolgreich ist - ausfindig machen können; alles Feststellbare hat - im Prinzip - einen zureichenden Grund. Ohne ein solches Grundpostulat hat es keinen Sinn, Wissenschaft überhaupt zu betreiben. Nicht so aber für die prospektiven Aussagen. Hier sind nur Gesetze mit Wahrscheinlichkeitscharakter zu erwarten. Man wird nur mit Wahrscheinlichkeit erwarten können, dass die gleichen Gesetzmässigkeiten, die die Vergangenheit eines genetischen Gebildes regiert haben, auch in seiner Zukunft bestimmend sein werden, kann dessen aber nie sicher sein. Das heisst, die Anwendbarkeit von "Wenn - dann -" Zusammenhängen ist nur zum Teil in gleicher Weise wie bei den nicht genetischen Gebilden gewährleistet, weil nie sicher ist, ob nicht die Voraussetzungen, die im "Wenn" angegebenen Vorbedingungen, in der Zwischenzeit sich geändert haben. In den Wissenschaften über genetische Gebilde haben wir es also im Gegensatz zu den physischen Wissenschaften nicht mit Allgemeingesetzen, die in jedem Fall das Geschehen bestimmen, sondern nur mit Typen von Gesetzmässigkeiten zu tun, nämlich solchen Gesetzmässigkeiten, wie sie vordem an typischen Fällen von Bedingungskonstellationen aufgefunden worden sind: unter typischen Bedingungen gilt, dass ... Aber ob nun in einem konkreten Fall diese typischen Bedingungen für ein bestimmtes Wenn-Dann-Gesetz gegeben sind, das ist nie mit vollständiger Sicherheit festzustellen. Der typische Fall für die Anwendung des Gesetzes kann immer nur durch Indizienbeweis nahegelegt werden, und es bleibt ungewiss, ob nicht irgendwelche weiteren, nicht manifesten Bedingungen, die aber für das Zustandekommen des "Dann" im Gesetz relevant sind, nicht erfüllt sind oder zusätzlich dazu kommen.

Das ist offensichtlich, wenn man an die Uebertragung von am Individuum selbst bestimmten Gesetzmässigkeiten auf die spätere Entwicklung desselben Individuums denkt. Der Proband hat im Test X eine bestimmte Leistung gegeben; man wird mindestens etwa dieselbe Leistungshöhe erwarten; aber natürlich ändert sich der Proband, sei es durch Lernen, sei es durch Organauf- oder -abbau oder durch weitere Bedingungen. Man soll sich nichts vormachen:

die als Fähigkeit konzipierte erwartete Leistungshöhe ist nichts als ein unter den gegebenen Umständen, d.h. den fehlenden Kenntnissen über die Bedingungen jener Leistung, optimaler Erwartungswert mit unbekannter Streuung. Dispositionsbegriffe sind Tautologien oder allenfalls sprachliche Kürzel für typische, aber im Detail unbekannte Bedingungskonstellationen.

Individualität

Noch deutlicher wird die Beschränkung der Voraussagemöglichkeit, wenn man die bei den einen Individuen gefundenen Gesetzmässigkeiten auf andere überträgt. Nur insofern alle Menschen oder die Mitglieder einer definierten Population gleich sind, ist die Anwendung allgemeinpsychologischer oder gruppenspezifischer Erkenntnisse auf weitere Individuen zu rechtfertigen. Nun bin ich durchaus der Meinung, dass wir in der Tat sehr viele Gemeinsamkeiten aufweisen; jedenfalls bedeutend mehr, als die Verfechter der Machbarkeit des Menschen durch Sozialisation uns glauben machen wollen. Aber dennoch ist die prospektive Aussage über ein genetisches Gebilde im konkreten Fall stets eine offene und nicht schlüssige Sache, weil nur induktiv wahrscheinlich gemacht werden kann, dass der betreffende Typus der Bedingungen am anzuwendenden Wenn-Dann-Gesetz jetzt und hier wirklich gegeben ist.

Hier liegt ein gewichtiger Unterschied zu den physikalischen Wissenschaften vor: Wasserstoff oder Uran ist und bleibt Wasserstoff oder Uran, wo und wann auch immer. Aber der Mensch ist nicht stets notwendig derselbe.

Allerdings, in bezug auf die Anwendung der beiden Wissenschaftstypen möchte ich den Unterschied doch nicht so sehr übertreiben, abgesehen einmal von den reineren Fällen. Wenn Sie etwa an Beton denken, der doch durchaus ein physikalisch-chemisches Gebilde ist, auf den also die mechanisch-statischen Gesetze in Bümpliz und in Australien anwendbar sein müssen, so enthalten die Tabellenwerke der Ingenieure nicht umsonst beträchtliche Sicherheitskoeffizienten. Dabei wird doch Beton nach Spezifikation gemacht und nicht fertig vorgefunden. Beton hat sogar so etwas wie eine Geschichte: er altert und verändert seine Eigenschaften, was uns vielleicht noch einmal zu schaffen machen könnte, wie einige sagen. Aber bedeutsamer als der historische Unterschied scheint mir der Unterschied bezüglich der Einheitlichkeit des Gegenstandsbereichs.

Die Physik bezieht alle ihre Aussagen auf ein einheitliches Universum. Die Psychologie hat es mit so vielen Universa zu tun, wie es Individuen gibt. Gewiss werden zwischen diesen Universa Aehnlichkeiten festgestellt; aber es gibt keine Transformationsformeln, die definitiv sind, weil jedes Individuum seine eigene Geschichte hat, die nach vorne offen ist.

Angewandte Wissenschaft

Damit ist meines Erachtens die Anwendung der allgemeinen oder der Entwicklungs- oder der differentiellen Psychologie und ähnlicher Disziplinen zur Lösung irgendeines Problems bezüglich menschlichen Handelns durchaus strukturgleich der Tätigkeit des beratenden Psychologen im Hinblick auf die Lebensgestaltung. Psychologie wie Berater verfügen über Fragmente von Theorieansätzen, deren Gültigkeit und Generalisierungsbereich zumeist sehr ungewiss ist; und dies prinzipiell, nicht bloss infolge des noch nicht sehr weit fortgeschrittenen Standes ihrer Disziplin. Beide verfügen auch über vielfältige Hilfsmittel zur Feststellung von Sachverhalten, d.h. sie sind prinzipiell empirisch orientiert; aber sie haben stets nur mehr oder weniger zuverlässige Vermutungen darüber, ob die Feststellung eines Sachverhaltes im konkreten Fall wirklich ein Fall jenes Typus von Sachverhalten ist, über die ihr Theorieansatz etwas aussagt. Die Aussagen, jedenfalls die nützlichen Aussagen, sind zudem mehrheitlich prospektiv; das bedeutet, dass die Feststellung des Vorliegens einschlägiger Geschehenstypen noch durch die historische Problematik erschwert ist.

Auf diesem Hintergrund bin ich nun geneigt zu folgern, dass der Berater an diagnostischen Hilfsmitteln benützen kann und soll, was immer er für interessant hält und ökonomisch vertreten kann. Denn es führt allemal nicht zu schlüssigen Aussagen darüber, was notwendig folgt. Das heisst, die Feststellungen und die darauf abstellenden Folgerungen, ob diese nun auf gültigen oder ungültigen Gesetzmässigkeiten beruhen, haben immer nur den Status von Hypothesen. Leider können die Hypothesen nicht auf ihre Gültigkeit überprüft werden, bevor nicht die weitere Lebensentwicklung, auf die sich die Beratung bezieht, stattgefunden hat. Die diagnostischen Verfahren haben also bloss heuristischen Charakter: sie helfen dem Berater, auf Ideen zu kommen, die vielleicht sonst nicht naheliegen.

Auch die Differenzierung der verschiedenen möglichen prospektiven Aussagen über ein Individuum nach ihrer grösseren oder geringeren Wahrscheinlichkeit halte ich für problematisch, wenn sie über eine ganz grobe Unterscheidung zwischen möglicherweise zutreffend vs. unwahrscheinlich hinausgeht. Das wäre Rechnen mit Zahlen, die jene Information, auf die es beim einzelnen Individuum ankommt, gar nicht enthalten, weil ja die Wahrscheinlichkeitsmasse aus dem interindividuellen Vergleich abgezogen sind. Genau wie ein Ergebnis einer sozial-empirischen Untersuchung - etwa die Einschaltquote einer Unterhaltungssendung des Fernsehens - oder ein Abstimmungsergebnis zwar eine Aussage oder eine Forderung über eine Population, aber in keiner Weise über ein Individuum dieser Population begründet - Frau X hat nicht zu 35% eingeschaltet oder ist zu 51% für eine Steuerreform, sondern sie hat entweder eingeschaltet oder nicht und sie ist jedenfalls auf dem Stimmzettel entweder dafür oder dagegen -, so sind psychologische Gesetzmässigkeiten oder insbesondere Validitätskoeffizienten zunächst Deskriptionen von Populationen, und sie können allenfalls nach den Regeln der Stichprobentheorie auf andere Aggregate übertragen werden. Aus Populationsparametern kann aber natürlich nicht auf Individualmerkmale geschlossen werden. Auch wenn mit zunehmender Mess- und Vorhersagegenauigkeit die Unschärfebereiche kleiner werden, bleibt die Stelle des konkreten Individuums im Ungewissen.

Besonders problematisch scheint mir die <u>vergleichende</u> Betrachtung von Populationswahrscheinlichkeiten in der Anwendung auf das Individuum. Beispielsweise lassen sich für ein Aggregat von Personen aus einem Prädiktorensatz Wahrscheinlichkeitswerte für verschiedene Kriterien berechnen; aber in der Regel sind die Unterschiede solcher Wahrscheinlichkeiten erst bei ausserordentlich grossen Stichproben statistisch signifikant und damit auf das Individuum nicht anwendbar. Die Vergleichung verschieden wahrscheinlicher Entwicklungen ist umso problematischer, da ja die normativen Elemente, die in die Entscheidungen mit hereinkommen müssen, durchaus nicht so eindeutig sind: woran man Geschmack findet, sogar was Erfolg bedeutet, wird sich für den Einzelnen durchaus gelegentlich ändern und sollte deshalb z.B. Laufbahnentscheidungen nicht allzu sehr, jedenfalls nicht definitiv beeinflussen.

Ich versuche, die aufgezeigte Problematik an Beispielen zu verdeutlichen.

a) Anwendung von Wahrnehmungspsychologie auf das Problem, die Verwechslungsgefahr beim Erkennen von Signalbildern durch Lokomotivführer zu vermindern: von den fünf gebräuchlichen Vorsignalbildern werden gelegentlich zwei verwechselt; es ist ein seltenes Ereignis; Vermutungen über die Gründe sind möglich, aber aus ökonomischen Gründen nicht zu sichern. Naheliegend ist aber die Problemlösung durch Auswechslung eines Signalbildes zugunsten eines besseren. Verlangt wird von der Anwendung von Psychologie die prospektive Aussage über relativen Erfolg verschiedener Signalbildvarianten. Es geht also hier um einen begründbaren Eingriff in - wenn man so sagen kann - die "Laufbahn" eines kulturellen Gegenstandes, nämlich eines Zeichensystems. Sicher unendlich viel einfacher als der Lebenslauf eines Mittelschülers, aber gerade noch komplex genug. Der Sachverhalt scheint überschaubar; aber was spielt eigentlich alles mit hinein und ist also bei der Entscheidung zu berücksichtigen? Nur das räumliche Auflösungsvermögen und die Farbwahrnehmung, wie der Betriebsarzt meinte, oder auch die Gestaltwahrnehmung, die Beziehung zwischen den Elementen des Zeichensystems, die Informationsverarbeitung, die Wahrnehmungs- und Entscheidungsgewohnheiten im zeitlichen

Verlauf, die Ermüdung usf.? usf.? Wir wissen es nicht. Wir können auf Grund möglichst breiter Kenntnisse über solche Wahrnehmungs- und Entscheidungsprozesse so viele Faktoren wie möglich berücksichtigen. Da wir aber weder wissen, ob wir alle relevanten Einflussgrössen berücksichtigen, noch über deren unterschiedliche Bedeutung wenig mehr als intuitive Ahnungen - für verschiedene Psychologen keineswegs notwendig die gleichen! - haben, können wir auch keinen Wahrscheinlichkeitsgradienten der Verwechselbarkeit der möglichen neuen Signalbilder theoretisch errechnen. Die Ahnungen reichen im besten Fall gerade aus, um das Problem empirisch anzugehen: wir probierten einige mögliche Signalbildvarianten unter Berücksichtigung möglichst vieler der mutmasslich relevanten Randbedingungen in einem Modellversuch aus und kamen so zu einer Empfehlung, die sich auch in der Realsituation zu bewähren scheint (Lang, Kaufmann & Kopp, 1973). Diagnose und daran anschliessende prospektive Erwägungen auf Grund von theoretischen Kenntnissen und Erfahrungen hatten nicht mehr als heuristische Bedeutung für die Versuchsplanung.

b) Im Fall einer Laufbahnberatung ist die Menge möglicherweise relevanter Merkmale viel grösser; ebenfalls ist die Menge der mutmasslich zu berücksichtigenden psychologischen Gesetzmässigkeiten wesentlich grösser und mehrheitlich viel unbekannter als etwa im beigezogenen Bereich der Wahrnehmung; und schliesslich ist die zu erwartende Entwicklung und Individualität des Klienten eine ganz andere als die des menschgemachten und mit Absicht rigid gehaltenen Kommunikationssystems für die Lokomotivführer. Ueber Auswahl und relative Bedeutung von Sachverhalten und Gesetzmässigkeiten ist man also noch um ein Vielfaches mehr im Ungewissen. Dazu kommen erschwerend die Möglichkeit absichtlicher und unabsichtlicher Entstellungsversuche des Klienten, der vielleicht Wesentliches verleugnet oder verzerrt und Unwesentliches aufbauscht, sowie die weitgehende Beschränkung, die durch die Verlagerung des ganzen Laufbahnproblems ins verbale Medium eingeführt wird. Modellversuche - wenn Sie nicht das verbale Medium als Modellsituation anerkennen wollen - sind so gut wie unmöglich.

Ich bin aufgefordert worden, mich zur Förderung des Gesprächs provokativ zu äussern. Ich frage mich also, wenn ich Beratung als einen Fall von Wissenschaftsanwendung auf individualisierte und ausgeprägt genetische Gegenstände auffasse, ob der Berater (wie auch der Anwender von biologischen, Verhaltens-, Sozial- und Kulturwissenschaften) überhaupt mehr tun kann, als ein wenig in der Suppe rühren. Man kann ihn ausrüsten mit raffinierten Rührkellen und er kann auf Grund von Talent und/oder langjähriger Uebung so geschickte Rührbewegungen herausbilden, dass er die wichtigen Häppchen mit grösster Wahrscheinlichkeit ans Tageslicht rührt; aber der Rest bleibt natürlich in der Suppe, die nachher ein anderer auslöffeln muss.

Was die Diagnostik betrifft, ergibt sich von da her gesehen keine Einschränkung. Was immer einem Berater hilft, d.h. die Problemlösung verbessert (vermeintlich verbessert) mag er benützen. Es geht hier - um eine Unterscheidung von Reichenbach (1938) beizuziehen - um einen context of discovery. Die Tätigkeit resultiert in Aufdeckung von Möglichem, in Ansicht, Vermutung, Unterstellung, Meinung, Behauptung, Ermessen oder wie immer man das nennen will. Ich meine das keineswegs peiorativ; im Gegenteil, ich wünschte, wir wären in unserem Zusammenleben häufig etwas kühner im Entwerfen, im "Reisen an den Rand des Möglichen", wie es Musil nennt.

Der Berater als soziale Instanz

Nun hat aber Reichenbach dem context of discovery den context of justification gegenübergestellt. Wissenschaftliche Disziplinen sind gegenüber andern menschlichen Tätigkeiten dadurch ausgezeichnet, dass sie ihr Tun rechtfertigen, über das Vorgehen und die Ergebnisse Rechenschaft ablegen. Ich habe den Wissenschaftler, den Anwender von Wissenschaft und den Berater zunächst als Problemlöser charakterisiert. Die Probleme des Beraters und die mancher Wissenschaftler habe ich in einer Weise dargestellt, die zeigt, dass über die Güte der Problemlösungen nicht im voraus entschieden werden kann. Wollen wir unsere Betrachtung der Strukturgleichheit von Wissenschaft und Beratung fortsetzen, müssen wir also genauer die Möglichkeiten untersuchen, welche für die Rechtfertigung des beraterischen Tuns bestehen.

Ich habe bei meinen einleitenden wissenschaftstheoretischen Ueberlegungen diesen Aspekt mit Absicht ausgelassen. Nun muss ich gestehen, dass ich dazu neige, den Ausdruck Wissenschaft für solche Disziplinen zu reservieren, welche sich bemühen, ihre Aussagen intersubjektiv eindeutig zu machen. Auch damit möchte ich wiederum nicht eine Wertung bzw. Abwertung der Nicht-Wissenschaften verbinden. Wiederum im Gegenteil, ich bewundere menschliche Geistesprodukte im Bereich der Kunst, der Literatur, des spekulativen Denkens mehr als die Erkenntnisse jener Wissenschaften, die solche Schöpfungen zu reflektieren, zu deuten oder zu hinterfragen versuchen. Anderseits sind wohl die spontanen Leistungen bezüglich der Organisation des Zusammenlebens fast so armselig wie die Leistungen der Sozialwissenschaften. Aber eigentlich ist es mehr eine Frage des "Jedes Ding an seinem Ort". In der heiklen Balance, die eine glückliche Existenz des Menschen zwischen Individualität und Einordnung in die Gemeinschaft ausmacht, scheint mir, genügt die Ansicht, der Entwurf, der Vorschlag des Möglichen nicht immer. Die Geschichte belegt reichlich die Zahl der Opfer, welche die Durchsetzung von Ansichten im Lauf der Jahrhunderte gefordert hat und fordert, wenn diese Ansichten mit dem Anspruch der absoluten Geltung aufgetreten sind und auftreten. Anderseits sind offensichtlich in mancherlei Dingen sachgerechtere von weniger sachgerechten Ansichten unterscheidbar; und bezüglich Wertforderungen gibt es neben manchen Zielen, über die man mit guten Gründen unterschiedlicher Meinung sein kann, solche, die kurzfristig wünschbar sind, aber auf Grund inhärenter Zusammenhänge wahrscheinlich in unerwünschte Folgen umschlagen werden. Mir scheint der grosse Sinn empirischer Wissenschaften gerade darin zu liegen, dass sie dort, wo sie anwendbar sind, die Durchsetzungschancen sachgerechterer Ansichten und längerfristig sinnvoller Wertungen ermöglichen. So verstanden ist empirische Wissenschaft, auch wenn man nicht in allen Schwierigkeiten von ihr Lösungen erwarten darf und ihr in mancher Hinsicht sogar vorwerfen kann, dass sie mehr Schwierigkeiten gebracht als gelöst hat, doch eine epochale "Erfindung" der Menschheit: man vermeidet den Streit der Ansichten durch deren sukzessive Umformung unter strikter Einhaltung von einfachen Regeln zwecks Rückführung der Behauptungen auf einfache Feststellungen, die jedermann nachvollziehen und überprüfen kann. Immer wenn zwischenmenschliche Kooperation wichtig ist, sollte man dieses Verfahren zumindest erwägen. Zugegeben, nicht alle Sachverhalte eignen sich für eine empirische Wissenschaft. Zunächst einmal ist alles Private, das Erlebte in seiner unmittelbaren Form, ausgeschlossen. Weiter ergibt sich eine Begrenzung bezüglich der Komplexität der bearbeitbaren Sachverhalte, jedenfalls solange eine Wissenschaft noch wenig entwickelt ist.

Ich möchte nun versuchen, ein solches Verständnis von Wissenschaftlichkeit auf die Beratungssituation zu übertragen.

Zunächst einmal scheint mir, dass es sich bei der professionellen Beratung um etwas handelt, was grundsätzlich einer intersubjektiven Rechtfertigung bedarf. Wir haben es beim Berater, der seine Dienstleistung gegen Entgelt oder von Staates wegen anbietet, mit einem Rollenträger innerhalb einer sozialen Organisation zu tun. Der professionelle Berater ist eine soziale Instanz. Mit der Uebernahme der Rolle verbunden ist eine Verantwortung des Rollenträgers, sicher nicht zuletzt den Kollegen gegenüber, aber in erster Linie in freilich schwer zu spezifizierender Weise der Oeffentlichkeit gegenüber (Professionen mit einem legalisierten Status haben es in gewissem Sinne etwas leichter). Nun ist ohne Zweifel dieses Verantwortungsbewusstsein gerade bei den akademischen Berufsberatern in hohem Masse entwickelt; wir sind uns sicher alle einig darüber, dass derjenige, der Dienstleistungen des Beraters in Anspruch nimmt, gewisse berechtigte Erwartungen bezüglich Qualität der Dienstleistung hegen können muss.

Die Rechtfertigung eines Rollenstatus kann entweder aus Eigenschaften der Person des Beraters oder aus Eigenschaften seiner Tätigkeit stammen.

Rechtfertigung aus der Person des Beraters

In der Regel wird in unserer Gesellschaft für soziale Rollenträger eine Zulassungsschranke aufgestellt, an der sich Kandidaten für die Rolle zu bewähren haben. Im Bereich von wissenschaftlich fundierten Tätigkeiten werden Zulassungskriterien zumeist mit bestimmten Ausbildungsstandards verbunden; je nach dem legalen Status der Profession erhält der erfolgreiche Absolvent der Ausbildung ein staatliches Diplom und/oder einen von der Standesorganisation verliehenen Titel, der eine Art Kredit für die öffentliche Rechtfertigung seines Tuns darstellt. Obwohl sich der Empfänger solcher Titel in der Ausübung seiner Tätigkeit - jedenfalls in der selbständigen Ausübung seiner Tätigkeit - in der Regel noch nicht hat bewähren können, ist der spätere Entzug des Kredits bei Nichterfüllen des Versprechens ein sehr seltenes Ereignis - aus verständlichen, aber angesichts der realen Interessen der sozialen Gemeinschaft manchmal schwer akzeptierbaren Gründen.

Ich glaube, Sie gehen mit mir einig, dass solche Formen der Voraus-Rechtfertigung eine nicht ganz befriedigende, aber natürlich kaum zu ändernde Praxis darstellen. Sie legt das Gewicht auf formale Gesichtspunkte, während es von der Sache her gesehen eigentlich auf etwas anderes ankommen müsste. Wenn man sie bei Professionen noch akzeptieren kann, deren Tätigkeit öffentlich überprüfbare positive oder negative Wirkungen aufweist, so scheint sie mir in Gebieten, wo die konkreten Ursache-Wirkungs-Zusammenhänge so dunkel sind wie bei der menschlichen Entwicklung, doch eher problematisch. Ich bezweifle, dass sich Scharlatanerie im Gesundheits- und Lebensberatungswesen durch Gesetz in befriedigender Weise aus der Welt schaffen lassen wird.

In der Diskussion am Symposium über "Die Krise der Diagnostik" wurde gesagt, die Krise sei eine Krise des Diagnostikers (S.56f.) und von Landolf (S.74) wurde vorgeschlagen, sie durch eine bessere "Validierung des Diagnostikers" zu lösen. Ich will nicht abstreiten, dass in der Ausbildung der Psychologen recht viel recht sehr verbessert werden kann; aber ich möchte auch davor warnen, von Ausbildungsinstitutionen etwas zu fordern, wozu sie auch im günstigsten Fall höchstens einen kleinen Beitrag leisten können. Mit der Ausbildung eng verbunden ist auch die Feststellung eines erreichten Ausbildungsstandards; und wenn die Ausbildung als Rechtfertigungsgrund für die Zulassung zu einer Tätigkeit dienen soll, so muss die Abschlussprüfung für den Erfolg in dieser Tätigkeit prädiktiv sein. Auf dem Hintergrund meiner substantiellen Einwände gegen Diagnostik als Prognosemittel und angesichts der Schwierigkeiten des Operationalisierens von Prädiktoren und Kriterien sowie der so gut wie nicht zu vollbringenden Kontrolle von weiteren Faktoren glaube ich, dass ein solches Verfahren, recht besehen, auf eine durch nichts als durch Macht zu rechtfertigende Berufsstand-Politik hinausläuft. Ueber die Wünschbarkeit einer solchen Standespolitik wird man freilich, je nach Standpunkt, verschiedener Meinung sein.

Eine weitere Form der Rechtfertigung, eine empirische gewissermassen, könnte darin bestehen, dass sich ein Berater bewährt, dass er im Lauf der Zeit bei vielen Klienten zu erfreulichen Entwicklungen beigetragen hat. Das wäre dann eine Rechtfertigung aus der Tätigkeit, die auf die Person übergegangen ist. Freilich wird eine Lösung des Zulassungsproblems vorausgesetzt; und für die Fortdauer der Rechtfertigung gibt es keine sichere, wenngleich vielleicht etwas grössere Gewähr als im formellen Fall.

Rechtfertigung aus der beraterischen Tätigkeit

Bleibt die Möglichkeit der Rechtfertigung aus der Tätigkeit der Beratung selbst. Der Berater müsste ausschliesslich Verfahren und Prinzipien benützen, die allgemein anerkannt, jedem Informierten voll zugänglich und nachprüfbar wären. Die Forderung ist offensichtlich übersteigert. Nicht nur handelt es sich bei der Lebenssituation eines Ratsuchenden nicht um einen öffentlich interessierenden Gegenstand, sondern manche Aspekte dieser Situation sind privat in dem Sinn, dass sie gar nicht zum Gegenstand einer empirischen Wissenschaft werden können. Zweitens ist die mutmassliche Komplexität der Problemsituationen unverhältnismässig gross angesichts des unterentwickelten Status der einschlägigen Wissenschaften. Drittens ist ein rein rationales Verfahren ausgeschlossen angesichts der genetischen Eigenschaften der Ratsuchenden, insofern es um prospektive Aussagen geht.

Eine Rechtfertigung der beraterischen Tätigkeit in dem Sinne, wie sie empirisch-deskriptive Wissenschaften für sich beanspruchen - Rückführung aller Aussagen gemäss einfachen logischen Regeln auf Erfahrungssachverhalte, derart dass diese von jedem Informierten ohne weiteres nachgeprüft werden können - ist also nicht möglich.

Man könnte sich vorstellen, dass bei dieser Sachlage und bei gegebenem starkem Bedürfnis, sein Tun zu rechtfertigen, der Berater den Ausweg gegangen ist, wenigstens einen Teil seiner Methoden der öffentlichen Ueberprüfbarkeit zugänglich zu halten: das wären dann die diagnostischen Verfahren gewesen, pars pro toto.

Diese Hypothese könnte als provokativer Vorwurf missverstanden werden. Da so viele von Ihnen das Schwergewicht ihrer Tätigkeit von den diagnostischen Verfahren weg verlagert haben, fürchte ich nicht, dass Sie mich so missverstehen, ich würde Ihnen Gebrauch von Psychodiagnostik als professionelles Alibi vorwerfen. Ich glaube, man kann ernstlich das Argument erwägen, dass sich der Berater sagt: Wenn ich schon meine Ratschläge eigentlich nur aus meiner Person begründen kann, anderseits aber ein öffentlicher Rollenträger bin, versuche ich so viel wie möglich von den Antezedentien meiner Ratschläge, das sind diagnostische Aussagen, zu rechtfertigen, indem ich standardisierte Methoden mit anerkannter Gültigkeit einsetze.

Bei aller Anerkennung für die Respektabilität des Motivs halte ich eine solche Rechtfertigung der Diagnostik für untauglich.

Erstens aus sachlichen Gründen: Ich habe im ersten Teil meiner Ueberlegungen deutlich zu machen versucht, dass die bestmögliche Diagnostik zusammen mit einer vollkommenen Wissenschaft vom menschlichen Handeln nicht schlüssige prospektive Aussagen machen können, weil es sich beim Gegenstand dieser Aussage, dem Menschen in seiner Welt, um ein genetisch offenes und je individuelles Gebilde handelt.

Ich würde weitergehen und zweitens fordern: Eine solche Praxis - schlüssige Aussagen über die Zukunft der Entwicklung - darf nicht sein. Sie nähme dem Leben der davon betroffenen Menschen ein wesentliches Stück seiner Qualität weg.

Nun, ich weiss, mit diesem Argument renne ich offene Türen ein: Die Berater wollen keineswegs diesen Anspruch stellen, die Zukunft ihrer Klienten schlüssig zu lenken. Aber dann erhebt sich die Frage: Warum und wozu dann Diagnostik? Ist dann ihre Verwendung nicht irreführend für den Klienten? Dann würde ich fragen: Wie steht es mit der Beziehung zwischen Klient und Berater? Wenn der Klient den Berater aufsucht, um seine Lebensplanung zu verbessern: Was will er von ihm: eine Meinung einholen oder eine Expertenaussage?

Mein Verdacht ist, dass der Berater durch die Verwendung von standardisierter Diagnostik im Klienten die Tendenz fördert, den Ratschlag für eine fundierte Expertenaussage zu nehmen - falls er nicht angesichts der häufig bedenklichen Anscheinvalidität der meisten Tests misstrauisch wird.

Ich nehme die kürzliche Entwicklung der beraterischen Praxis weg von zu viel Diagnostik wenigstens teilweise für einen Ausdruck der Berücksichtigung dieser Befürchtung. Der Berater sollte nicht den Eindruck erwecken, dass er ein Experte sei, für diesen individuellen Fall und seine Zukunft. Er könnte sich dadurch gerade das Wertvolle in seinen Beratungsmöglichkeiten verstellen. Denn er gibt ja anderseits doch wesentlich mehr als einfach eine Meinung zur Lebensplanung neben andern. Für Meinungen gibt es den Onkel, die Tante, den Freund usw. Das alles sind "Aussenansichten" der Lebensplanung; wenn der Berater das Schwergewicht auf Diagnostik legt, gibt er vor, eine weitere Aussenansicht, und zwar eine bessere, die richtige, die entscheidende, zu liefern. Lebensplanung soll aber grundsätzlich eine Sache der "Innenansicht" bleiben. Die Rolle des Beraters könnte sein, die Differenzierung dieser Innenansicht zu fördern, einmal indem er darauf dringt, dass sie artikuliert wird und dann, indem er aus seinen reichen Kenntnissen und Erfahrungen mit den Lebensläufen anderer allgemeine Informationsstücke liefert, die vielleicht im konkreten Fall von Bedeutung sein können.

Ich fasse das Gesagte thesenartig zusammen:

1. Eine empirische Wissenschaft wie die Psychologie (wie ich sie verstehe), kann nicht Forderungen über ihre Anwendung in der Praxis aufstellen. Bestenfalls kann der einzelne Wissenschaftler über Sachverhalte in jenem Bereich, in dem seine Wissenschaft bloss über vorläufige und unsichere Kenntnisse verfügt, Ansichten äussern und auf mögliche Zusammenhänge hinweisen, die den Praktiker bei seinen Entscheidungen beeinflussen mögen.

2. Die Beratung ist gewissen wissenschaftlichen Tätigkeiten strukturgleich. Ihre Gegenstände sind <u>genetische</u> und <u>individuelle</u> Gebilde; demnach sind prospektive Aussagen nie schlüssig, und die Uebertragung von Wissen aus einer Person auf andere ist nie stringent.

3. Insofern Beratung <u>Problemlösung</u> darstellt, tut sie gut, so viele Kenntnisse wie nur möglich über die jeweilige Problemlage zu erwerben und so viele möglicherweise relevante Gesetzmässigkeiten, wie bekannt sind, beizuziehen. Da aber über das Zutreffen der Beschreibung der Problemlage (die individuellen Voraussetzungen) und über die Relevanz und relative Bedeutung der beigezogenen Gesetzmässigkeiten (Erklärungsmechanismen, die über die Entwicklung bestimmen) im konkreten Fall keine Sicherheit zu haben ist, sondern bestenfalls Wahrscheinlichkeit bezogen auf ein interindividuelles und also im konkreten Fall irrelevantes Bezugssystem, können nicht bessere und schlechtere Methoden unterschieden werden. Die Wahl der Hilfsmittel ist beliebig, der Vorliebe des jeweiligen Beraters anheimzustellen, von ökonomischen Ueberlegungen her eher einzuschränken. Unter dem Aspekt der Problemlösung sind die psychologischen Hilfsmittel der Beratung <u>auf eine heuristische Funktion begrenzt</u>.

4. Insofern Beratung aber auch einen <u>Beziehungsaspekt</u> impliziert, muss auch die durch den Klienten wahrgenommene Funktion der Diagnostik berücksichtigt werden. Insofern sie dazu verlei-

ten kann, die Aussagen des Beraters (auch die über die Diagnostik hinausführenden beratenden Hinweise) für absoluter zu nehmen als sie im konkreten einmaligen und sich entwickelnden Fall sein können, plädiere ich für einen Abbau der Diagnostik in der Beratung. Statt durch eine zweifelhafte Aussenansicht der Problemlage Lebensentscheidungen objektivieren zu wollen, sollte sich der Berater auf die Differenzierung der "Innenansicht" konzentrieren. Der Berater kann sein Tun nicht durch vermeintliche Fundierung einer Teilfunktion in einer Wissenschaft rechtfertigen. Diese Sachlage zwingt zu einer Auffassung der Beratung als einer Tätigkeit, die der Berater primär durch seine Person verantworten muss.

12. Zur Logik der Psychodiagnostik

Fred W. Schmid

Postulate der positivistischen Wissenschaftslehre

Ein Wissenschaftshistoriker des 21. Jahrhunderts wird, wenn er die Entwicklung der Psychologie von ca. 1935 bis in unsere Gegenwart untersucht, nicht wenig beeindruckt sein von dem Ausmass, in dem dieses Fach seine Energien auf ein bestimmtes Ziel konzentriert hat: nämlich dasjenige, seinen Gegenstand und seine Methoden zu objektivieren und sich damit zu einer vollwertigen wissenschaftlichen Disziplin durchzumausern. Man braucht nur eine psychologische Fachzeitschrift zu öffnen, um sich davon zu überzeugen, mit wieviel Eifer und welcher Kompromisslosigkeit dieses Ziel verfolgt wird. Das Vorherrschen des Experiments, das Uebergewicht methodologischer Erwägungen gegenüber solchen substantieller Art, die Allgegenwart einer immer noch mehr verfeinerten Statistik und die hypersachliche Begriffssprache, auf die man dabei stösst, sind untrügliche Anzeichen dafür, wie ernst es den wissenschaftlich tätigen Psychologen mit ihrer Absicht ist, ihr Gebiet von jeglicher Subjektivität zu reinigen[1]. Sie lassen sich offenbar von der Hoffnung leiten, auch bezüglich der Erklärung und Beurteilung menschlichen Verhaltens jenen Konsens zu erreichen, dessen sich die Naturwissenschaften erfreuen und der es "homo sapiens" ermöglicht hat, sich auf dem Weg über die Technik zum Herrn über seine Umwelt aufzuschwingen.

Wie es zu dieser objektivistischen Ausrichtung des grössten Teils der "offiziellen", akademischen Psychologie gekommen ist - von den überwiegend ausserakademischen Richtungen, insbesondere

[1] Dass dabei der eigentliche "Gegenstand" psychologischer Betrachtung, nämlich der Mensch in seinem Verhalten und, vor allem, Erleben, gelegentlich zu kurz kommt, haben Brandt & Brandt kürzlich in einem kritischen Aufsatz eindringlich dargelegt (1974).

den tiefenpsychologischen Schulen sprechen wir hier nicht -, hat der amerikanische Psychophysiker und Handbuch-Autor S.S.Stevens in einem berühmt gewordenen Aufsatz unter dem Titel "Psychology and the science of science" (1951) eindrücklich geschildert. In den Jahren unmittelbar vor dem zweiten Weltkrieg kamen, teils befördert durch die Zwangsemigration europäischer Wissenschafter nach den USA, zwei philosophische Richtungen zusammen und bekräftigten sich gegenseitig: einerseits der Operationismus, der auf den Physiker Bridgman (1927,1936) zurückgeht, welcher sich mit den wissenschaftstheoretischen Implikationen von Einsteins Relativitätstheorie befasst hatte, und anderseits der logische Positivismus, der vom Wiener Kreis um Schlick, Neurath und Carnap und deren Gesinnungsfreunden in Warschau, Berlin und England - unter ihnen Russel - getragen wurde. Beide Schulen erhoben auf ihre Weise die explizite, nachvollziehbare Demonstration eines Phänomens zum Kriterium seiner wissenschaftlichen Akzeptabilität. Sie werteten damit die experimentelle Arbeitsweise in der Psychologie gewaltig auf und schufen, im Sinne einer in sich geschlossenen Wissenschaftslehre - eben einer "science of science" -, den geeigneten philosophischen Rahmen für den von Watson (1930) begründeten, in den Vereinigten Staaten damals überaus populären Behaviorismus. Damit war das gedankliche Fundament geschaffen, auf dem sich seither die amerikanische und die von ihr dominierte internationale Psychologie entwickelt haben, wenn auch der enge behavioristische Rahmen der Frühzeit inzwischen natürlich längst gesprengt worden ist.

Dass in Mitteleuropa und insbesondere im deutschen Sprachgebiet nicht alle massgebenden Fachvertreter diese Bewegung mitgemacht haben und der Widerstand gegen die positivistische Betrachtungsweise an einzelnen Universitäten lange die Oberhand behielt, darf nicht darüber hinwegtäuschen, dass sie sich, wenn zwar mit Verspätung, im Bewusstsein auch der meisten hiesigen Psychologen inzwischen doch weitgehend durchgesetzt hat und in der ernstzunehmenden wissenschaftlichen Diskussion entschieden den Ton angibt. Insbesondere ist die in jüngster Zeit von akademischer Seite laut gewordene Kritik an der Psychodiagnostik[2] nicht ohne ihren positivistischen Hintergrund zu verstehen, so dass es der Mühe wert scheint, sich damit auseinanderzusetzen. Fassen wir deshalb kurz die wichtigsten Postulate zusammen, mit denen uns diese Wissenschaftslehre in ihrer modernen Form konfrontiert.

Danach stellt eine (Natur-) Wissenschaft ein System von empirischen Sätzen dar, über deren Gültigkeit sich Mitglieder der Gesellschaft geeinigt haben. Solche Einigung wird dadurch erreicht, dass nicht irgendwelche Sätze in das System aufgenommen werden, sondern nur solche, die auf öffentlich zugänglichen und auf Verlangen wiederholbaren Operationen beruhen (daher der Name "Operationismus"). Diese Operationen müssen in einem Verfahrensprotokoll explizit festgehalten werden können und sich letztlich auf einfache sensorische Unterscheidungen zurückführen lassen (z.B. "Der Zeiger steht jetzt bei 37°"), die von unvoreingenommenen Beobachtern ohne Schwierigkeit vorgenommen werden können.

Die angestellten Beobachtungen beziehen sich naturgemäss immer auf die Aussenwelt, das heisst in der Psychologie, auf manifestes Verhalten oder Konsequenzen davon, da nur auf diese Weise die "öffentliche Zugänglichkeit" oder objektive Ueberprüfbarkeit gewährleistet ist. In diesem Punkt treffen sich die Anliegen von Positivismus und Behaviorismus. Privates Erleben, sei es mein eigenes oder dasjenige des Mitmenschen, kann dieser Auffassung zufolge nicht Gegenstand einer wissenschaftlichen Betrachtung sein. Introspektion und Intuition verlieren ihre Existenzberechtigung oder behalten sie bestenfalls als raschestens zu überwindende Vorphasen ernsthafter Erkenntnis.

Da die Variabilität menschlichen Verhaltens, die auch der Positivist nicht leugnen kann, einfache Schlüsse von Ursache auf Wirkung meistens verunmöglicht, müssen die Versuche in der Regel mehrfach über Personen hinweg repliziert werden, bis stabile

[2] Vgl. den Vortrag von Lang "Diagnostik und Autonomie der Person" in dieser Schrift (S.17ff.).

Ergebnisse herauskommen. Es werden statistische Gruppen gebildet, die von ihnen produzierten Durchschnittswerte als Grundlage für die Analyse benützt und Wahrscheinlichkeitsaussagen daraus abgeleitet. Lässt sich auch auf diese Weise keine klare Ordnung in das Geschehen hineinbringen, so darf nicht etwa zu intuitiven ad-hoc Erklärungen, beispielsweise basierend auf den Aeusserungen der Versuchspersonen, Zuflucht genommen werden, sondern müssen die unkontrollierten Einflüsse auf experimentellem Wege so weit eingegrenzt und isoliert werden, dass sie schliesslich als von allen introspektiven Anklängen freie "Zwischenvariablen" oder "operationale Konstrukte" in die Verhaltensgleichung eingesetzt werden können. Schritt für Schritt soll so ein Erkenntnisgebäude errichtet werden, dessen Bausteine die gesicherten Erfahrungstatsachen und dessen Strukturprinzipien die formalen Gesetze der Logik sind. Die Psychologie wird der Intention nach zu einer vollständig objektiven Wissenschaft, genau so solid und unantastbar wie die immer wieder als Vorbild herausgestellte Physik.

So weit - in notwendigerweise starker Verkürzung - der Kern des bemerkenswert konsequenten Programms, an dem die Dignität der Psychodiagnostik von ihren wissenschaftlichen Kritikern gemessen wird. Im Hinblick auf unsere spezielle Themenstellung sei nur das eine beigefügt, dass es nämlich in jeder Einzelheit dem gängigen Paradigma für die Validierung psychometrischer Tests entspricht. Durch klar umschreibbare, jederzeit nachvollziehbare Operationen wird für eine Probandengruppe ein Testbefund auf der einen Seite, ein Erfolgskriterium auf der anderen erhoben. Die Stabilität der beiden Variablen und das Ausmass des zwischen ihnen bestehenden Zusammenhangs werden auf statistischem Wege festgestellt und die gefundenen Beziehungen nach den Regeln der Logik zu einer Theorie des untersuchten Fähigkeits- oder Eigenschaftskomplexes verbunden. Daraus können neue Hypothesen abgeleitet werden, die wiederum einer ähnlichen Ueberprüfung zu unterwerfen sind.

Merkmale der psychodiagnostischen Tätigkeit

Wenn wir diesem glasklaren Modell des wissenschaftlichen Erkenntnisprozesses den pragmatischen psychodiagnostischen Alltag gegenüberstellen, um diesen sozusagen auf seine Legitimität hin zu überprüfen, so sehen wir uns sogleich einer Anzahl von Schwierigkeiten gegenüber. Dass wir Praktiker uns mit Einzelfällen statt mit Gruppen befassen, erscheint dabei, oberflächlich betrachtet, noch als das kleinste Uebel. Es handelt sich eben um einen Anwendungsfall, wird man sagen, und es kommt darauf an, aus dem Fundus von empirischen Sätzen, über den wir verfügen, diejenigen herauszugreifen, die an Leuten von der Art des Untersuchten gewonnen worden und somit auf ihn anwendbar sind. So wird man zu Erkenntnissen über ihn gelangen, die sowohl den Vorzug der Objektivität geniessen, als auch eine im Durchschnitt aller Fälle kleinere Fehlermarge aufweisen als jede andere Aussage, zu der wir gelangen können[3].

Wenn man aber als nächstes fragt, welche Bewandtnis es mit diesem "Fundus von empirischen Sätzen" habe, aus denen der Psychodiagnostiker angeblich sein Wissen bezieht, so fällt die Antwort nicht mehr so befriedigend aus. Allzu oft bringt uns die Vielgestaltigkeit unserer Tätigkeit in die Lage, Aussagen über Menschen machen zu müssen, die wir bestenfalls unter gehöriger Dehnung der Klassenbegriffe einer passenden Normgruppe zuordnen können. Dem wäre mit mehr Validierungsforschung abzuhelfen, wenn eben diese Art von Forschung nicht so häufig unbefriedigende Resultate geliefert hätte und noch liefern würde. Wenn ich die Kritiker unseres Berufes richtig verstehe, so ist das der Hauptvorwurf, den sie gegen uns erheben: dass wir fort-

[3] In Wirklichkeit ist das Argument problematisch; denn vom Verhalten einer Normgruppe kann nur so weit auf dasjenige des einzelnen Gruppenmitgliedes geschlossen werden, als wirklich alle bestimmenden Einflüsse erfasst worden sind, was praktisch selten oder nie der Fall sein dürfte. Vgl. dazu S.47.

Cronbach hat jüngst denselben Punkt noch allgemeiner wie folgt formuliert: "Wenn wir den lokalen Bedingungen das ihnen zukommende Gewicht einräumen, so ist jede Verallgemeinerung als eine Arbeitshypothese, nicht als eine Schlussfolgerung zu betrachten". Siehe Cronbach, 1975.

fahren, unsere diagnostische Tätigkeit auszuüben, obwohl der Vorrat an gesicherten, das heisst, in kontrollierten Gruppenuntersuchungen gewonnenen Erkenntnissen nicht vorhanden ist, auf den wir uns unter der Aegide des positivistischen Modells stützen müssten. Nichts wäre falscher, als diese Schwäche nicht einzugestehen oder sie mit allerlei Validierungssophistik aus der Welt disputieren zu wollen.

Kaum besser ist es um die Operationalität der verwendeten Begriffe bestellt. Der Diagnostiker hat zwar vor seinem ausschliesslich beraterisch oder therapeutisch tätigen, das heisst, uneingeschränkt auf das Mittel des Gesprächs abstellenden Kollegen voraus, dass er überhaupt umschreibbare Operationen durchführt, nämlich Tests unter spezifizierbaren und gleichbleibenden äusseren Bedingungen anwendet, wie es ähnlich ein Experimentator tut, wenn auch mit einer anderen Zielsetzung. In der Fülle des Materials, das im Verlauf einer eingehenden Untersuchung anfällt, sind aber die "harten Fakten" wenig zahlreich und nicht so ausschlaggebend, wie man dies aus positivistischer Sicht erwarten oder wünschen würde. Es wäre ein schlechter Diagnostiker, der "die Intelligenz" seines Probanden unbesehen mit dem Ergebnis auch des bestgeeichten und -validierten Intelligenztests gleichsetzen würde, ohne zu fragen, wie dieses Resultat zustandegekommen ist, was die anderen eingesetzten Erfassungsmittel - insbesondere auch diejenigen weniger strukturierter Art - über das vorhandene Denkvermögen aussagen und wie dieses sich in verschiedenartigen Aufgabensituationen manifestieren wird, beziehungsweise durch geeignete Einflussnahme mobilisiert werden kann. Sobald man den Bereich der Fähigkeiten verlässt und denjenigen der Einstellungen und Motivationen betritt, sind diesbezüglich erst recht eine Vielzahl von Schlüssen und Kombinationen erforderlich. Die Variablen und Konzepte, mit denen wir arbeiten, sind keineswegs rein auf manifestem Verhalten begründet und voll objektivierbar, sondern immer gewissermassen "zwischen" oder "hinter" den empirischen Daten angesiedelt. Die Gegebenheiten, auf welche sie sich beziehen, können nicht direkt beobachtet, sondern nur über einen Prozess der Interpretation erschlossen werden. Dabei wollen wir vorerst nicht auf das Problem eingehen, wie solche Interpretationen zustandekommen und welchen Gesetzmässigkeiten sie folgen. Nur soviel sei angedeutet, dass es schwer halten dürfte, eine Erklärung zu formulieren, die ohne ein Konzept im Sinne der Einfühlung auskommt; ist doch in keiner Weise ersichtlich, wie wir uns vorstellen könnten, was in einem anderen Menschen vorgeht, ohne dass wir von unserem eigenen Erleben wüssten und die Fähigkeit besässen, dieses kritisch zu reflektieren.

Damit nicht genug, erscheint es als zweifelhaft, ob auch nur schon die Ausgangsdaten, auf denen unsere Interpretationen basieren, das heisst, die Testresultate und -protokolle als solche, die Forderung nach "öffentlicher Zugänglichkeit" erfüllen. Unter diesen Ausgangsdaten kommt nämlich ein wichtiger Platz gewissen mit den "Personwahrnehmungen" der Sozialpsychologie verwandten Eindrucksqualitäten zu, die rational nicht weiter analysiert werden können, sondern nur als solche erlebbar und einem verstehenden Nachvollzug zugänglich sind. Sie reflektieren nicht über Personen hinweg vergleichbare und statistisch erfassbare Charaktereigenschaften ("common traits"), sondern jene stilistischen, inhaltlichen und strukturellen Gestaltmerkmale, die dem Individuum sein eigentliches, unverwechselbares Gepräge geben und von Gordon Allport (1961) als "persönliche Dispositionen" ("personal dispositions") bezeichnet worden sind. Die Fähigkeit, solche Eindrucksqualitäten bewusst zu registrieren, variiert erfahrungsgemäss nicht nur unter den Menschen allgemein, sondern auch unter akademisch geschulten Psychologen sehr stark, was daher kommt, dass sie persongebunden ist und nicht über eine konventionelle Instruktion vermittelt werden kann. Damit kommt ein "elitäres", quasi-künstlerisches Moment in die Psychodiagnostik hinein, das den experimentell ausgerichteten Sparten der Psychologie in dieser Form fremd ist und in Widerspruch steht zur "demokratischen" Forderung nach "öffentlicher Zugänglichkeit".

Es sind aber nicht nur die Wahrnehmungen des Diagnostikers, welche die Ergebnisse seiner Untersuchungen beeinflussen können,

sondern auch seine Reaktionen und die Art, wie diese wiederum vom Klienten aufgenommen werden. Zahlreiche experimentelle Untersuchungen haben den Beweis für die Wirksamkeit von solchen "aktiven" Versuchsleiter- und Interaktionsvariablen schlüssig erbracht[4]. Aber schon die alltägliche praktische Erfahrung zeigt, wie unter Umständen ein- und derselbe Proband einem Versuchsleiter einen Test überhaupt verweigern, sich einem anderen dagegen vertrauensvoll und bis in die Tiefen seines Wesens hinein erschliessen kann; während er sich einem dritten gegenüber vielleicht gerade zu so viel Anpassungsleistung aufrafft, wie erforderlich ist, um diesen formell zufriedenzustellen[5]. In jedem Fall hat er seine Produktion bewusst oder unbewusst gewöhnlich in einem viel stärkeren Ausmass unter Kontrolle, als jene anzunehmen scheinen, die in jeder diagnostischen Aktivität schon eine Gefahr für die Autonomie des Betroffenen wittern.
- Wenn dem aber so ist und ein Testbefund letztlich immer als Produkt einer Interaktion zwischen Versuchsleiter und Proband aufgefasst werden muss, so verliert er damit ein Stück weit den Charakter einer objektiven Gegebenheit. Statt dessen erhält er den Status einer privilegierten Information, für die es schwer halten dürfte, in einer positivistischen Wissenschaftsdoktrin einen Platz zu finden.

[4] Vgl. dazu zum Beispiel Schafer, 1954, Zubin et.al., 1965, Rosenthal, 1966 und Hartmann, 1970.

[5] Der Schreibende erinnert sich besonders plastisch an den Fall eines wegen eines Tötungsdeliktes verurteilten Jugendlichen, den er berufsberaterisch zu betreuen hatte. Während der monatelangen Untersuchungshaft waren von einem bekannten Rorschach-Experten zwei Protokolle aufgenommen worden, die jedoch völlig karg und nichtssagend ausfielen. Bei der Wiederholung des Versuchs im Rahmen der berufsberaterischen Eignungsabklärung wollte der Proband die erste Tafel nach ein oder zwei banalen Antworten ebenfalls zurückgeben, freilich mit einem leichten Zögern, wie mir schien. Ich machte keine Anstalten, ihm die Tafel abzunehmen, sondern schaute ihn fragend an, worauf er sie verlegen zurücknahm und mich nach einer kurzen Denkpause mit einer wahren Flut von überwiegend hochdifferenzierten, zum Teil äusserst originellen und aufschlussreichen Antworten überschüttete.

In klassisch psychometrischer Sicht ein klarer Fall von Test-Unzuverlässigkeit - die aber weder den diagnostischen Aussagewert der "gelungenen " Aufnahme in irgendeiner Weise schmälert, noch den früheren Protokollen die Bedeutung nimmt, die sie in der Gegenüberstellung dazu rückblickend gewinnen.

Die Folgerung erscheint unausweichlich, dass der Psychodiagnostiker sich in einigem Abstand von dem bewegt, was man gemeinhin unter einer wissenschaftlichen Tätigkeit, beziehungsweise unter der Anwendung wissenschaftlicher Erkenntnisse auf die Praxis versteht. Vielmehr scheint er eine Art "Kunsthandwerk" auszuüben, von dem wohl, wie sich immer wieder zeigt, eine erhebliche Faszination auf das Publikum ausgeht und dessen praktischer Nutzen auch vom skeptischsten Kritiker nicht völlig geleugnet werden kann, dessen Regeln aber sehr schwer zu durchschauen und dessen Ergebnisse nicht eindeutig überprüfbar sind. Grund genug für den reinblütigen Wissenschafter, sich von einem so fragwürdigen Unternehmen zu distanzieren und sich Problemkreisen zuzuwenden, die seinem Bedürfnis nach klaren Strukturen besser entgegenkommen! Schade nur, dass die Relevanz dieser wissenschaftlich sauberen Fragestellungen für den menschlichen Alltag dann oft so gering ist.

Das Dilemma der Psychodiagnostik

Die grosse Mehrheit der praktischen Psychodiagnostiker und Berater gibt sich mit dem geschilderten Zustand zufrieden. Man hat sich in einzelnen Kursen an der Hochschule und ausserhalb derselben fragmentarische Einblicke in die Möglichkeiten der Psychodiagnostik verschafft, liess sich dadurch fesseln und erwarb sich in der Folge in Praktika an verschiedenen Institutionen und in seinen ersten regulären Arbeitsstellen - wenn nicht gar auf autodidaktischem Wege und in der vorzeitig eröffneten eigenen Praxis - ein diagnostisches Rüstzeug, das mindestens bezüglich der Auswahlprinzipien, oft aber bis in die technischen Einzelheiten hinein stark persönlich geprägt ist und nach Bedarf und Interesse modifiziert werden kann. Dessen Weiterentwicklung wird, wenn sie überhaupt stattfindet, in erster Linie angeregt durch die Publikationsprogramme der Testverlage, gelegentlich auch durch die eine oder andere wissenschaftliche Abhandlung, auf die man bei seiner Fachlektüre stösst und die nicht zum vornherein an den Bedürfnissen und Erfahrungen der Praxis vorbeikonzipiert ist. Sie erfolgt im übrigen vorwiegend nach dem Prinzip von Versuch und Irrtum, wobei den individuellen Fällen, mit denen man es im gegebenen Zeitpunkt gerade zu tun hat, die Rolle der Bekräftiger zukommt. Ist man in der glücklichen Lage, homogene und nicht nach allzu irrelevanten Kriterien ausgelesene Gruppen untersuchen zu können - was bei weitem nicht für alle Berater, insbesondere nicht für die meisten privat tätigen, zutrifft -, so berechnet man eigene Normen und verbessert damit seinen Massstab für die Beurteilung vergleichbarer Einzelfälle. Gegebenenfalls ändert man Tests nach eigenem Gutdünken ab (wobei man sich nicht auf die Ersetzung von Mark und Dollars durch Franken zu beschränken braucht), übersetzt sie für den Hausgebrauch aus der Fremdsprache oder erfindet gar seine eigenen Interessenfragebogen, projektiven Aufsatzthemen oder berufsspezifischen Eignungsprüfungen - kurz, man geniesst eine schöpferische Freiheit, um die einen andere nur beneiden können und die, wenn sie zudem von befriedigenden wirtschaftlichen Ergebnissen begleitet ist, kaum einen Anreiz in sich birgt, weiterreichende Aenderungen anzustreben. Den Gegnern, die "Dilettantismus!" schreien, kann man immer entgegenhalten, man tue nichts anderes, als sich mit optimaler Flexibilität den Bedingungen des individuellen Falles anzupassen, die praktischen Erfolge gäben einem offensichtlich recht, und zudem habe die Wissenschaft ja doch nichts Besseres anzubieten.

Dem kritischen Betrachter - und es gibt auch unter den praktizierenden Diagnostikern einige von ihnen -, können die Nachteile dieses Zustands jedoch nicht verborgen bleiben. Abgesehen von der kommerziell motivierten Proliferation der publizierten Testmittel - die aber selten wirklich neuartig, sondern zum grössten Teil füreinander substituierbar sind -, stagniert das Fach seit der ersten Blüte, die es in der Schweiz vor drei und mehr Jahrzehnten erlebte. Weil die Erfahrungen von den vielen Praktikern mit verschiedenartigen Mitteln gewonnen worden sind, können sie nicht ausgetauscht werden und kumulieren sie sich nicht zu einem Vorrat an solidem empirischem Wissen, wie ihn beispielsweise die praktische Medizin kennt. Vielmehr sind wir

Diagnostiker an einem Partikularismus hängen geblieben, der nur deshalb nicht ganz so dogmatische, um nicht zu sagen, sektiererische Züge angenommen haben dürfte wie derjenige der Psychotherapeuten, weil der emotionale Belastungsgrad, dem wir in unserem Berufsalltag ausgesetzt sind, der Tendenz nach weniger hoch ist. - Der Klient seinerseits hat als Folge der geschilderten Verhältnisse keinerlei Gewähr, von verschiedenen Diagnostikern nach vergleichbaren Gesichtspunkten beurteilt zu werden, und die Anzeichen deuten darauf hin, dass die Unterschiede im psychodiagnostischen Know-how der anerkannten Berater - von den anderen sprechen wir hier gar nicht -, tatsächlich erheblich sind. Schliesslich wird die Heranziehung eines qualifizierten Nachwuchses enorm erschwert, was früher weniger ein Problem gewesen sein mag, heute aber angesichts des expandierenden Marktes, bei gleichzeitigem Ueberangebot an diagnostisch ungenügend vorgebildeten Hochschul-Absolventen, entschieden zu einem geworden ist.

Kurz, der Berufsstand bezahlt einen Preis für den allzu leichthin erbrachten Verzicht auf Wissenschaftlichkeit, und zwar in Form eines unbefriedigenden Grades an Professionalisierung. Sein Dilemma liegt darin, dass man das eine, den Professionalismus, in der heutigen Zeit nicht ohne das andere, ein Mindestmass an wissenschaftlicher Fundierung, haben kann. Die eigentlich Geschädigten sind allerdings - vorläufig - nicht so sehr diejenigen, die den Diagnostiker-Beruf schlecht und recht ausüben, sondern die Klienten und mit ihnen eine weitere Oeffentlichkeit.

Ein Ueberbrückungsversuch

Nachdem das Auseinanderklaffen von Forschung und Praxis auf dem Gebiet der Psychodiagnostik eine Erscheinung ist, die sich nicht auf unser Land beschränkt, sondern auch anderswo festgestellt werden kann - man denke nur an die amerikanischen Zahlen, die einen starken Rückgang der wissenschaftlichen Untersuchungen mit projektiven Verfahren bei gleichzeitig immer noch zunehmender Verbreitung derselben in der klinischen Praxis aufgezeigt haben

(Crenshaw et al., 1968, zit. in Hiltmann, 1969) -, musste es früher oder später zu Versuchen kommen, den aufgerissenen Graben zu überbrücken. Der umfassendste und ehrgeizigste dieser Versuche stammt von L.H.Levy, der in seinem 1963 erschienenen Hauptwerk eine Theorie der psychologischen Interpretation vorgelegt hat. Die Frage, von der er im Hinblick nicht nur auf die diagnostische, sondern auch auf die therapeutische Praxis ausging, lautete, "ob man psychologische Deutung betreiben und doch seine Integrität und Selbstachtung als Wissenschafter und rationales Menschenwesen behalten kann, oder ob man willens sein muss, eine Art Spaltung in seinem Selbstverständnis in Kauf zu nehmen" (Levy, 1963, S. IX). Er vertritt die These, eine solche Spaltung sei nicht notwendig, sondern es bestehe Kontinuität zwischen der "klinischen" Deutungsarbeit einerseits, experimenteller Beobachtung, Hypothesenbildung und Theorienbau anderseits. Von der Anerkennung dieser These durch die Fachleute erhofft er einen wohltätigen Einfluss im Sinne einer Vereinheitlichung der gesamten Disziplin.

Levy definiert eine Interpretation als kognitive Umstrukturierung einer Problemsituation mit dem Ziel einer besseren Bewältigung derselben. Er unterscheidet verschiedene Phasen solcher Umstrukturierung oder Transformation und zeigt, wie diese nach bestimmten Gesetzmässigkeiten verlaufen. Zuerst werden in der Regel die rohen Beobachtungsdaten in die Sprache eines theoretischen Bezugsrahmens übersetzt, was als semantische Transformation bezeichnet wird. In einer Traumdeutung würde es beispielsweise heissen: "Der Hammer, der im Traum vorkommt, ist ein aggressives Symbol". Anschliessend werden theoretische Sätze betreffend die so transformierten Daten formuliert, womit wir uns auf die propositionale Deutungsebene begeben. Eine Generalisation bezüglich desselben Traumes könnte etwa lauten: "Demzufolge hat vermutlich auch der Spazierstock des Mannes im Traum einen aggressiven Symbolgehalt". Um eine Konstruktion würde es sich handeln, wenn der auf Grund solcher Anzeichen postulierte, "aggressive" Inhalt des Traumes zum Beispiel auf eine Störung in der Uebertragungsbeziehung oder auf eine andere psychologische Ursache zurückgeführt würde.

Für die Einzelheiten von Levys interessanter Deutungstheorie muss auf den ausführlichen Originaltext verwiesen werden. In unserem Zusammenhang ist die Feststellung wichtig, dass er sich auf eine deskriptive und klassifizierende Darstellung der Transformationsvorgänge beschränkt und darauf verzichtet, auch die Kriterien namhaft zu machen, die über die Zweckmässigkeit des eingeschlagenen Deutungswegs und schliesslich über die Richtigkeit der gefundenen Interpretation entscheiden. Er überlässt diese Aufgabe vielmehr den tiefenpsychologischen Theorien, die diesbezüglich bekanntlich sowohl untereinander divergieren, als auch jede für sich genommen viele Freiheitsgrade offenlassen. Gewissermassen als Ersatz für die fehlende Spezifizierung der Deutungsregeln liefert er im zweiten Teil seines Buches eine sehr eingehende und theoretisch durchdachte Analyse der Bedingungen, unter denen eine Interpretation in der therapeutischen oder beraterischen Beziehung vom Klienten akzeptiert werden kann und zu einer Verhaltensänderung führt.

Levys Auffassungen stehen insofern in der guten neopositivistischen Tradition, die er auch mehrfach anruft, als er das wissenschaftliche Vorgehen als ein induktives, von den Beobachtungen zu den dahinterliegenden Kausalfaktoren, von der Empirie zur Theorie fortschreitendes charakterisiert. Seine Einstellung ist aber <u>nicht</u> behavioristisch, indem er die Zusammenhänge nicht oder nicht ausschliesslich zwischen den "rohen" Beobachtungsdaten als solchen sucht, sondern eben die Notwendigkeit einer vorgängigen Transformation oder Interpretation derselben anerkennt. Er identifiziert die Abstützung auf "genotypische" Daten denn auch ausdrücklich als ein kennzeichnendes Merkmal des interpretierenden ("klinischen") Vorgehens in der Psychodiagnostik, womit es sich abhebt vom formalen ("aktuariellen") Vorgehen, das sich auf "phänotypische" Daten bezieht.

So kompetent und ausgewogen des Verfassers anschliessende Diskussion der Vor- und Nachteile der beiden Vorgehensweisen ist - sie erweist sich als ebenso tiefschürfend wie Cronbachs bekannte Darstellung im neunzehnten Kapitel seines Lehrbuchs (1970) und scheint bis in die Einzelheiten mit dieser kompatibel -, so muss doch festgestellt werden, dass er das Problem der Wissenschaftlichkeit der Psychodiagnostik wohl einem Zugriff nähergeführt, aber nicht wirklich zur Lösung gebracht hat. Wir wissen auf Grund seiner Untersuchung jetzt zwar, dass die Deutungen des Diagnostikers nicht völlig regellos erfolgen, können aber doch nicht angeben, wie sie im einzelnen zu vollziehen sind, und bleiben damit natürlich immer noch einen beträchtlichen Schritt von der Erfüllung des positivistischen Wissenschaftsideals entfernt. Klinische Interpretation von Aeusserungen und Reaktionen im Beratungsgespräch, von projektiven Gestaltungen und Antwortprotokollen, von freien Assoziationen und Traummaterial in der Psychotherapie erfordert weiterhin den Einsatz der kontrollierten Intuition des Spezialisten und ist damit möglicher Kritik ausgesetzt.

Sind die positivistischen Postulate haltbar?

An diesem Punkt wäre nun tatsächlich Anlass zu einiger Verlegenheit und könnte sich der Psychodiagnostiker der Schuld der Unwissenschaftlichkeit überführt vorkommen, die ihm so beharrlich untergeschoben wird. Bevor er endgültig resigniert, wird er es, Levy folgend, aber vielleicht doch noch mit einer radikalen Umstrukturierung der Situation versuchen und keck die Frage stellen, ob denn das positivistische Wissenschaftsideal wirklich so unanfechtbar sei, wie wir es bisher dargestellt haben. Die Antwort ist natürlich sogleich, dass es andere Schulen gibt, insbesondere die phänomenologische, die zwar zeitweise der Praxis der Psychodiagnostik auch nicht eben günstig gesinnt war (vgl. Kunz, 1957)[6], neuerdings aber mit dem feinsinnigen Essay des Schweizers Imoberdorf (1971) einen höchst schätzenswerten Beitrag zur Erhellung der "diagnostischen Situation" ge-

[6] Der Autor warf in dieser Schrift den Psychodiagnostikern Unwissenschaftlichkeit sowie Mangel an Schamgefühl beim Eindringen in die Intimsphäre der Probanden vor. Später konnte er seine Bedenken offenbar zum Teil überwinden, übernahm er doch die Oberleitung des "Basler Seminars für Ausdruckskunde", an dem Psychologie-Studenten ergänzend zu ihrem regulären Studium an der Universität in Graphologie ausgebildet werden.

leistet hat. Die Auffassungen der Phänomenologen sind jedoch von denjenigen der Positivisten so weit entfernt, dass es schwer hält, einen Bezug herzustellen, der über die Feststellung extremer Gegensätzlichkeit hinausgeht, und ihr Einflussbereich ist offensichtlich ein ganz anderer, nämlich geisteswissenschaftlicher. Um mit den von der Naturwissenschaft herkommenden Kritikern fertigzuwerden, müssen wir uns aber darum bemühen, ihre Sprache zu sprechen, und versuchen, sie mit ihren eigenen Waffen zu schlagen.

Machtvolle Schützenhilfe finden wir dafür bei dem Chemiker und Wissenschaftsphilosophen Michael Polanyi, der ein in der angelsächsischen Welt berühmt gewordenes epistemologisches Werk mit dem Titel "Personal knowledge" (1958) geschrieben hat. Es handelt sich dabei um eine umfassende, überaus gehaltvolle Auseinandersetzung mit der Philosophie des Positivismus und deren Einflüssen auf die Wissenschaft, Gesellschaft und Politik unserer Zeit. Polanyi entwickelt in überzeugendem Detail und unter Abstützung auf eine Fülle von wissenschaftshistorischen Tatsachen eine alternative Wissenschaftsbetrachtung und Weltanschauung, die es verdienen, zur Kenntnis genommen und diskutiert zu werden. Im Rahmen dieses Referates können wir allerdings nur einen sehr selektiven und summarischen Einblick in sein imponierendes Gedankengebäude vermitteln, in der Hoffnung, dieser werde zu eigener, freilich anspruchsvoller, aber umso lohnenderer Lektüre anregen. Von dem Erlebnis einer direkten Begegnung mit diesem Grossen des Geistes würde auch die gekonnteste Darstellung aus zweiter Hand ohnehin nur einen schwachen Abglanz vermitteln.

Der Autor befasst sich eingehender, als es die Positivisten je getan haben, mit der Frage, wie eine auf wissenschaftlichen Status aspirierende Aussage entsteht und von welchen Bedingungen ihr potentieller Erkenntnisgehalt abhängt. Dies ist ja ein Vorwurf, den man den Positivisten zu Recht machen muss, dass sie sich in einseitiger Weise nur mit der zweiten Phase der wissenschaftlichen Wahrheitssuche, derjenigen der Verifizierung, abgegeben und die erste, inventive, sozusagen völlig ausser Acht gelassen haben. Polanyi schafft hier einen Ausgleich, indem er zeigt, wie auch im Bereich der Natur- und technischen Wissenschaften jegliche neue Sicht der Zusammenhänge immer aus einem personalen Hintergrund herauswächst, das heisst, von gewissen Vormeinungen getragen ist, die ihrem Urheber bestenfalls zum Teil bewusst sind. Sie wird gesteuert von Wahrnehmungs- und Urteilsakten - beispielsweise solchen, die sich auf Gestalten, Ordnungen, Harmonien beziehen -, die keineswegs voll explizierbar und objektivierbar sind, sondern ihren eigenen Gesetzen gehorchen und ihren Sinn in sich tragen. Insbesondere kann auch die Sprache, in die alle empirischen Erkenntnisse übersetzt werden müssen, ihren Gegenstand nie voll artikulieren, sondern behält immer ihren unpräzisen und metaphorischen Charakter.

Wie ist unter solchen Voraussetzungen realistische Erkenntnis überhaupt möglich? Polanyi sagt uns, sie könne nie auf rein logischem Weg gewonnen werden, sondern setze immer die Ueberwindung eines "logical gap", einer Denklücke voraus. Ein dem Streben nach Wahrheit verpflichteter Glaube, ein geistiges Engagement, eine "heuristische Leidenschaft" ist erforderlich, um diese Lücke zu überschreiten und ans Ziel zu gelangen. Solches Engagement ist nur seiner Herkunft nach subjektiv, strebt aber seiner Intention nach gerade nach einer überpersönlichen Gültigkeit und schlägt so die Brücke zwischen Subjektivität und Objektivität.

Der interpersonalen Validierung der Hypothesen kommt in dieser Sicht nicht dieselbe absolute Bedeutung zu, welche ihr der Positivismus zuschreibt. Wohl bleibt es dabei, dass wir unser Wissen nie mit der Wahrheit selbst, sondern immer nur mit dem Wissen anderer vergleichen können; aber diese Vergleichbarkeit ist ihrerseits abhängig von kognitiven Gegebenheiten und deren wissenschaftssoziologischen und kulturellen Hintergründen, die wir nur bedingt beeinflussen können, und wird damit entsprechend relativiert. Die Wiederholbarkeitsthese als Hauptstütze der positivistischen Wissenschaftstheorie ist deshalb fragwürdig, weil die Replizierbarkeit der Beobachtungen und Experimente faktisch höchst selten gegeben ist und der Einfluss unspezifizierbarer

Fertigkeiten des Forschers auf das Ergebnis seiner Bemühungen auch in den am weitesten fortgeschrittenen Wissenschaften nicht unterschätzt werden darf. Die Operationalisierung der Begriffe schliesslich kann nicht das Allheilmittel darstellen, als das sie propagiert worden ist, weil jede wissenschaftliche Betätigung von Alltagsinteressen und -erfahrungen ausgehen muss, wenn sie ihrer Realitätsnähe und Relevanz nicht verlustig gehen will. "Psychologen müssen auf Grund gewöhnlicher Erfahrung wissen, was menschliche Intelligenz ist, bevor sie Tests entwickeln, mit denen sie wissenschaftlich gemessen werden kann; und sollten sie anstatt dessen etwas messen, was die gewöhnliche Erfahrung nicht als Intelligenz anerkennt, würden sie damit eine neue Materie konstruieren, die nicht länger das intrinsische Interesse für sich in Anspruch nehmen könnte, das derjenigen anhaftet, die sie ursprünglich studieren wollten" (Polanyi, 1958, S.139).

Der Verfasser zieht aus diesen Ueberlegungen den Schluss, dass es keine strikten Wahrheitskriterien geben kann und damit auch keine vollständig formalisierbare wissenschaftliche Methode, die unfehlbar zu den gesuchten Erkenntnissen führen würde. Alles Wissen ist und bleibt personal gebunden, erfordert ein Ringen um Verständnis, das Wagnis der Wertung und die Annahme des Risikos, sich zu täuschen. An die Stelle einer fiktiven Inferenzmaschine tritt der Wissenschafter als verantwortlicher Akteur. Seine Methoden sind in Wirklichkeit die Maximen einer Kunst, die er auf eigene, originale Weise auf Problemstellungen seiner eigenen Wahl anwendet. Dabei lässt er sich jedoch nicht von der Willkür, sondern von den inneren Gesetzmässigkeiten seines Denkens einerseits, des untersuchten Gegenstands anderseits leiten. Zwischen den inneren und äusseren Strukturgesetzen wird dabei eine potentielle Uebereinstimmung angenommen, die ganz an Lorenz' "hypothetischen Realismus" (1973) erinnert, aber hier zur These einer umfassenden Parallelität und, letztlich, Einheit von "knowing" und "being", Wissen und Sein erweitert wird.

Polanyi begnügt sich jedoch nicht mit solchen positiven Aussagen, sondern gibt ihnen erst Tiefe und Profil mit seinen sehr dezidierten Auffassungen davon, was geschieht, wenn die personale Komponente des Wissens geleugnet, der rationale Prozess verabsolutiert, ein Laplace'scher Dämon als über und hinter allem Wissen stehende, imaginäre Instanz postuliert wird. Er versucht aufzuzeigen, wie ähnlich wie bei einem Freud'schen Verdrängungsmechanismus die unterdrückte idealistische Strebung an Virulenz gewinnt, eine destruktive Färbung annimmt und sich zu jenem ideologischen Fanatismus emporsteigert, den wir als Hauptmotiv in den totalitären Bewegungen unserer Tage antreffen und dem diese einen Grossteil ihrer Attraktivität in den Kreisen der westlichen Intellektuellen verdanken. Er sieht auch die Möglichkeit voraus, dass die einseitige Pflege der kritischen Einstellung in der Wissenschaft, die Ueberbetonung der Forderung nach Objektivität auf Kosten derjenigen nach Relevanz und Tiefe, eines Tages zu einer Negierung des Wertes alles wissenschaftlichen Tuns und in jenes geistige Nichts hineinführen könnte, von dem uns die existentialistischen Denker künden. Diesem Nihilismus, in den ein zu weit getriebener Positivismus umzukippen droht, stellt er das entgegen, was er sein Konsistenzkriterium nennt. Es besagt, das Bild, das wir uns vom Menschen und seiner Gesellschaft machten, müsse so beschaffen sein, dass es der Fähigkeit des Menschen Rechnung trage, eben dieses Bild zu entwerfen, und es müsse die Kultivierung dieser Fähigkeit innerhalb einer - nur demokratisch zu denkenden - Gesellschaft begünstigen (1958, S.142). Eine eindeutigere Absage als diese an die vom Behavioristen Skinner mehr als ein Jahrzehnt später in "Beyond freedom and dignity" (1971) vertretenen Thesen ist schlechterdings nicht denkbar.

Für die Psychologie ergibt sich aus der Analyse die Folgerung - sie wird vom Verfasser selbst mehrfach gezogen -, dass ihre Untersuchungen auf der Annahme der Reziprozität von Versuchsleiter und Proband beruhen und den Mitmenschen als personales Wesen in die zu erhellende Problematik einbeziehen müssen. Polanyi lehnt die behavioristische Doktrin auch schon für die Psychologie der höheren Tiere mit Nachdruck ab und plädiert statt dessen für jenes "Sich-Hineinversetzen" in den fremden Organismus, das unter den Verhaltensforschern üblich ist und ein zuverlässiges

Verständnis der beobachteten Verhaltensweisen erst ermögliche. Wenn er betont, Verhalten sei nicht identisch mit geistig-seelischer Aktivität ("mind"), sondern lediglich Manifestation davon, so impliziert er damit die Notwendigkeit jener "semantischen Transformationen", in denen Levy einen Schlüssel für das Verständnis psychologischer Phänomene sieht[7].

Der Status der Psychodiagnostik unter einer personalen Wissenschaftstheorie

Wenn man sich als praktizierender und seine Tätigkeit reflektierender Psychodiagnostiker zu den Auffassungen von Polanyi mit ebenso sanfter wie unwiderstehlicher Gewalt hingezogen fühlt, so sind die Gründe für diese Attraktion nicht schwer zu finden. Er verkörpert den Inbegriff des von der Naturwissenschaft herkommenden, mit ihrer Methode und Geschichte enzyklopädisch vertrauten Denkers, der hinter der verwirrenden Menge positiver Fakten, welche die Forschung uns beschert hat, die Zusammenhänge erkennt und die grossen Ideen am Werk sieht, die unsere Welt bewegen. Damit erweckt er die Hoffnung auf eine Wiedererrichtung der weitgehend und mit verhängnisvollen Folgen für unsere Kultur abgebrochenen Brücke zu den Geisteswissenschaften[8] und auf eine sichere Verankerung für das zwischen den fremden Ufern heimatlos umherirrende, bald von der, bald von jener Seite in Beschlag genommene Schiffchen Psychologie.

Insbesondere liegt Polanyis Leistung darin, mit aller nur wünschenswerten Deutlichkeit aufgezeigt zu haben, dass Wert und Würde der Wissenschaft - jeglicher Wissenschaft - sich nicht

[7] Polanyis Epistemologie geht Hand in Hand mit einer "mentalen" Verhaltenstheorie, in der den Kognitions- und Adaptationsleistungen des optisch-haptischen Wahrnehmungsapparates eine ähnlich fundamentale Bedeutung zukommt wie dem bedingten Reflex in der Lernpsychologie behavioristischer Prägung. Vgl. dazu Polanyi, 1958, S.95ff., 335ff., 369ff. etc. Manche Parallelen zu Lorenz, 1973, sind erstaunlich.

[8] Zur Problematik des Auseinanderbrechens des abendländischen Geisteslebens in einen naturwissenschaftlich-technischen und einen geisteswissenschaftlich-künstlerischen Zweig vgl. Snow, 1964, und K.Schmid, 1974.

nur aus ihrer Fähigkeit herleiten, ihre Erkenntnisse zu überprüfen und abzusichern, wie dies die Positivisten wahrhaben wollen, sondern auch und primär aus dem kreativen Denken und Problemlösen, ohne das diese Erkenntnisse nicht hervorgebracht werden können. Die Gültigkeit einer Aussage ist für ihn nicht wie für die Operationisten ausschliesslich eine Funktion ihrer möglichst sofortigen und vollständigen Verifizierbarkeit, sondern eine emergente, das heisst, von Fall zu Fall und je nach Umständen in Erscheinung tretende Qualität. Ahnung kommt vor der Erkenntnis, Glaube vor Wissen; und wer seinen intuitiven Regungen nicht folgt, um wach und kritisch herauszufinden, wohin sie ihn führen, verbaut sich damit den Weg zu höherer Einsicht.

Es dürfte klar sein, dass eine von solchen Ideen geprägte geistige Atmosphäre der von intuitiven und wertenden Elementen unauflösbar durchsetzten Psychodiagnostik potentiell bessere Ueberlebens- und Entwicklungschancen bietet als die karge Welt des Positivismus. Während die ständige Konfrontation der diagnostischen Tätigkeit mit der verifizierenden Seite wissenschaftlicher Aktivität nur dazu dient, die Gegensätzlichkeit der Positionen hervorzuheben und deren angebliche Unvereinbarkeit zu betonen, damit den bestehenden Graben vertiefend, ergibt sich unter der Schirmherrschaft einer personalen Wissenschaftstheorie wie von selbst eine umso eindeutigere Entsprechung, nämlich mit dem erklärenden, kreativen, theoretischen Aspekt der Forschungsarbeit. Wenn immer ein Wissenschafter - und handle es sich um einen Vertreter der exaktesten Disziplin - theoretisch tätig wird, so tut er nichts grundsätzlich Anderes, Rationaleres, Seriöseres, als der Psychodiagnostiker in seiner täglichen Arbeit tut. Er geht aus von den Beobachtungen, die er mit den ihm zur Verfügung stehenden Mitteln angestellt hat; er entwickelt Hypothesen, welche diese Beobachtungen erklären und zu weiteren hinführen sollen; und er hat seine Aufgabe erfüllt, wenn alle ihm bekannten Beobachtungen in einem überzeugenden Modell oder in einer in sich geschlossenen Theorie ihren Platz gefunden haben. Damit besteht zwar nicht Identität, wohl aber die von Levy so nachdrücklich geforderte Kontinuität zwischen den Disziplinen; und plötzlich erscheinen der Forscher und der Diagnostiker nicht mehr als feindliche Brüder, sondern als sich ergänzende Partner auf dem Weg zu einem ähnlichen Ziel. Damit gewinnt die Psychodiagnostik wenigstens einen Teil des wissenschaftlichen Status zurück, der ihr unter dem Ansturm der positivistischen Kritik verloren gegangen war.

Konsequenzen für das Verständnis der Psychodiagnostik

"Der praktische Psychodiagnostiker ein Hypothesenschöpfer und Theorienbauer" - die Vorstellung ist ungewohnt, gewinnt aber zusehends an Plausibilität, je länger man sich damit beschäftigt[9]. Was tut ein Berater, der von seinem Klienten mit einer Schwierigkeit, einem Konflikt, einem Symptom konfrontiert wird, denn überhaupt anderes, als mit ihm zusammen und unter Zuhilfenahme spezieller Erfassungsmittel Hypothesen darüber zu erarbeiten, worauf das Problem zurückgeführt und wie es angegangen werden könnte? Und was ist ein Persönlichkeitsgutachten anderes als ein hypothetisches Modell von der Struktur und Dynamik einer Person, über deren Fähigkeit zu erfolgreicher Aufgabenbewältigung oder harmonischer Selbstverwirklichung in bestimmten Umweltkonstellationen wir uns Gedanken machen müssen? Levy hat im

[9] Die These, dass die so praktische psychodiagnostische Tätigkeit zugleich theoretischer Natur ist, erfährt eine bedeutsame Stützung durch Epsteins Analyse der Funktion und Bedeutung des Selbst-Konzepts für die Persönlichkeit (1973). Er interpretiert dieses als eine Theorie, die das Individuum über sich selbst entwickelt, um - vor allem auch in zwischenmenschlichen Situationen - kohärent reagieren und die Aufgaben, welche die Realität ihm stellt, erfolgreich bewältigen zu können. Somit würde der Diagnostiker, wenn er ein Modell formuliert, um das Verhalten einer Person zu erklären, im Prinzip nichts anderes anstreben als das, was wir alle tun, wenn wir über uns selbst nachdenken und versuchen, über unser eigenes Verhalten Klarheit zu gewinnen. Schöner könnte Polanyis Forderung nach Reziprozität des Psychologen-Klienten-Verhältnisses nicht erfüllt werden.

Dass dem Autor auch die wissenschaftstheoretischen Implikationen seiner "Theorie einer Theorie" nicht verborgen geblieben sind, geht aus dem folgenden Satz hervor: "Wenn das Selbst-Konzept neu als Selbst-Theorie definiert wird, kann es nicht länger als unwissenschaftlich, im Sinne einer Wiederbelebung des Seelenbegriffs, abgelehnt werden, ausser man entschliesse sich dazu, jegliche Theorie als unwissenschaftlich abzulehnen." Vgl. dazu Epstein, 1973.

Grunde erkannt, worum es geht, wenn er davon spricht, dass das interpretierende Vorgehen in der Diagnostik Hypothesen, nicht gesicherte Erkenntnisse liefere (1963, S.186), oder wenn er noch deutlicher formuliert: "In der Tat wird im offenen Fall (d.h. bei Fehlen eindeutiger Erfolgskriterien, d.Verf.) von der Diagnose eine Miniaturtheorie erwartet, die darauf ausgerichtet ist, die Persönlichkeit und das Verhalten eines bestimmten Patienten zu erklären; eine Miniaturtheorie, die dazu verwendet werden kann, die Konsequenzen verschiedener Entscheidungen zu erschliessen, und zwar gemäss den Umständen in jenem Zeitpunkt, in dem sie getroffen werden müssen" (1963, S.173). Er scheint aber den Gedanken nicht wirklich zu Ende gedacht zu haben, sondern irgendwie davor zurückgeschreckt zu sein, aus der Analogie zur Hypothesen- und Theorienbildung in anderen Sparten der Wissenschaft den vollen Gewinn für seine Sache zu ziehen[10].

[10] Nach Lektüre des Manuskripts dieser Arbeit hat mich Urs Pulver auf ein Buchkapitel aufmerksam gemacht, in dem verschiedene empirische Studien des klinisch-diagnostischen Prozesses referiert werden, die zu ganz analogen Thesen geführt haben, wie wir sie hier auf Grund theoretischer Ueberlegungen vertreten (Goldman, 1971, Kap.9). Koester (1954) beschrieb den Prozess der Hypothesenbildung durch den Diagnostiker, Parker (1958) sprach von einem Modell der Persönlichkeit als Ergebnis der diagnostischen Tätigkeit, und McArthur und seine Mitarbeiter (1954) "schlossen aus ihren Befunden, dass gleichermassen treffende Voraussagen auf Grund einer Vielzahl von psychologischen Theorien und Tests abgeleitet werden können. Das entscheidende Element schien zu sein, dass ein individuelles 'Modell' oder Konzept der Persönlichkeit erarbeitet werden konnte, und dass die Voraussagen von diesem Modell her entwickelt wurden. Es handelte sich nicht darum, einem Testergebnis oder anderem Datum eine bestimmte Bedeutung bezüglich der untersuchten Person zuzuschreiben und ausgehend von dieser Interpretation deren späteres Verhalten vorauszusagen. Vielmehr ging es um einen Prozess von vorwiegend induktiver Natur, in dessen Verlauf eine Theorie des Individuums entwickelt wurde, auf Grund derer dann Schlüsse gezogen wurden, wie es sich in der und jener Situation verhalten würde."

Es berührt eigenartig, dass diesen frühen und erst noch empirisch untermauerten Ueberlegungen der von Goldman zitierten Autoren in den bei uns bekannteren Standardwerken der Testliteratur keine grössere Beachtung geschenkt worden ist. Während wir es uns angesichts dieser überraschenden Vorwegnahme unseres Ergebnisses versagen müssen, irgendeinen Prioritätsanspruch dafür anzumelden, berechtigt die Koinzidenz der Auffassungen zu umso grösserer Genugtuung. Es scheint, dass die Kritik an der positivistischen Interpretation des diagnostischen Prozesses mit Argumenten geführt werden kann, die hohen positivistischen Ansprüchen bezüglich ihrer Objektivität genügen!

Ein Hauptgrund dafür, dass der an sich naheliegende Bezug so schwer herzustellen ist, dürfte in der Tatsache liegen, dass die Hypothesen und Modelle der psychodiagnostischen Praxis sich auf Einzelfälle, nämlich auf Individuen in ihrer jeweiligen Situation, und nicht auf Erscheinungen allgemeiner Art beziehen. Dass eine besondere Theorie erforderlich sein soll, um das Verhalten jedes einzelnen Individuums zu verstehen, dem wir in der Beratungspraxis begegnen, ist für denjenigen, der von der Experimentalpsychologie mit ihrem Anspruch auf Allgemeinverbindlichkeit der Aussagen herkommt, wohl ein ebenso erschreckender wie für den Praktiker, wenn er seine Position konsequent durchdenkt, unausweichlicher Gedanke. Allport hat ihn, wie früher schon erwähnt, mit seinem Konzept der "persönlichen Dispositionen" vorweggenommen und die idiographische, das heisst individuell-beschreibende Methode zu einem legitimen Mittel für das Studium der Persönlichkeit erklärt. Die Frage stellt sich aber, wie wir darüber hinausgelangen und in den individuellen Strukturen die Gesetzmässigkeiten höherer Ordnung auffinden können.

Zur Verifizierbarkeit psychodiagnostischer Aussagen

Wir wollen zum Abschluss unserer Ausführungen aber nicht dem ambitiösen Ziel nachjagen, auf diese zuletzt aufgeworfene Frage eine Antwort zu finden, sondern uns ganz schlicht und einfach überlegen, welche Möglichkeiten sich denn dem Psychodiagnostiker anbieten, seine auf den individuellen Fall bezogenen Hypothesen, Modelle und Theorien zu verifizieren. Es ist nicht etwa nur ein Bedürfnis nach Rechtfertigung unseren Kollegen aus dem positivistischen Lager gegenüber, das uns veranlasst, diesen Weg einzuschlagen, sondern durchaus ein Gefühl echter Verpflichtung; denn die von Polanyi vollzogene Relativierung der Forderung nach wissenschaftlicher Objektivität bedeutet ja nicht deren Negierung. Jede andere Interpretation hiesse das Kind mit dem Bad ausschütten und würde den Idealen einer personalen Wissenschaftslehre keineswegs gerecht.

Wenn wir wie in solchen Fällen richtig und üblich zuerst das

Problem der "horizontalen" Verifizierung, das heisst, der Etablierung der Zuverlässigkeit der Feststellungen im Sinne der "inter-judge reliability" an die Hand nehmen, so können wir nicht behaupten, dass die Zeichen für Erfolge in diesem Bereich besonders günstig stünden. Die Schwierigkeiten, auf die wir stossen, ergeben sich aus der schon früher erwähnten Subtilität der Informationen und ihrer Abhängigkeit von der Berater-Klienten-Beziehung, sowie aus der mangelnden Operationalität der Konzepte, unter denen, wie wir alle wissen, verschiedene Fachleute nur zu oft auch Verschiedenes verstehen. Anderseits kann aber niemand vernünftigerweise erwarten, dass unabhängig voneinander erarbeitete Theorien über denselben komplexen Gegenstand auf Anhieb völlig miteinander übereinstimmen werden. Wäre dies der Fall, so hätten die auf der theoretischen Ebene notorisch uneinigen Experimentalpsychologen ihre Zelte längst abbrechen und sich beschämt in die Wüste zurückziehen müssen. Sie haben es aber nicht getan, sondern sind die ersten, die den heuristischen Wert ihrer Theorien betonen - ein Privileg, das wir hiemit in aller Form auch für die Psychodiagnostik reklamieren.

Die Forschung sollte angesichts der Schwierigkeit der Ausgangslage, mit der sie sich konfrontiert sieht, die Konsequenz ziehen, dass wenig Aussichten bestehen, eine hohe Zuverlässigkeit diagnostischer Feststellungen nachweisen zu können, so lange nicht ganz bestimmte Voraussetzungen hiefür erfüllt sind. Dazu gehört in erster Linie, dass die Psychologen, deren Beurteilungen miteinander verglichen werden, ähnliche Gesichtspunkte zur Anwendung bringen und einigermassen die gleiche Sprache sprechen. Unter Umständen kann dies erreicht werden, indem man Experten heranzieht, die sich auf Grund vergleichbarer Einstellung, Ausbildung und Erfahrung gegenseitig als solche anerkennen. Noch bessere Erfolgsaussichten dürften sich bieten, wenn man den Beurteilern, um wen es sich dabei immer handeln möge, Gelegenheit gibt, sich im Gebrauch eines systematisch ausgearbeiteten, gemeinsamen Beurteilungssystems ausgiebig zu üben, bevor sie sich dem Zuverlässigkeitstest unterziehen. Die in den sogenannten "Assessment Centers"[11] gesammelten Erfahrungen scheinen zu zeigen, dass auf diese Weise sehr befriedigende Uebereinstimmungen erzielt werden können. - Wo es auch mit Hilfe solcher spezieller Vorkehren nicht gelingen will, ans Ziel zu kommen, bleibt immer noch der Weg, anstatt dem Verhalten des Probanden die Berater-Klienten-Interaktion zum Gegenstand der Untersuchung zu machen und die Versuchsleiter-Variablen so in die Betrachtung miteinzubeziehen. Indem man die Rollen des praktischen Diagnostikers und des kritischen Betrachters auf verschiedene Personen aufteilt, gelangt man zu einer Art "Behaviorismus auf höherer Stufe" und berücksichtigt die klassische, insbesondere auch von den Operationisten immer wieder betonte (Stevens, 1951, S.28) Forderung nach Vorhandensein eines unabhängigen Beobachters in jedem ernstzunehmenden Erkenntnisakt. - Natürlich versucht auch der Praktiker, der "sein Verhalten reflektiert", einen Zustand "freischwebender Aufmerksamkeit" aufrechterhält oder "seine Gegenübertragung analysiert", im Grunde nichts anderes, als mit den ihm zur Verfügung stehenden Mitteln das Problem zu meistern und künstlich einen (relativ) unabhängigen Beobachter in die Situation einzuführen. Manches spricht dafür, dass die Fähigkeit zu einer solchen "methodischen Ichspaltung" eine wichtige Voraussetzung für den Erfolg in der diagnostischen und beraterischen Praxis darstellt; doch sind derartigen Bemühungen naturgemäss immer Grenzen gesetzt und ist eine Objektivierung erwünscht, die sich auf echte, nicht nur vorgestellte kritische Partner stützt. Glücklicherweise ist es heute leichter möglich als früher, das Bedürfnis nach Heranziehung von solchen zu befriedigen, ohne die Beziehung zum Klienten zu stören; dies dank der Erhältlichkeit moderner elektronischer Aufnahme- und Wiedergabegeräte, insbesondere des Videorecorders.[12]

Für die Praxis ergibt sich hier ein entscheidender Ansatzpunkt für eine bessere wissenschaftliche Fundierung. Sie kann

[11] Für Literaturangaben über "Assessment Centers" vgl. die Hinweise S.45.

[12] Zur Verwendung des Videorecorders in der Beraterschulung und Beratungsforschung vgl. Ivey, 1971.

den Partikularismus, von dem früher die Rede war, zu einem grossen Teil überwinden, indem sie ihre Verfahren vermehrt explizit macht, dem kritischen Vergleich unter Kundigen aussetzt und standardisiert. Dazu ist Teamwork und ein geeigneter institutioneller Rahmen erforderlich, wie ihn die Einzelpraxis und der auf die Erfüllung rein pragmatischer Anforderungen hin ausgerichtete psychologische Dienst offensichtlich nicht bieten können. Vielmehr müsste dafür die Schaffung eines grösseren diagnostischen Instituts ins Auge gefasst werden, das mit dem für eine systematische Begleitforschung erforderlichen Apparat auszustatten wäre. Es könnte zusätzlich zu seinen wissenschaftlichen Aufgaben solche im Bereich der Aus- und Weiterbildung übernehmen und damit einen wertvollen Beitrag an den Fortschritt des Faches leisten.

Beim Uebergang zu den Problemen der "vertikalen Verifizierung", das heisst, der Gültigkeits- oder Validitätsbestimmung von diagnostischen Verfahren stossen wir auf einige Vorteile, die sich aus deren Natur ergeben. Erstens hat die Vielseitigkeit und teilweise Ueberlappung der verschiedenartigen Instrumente zur Folge, dass die Interpretationen laufend miteinander verglichen und zu immer plausibleren Hypothesen integriert werden können. Zweitens darf daran erinnert werden, dass ja nicht nur der eine Partner in der Interaktion, der Psychologe, eine Doppelrolle als Handelnder und Beobachtender spielt, sondern auch der andere, der Klient, mindestens potentiell zur Uebernahme einer solchen fähig ist. Wir können aus seinen Reaktionen auf unsere Deutungen Rückschlüsse auf deren Angemessenheit ziehen, wie dies die Tiefenpsychologie schon immer postuliert und Levy anhand einer Analyse in den Kategorien der kognitiven Dissonanztheorie überzeugend dargestellt hat (1963, Kap.VIII und IX). Wenn wir uns zudem die Forderung Polanyis nach Reziprozität des Verhältnisses zum Klienten zu eigen machen, dürfen wir sogar noch einen Schritt weitergehen und ihn als echten Partner in das schwierige Geschäft der Verifizierung einbeziehen. Dabei kann es sich selbstverständlich nicht darum handeln, seine Zustimmung bedenkenlos mit Richtigkeit unserer Hypothese, Ablehnung mit dem Gegenteil davon gleichzusetzen, sondern ist eine differenziertere Betrachtungsweise erforderlich, die der Dynamik der Situation Rechnung trägt.

Die Chancen für eine langfristige und globale Validierung psychodiagnostischer Interpretationen schliesslich erscheinen nicht als wesentlich schlechter als diejenigen für die Ueberprüfung irgendwelcher anderer Arten von wissenschaftlichen Hypothesen und Modellen. Wir müssen nur endlich ernst machen mit der Erkenntnis, dass die Theorien der psychodiagnostischen Praxis Individualtheorien sind und entsprechend nicht ausschliesslich im statistischen Querschnitt, sondern nur unter Einbeziehung der longitudinalen Dimension überprüft werden können. Wenn einmal ein Modell einer Persönlichkeit vorliegt, das diesen Namen verdient, so wird jede ihrer Handlungsweisen, so weit sie überhaupt persönlich gefärbt ist, zu einem Test desselben; von der unscheinbarsten Geste bis zu den entscheidenden Weichenstellungen im Leben. Nichts spricht dagegen, die Prognosen, die wir auf Grund unserer Untersuchungsbefunde explizit und implizit laufend erstellen, so zu formulieren, dass sie auf ihre Bewährung hin untersucht und die "Treffer" und "Nieten" ausgezählt werden können; vorausgesetzt, dass wir den Aufwand zu leisten bereit sind, der für das Studium von Einzelpersonen, beziehungsweise kleinen Zahlen von solchen, über Jahre hinweg erforderlich ist. Wenn wir uns dazu entschliessen, unsere Energien auf solche wirklichkeitsnahen Untersuchungen zu konzentrieren, anstatt sie für sinnlose Querschnitt-Forschung zu vergeuden, so tun wir nicht einmal etwas besonders Neues oder Sensationelles, sondern nur das, wozu uns Murray in seinen bahnbrechenden "Explorations in personality" (1938) den Weg gewiesen hat und was in den von seiner Schule ausgehenden "Assessment Centers" seit einigen Jahren mit ausgezeichnetem Erfolg praktiziert wird.

Michael Polanyi hat im ersten Abschnitt seines Buches die These aufgestellt und begründet, dass theoretisches Wissen letztlich objektiver sei als die unmittelbare Erfahrung (1958, S.4). Für die Psychodiagnostik scheint zu gelten, dass Mut zum Theoretisieren erforderlich ist, um an die praktische Realität heranzukommen. Wenn unser Fach sich diese Maxime zu eigen macht, anstatt unter dem Druck unerfüllbarer positivistischer Forderungen weiterhin einem oberflächlichen Empirizismus zu huldigen, so wird es nicht nur eine Chance haben, seine Wissenschaftlichkeit zu beweisen, sondern vielleicht sogar der Psychologie als ganzer einen neuen Anstoss für ihre Entwicklung vermitteln können.

13. Der psychodiagnostische Prozess in der Sicht der anthropologischen Psychologie

Detlev von Uslar

Das Thema, über das ich zu Ihnen sprechen soll, lautet: Der diagnostische Prozess in der Sicht der anthropologischen Psychologie. Ich muss Ihnen also zuerst erklären, was ich unter anthropologischer Psychologie verstehe. Das bedeutet, dass ich zunächst noch eine Weile theoretisch sprechen muss.

Ich stelle also zunächst einmal die Frage: Was ist anthropologische Psychologie? - Diese Frage möchte ich so beantworten: Es ist eigentlich ein Name für eine bestimmte Weise, psychische Phänomene und die Gebiete der Psychologie zu betrachten. Dass wir gerade den Namen 'anthropologisch' hierfür gewählt haben, hat bestimmte Gründe. Das Wort 'Anthropologie' hat einen sehr weiten Bedeutungshorizont. Es schliesst auch so etwas ein wie eine naturwissenschaftliche, vor allem eine biologische Anthropologie. Man braucht nur an die Umweltlehre von Jakob von Uexküll zu denken, der ja die Reziprozität von Organismus und Umwelt ganz und gar in das Zentrum seiner Betrachtungen gestellt hat, um zu sehen, wie eine solche biologische Betrachtung für die Lehre vom Menschen und für eine Psychologie, die menschengerecht sein will, von grosser Bedeutung sein kann. Dasselbe gilt sicher von der tierischen Verhaltensforschung von Konrad Lorenz und der ethologischen Schule.

Das Wort 'Anthropologie' hat aber noch viele weitere Facetten. So kann man von einer medizinischen Anthropologie sprechen. Man kann in diesem Zusammenhang an den grossen Bereich der Psychosomatik denken. Gerade im Bereich der Medizin ist die Anthropologie im Grunde ganz entschieden aus der Praxis und ihren Erfahrungen und Bedürfnissen gespeist worden.

Dann kommt es aber ebenso sehr darauf an, den Menschen als ein sprechendes und geschichtliches Wesen ernst zu nehmen. Als dieses Wesen ist er der Gegenstand der Geisteswissenschaften;

und ich meine, dass die Psychologie eine ebenso entschiedene Beziehung zu den Geisteswissenschaften wie zu den Naturwissenschaften hat: Eine Beziehung, die ihr durch ihren Gegenstand, eben durch die psychische Wirklichkeit des Menschen, sehr nahe gelegt wird.

Weil die Geisteswissenschaften sich mit Sprache und Kultur, mit Kunst, Religion und Politik beschäftigen, erschliessen sie uns einen bestimmten Zugang zum Menschen, der für die Psychologie ebenso wichtig ist wie der biologisch-naturwissenschaftliche Zugang. Wir haben ein Verständnis des Menschen gerade dadurch, dass wir mit ihm sprechen. Ein grosser Teil unserer Tests, seien es projektive oder Fragebogentests, beruht ja auf der Sprache.

Und schliesslich hat das Wort 'Anthropologie' auch noch die Bedeutungsnuance, die es durch eine philosophische Anthropologie bekommt, bei der der Mensch in Zusammenhang gebracht wird mit der Seinsfrage. Denn er ist ein Wesen, das sich in seinem Sein damit auseinandersetzen muss, was eigentlich Sein ist und was sein eigenes Sein ist. (Das hat Heideggers Philosophie gezeigt.) Auch diese Fragen sind natürlich von eminenter Bedeutung, nicht nur für die Theorie, sondern gerade auch für die psychologische Praxis. In der Praxis haben wir es ja nicht mit "Objekten" zu tun (obwohl das auch eine durchaus legitime Betrachtungsweise ist), sondern wir haben es mit Menschen zu tun und müssen darum als Psychologen auch darüber nachdenken, was eigentlich menschliches Sein ist.

Wenn man aus diesen Ueberlegungen das Fazit zieht, kann man sagen: Eine anthropologisch orientierte Psychologie ist eine psychologische Haltung und Blickweise, die diese verschiedenen Perspektiven (im Spektrum gleichsam zwischen Natur- und Geisteswissenschaften) zusammenzuschauen versucht und die den Menschen in der stereoskopischen Blickweise zu verstehen versucht, die sich aus dieser Vielheit der Perspektiven ergibt.

Das heisst also: Ich muss auf der einen Seite den Menschen sehen können als Organismus und als leibliches Wesen. Daraus ergeben sich die Beziehungen zur Physiologie, Medizin und Biologie. Leiblichkeit ist ein Wesensmerkmal unserer Wirklichkeit. Psychische Wirklichkeit ist nicht nur Innerlichkeit und Bewusstsein. Ebenso sehr aber gilt es in der Psychologie, den Menschen als Gemeinschaftswesen zu sehen. Er ist das sprechende Tier, das zoon logon echon. Die Sprache bestimmt sein ganzes Sein. Deshalb ist der Horizont der Gemeinsamkeit und der Begegnung ebenso wichtig wie der der Leiblichkeit. Man darf den Menschen nicht als isoliertes Individuum oder Objekt, gleichsam als einen Robinson, betrachten, sondern man muss ihn aus seiner Welt und seiner Zeit her verstehen. Weltlichkeit und Zeitlichkeit konstituieren sein psychisches Sein.

Wenn man diese verschiedenen Aspekte zusammenfasst, ergibt sich daraus, dass es eigentlich darauf ankommt, den Menschen in seiner Situation zu sehen. Der Mensch in seiner Situation scheint mir eigentlich der Gegenstand der Psychologie zu sein. Eine anthropologisch orientierte Psychologie muss sehr wesentlich eine Psychologie der Situation sein. Daraus ergibt sich nun wiederum eine besondere Beziehung von Theorie und Praxis, weil die Praxis es ja mit situativen Zusammenhängen, mit dem Menschen in ganz bestimmten konkreten Situationen zu tun hat, und weil vor allem die Praxis selbst eine Situation ist, die wir als Psychologen mit denen teilen, die wir untersuchen und beraten.

Ich möchte die theoretischen Ueberlegungen jetzt noch ein Stück weiter führen, ehe ich auf die diagnostische Situation eingehe, indem ich ganz kurz die Frage stelle: Was ist eigentlich eine Situation? Das ist eine sehr interessante Frage, die gar nicht leicht zu beantworten ist. Wenn man darüber nachdenkt, wird einem deutlich, dass zur Situation immer sowohl Fakten gehören (objektive Gegebenheiten, wie z.B. der Raum, in dem man sich befindet, der Ort, die Zeit, das Wetter) als auch die Perspektiven, in denen diese Gegebenheiten erscheinen. Zur Situation gehört es ja, dass man "in ihr" ist, und dass einem durch dieses "Darinsein" die Dinge in ganz bestimmten Perspektiven und Aspekten erscheinen. Das bedeutet also, dass die sogenannten subjektiven Momente der Situation, das "nur" Psychische, wie es so oft genannt wird, wesensmässig zur Realität der Situation gehören. Es gibt keine Situationen unabhängig davon, dass jemand in ihnen ist, dass sie die Situationen von jemandem sind.

Wenn man das weiter denkt, sieht man, dass eine Situation im Grunde eine Einheit von bestimmten polaren Bestimmungsmomenten ist. Sie ist immer eine unlösbare Einheit von subjektiven und objektiven Momenten. Unser Darin-sein, die Perspektiven, in denen uns die Fakten sich zeigen, und die Bedeutung, die sie für uns haben, gehören mit zum Sein der Situation. Ebensosehr ist sie aber immer auch eine Einheit von Wahrnehmen und Handeln, von Bewusstsein und Verhalten. Ich glaube deswegen, dass der Begriff der Situation geeignet ist, bestimmte Gegensätze in der Psychologie zu überwinden, die mit Worten wie "Bewusstsein und Verhalten", "Verhaltensbeobachtung und Introspektion" angedeutet sind, und die natürlich mit den Gegensätzen einer Bewusstseinspsychologie auf der einen Seite und der behavioristischen Psychologie im Sinne Watsons auf der andern Seite zu tun haben.

Ebensosehr gehört es zum Wesen der Situation, dass sie eine Einheit von Handeln und Abhängigkeit ist. Die Situationen bestimmen uns in jedem Moment durch eine ganze Reihe von Faktoren, denen wir nicht oder nur schwer entfliehen können. Andererseits verändern wir die Situation, indem wir etwas tun, indem wir handeln. Die Situation schlägt dadurch um. Handeln und Abhängigkeit sind im Wesen der Situation zu einer Einheit verknüpft.

Ferner ist es charakteristisch für die Situation, dass das, was wir Wahrnehmung nennen, immer verbunden ist mit der Phantasie. Um in einer Situation handeln zu können, genügt es nicht, wahrzunehmen, was da gegeben ist, sondern es ist immer noch nötig, dass man den Spielraum der Möglichkeiten in der Imagination und Einbildungskraft, also in der Vorstellung, durchspielt, weil ja eine Situation ihrem Wesen und ihrer Zeitstruktur nach immer im Wandel ist. Auch die Wahrnehmung selber ist natürlich in Wirklichkeit nie nur ein Gegebensein von Fakten, sondern sie ist mit der Einbildungskraft verbunden: Die unsichtbare Rückseite der Dinge und alles das, was jeweils verdeckt ist, wird durch die Phantasie ergänzt. (Husserl und Graumann haben das in der Phänomenologie und in der Psychologie der Perspektivität gezeigt.)

Sehr wesentlich für das Verständnis der Situation ist auch ihr Zeitcharakter. Zu jeder Situation, in der wir uns befinden, gehört, dass sie eine Zukunft hat, und dass diese Zukunft niemals völlig festlegbar ist, eben weil sie noch Zukunft ist. Sie ist immer ein Horizont von offenen Möglichkeiten. (Das ist natürlich eigentlich dasselbe Phänomen wie das, was Herr Lang vorhin gemeint hat, wenn er von der Unumkehrbarkeit des Zeitprozesses bei genetischen Gebilden gesprochen hat.)

Ich glaube, dass diese kurzen Ueberlegungen zeigen, dass die "Situation" im Grunde ein Begriff ist, der eine Fülle von psychologischen Begriffen zu einer Einheit verschmelzen kann, in der sie vielleicht anders aussehen, als wenn man nur von dem Begriff der Person ausgeht. In dieser Perspektive einer theoretischen Psychologie möchte ich jetzt die diagnostische Situation betrachten. Hierfür möchte ich Sie auf das Buch von Urs Imoberdorf "Die diagnostische Situation" (1971) hinweisen, das im Rahmen unserer gemeinsamen Arbeiten in Zürich entstanden ist. Für die diagnostische Situation ist es besonders charakteristisch, dass das Wort "Situation" hier, wie eigentlich immer, eine enorm vielfältige Bedeutung hat. Ich will nun versuchen, die verschiedenen Bedeutungen von Situation darzustellen, die beim Begriff "Diagnostische Situation" ineinander spielen.

In der diagnostischen Situation enthalten ist zunächst einmal auch die Lebenssituation des Diagnostikers, also die Lebenssituation jedes einzelnen von uns, wenn er eine Untersuchung macht, und wenn er einen Menschen testet, um ihn zu beraten. Zu dieser Lebenssituation des Diagnostikers gehört auch seine eigene Vorgeschichte, sein ganzer Lebenslauf mit den darin entstandenen und auf seine Erziehung zurückgehenden Werturteilen. Es gehört seine Ausbildung als Psychologe dazu, aber auch sein soziologischer Standort. Wir wissen ja alle sehr genau, dass alle diese Dinge auf unsere Urteile einen entscheidenden Einfluss ausüben. Unsere Wertvorstellungen können wir aus unseren Ratschlägen nicht wirklich ausschalten, und wenn wir glauben, das zu können, verfallen wir natürlich einem Irrtum. Es ist vielmehr die richtige Konsequenz, diese Wertvorstellungen sich bewusst zu machen, sie zu durchschauen und sie auch, wenn es notwendig ist, aufs Spiel zu setzen und in Frage stellen zu lassen, z.B. durch die Wertvorstellungen, die der von uns zu Untersuchende und zu Beratende mitbringt. Das ist ein Gedanke, der in dem Buch von Urs Imoberdorf sehr plastisch herausgearbeitet ist.

Ebensosehr gehört aber die diagnostische Situation im selben Moment zur Lebenssituation des Klienten. Seine Vorgeschichte spielt in diese Situation ganz entscheidend mit hinein, schon allein dadurch, dass sie meistens ja auch die Vorgeschichte für den Anlass unserer Untersuchung ist. Das gilt natürlich nicht nur von der allgemeinen Berufsberatung und der akademischen Berufsberatung. Es gilt mehr oder weniger von jeder Diagnose und von jeder diagnostischen Untersuchung, wenn sie nicht rein im Rahmen der Forschung stattfindet. Ebensosehr ist auch die Zukunft des Klienten in diese Situation hineinverstrickt, seine Vorstellungen und Wünsche und auch all das, was mit dem Begriff Prognose heute in den verschiedenen Vorträgen immer wieder angeklungen ist. Es geht ja bei der Berufsberatung um die Zukunft dieses Menschen.

Die diagnostische Situation ist eigentlich dadurch gekennzeichnet, dass diese beiden Lebenssituationen, die des Klienten und die des Diagnostikers, sich hier überschneiden. Sie ist also der Bereich der Ueberschneidung dieser beiden Lebenssituationen, die auf der andern Seite weit in andere Bereiche hinausgehen, welche für die diagnostische Situation nicht relevant sind oder von ihr nicht berührt werden. - Das hat etwas zu tun mit dem Problem der Wahrung der Autonomie der Person, das Herr Lang vor allem in seinem Vortrag bei der Tagung der Schweizerischen Gesellschaft für Psychologie angeschnitten hat. Die diagnostische Situation ist ja immer nur ein Ausschnitt aus der Lebenssituation des Klienten, und dies lässt ihm doch grosse Freiheitsgrade.

Charakteristisch ist also diese Ueberschneidung zweier Lebenssituationen, aber ebenso wesentlich ist die Einsicht, dass zur diagnostischen Situation nicht nur der Psychologe und der

Klient gehören, sondern auch die ganze Umgebung, die räumliche Anordnung, die apparative Einrichtung, das Zimmer, in dem die Untersuchung stattfindet, das Testmaterial, das da gebraucht wird, und viele andere Dinge, wie z.B. auch das Wetter. Es ist nicht dasselbe, einen Menschen bei schrecklichem Föhn zu untersuchen oder bei einer günstigeren Wetterlage. Ebenso gehört zur Situation aber auch die Angst, die der Klient mitbringt; oder seine Zuversicht in die Untersuchung. Alle diese situativen Momente, die so oft als Störfaktoren in der Diagnostik betrachtet werden, sind ja gerade das Konstitutive für dieses Beisammensein, das ich hier mit dem Ausdruck "Diagnostische Situation" bezeichne. Dieses Ganze aber ist wiederum eingebettet in einen viel grösseren Umkreis, der ebenfalls situativen Charakter hat, nämlich in die gemeinsame gesellschaftliche Situation, in der wir zusammen mit dem Klienten sind, und in der wir zusammen mit ihm, wenn auch mit ganz anderen Akzentuierungen, von dieser gesellschaftlichen Lage abhängig sind. Zu dieser gemeinsamen gesellschaftlichen Situation, die die diagnostische bestimmt, gehören z.B. auch die Auftraggeber, etwa wenn es sich um eine Untersuchung im Auftrage einer Firma handelt. Zu ihr gehören aber auch solche Dinge wie die Rechtsnormen einer Gesellschaft. - Man braucht nur an das Beispiel der Verkehrspsychologie oder an forensische Untersuchungen zu denken. - Es gehört aber auch die wirtschaftliche Lage dazu, die z.B. alles, was man über die Berufsmöglichkeiten sagen kann, entschieden mitbestimmt. Ebenso gehören dazu die Vorstellungen, die die Gesellschaft, in der man lebt, von den Berufen und ihrer Bedeutung und von ihrem Wert und Status hat.

In diesem grossen Rahmen, der eigentlich ein Sich-Ueberschneiden von verschieden weit gefassten Situationen ist, muss man den diagnostischen Prozess sehen. Dieser diagnostische Prozess, das ergibt sich aus den bisherigen Ueberlegungen, ist also nicht etwas, was man isoliert betrachten kann (obwohl man in der Wissenschaft natürlich immer isolieren muss, schon aus operativen Gründen). Es gehört gerade zu ihm, dass er eingebettet ist in Lebensprozesse, etwa den Lebensprozess des Klienten, den Lebensprozess des Diagnostikers und anderer Beteiligter, und in gesellschaftliche und geschichtliche Prozesse, in denen die Normen und Perspektiven entstehen, in denen der Mensch gesehen wird, einschliesslich natürlich der Perspektiven der Wissenschaft. (Das haben wir ja heute sehr deutlich gemerkt. Ob diese Perspektiven jetzt positivistisch, neopositivistisch oder phänomenologisch sind: auch das gehört im Grund zur diagnostischen Situation.)

Diese verschiedenen Lebensprozesse und gesellschaftlichen Prozesse überschneiden sich also vielfältig, und in ihrem Umfeld muss man den diagnostischen Prozess sehen. Ich glaube, dass unter solchen Voraussetzungen die Tests, die man anwendet, nicht gleichsam nur als angewandte exakte Wissenschaft gesehen werden dürfen und dass der Prozess der diagnostischen Praxis nicht nur als eine angewandte experimentelle Psychologie aufzufassen ist. Ob Tests nun validiert sind oder freie Methoden, ob sie zur persönlichen Beratungspraxis des Einzelnen gehören, ob sie die Deutungsfähigkeiten und die Intuition ansprechen, oder ob sie mathematisch hoch präzise sind: In jedem Falle sind sie nur Instrumente in diesem Geflecht der Situation.

Neben solchen mehr oder weniger normierten (durch Erfahrung der Wissenschaft oder des Einzelnen geprüften) Instrumenten gehört meiner Meinung nach auch das Gespräch zu jeder diagnostischen Untersuchung. Denn die Sprache ist es eben, die uns wesentliche Bereiche des Menschen erschliesst und die uns in dieser gemeinsamen Situation mit ihm in Kommunikation bringt. Sie gibt uns die Möglichkeit, das, was uns Tests zeigen, auf die Probe zu stellen. Auch das ist eine Art von situationsinterner Validierung. Und ebenso wie das Gespräch gehört meiner Meinung nach neben den Tests zu jeder diagnostischen Situation die Beobachtung (falls es sich nicht nur um blosse Reihenuntersuchungen handelt). Zur Beobachtung geben ja fast alle Tests Gelegenheit. In dieser Beobachtung sieht man Dinge, die unter Umständen ausserhalb dessen liegen, was zu den validierten und normierten Ergebnissen eines Tests gehört. Diese beiden Anwendungen des Tests schliessen sich jedoch nicht aus. Man kann sie durchaus miteinander verbinden.

Die Beobachtung ist allerdings nicht so einseitig und neutral, als ob der Psychologe den Klienten wie durch einen Einwegspiegel sähe, sodass der Klient es gar nicht merkt, sondern die diagnostische Situation ist immer auch ein gegenseitiges Aufeinander-Reagieren. Der Klient reagiert auf das, was wir mit ihm tun und was wir sagen, und wir deuten seine Art der Reaktion. Ein Teil dieser Reaktionen gehört gleichsam zu dem, was in validierten und mathematisch gesicherten Tests normiert ist, ein anderer Teil zu dem, was wir beobachten oder was uns auch gefühlsmässig und unbewusst anspricht. Wir reagieren auf ihn, und er reagiert ständig auf uns. Vor allem reagiert er natürlich auf all das, was wir ihm an Handlungsanweisungen geben, z.B. wenn wir ihm eine Rorschachtafel hinhalten und fragen: "Was könnte das sein?" - oder wenn wir ihm Aufgaben geben und sagen: "Versuchen Sie diese Aufgaben zu lösen" - oder wenn wir ein Reaktionsgerät anwenden und sagen: "Setzen Sie sich bitte einmal hier hin und reagieren Sie auf diese oder jene Signale". Es ist in Wirklichkeit ein ganz komplizierter Kommunikationsvorgang, der in der diagnostischen Situation vor sich geht.

Wenn wir uns nun in diesem Zusammenhang die für die Diagnostik so entscheidende und immer wieder aufgeworfene Frage stellen: "Was heisst eigentlich in diesem Zusammenhang Objektivität und was heisst es, wenn etwas nur subjektiv ist?" - dann zeigt sich, glaube ich, dass diese Begriffe doch eine ziemliche Relativierung erfahren. In der Situation, so wie ich versucht habe, sie am Anfang zu skizzieren und zu definieren, ist ja gerade die Verquickung von Fakten und Perspektiven das eigentlich Wirkliche. Die "Objektivität" der Situation besteht ja in dieser Verquickung, und Deuten, Auslegen oder Auswerten (je nachdem, welche Worte des Vokabulars man benutzen möchte) heisst ja immer, diese Verbindungen zwischen Fakten und Perspektiven sichtbar zu machen.

Zu diesen Fakten gehören auch all die Dinge, die man signiert und protokolliert, etwa die Antworten, die in einem Rorschachtest gegeben werden, die Zahl der Leistungspunkte, die in einem Intelligenztest erreicht werden, und ähnliches. Ebenso gehört zu den Fakten die wirkliche Lage unseres Klienten, der vielleicht eine Körperverletzung hat, die es ihm unmöglich macht, bestimmte Berufe noch auszuüben, der ein bestimmtes Potential an Intelligenz, wie auch immer es entstanden sein mag, zur Verfügung zu haben scheint usw. Aber auf der andern Seite sind die Perspektiven für uns ebenso auch Fakten. Die Art, wie der Klient seine Situation sieht, ist z.B. ein wesentliches Stück der Fakten, die wir durch Tests herausbringen wollen.

Die merkwürdige Verquickung von subjektiven und objektiven Momenten gehört zum Wesen der Situation. Das betrifft aber nicht nur den Klienten, von dem es wohl jeder zugeben würde. (Denn zur Aufgabe der Psychologie gehört es ja, die Perspektiven des Klienten auf die Fakten seiner Situation möglichst objektiv festzustellen.) Es betrifft aber ebenso auch den Psychologen, weil er immer selbst mit im Spiel ist. Er ist ja nie wirklich ein neutraler Beobachter. Ich habe versucht, das am Anfang anzudeuten, indem ich darauf hingewiesen habe, wie sehr wir, wenn wir einen Menschen zu irgend einem Zweck zu untersuchen haben, bestimmt sind von unseren Vorstellungen über diesen Zweck.

Wenn ich z.B. als Verkehrspsychologe einen Menschen untersuchen muss, gibt es in mir einen Konflikt zwischen dem Wert der Sicherheit des Lebens aller an einer Verkehrssituation Beteiligten auf der einen Seite, und dem Wert der Beweglichkeit, der Selbständigkeit und Unabhängigkeit meines Klienten, der z.B. Vertreter sein kann und auf sein Auto angewiesen ist, auf der andern Seite. Dieser Wertkonflikt, der immer mit im Hintergrund ist, wenn ich ihn untersuche, so objektiv ich auch vorgehen mag, gehört zu meinen Perspektiven auf diesen Vorgang und gehört damit zur diagnostischen Situation. Dahinter stehen natürlich nicht nur meine persönlichen Ideen, sondern der Wertkonflikt, in dem sich eine Gesellschaft in einem bestimmten Zeitpunkt befindet (mit ihren Vorstellungen über das Mass an Risiko z.B., das sie sich durch den Strassenverkehr zumuten oder nicht zumuten will). Ich glaube, analog könnte man das auf viele Fragen der Berufsberatung übertragen.

Der Psychologe ist wesentlich mit im Spiel der Situation. Darüber hinaus muss man sagen: er konstituiert selbst diese Situation, denn er schafft sie ja, indem er dem Klienten bestimmte Tests vorlegt, indem er ihm Fragen stellt. Auch wenn er (aus einem bestimmten Wissenschaftsstil heraus) versucht, ganz und gar ein neutraler Beobachter zu sein, dann spielt er dabei eine Rolle, durch die er eine ganz bestimmte Situation schafft, die vielleicht dem Klienten viel auffälliger sein wird als ihm selbst. Es kann z.B. schon von Bedeutung sein, ob man sich einen weissen Kittel anzieht und damit gleichsam den Arzt spielt, oder ob man irgend einen Strassen-Anzug oder eine Lederjacke trägt. Auch solche Dinge konstituieren die Situation und sind mitbestimmt durch die Vorstellung, die der Psychologe von der Art der Rolle hat, die er hier spielt.

Wenn man jetzt den Blick noch einmal auf die objektivierende wissenschaftliche Betrachtungsweise lenkt, die - wie unsere heutigen Diskussionen zeigten - oft eine bestimmte philosophische Haltung, nämlich diejenige des Positivismus, hinter sich hat, dann kann man sich die Frage stellen: Wie verhält sich eigentlich diese Perspektive zu den Ueberlegungen über die Bedeutung der Situation, die ich hier anzustellen versucht habe? Ich glaube, man muss das so beantworten: Gerade diese neutralisierende, verifizierende, objektivierende Betrachtungsweise ist ja selbst eine Perspektive, die als solche in die Situation jeder praktischen wissenschaftlichen Tätigkeit eingeht. Sie ist natürlich nicht nur meine persönliche Perspektive, oder nur die persönliche Perspektive von irgend einem von uns hier, sondern es ist eine Perspektive, die in der geschichtlichen Entwicklung entstanden ist: Eine Perspektive, die für uns heute einen so grossen Verbindlichkeitsgrad hat, dass das Wort Wissenschaft geradezu mit dieser Art von Wissenschaft identifiziert wird, im Grunde unter Ausklammerung sämtlicher Geisteswissenschaften. Aber es ist trotzdem ein situatives Moment. Das wird deutlich, wenn man bedenkt, dass die gesamte Wissenschaft und mit ihr der technische Prozess der Weltbewältigung, wie er seit Galilei im Gang ist, auch eine bestimmte Perspektive auf die Natur und auf die Welt ist und damit die Situation des Menschen in unserem Jahrhundert bestimmt.

Ich finde aber, dass man die phänomenologische und die objektivierende Betrachtungsweise nicht gegeneinander ausspielen sollte, sondern dass beide miteinander vereinbar sind, wenn man sie in einem grösseren situativen Kontext sieht. Gerade die Validierung von Testinstrumenten ist ja für die diagnostische Situation von einer entscheidenen Bedeutung. Wir wären unrealistisch, wenn wir Instrumente, die gut ausgearbeitet sind, nicht anwenden würden, wenn sie wirklich brauchbar sind.

Aber die diagnostische Situation ist nicht einfach ein Abbild der experimentellen Situation, sondern diese gut ausgearbeiteten, mathematisch gesicherten Tests sind im Grunde eben Instrumente in dieser Situation. Man darf also ihren instrumentalen Charakter nicht vergessen. Geschliffene Instrumente sind gut, und man sollte sie wirklich benutzen. Aber ebensosehr ist es klar, dass die Instrumente doch wiederum abhängig bleiben von dem, der sie benutzt. Er ist nicht nur gleichsam der "Vollzugsbeamte" der Verfahren, sondern er muss sich selbst ein Urteil bilden.

Die reale diagnostische Situation verlangt ja immer Verantwortung und Entscheidung. Das wird ganz deutlich, wenn man ein Gutachten schreibt. Auch wenn man versucht, nur Tatsachen zu schildern und eigene Stellungnahmen zu vermeiden: Die Art, wie man die Dinge schildert, enthält in Wirklichkeit meistens doch schon eine Vorentscheidung für das Urteil dessen, der das Gutachten liest. Und Aehnliches gilt von jeder Art von Ratgeben und Beratung, die ja immer ein hohes Mass an Verantwortung einschliessen und uns auch zu gewissen Entscheidungen zwingen.

Innerhalb der beratenden Tätigkeit, mit der wir es bei dieser Tagung zu tun haben, sind die Diagnostik und die Konsequenzen, die man aus ihr zieht, sehr eng miteinander verwoben. Darum ist es eine Frage, wie weit man beide trennen soll (wie weit man also zuerst die Rolle des möglichst objektiven Wissenschaftlers übernimmt, der die Tests sorgfältig aufnimmt und auswertet und dann hinterher einen Rat gibt); oder wie weit man sie miteinander vermischen soll, was gerade im Bereich der persönlichen Erfahrung, die man als Berater entwickelt hat, auch möglich ist.

Bei dieser Frage handelt es sich, glaube ich, um eine Stilfrage, deren Entscheidung sehr wesentlich von der Art der Ausbildung abhängen wird, die wir erfahren haben, und von der Art der wissenschaftlichen Ideale, die wir dadurch und durch andere Momente unserer Lebensgeschichte bekommen haben.

Aber wie auch immer wir hier vorgehen, man darf eins nie übersehen: Der Psychologe gehört ganz wesentlich mit zur Situation. Und dieses Mit-dazugehören - dass die diagnostische Situation meine Situation ebensosehr ist wie die des Klienten - das darf man nicht zu einseitig sehen unter dem Gesichtspunkt, dass diese persönliche Beteiligtheit des Psychologen ein Störfaktor sei. Solange man die Diagnostik ganz und gar nach dem Ideal objektivierender Wissenschaft allein sieht (und auf dieses "allein" kommt es hier an) scheinen alle diese subjektiven Momente Störfaktoren zu sein. Bei einer solchen Betrachtungsweise ist auch die Gefahr recht gross, dass man das, was man nur als Störfaktor betrachtet und doch nicht ausschalten kann, nämlich den Grad der eigenen subjektiven Beteiligtheit, schliesslich übersieht, damit man überhaupt noch irgendwie arbeiten kann. Es scheint mir in jedem Fall besser zu sein, wenn man versucht, sich selbst kennenzulernen, sich zu durchschauen, seine eigenen Werturteile kennenzulernen und sie mit in die Auseinandersetzung mit dem Klienten einzubringen, um sie, wenn nötig, zu revidieren.

Neben den Tests scheint mir ferner auch die jeweilige Vorgeschichte sehr wichtig zu sein. Weil ja jede Situation aus der Vergangenheit herkommt, ist die Vorgeschichte, die zu dieser Situation geführt hat, für unser Urteil sicher nicht weniger entscheidend als das Ergebnis der Momentaufnahme, zu der uns die Tests befähigen. Deswegen glaube ich, dass eine "Anamnese", eine Durchleuchtung der Vorgeschichte, ein Gespräch über die Vergangenheit, ganz wesentlich zu jeder Art von diagnostischer Tätigkeit gehören sollten. Die Zeitstruktur des diagnostischen Prozesses zeigt hier eine merkwürdige Symmetrie. Einerseits geht es ja fast immer um die Zukunft eines Menschen oder einer Gruppe von Menschen, deren künftiges Schicksal durch die Untersuchung mitbestimmt wird. Auf der andern Seite aber ist auch die Vergangenheit immer vielfältig in diesen Prozess einbezogen: Einmal, wie ich schon sagte, als Vorgeschichte, die überhaupt zur Untersuchung geführt hat, und andererseits als das, was diesen Menschen, den ich hier untersuche, zu dem gemacht hat, was er ist. Man muss also die diagnostische Situation immer in diesem grösseren zeitlichen Horizont sehen, wobei natürlich das Mass, in dem man den Zeitfaktor einbezieht, je nach dem Anlass der Untersuchung verschieden sein wird. Natürlich ist es nicht sinnvoll, für irgend eine sehr konkrete und begrenzte Frage, die unter Umständen wirklich nur die nähere Zukunft betrifft, sozusagen die ganze Lebensgeschichte eines Menschen aufzurollen. Aber ein Blick auf die Vergangenheit, wenn er auch noch so kurz ist, in einem Gespräch, z.B., scheint mir doch wichtig.

Jetzt möchte ich noch auf einen andern Punkt im Zusammenhang der Frage, was eigentlich die diagnostische Situation ist, eingehen. Man kann, glaube ich, sagen, dass eigentlich auch jeder einzelne Test, den wir anwenden, eine ganz bestimmte typische Situation konstituiert, wobei die Art der Situation, die er schafft, natürlich sehr verschieden sein kann, je nach dem, ob man einen sehr normierten psychometrischen Test anwendet (der übrigens selbst normiert ist an einer ganzen Kette von Situationen, an welcher eine Fülle von einzelnen Versuchspersonen beteiligt war), oder ob man einen projektiven Test, wie etwa den Rorschach-Test, anwendet.

Ich möchte hier ein Beispiel aus dem Bereich der projektiven Tests betrachten: Der Rorschachtest ist im Grunde genommen ja nicht bloss eine Sammlung von Tafeln und ein Protokoll von Antworten, auch nicht nur der Vorgang des Redens der Versuchsperson, nicht nur das, was in ihrem Inneren dabei vorgeht, sondern in Wirklichkeit ist es doch so, dass wir in dem Moment, wo wir an einem Tisch sitzen, jemand anderem eine Tafel reichen und sagen, "Was könnte das sein?", eine ganz bestimmte Situation schaffen, die dem andern einen Spielraum gibt, sich zu zeigen. Wenn man aber nun diesen Test noch näher betrachtet, merkt man, dass die Klecksographien selbst wiederum in ihrer unbestimmten Form, in ihrer Vieldeutigkeit, gleichsam eine Art Muster für unbestimmte situative Zusammenhänge sind, die der Klient konkretisieren muss, wenn er die Figuren sieht und deutet.

Noch deutlicher wird dieses situative Moment der projektiven Tests vielleicht bei Bildertests wie dem TAT, dem ORT oder dem Four-picture-Test, die ja geradezu Musterbilder von bestimmten situativen Konfigurationen sind, welche den Klienten anregen, uns seine Situation zu zeigen durch die Art, wie er zu diesen Bildern spricht, durch die Geschichte, die er zu ihnen erzählt. Die Art, wie wir solche Texte deuten, wird wiederum abhängen von dem Mass an Erfahrungen, das wir mit solchen Situationen gesammelt haben, sei es direkt in unserem eigenen Leben, oder vermittelt durch das Studium und die Literatur. Im Grunde sind also diese Bildertafeln etwas, was gleichsam Situationen heraufbeschwört und konfiguriert, was dadurch eine Möglichkeit gibt, die Lebenssituation des Klienten deutlich werden zu lassen, wobei aber immer, wenn wir das, was er sagt, deuten, unsere eigene Situation, unser eigenes Leben mit ins Spiel kommt.

Man wird, glaube ich, diesen projektiven Testverfahren, einschliesslich des Rorschachtests, nicht gerecht, wenn man nicht dieses Zusammenkommen der situativen Bezüge des Klienten und des Psychologen sieht. Gerade beim Rorschachtest ist das Bemühen um Objektivität gross, wenn auch die Versuche, ihn mathematisch-statistisch zu sichern und zu validieren, auf grosse Schwierigkeiten gestossen sind. Die Stärke des Rorschachtests liegt unter anderem gerade darin, dass man hier Dinge zahlenmässig erfassen kann. Aber er ist natürlich nicht ein exakter Test im Sinne der Psychometrie, und der Versuch, ihn in diese Richtung zu treiben, scheint mir unangemessen. - Vor allem aber ist es wichtig, dass wir die Rolle unseres eigenen Deutungshorizontes, der aus unserer eigenen Situation kommt, mitverstehen und dass wir dieses Wissen miteinbringen und die Augen nicht davor verschliessen.

Daraus kann man gewisse Konsequenzen ziehen für die Ausbildung des Psychodiagnostikers. Es ist sicher wichtig, dass man lernt, objektivierte Verfahren wirklich fachgerecht und sachgerecht anzuwenden, dass man also die mathematischen Methoden, mit denen sie entstanden sind, wenigstens ein bisschen mit zu durchschauen lernt. Auch ist es wichtig, dass man weiss, wie ein solcher Test normiert ist und wie er sachgerecht angewendet wird. Es gibt viele psychologische Institute, wo dieses Können dadurch geschult wird, dass man vor allem Blinddiagnostik betreibt. Dieses Vorgehen, bei dem man die Versuchsperson überhaupt nicht sieht, wird manchmal zum Leitbild der Ausbildung gemacht. Das kann durchaus sinnvoll sein. Auf der andern Seite ist es aber ebenso wichtig, dass man das, was hinterher in der praktischen diagnostischen Situation so entscheidend ist, nämlich die eigenen Horizonte, die eigenen Erfahrungen mit diesen Tests und die Art und Weise, wie man auch gefühlsmässig zu ihnen steht, schon während des Studiums kennenlernt.

Ein guter Weg dazu liegt in einem Vorgehen, das man mit dem Stichwort 'Selbsterfahrung' bezeichnen könnte. Ich bin der Meinung, dass ein Psychologe zuerst einen Test an sich selbst kennenlernen sollte, damit er weiss, wie man sich fühlt, wenn dieses Instrument an einem ausprobiert wird. Er wird dann einen Lernprozess durchmachen, der eine merkwürdige dialektische Wechselwirkung in sich hat: Er lernt den Test durch sich kennen, weil er eine gewisse Kenntnis von sich schon hat, die mehr oder weniger richtig ist; und er lernt sich durch den Test kennen, weil er ihm plötzlich eine andere Perspektive auf seine eigene psychische Wirklichkeit ermöglicht. In einem weiteren Schritt kann man, glaube ich, sehr Wesentliches über die Möglichkeiten eines Tests kennenlernen, wenn man zuerst einmal Menschen mit ihm testet, welche man kennt, also wirklich gute Bekannte oder auch Verwandte. Denn dann ereignet sich noch einmal dieselbe Wechselwirkung: dass nämlich das Bild, das man schon von diesem Menschen hat, und das Bild, das der Test von ihm gibt, sich gegenseitig relativieren und ergänzen, dass also eine dialektische Beziehung zwischen beiden stattfindet. Das ist sicher ein Weg, auf dem man ein Stück von der beraterischen Erfahrung, von der Herr Pulver gesprochen hat, ein Stück von dieser persönlichen Erfahrung im Umgang mit den Tests, schon während des Studiums schulen kann. Man sollte also auf der einen Seite versuchen, einen exakten Umgang mit den Testinstrumenten zu lernen, zu lernen, was sie sozusagen unter experimentellen Bedingungen leisten, und auf der andern Seite eben diese Selbsterfahrung machen, die man für die Praxis braucht. Mir scheint, dass diese beiden Dinge sich nicht gegenseitig ausschliessen.

Zum Schluss dieser Ueberlegungen möchte ich sagen, dass man meiner Meinung nach überhaupt nicht zu viele Gegensätze hochspielen sollte. Psychometrische und projektive Testmethoden schliessen einander nicht aus. Sie sind in der Praxis durchaus vereinbar. Ebenso muss man Praxis und Forschung nicht zueinander in Gegensatz bringen. Die Praxis hat ihre Berechtigung in sich selbst. Sie ist nicht nur angewandte Forschung oder nur ein misslungenes Abbild des Experimentes. Auch die Theorie der Praxis ist ein legitimer Gegenstand der Wissenschaft. - In der diagnostischen Ausbildung schliesslich sollte man nicht objektive und introspektive oder phänomenologische Methoden gegeneinander ausspielen, denn auch hier ist beides durchaus miteinander vereinbar. Man sollte also auch versuchen, beides gleichzeitig zu lernen.

14. Was ist und was will die psychologische Diagnostik? Panel-Diskussion

Leitung: Richard Meili

Panel-Teilnehmer: J.-B.Dupont, A.Lang, U.Pulver, F.W.Schmid, F.Stoll, D.v.Uslar.

Einleitende Bemerkungen zur psychodiagnostischen Praxis

R.Meili: Wir haben einen reichen Tag hinter uns, gut genährt, körperlich und vor allem geistig, und ich meine, dass die geistige Nahrung bedeutender war als die leibliche; was wir jetzt machen werden, wird nicht ein Wiederkauen sein, sondern ein schwieriger Assimilationsprozess.

Wir möchten nicht als ein Club der Weisen vor Ihnen sitzen und unseren Teilnehmern Gelegenheit geben, uns weiter zuzuhören. Wir möchten Sie also bitten, sich selbst an der Diskussion zu beteiligen. Ich würde aber zuerst Herrn Dupont und Herrn Stoll das Wort geben für ein paar Bemerkungen und dann die Redner von heute vormittag noch bitten, wenn sie zu den Ausführungen ihrer Kollegen etwas zu sagen haben, sich zu äussern. Aber in diesem Rahmen sind Sie frei, jederzeit einzugreifen. - Herr Dupont wird uns zur Abwechslung einmal auf französisch ansprechen.[1]

J.-B.Dupont: Herr Vorsitzender, meine Damen und Herren,

Wenn man mir jetzt das Wort erteilt, will man vielleicht auch in Erinnerung rufen, dass das Französische ebenfalls eine Sprache dieses Landes ist, dem wir alle angehören. Ich aber möchte vor allem zunächst betonen, welche Schwierigkeiten es mir als Französischsprechendem bereitete, die Ausführungen unserer Referenten heute in allen ihren wesentlichen Nuancen ganz zu er-

[1] Wie in den Vorbemerkungen zu Teil II erwähnt, wurden die Voten der Herren Auderset, Dupont und Gander in diesem Kapitel von Urs Pulver, in Kapitel 17 von Fred W.Schmid ins Deutsche übertragen. Die Herausgeber.

fassen. Trotzdem glaube ich sagen zu können, dass noch viele Punkte klarzustellen und zu diskutieren wären. Ich möchte aber nicht jetzt schon auf sie eingehen, da es mir vorderhand nötig erscheint, eine Reihe von Aspekten zu nennen, die zur Problematik der psychologischen Diagnostik gehören.

Unsere Referenten haben uns auf recht verschiedenen Ebenen angesprochen, auch wenn sie selber den Eindruck einer gewissen gegenseitigen Annäherung gewonnen haben, besonders im Vergleich zu ihren Stellungnahmen vor einigen Monaten in Bern (A.Lang, U.Pulver, F.W.Schmid). Ich meinerseits betrachte ihre Aeusserungen noch keineswegs als konvergierend. Es scheint mir, A.Lang gehe die Probleme nach wie vor von einem wissenschaftlichen Standpunkt aus an und trage von daher der Situation nicht voll Rechnung, in welcher der Psychologe effektiv arbeitet, wenn er mittels der klassischen Instrumente eine Diagnose stellt und dabei aufgrund des ihm verfügbaren wissenschaftlichen Hintergrundes operiert - darüber müsste sicher gesprochen werden. Ich denke zum Beispiel an das monumentale (aber hier unbekannte) Werk der Equipe J.C.Flanagans, das "Career Data Book" (1973), hervorgegangen aus den Erhebungen "Project Talent". Auf der Basis einer Stichprobe von über 100'000 Personen (ursprünglich repräsentativ für die Bevölkerung der Vereinigten Staaten) legen die Autoren eine Serie von 138 Berufsprofilen vor, mit Angaben über Kenntnisse, Fähigkeiten, Interessen und Persönlichkeitszüge, erstellt aufgrund von Erhebungen bei Jugendlichen im Alter von 15 bis 20 Jahren, mit nachträglicher Klassierung (5 Jahre später) gemäss den Berufsgruppen, die von den Beteiligten dann effektiv gewählt wurden (jede mit statistisch zureichender Belegung). Ueber die Informationen hinaus, die der Berater selber aus dem Profilvergleich gewinnen kann, liefern die Autoren dem Praktiker noch eine Gebrauchsanweisung, indem sie bekanntgeben, welche der auf dem Markt erhältlichen Tests Resultate erbringen könnten, die jenen der Original-Batterie entsprechen. (Die Original-Batterie selber ist aus mir unbekannten Gründen nicht zugänglich.) In diesem Falle kann man also konstatieren, dass

Psychologen, die sich als Forscher betrachten, ausdrücklich für den Praktiker ein umfassendes Arbeitsmittel bereitgestellt haben.

Meines Erachtens würde es die Mühe lohnen, ein solches Vorgehen auch bei uns zu erwägen und die Reaktionen der Praktiker zu analysieren, besonders mit dem Ziel, die Nutzbarmachung und Tragweite von Vorhaben dieser Art zu überprüfen, wobei durchaus gleichzeitig die (epistemologischen) Ueberlegungen A.Langs zu berücksichtigen wären. Ohne den Wert seiner Ueberlegungen (oder besser Kritik) abzustreiten, frage ich mich doch, wie weit sie wirklich den Situationen angemessen sind, wie sie von den Praktikern in ihrer täglichen Arbeit erfahren werden.

Während U.Pulver in seinem Exposé eine Art exemplarischen Vorgehens entwarf, hat sich F.W.Schmid, wie mir scheint, in seinen Ausführungen über die Logik der Psychodiagnostik mehr Problemen epistemologischen Charakters zugewandt. Beim Zuhören sagte ich mir, es wäre wohl sehr interessant, ihnen bei ihrer diagnostischen Arbeit auf dem Fusse zu folgen, Schritt für Schritt, und jede ihrer Massnahmen zu beobachten. So könnte man eine Liste der effektiv bei der Betreuung eines Falles, von A bis Z, angewandten Vorgehensweisen erstellen und versuchen, von da aus auch die verschiedenen geistigen Operationen aufzudecken, die diese Schritte begleiten oder ihnen vorausgehen oder folgen, das heisst also, neben den offenen und bewussten Aspekten auch die latenten und nicht explizit formulierten zu erfassen.

Des weiteren möchte ich noch auf einen ganz anderen Punkt aufmerksam machen. Wenn es nämlich zuweilen die an die Adresse von Tests und ähnlichen Instrumenten gerichteten Kritiken sind, welche manche Praktiker heute dazu verleiten, diese Instrumente ersatzlos aufzugeben, so kann man, nach meiner Erfahrung, leider auch Fälle danebenstellen, bei denen der Verzicht auf das Testen eine Art von Flucht bedeutet... Flucht vor dem Aufwand. Es gibt Psychologen, die von gewissen Methoden Abstand nehmen, weil sie sie für relativ "kostspielig" erachten und vor dem zurückscheuen, was sie in zeitlicher, intellektueller und affektiver Hinsicht bei ihrem Einsatz investieren müssten. Darum begnügen sie sich lieber mit leichter anwendbaren Verfahren und rechtfertigen dann diese Wahl mit rationalen Argumenten. Und diese Haltung kommt nicht bloss in seltenen Ausnahmefällen vor - wenn sie auch allen hier versammelten Personen fernliegen dürfte; beweist doch allein schon die Tatsache ihrer Anwesenheit an diesem Kurs, dass sie in dieser Angelegenheit klarer zu sehen wünschen.

Ein weiteres Faktum, auf das ich hinweisen möchte, ist die Beobachtung, dass ungeachtet aller Kritik an der Psychodiagnostik und trotz der eben erwähnten Fälle von Testverzicht das Ausmass, in dem Tests angewendet werden, beträchtlich bleibt - auch das ein Element, das in unserer Analyse der Situation gebührende Beachtung verdient.[2]

Die Verbreitung eines Vorgehens genügt sicher nicht zu seiner Rechtfertigung, sondern verlangt eher nach vielfältiger Kritik und dauernder Ueberprüfung - von hier aus gesehen muss man A.Lang dankbar sein, dass er sich in dieser Sache engagiert. Trotzdem: selbst wenn man sich innerhalb der heute eingehaltenen Regeln und Methoden bewegt, kann man bereits eine ganze Reihe kritischer Vorschläge formulieren, welche die praktische Arbeit der mit diagnostischen Aufgaben betrauten Psychologen zu verbessern und zu erneuern vermöchten. Aus dieser Perspektive kann man sagen, dass es manchmal auch an den Forschern liegt, wenn die Praktiker nicht immer der Routine entgehen: sie sollten ihrerseits der "Lesbarkeit" und der verständlichen Präsentation ihrer Ergebnisse mehr Bedeutung zumessen, eben wegen des Praktikers.[3]

Dies, in Kürze, einige Bemerkungen, die anzubringen mir jetzt schon zweckmässig schien.

R.Meili: Ich danke Herrn Dupont für seine interessanten Anregungen. Ich vermute, dass von den Autoren manchmal gewisse Un-

[2] Der Leser kann sich zum Beispiel orientieren bei Holmen & Docter (1972).
[3] In diesem Zusammenhang sei verwiesen auf Prediger (1974).

terschiede stärker hervorgehoben worden sind, als sie für sie selbst in Wirklichkeit existieren. Ich hoffe, dass wir auf die Punkte, die von Herrn Dupont erwähnt worden sind, zurückkommen werden, aber ich möchte jetzt doch noch zunächst Herrn Stoll das Wort geben.

Zur Definition der Tests und der Psychodiagnostik

F.Stoll: Danke. Ich werde versuchen, meine neue Sprache anzuwenden, und möchte drei Bemerkungen machen: Zuerst, es gibt sehr verschiedene Instrumente innerhalb der Psychodiagnostik. Eine Art von Instrument heisst Test; und ich denke, man sollte diesen Test, der Anspruch hat auf Validität, Objektivität, Reliabilität, Generalisationsmöglichkeit, nicht mit Beobachtung, mit Arbeitsprobe oder Denkprobe verwechseln, wie es doch manchmal in den Referaten den Anschein erweckte. Ich glaube, das sind zwei verschiedene Dinge und man soll das eine nicht mit dem anderen messen. Beide bringen wichtige Informationen ein, aber sie sind nicht dasselbe. Ich wollte das sagen, genau so wie ich deutlich sagen möchte, dass Psychodiagnostik nicht gleich Test ist! Manchmal, wenn man Kritik an der Psychodiagnostik hört, hat man den Eindruck, dass eben Psychodiagnostik mit Test gleichgesetzt wird. Psychodiagnostik als Ganzes wegzuwerfen, weil man diese Kritik an gewissen Arten von Tests formuliert, finde ich einfach nicht zulässig. Für gewisse Fragestellungen haben aber Tests mehr zu bieten, als die einfache Beobachtung oder Arbeitsprobe.

Die zweite Bemerkung ist nur praktisch und knüpft an das Referat von Herrn Pulver an. Herr Pulver wünscht Fragebogen, Persönlichkeitsfragebogen oder Interessenfragebogen, wo man die einzelnen Fragen durchsehen kann und wo das Gemessene durch die Fragen selbst expliziert wird. Aber, wenn Fragebogen eben die Ansprüche von Tests erfüllen, dann kann und soll man das gar nicht von ihnen als Tests erwarten. Denn, was wir eben von der Testtheorie und Testkonstruktion wissen, ist, dass einzelne Fragen nicht reliabel sind und also nicht gleich interpretierbar sind. Anders für das Ergebnis der ganzen Skala, der ganzen

Dimension. Das sind zwei verschiedene Dinge. Ich will nicht sagen, dass man nicht auf die einzelne Frage zurückgreifen darf, aber dann nur mit einer anderen Gewichtung dieser Information. Ich werde auf diese Gewichtung der Information in meiner dritten Bemerkung noch zurückkommen.

Im Anschluss an diese zweite Bemerkung möchte ich beifügen: Unsere Studenten müssen trainiert werden, die Dimensionen der Tests, ob es BIT, ob es IST ist oder irgend etwas anderes, besser zu gebrauchen. Der Umgang mit mehreren Testdimensionen wird bei uns im allgemeinen nicht geübt. Wir begnügen uns, ein paar Mal die Instruktionen zu lesen, und nachher werden nur noch die Etiketten der Dimensionen gebraucht. Aber auf das ganze Konstrukt kommt es an, nicht nur auf die Etikette.

Eine dritte Bemerkung: Ich weiss nicht mehr genau wie, aber das Wort ist gefallen "Beratung mit oder ohne Diagnostik". Ich denke, das ist ein falsches Problem. Beratung ist eine Handlung, ein Eingreifen in eine Situation, und diese Handlung - und da komme ich ganz nahe zu dem, was Herr Lang gesagt hat -, das ist ein Problemlösen, eine Vermittlung zwischen einem Ist-Zustand und einem Soll-Zustand. So stellt sich das Problem, und nun muss ich Informationen sammeln und zwischen Ist- und Soll-Zustand vermitteln; und ich muss Handlungen vorschlagen, die die Verbindung zwischen diesen zwei Zuständen herstellen. Und jede Handlung, die wir vornehmen oder uns vorstellen, ist wahrscheinlichkeitsgebunden. Einige Informationen über objektive, über allgemeine Wahrscheinlichkeiten haben wir aus empirischen Studien. Aber das hat man heute oft gesagt, das hilft uns noch nicht im Einzelfall. Wir wissen, mit diesem Resultat hat jemand, sagen wir zu 80 Prozent Erfolgschancen, aber wir können ihm nicht sagen, ob er unter den 80 Prozent oder unter den 20 Prozent ist. Es ist das Problem der Gewichtung dieser Information. Es stellt sich die Frage, wie diese objektive Wahrscheinlichkeit in eine subjektive Wahrscheinlichkeit transformiert wird. Ich betrachte die Arbeit des Beraters als eine Einflussnahme auf die Konstruktion der persönlichen, subjektiven Wahrscheinlichkeiten seines Klienten. Das ist Entscheidungshilfe. Damit hätte ich meine drei Bemerkungen abgeschlossen.

R.Meili: Danke. Damit ist das Spektrum der Probleme wieder etwas erweitert worden. Damit sind schon Akzente gesetzt worden, so dass vielleicht die Referenten von heute früh jetzt zu den Ausführungen eines Kollegen Stellung nehmen können.

U.Pulver: Zunächst möchte ich gleich zwei, drei Dinge auf die Bemerkungen antworten, die Herr Stoll eben gemacht hat. Ein Punkt scheint mir sehr wichtig, und ich fühle mich da etwas verantwortlich. Ich war derjenige, der die Begriffe gemischt hat heute früh, und zwar bewusst. Es ist mir ganz klar, dass es psychometrische Erfassungsmittel der Person gibt, die man anders handhaben muss und auch anders bezeichnen sollte als die übrigen Erfassungsmittel. Die Ueberschrift meines Referates: "Von der Mannigfaltigkeit psychologischer Erfassungsmittel in der Beratung" ist mit Absicht so gewählt worden. Zwar habe ich mich bisher etwas gesträubt, den Begriff der Tests, der im Volk doch üblich ist zur Bezeichnung von allem, was in dieser Richtung gemacht wird, zu reservieren für die psychometrischen Mittel allein. Aber für unsere Diskussion wäre es wohl eher gut, wir würden diese Abgrenzung machen: Tests, das sind nur die "objektiven" oder psychometrischen Mittel, und wenn wir alles zusammen meinen, so sind das die "Erfassungsmittel der Person". Auch diese Erfassungsmittel machen noch nicht die ganze Psychodiagnostik aus. Die Psychodiagnostik kann auch zum Beispiel in Ausdrucksbeurteilung oder Gesprächsbeurteilung bestehen. Es gibt Interview-Techniken, die eigentlich der Psychodiagnostik dienen. Also drei Kreise, die immer kleiner werden: die Psychodiagnostik als Ganzes (wenn man diesen Begriff nicht auch infrage stellen will, weil er zu stark medizinische Implikationen hat, also zu stark Krankheitsbeurteilungen beinhaltet); dann hätten wir die "Erfassungsmittel" die instrumentalen Methoden allgemein; schliesslich hätten wir unter diesen eine Spezialgruppe, das wären die Tests, in dem Sinne, wie Herr Stoll formuliert hat.

Nun ein zweiter Punkt, den Herr Stoll in seinen Ausführungen über das Ziel der Beratung angetönt hat. Er hat davon gesprochen, es müssten zunächst Informationen gesammelt werden über den Ist-

Zustand beim Klienten und über den Soll-Zustand, und dann müsse gleichsam der Uebergang vollzogen werden durch die Beratung. Sicher kann man das allgemein so sagen. Aber es gibt nun sehr viele Fälle in der Beratung, und ich zähle z.B. die Beratung von Maturanden zu einem guten Teil dazu, wo der Soll-Zustand das grosse Fragezeichen von Anfang an ist, wo also eine Hauptaufgabe darin besteht, einen Soll-Zustand überhaupt erfassen zu können. Besonders deutlich wird das auch in gewissen Fällen, die in die Praxis des akademischen Berufsberaters und wahrscheinlich auch des Schulpsychologen kommen mit einem vorgeschobenen Problem. Sie sagen, es gehe um die und die Schwierigkeiten; aber im Verlaufe der Untersuchung zeigt sich dann, dass die Problematik eigentlich ganz andernorts liegt und überhaupt erst von uns herausgefunden werden muss. Es scheint mir darum etwas zu einfach, den Uebergang vom Ist-Zustand zum Soll-Zustand darzustellen als Grundsatz der psychodiagnostischen oder beraterischen Tätigkeit. Aber vielleicht kommen wir in anderem Zusammenhang darauf zurück.

Ich möchte von mir aus noch ein Thema kurz aufgreifen. Im Gegensatz zu dem, was Herr Dupont eben betonte, habe ich ja heute das Verbindende zwischen den verschiedenen Referenten, die gemeinsame Linie oder gemeinsame Sprache, sehr deutlich gesehen. Davon möchte ich etwas herausheben. Es ist die Frage der beiden Richtungen der Wissenschaft. Herr Schmid hat es formuliert, Herr Lang hat es formuliert, ich habe es auch in einem gewissen Sinne formuliert; ich weiss nicht mehr wie die Begriffe alle heissen; es geht um die "erfinderische" Seite der Wissenschaft. Herr Lang hat es die Reise an den Rand des Möglichen genannt, er hat auch vom "Context of Discovery" gesprochen. Nun ist es klar geworden, wir waren alle einig darüber, dass der Context of Discovery sehr wichtig ist in der Diagnostik, dass wir also in der Beratung und überhaupt, wenn wir einem Menschen helfen müssen, uns nicht auf das rein "Regressive", wie ich es genannt habe, zurückziehen dürfen, sondern dass wir auch "progressiv" vorgehen müssen. Nur gibt es hier vielleicht eine Finesse oder Variante. Ich möchte jetzt provokativ überspitzt Herrn Lang herausfordern und folgendes sagen: Herr Lang hat uns zugegeben, dass wir bei unserer psychodiagnostischen Tätigkeit dem Context of Discovery folgen dürfen und hat uns volle Narrenfreiheit zugesichert. Aber es ist eben wirklich bloss eine Narrenfreiheit, die er uns gewährt. Er hat gesagt, wir dürften alles machen, wir seien frei, wir könnten die wildesten Vermutungen anstellen. Man könne es ja nicht überprüfen. Nun gebe es zwar gewisse Dinge, die man überprüfen könne und müsse, aber es seien wenige, und weil es so wenige seien, so könne man mit der ganzen Diagnostik nicht so viel anfangen.

Ich würde sagen, mit dieser Freiheit ist uns nicht ganz geholfen. Wir lechzen danach, "progressiv" sein zu können in einem verantwortlichen Sinn. Wir sind nicht glücklich, wenn wir ein leeres Feld vor uns haben, wenn wir uns einfach jede Behauptung erlauben dürfen, sondern wir möchten dazu erzogen werden, auch progressiv sinnvoll und verantwortungsvoll vorzugehen. Und ich glaube, darin liegt ein Problem der "regressiven" Seite des Positivismus, dass er uns das nicht lehrt. Dass er nur lehrt, wie man gewisse Resultate gleichsam aseptisch machen kann, so dass ja nichts passiert. Aber das andere, wie man menschliche Verhaltensweisen deuten kann und doch - wie Herr Schmid zitierte - seine Selbstachtung als Diagnostiker behalten kann, das lehrt uns die heutige Wissenschaft nicht. Ich glaube aber, sie könnte hier mehr beitragen.

Als ich meinen Vortrag vorbereitete, ist mir das Bild der Spitz'schen Untersuchungen über Säuglinge aufgestiegen, und ich habe die Psychometrie in der extremen Form, z.B. in der Westmeyerschen, etwa so gesehen wie diese Kliniken, in denen die Säuglinge von aseptischen, vermummten Leuten, nur die Augenlöcher offen, betreut wurden, so dass gar nichts Gesundheitsschädigendes passieren konnte. Und die Kinder sind ja, wie Sie wissen, ganz übel herausgekommen. Es hat etwas ganz Entscheidendes gefehlt, man hat sie als Personen gleichsam nicht erfasst, und ich habe manchmal das Gefühl, in dieser Richtung geht die Psychometrie bis zu einem gewissen Grade. Es gehört sicher zum Leben, gewisse septische Einflüsse auszustehen, das Leben ist vergiftet in gewissem Sinne. Wir müssen uns damit abfinden und müssen das einberechnen, und ich glaube, die Diagnostik muss hier irgendwie einen Kompromiss finden.

A.Lang: Ich bin eigentlich in Versuchung, dieser Frage nach dem verhältnismässigen Wert der verschiedenen diagnostischen Mittel noch auszuweichen, weil wir dann bereits auf die Details kommen, ohne uns über das Grundsätzliche genügend Gedanken gemacht zu haben. Ich habe gesagt: Wir können die Methoden zum Zweck des Entdeckens fast beliebig einsetzen, ja, ich habe diese Freiheit betont, aber natürlich habe ich da ein bisschen übertrieben. Gewiss können wir auch bessere und schlechtere Instrumente unterscheiden nach verschiedenen Gesichtspunkten. Der Punkt, der mir aber ins Auge sticht, ist der, dass sie alle den Anspruch nicht erfüllen, den wir eigentlich stellen müssten, wenn wir unsere Aussagen rechtfertigen wollen. Auch die besten nicht! Aus den genannten Gründen, erstens der Nichtübertragbarkeit der Resultate, die aus interindividuell standardisierten Messinstrumenten gewonnen sind, auf Individuen und zweitens erst recht nicht beim prospektiven Verfolgen von genetischen Gebilden, wie ich es genannt habe. Meine Neigung wäre also jetzt, die Diskussion über diese einzelnen Punkte hinauszuschieben und zunächst zu fragen: Soll denn der Berater überhaupt versuchen, Teile seiner Tätigkeiten zu rechtfertigen? Soll er nicht besser eine Alternative verfolgen und allerdings mit dieser Alternative gewisse Möglichkeiten seiner Profession in Frage stellen? Er könnte sagen: Diese Ratschläge, die ich geben kann, habe ich mit meiner Person zu verantworten und nicht durch die Objektivierung, vermeintliche Objektivierung, die eine Pseudo-Objektivierung ist.

F. Berger: Ich wünschte, dass der Begriff "Psychodiagnostik" präzis gefasst würde. Herr Pulver hat versucht, ihn aus seiner Sicht darzustellen, und es wäre vielleicht gut, auch andere Referenten darüber zu hören. Mir scheint, dass in der Aussage von Herrn Lang Beratung und psychodiagnostisches Urteil verwechselt wurden. Ich würde sogar noch weitergehen und sagen: Einen Rat geben ist nicht dasselbe wie Beratung, es ist auch nicht dasselbe wie Psychodiagnostik.

R.Meili: Ja, ich glaube auch, eine Verständigung über diese begriffliche Frage könnte die weitere Diskussion erleichtern. Aber wenn Sie gestatten, möchte ich doch vorher noch Herrn Schmid, dann Herrn v.Uslar das Wort geben.

F.W.Schmid: Ich möchte mich kurz zu dieser Definitionsfrage äussern, wobei ich mich den Abgrenzungen weitgehend anschliessen kann, die Herr Pulver hier eben vorgenommen hat. Schon in meiner Antwort auf Herrn Langs Referat im April habe ich auch darauf hingewiesen, dass er meines Erachtens die Tendenz hat, die Begriffe "Diagnostik" und "Beratung" zu leichthin füreinander zu substituieren (vgl. S.44ff.). Es handelt sich dabei um verschiedene, wenn auch eng ineinandergreifende Tätigkeiten, die man nicht einfach gleichsetzen kann.

Aber ich möchte eigentlich lieber auf einen ganz anderen Punkt eingehen, nämlich auf das "in-der-Suppe-Rühren", das Herr Lang heute so schön als Metapher gebraucht hat für die Arbeit des Beraters. Er hat diese Charakterisierung in einem etwas mitleidigen Ton vorgebracht, so in dem Sinne: "Prognostizieren könnt Ihr nicht; was Euch bleibt, ist ein bisschen in der Suppe zu rühren". Nun, ich bin gar nicht so unglücklich darüber, wenn man mir sagt, dass ich als Berater "in der Suppe rühre" und dass das vielleicht sogar meine Haupttätigkeit ist. Es kommt nur darauf an, wie man rührt und was dabei herauskommt. Wenn das "Rühren in der Suppe" - ich nehme den Ausdruck ganz wörtlich, als ein Bewegen und Durchkneten dieser oft chaotischen Masse von Informationen, Wünschen, Problemen und Konflikten, mit der wir als Berater konfrontiert werden - wenn dieses Herumrühren dazu führt, dass sich allmählich eine Struktur aus dieser Suppe herauskristallisiert, so entspricht das ganz und gar dem, was ich seinerzeit als "Berücksichtigung eines erweiterten Neigungsprinzips", nämlich ein Eintreten in das Motivationsgefälle des Klienten und ein Ausnützen der darin liegenden Möglichkeiten bezeichnet habe (vgl. Schmid 1966a, 1966b, 1968).

In diesem Zusammenhang habe ich immer gewisse Schwierigkeiten mit einem Aspekt des Denkens von Herrn Lang, der am Schluss seines Referates sehr deutlich hervorgetreten ist. Er sieht die diagnostischen Erfassungsmittel, wie immer wir sie definieren wollen, insbesondere natürlich die Tests im engeren Sinne, offenbar ausschliesslich als ein Mittel zur Charakterisierung des Klienten aus der Aussenperspektive. Dies ist eine Auffassung, der ich mich absolut nicht anschliessen kann und die meinem Selbstverständnis als Berater völlig zuwider läuft. Wenn ich mich selber bei der Arbeit beobachte, so stelle ich fest, dass ich im Grunde ständig nichts anderes versuche, als über die psychodiagnostischen Mittel und über das Gespräch besser an die Innenperspektive des Klienten heranzukommen und diese mit ihm zusammen zu klären. Und wenn ich damit einen Schritt weitergekommen bin, dann eben habe ich das Gefühl, es habe sich jetzt eine gewisse Struktur aus dem Chaos herauskristallisiert und der Klient wisse jetzt vielleicht etwas besser, wo er stehe. Dieser Unterschied in den Betrachtungsweisen von Lang und mir scheint mir sehr wesentlich zu sein; denn wenn er die Diagnostik ausschliesslich als Mittel zu einer Aussencharakterisierung auffasst, auf die der Klient selber wenig oder keinen Einfluss hat, so versteht man natürlich auch, weshalb er in seinen Autonomiekonflikt hineingerät. Wenn wir auf der anderen Seite die diagnostischen Mittel entsprechend der Definition der Beratung im SHK-Bericht (Beratung, 1974) dafür einsetzen, das Selbstverständnis des Klienten zu fördern, ihm zu einer Klärung seiner Absichten und Möglichkeiten zu verhelfen, dann stellt sich eben nicht in dieser Schärfe das Problem seiner Autonomie, das Herrn Lang so sehr beschäftigt.

Ueber Arbeitsweise und Arbeitsmittel der Psychodiagnostik

D.v.Uslar: Mir scheint, dass in den Referaten und auch jetzt in den Diskussionsvoten die Frage der Präzision der diagnostischen Instrumente eine grosse Rolle spielt. Soll man nur gut validierte psychometrische Verfahren verwenden und ihre Anwendung auf das mathematisch Gesicherte beschränken, oder soll man dieselben Verfahren auch noch in einem zweiten Arbeitsgang gleichsam deutend anwenden? Soll man etwa bei einem Intelligenztest nur den

IQ und die Dimensionen des IST berechnen, oder soll man auch noch einzelne Antworten sozusagen deutend verstehen? Dies ist es ja, was Herr Pulver gemeint hatte. - Es geht also um das Problem der Präzision. Wenn ich Herrn Lang richtig verstehe, so meint er, dass die Präzision der Instrumente im Grund nicht gut genug ist, sodass es sich eigentlich nicht lohnt, sie anzuwenden.

Dazu möchte ich folgendes sagen: Mir scheint, dass in der wirklichen Diagnostik, wie sie in der Praxis an den meisten Stellen betrieben wird, sich eigentlich zwei Dinge miteinander verbinden, nämlich einmal diese Präzision. Sie kann mehr oder weniger gelungen sein. Man kann sie durch psychometrische Verfahren erreichen oder zu erreichen suchen. Das gilt sicher vor allem von den Intelligenztests und von vielen Leistungs- und Fragebogentests. - Zum anderen aber scheint es mir doch genau so wichtig zu sein, dass innerhalb der Diagnostik deutende Verfahren eine Rolle spielen. Dies ist der Fall bei den projektiven Tests, beim Rorschachtest, beim TAT, beim Four-picture-test, beim Farbpyramidentest usw. Und dieses deutende Verstehen hat ja ebensosehr einen grossen wissenschaftlichen Hintergrund, wie es die Psychometrie hat. Es hat sicher auch Beziehungen zur Traumdeutung und zur Psychoanalyse. Das deutende Verstehen kann man auf jeden Fall auch lernen; und hier ist der wissenschaftliche Hintergrund mehr der in den Geisteswissenschaften gepflegte. - Ich glaube, dass man diese beiden Zugänge zur Psyche, die für die Diagnostik bestehen, nicht gegeneinander ausspielen soll und muss, sondern dass man auf beiden Wegen zusammen am besten zu einem brauchbaren Ergebnis kommt.

Darüber hinaus scheint mir zur Frage der Präzision unserer Instrumente noch folgendes wichtig: Wenn man in der Praxis eine diagnostische Untersuchung macht, geschieht das ja eigentlich nie in einem völlig leeren Raum. Man fängt nicht mit einem Stand Null an und entwirft nun mit Hilfe von Tests das Bild eines Menschen, sondern man findet diesen Menschen in einer konkreten Situation, mit konkreten Fragen, die man zu beantworten hat. Man weiss über ihn unter Umständen eine ganze Menge, zum Beispiel, dass er schlechte Schulnoten hatte oder dass er so und so viel Verkehrsunfälle hatte oder dass er für diese oder jene Berufe Interesse hat; und es entstehen dann gewisse Grenzfragen, für deren Entscheidung man als Diagnostiker eine Hilfe suchen muss. Hierfür genügen wahrscheinlich Instrumente von einem geringeren Grade der Präzision, weil es oft nur darum geht, den Ausschlag der Wahl nach der einen oder anderen Seite etwas deutlicher zu machen. Ich finde also, dass diagnostische Instrumente eben wirklich Instrumente sind und dass man ausserdem auch noch Augen hat für viele andere Fakten der Situation, dass man also unter diesen Umständen nicht denselben Perfektionsanspruch stellen muss, als wenn man nur mit Hilfe diagnostischer Instrumente das Bild eines Menschen in einem völlig neutralen Raum entwerfen müsste. Und schliesslich kann man dann noch sagen, dass es wahrscheinlich sinnvoller ist, mit Hilfe von Tests, wenn man etwas mit ihnen sehen kann, auch wenn es wenig ist, eine Frage zu beantworten, als es z.B. mit der Astrologie zu tun. Ich glaube einfach, dass die Psychologen manches da doch noch besser können, als wenn es jemand macht, der diese Mittel nicht zur Verfügung hat, und das allein genügt schon, finde ich, um sie doch anzuwenden.

R.Meili: Danke sehr, ich stelle mit Erstaunen und Befriedigung fest, dass der Philosoph unter uns, der philosophisch Orientierte unter uns, der anthropologische Psychologe, gerade diese praktischen Probleme sehr klar dargestellt hat.

F.Stoll: Ja, ich wollte nur anschliessend und auch im Sinne der Bewertung von Herrn Dupont sagen: Ganz einverstanden. Es gibt diese präzise Interpretation, diese präzisen Instrumente. Und es gibt diese mehr deutende Verarbeitung. Ich sehe einige Gefahr, wenn ich die heutige Praxis anschaue. Ich sehe die Gefahr, dass man aus Bequemlichkeit, aus einem gewissen Minimalismus zu schnell zu einer globalen, deutenden Interpretation kommt und sich zu wenig die Mühe nimmt, präzis zu arbeiten. Wenn das der Grund ist für die Wahl der Art, dann bin ich nicht einverstanden. Wenn es eine ausgewogene, komplementäre Art ist zu arbeiten, dann bin ich ganz dafür.

R.Meili: Es sind verschiedene Verfahren, die können sich gut ergänzen.

F.W.Schmid: Ich darf hier an Herrn Stoll anschliessen und ihn in dem Sinne unterstützen, dass ich auch meine, wir stünden mit der bei uns vorherrschenden, betont ganzheitlich ausgerichteten Haltung manchmal etwas in Gefahr, aus der Not eine Tugend zu machen. Ich hatte kürzlich einen neuen Beratungsfall zu übernehmen, einen zwölfjährigen Jungen, der als Schweizer während der letzten Jahre in Australien zur Schule gegangen ist. Wegen gewisser Schulprobleme wurde er dort an einem "Guidance Center" untersucht, und der mit der Abklärung beauftragte Kollege erstellte einen schulpsychologischen Bericht, den mir die Eltern vorlegten. Und ich muss schon sagen, ich war erstaunt, zu sehen, auf welchem Niveau unsere Antipoden solche Untersuchungen durchführen. Natürlich wurde ein Wechsler gemacht, wie wir es auch nicht anders tun würden; aber dann gab es da auch einen "Individual Reading Test", auf Grund dessen nicht nur festgestellt werden konnte, welches genaue Lesealter der Junge erreicht hatte, sondern auch, mit welchen Leseschwierigkeiten qualitativer Art er zu kämpfen hatte. Es war ferner ein standardisierter Rechentest durchgeführt worden, der ähnlich präzise Angaben lieferte, immer bezogen auf die Schülerpopulation, welcher der Junge dort angehörte. Ein akustischer Diskriminationstest war dabei, ebenfalls sehr gut standardisiert und weit über das hinausgehend, was bei uns der Arzt macht, wenn er den Patienten in die andere Ecke schickt und ihn geflüsterte Zahlen nachsprechen lässt. Es kamen Tests für die Sehschärfe, für die Psychomotorik, und so weiter hinzu; kurz, dem Kollegen an diesem australischen "Guidance Center" stand ein Instrumentarium von einer Vielgestaltigkeit und Perfektion zur Verfügung, wie wir es mindestens in der deutschen Schweiz sicher nicht besitzen, und um das wir ihn nur beneiden können. Ich weiss nicht, wie die Verhältnisse in dieser Hinsicht im Welschland sind; aber bei uns besteht ein offensichtlicher Mangel an gut geeichten, validierten Untersuchungsmitteln. Deshalb müssen wir aufpassen, dass wir nicht ins andere Extrem geraten und aus dem Grunde, weil wir diese Mittel nicht zur Verfügung haben, schöne Theorien aufstellen, die auf klinischer Basis beruhen und mit denen wir uns die Illusion verschaffen, nicht so sehr auf ein qualitativ hochstehendes Instrumentarium angewiesen zu sein. Ich möchte mich damit auch schärfstens gegen Herrn Langs These ausgesprochen haben, dass es nicht darauf ankomme, was für Tests wir brauchten. Es scheint mir ein etwas gar kühner intellektueller Purzelbaum zu sein, den er mit dieser Behauptung schlägt.

J.-B.Dupont: Ich möchte nur bemerken, dass ich - für einmal wenigstens - A.Lang in Schutz nehmen darf. Aus einem etwas andern Zusammenhang betrachtet als dem von F.W.Schmid eben betonten, möchte ich doch gerne ein historisches Faktum in Erinnerung rufen: A.Lang hat sich an den Arbeiten der Schweizerischen Testkommission beteiligt, die vor allem auf die Gewinnung eines besseren Instrumentariums abzielten, auf die Bereitstellung besser erprobter Tests zuhanden kompetenter Psychologen. Auf dieser Ebene, so denke ich, kann uns A.Lang wohl ein Stück weit auf unserem Weg begleiten. Was die Art und Weise betrifft, wie der klinische Psychologe dann die Instrumente in einem konkreten Fall anwendet, so ist das freilich eine andere Frage.

Zu den Aeusserungen der Herren Pulver und von Uslar möchte ich beiläufig eine kleine Bemerkung anbringen: bei verschiedenen Untersuchungen ausgesprochen psychometrischen Charakters haben die Forscher der Methodik der Informationsgewinnung auf dem Feld nicht immer die nötige Beachtung geschenkt. Die Anwendung sehr gut ausgearbeiteter statistischer Verfahren kann gewisse Unzulänglichkeiten auf dem Niveau der Informationsgewinnung nicht wettmachen. Ich denke nicht, dass wir darum in einer vergifteten Welt leben - nur einfach in einer etwas verschmutzten.

R.Meili: Gestatten Sie mir auch ein Wort zu diesen Fragen, mit denen ich mich ja ein Leben lang beschäftigt habe. Ich glaube, unsere Diskussion wird fruchtbarer werden, wenn wir uns klar sind über gewisse Begriffe, über das, worüber wir eigentlich sprechen wollen. Ich bin einverstanden mit der Definition von

Beratung, die Herr Pulver gegeben hat, also dem Kandidaten zu helfen, sich besser Rechenschaft zu geben über seinen Zustand, seine Möglichkeiten, seine Perspektive und die Situation in der er steht, wobei das natürlich verschiedenes bedeuten kann, je nach dem Alter des Kandidaten. Wenn es sich um einen 8-jährigen, 12-jährigen, einen 16-jährigen oder einen 18-jährigen und noch älteren handelt, kann man nicht denselben Grad der Selbstkenntnis, der Selbsteinsicht verlangen; aber da wir vor allem hier mit akademischer Berufsberatung zu tun haben, können wir diese Definition nehmen. Was wir nun auch in diesem Beratungsgespräch machen - klar ist, glaube ich, dass dessen Durchführung sinnlos, ja überhaupt unmöglich ist, wenn wir uns nicht ein Bild machen über die Person, die uns vis-à-vis steht. Wir können ihr sonst nicht helfen, ja, wir können sonst gar nicht mit ihr sprechen. Das ist selbstverständlich, aber für eine wirkliche Beratung muss das mehr sein als nur eine ganz vage und unsichere Sicht. Und dazu brauchen wir Beobachtung, dazu brauchen wir Material, dazu müssen wir etwas kennen, etwas wissen, etwas erfahren haben von der betreffenden Person.

Und hier setzt nun im weitesten Sinn der Begriff der Diagnostik ein. Ich habe mir im Lexikon eine Definition des Begriffs der Diagnostik gesucht, und zwar habe ich sie im Larousse gesucht - ich habe auch einen Brockhaus; aber die französischen Definitionen sind immer einfacher, prägnanter - und da heisst es: "Die methodische Identifikation einer Krankheit aus den Symptomen". Das bezieht sich auf den medizinischen Bereich, es lässt sich aber sehr leicht ins Psychologische übersetzen, indem das Symptom nicht die Krankheit ist, sondern bestimmte Verhaltensweisen. Und dann setzt sich die Diagnostik aus zwei Schritten zusammen, nämlich 1. dem Erkennen der Symptome und 2. dem Zuordnen der Symptome zu Krankheiten.

Die Diagnostik im engen Sinne, das was wir mit Verfahren machen, mit Tests usw., betrifft das Erkennen der Symptome. Und das Zuordnen zu Krankheiten, das ist das, was man Deutung, was man Interpretation nennt. Was heisst das, dass ich das und das beobachten kann, dass er dieses und dieses Resultat in dem oder dem Test gemacht hat usw.? Das sind Symptome, das ist Rohmaterial für den Diagnostiker, mit dem er dann etwas anfangen muss. Und nun kommt es also darauf an, dass ich möglichst viel, möglichst wichtige Symptome erkenne. Um das herum kommt niemand. Und ich glaube, was auch Herr v.Uslar, Herr Stoll, Herr Schmid gesagt haben: man darf nicht vernachlässigen, dass viele Symptome nichts aussagen können, weil sie ganz zufällig oder in einer ganz speziellen Situation entstanden sind. Beobachtungen während der Arbeit sind ein sehr beliebtes Mittel bei gewissen Psychologen. Ich finde sie sehr wichtig, aber man muss ausserordentlich vorsichtig sein. Ich habe - wenn ich Prüfungen gemacht habe mit Tests - immer alle meine Beobachtungen notiert. Und wenn man nachher durchsah, was man alles notiert hat, dann hat man einen Salat, mit dem man nichts machen kann. Da widersprechen sich Beobachtungen im Verlauf einer Prüfung, die zwei Stunden dauert, sogar in sehr ähnlichen Situationen. Wir wissen nicht welche Tragweite - ich sage nicht welche Validität, sondern welche Tragweite -, welche Generalisierbarkeit ein bestimmtes Symptom, eine bestimmte Beobachtung hat. Man weiss nicht, ob es sich lohnt, sie in die Interpretation hineinzunehmen.

Die Tests - standardisierte Beobachtungsverfahren - zeigen uns einigermassen den Grad der Zuverlässigkeit. Da weiss ich also, wenn ich diesen Test mache: nur wenn ganz klare Resultate vorliegen, kann ich etwas damit anfangen; aber kleine Nuancen kann ich nur ergänzend berücksichtigen. Und im Prinzip dürften wir in der Diagnostik nichts verwenden, über dessen Relevanz wir uns kein Urteil machen können. Ich bin vollständig einverstanden mit dem Vorgehen, das Herr v.Uslar beschrieben hatte, wie es Herr Pulver beschreibt usw., vollständig einverstanden, ich mache es auch so! Immer mit einem schlechten Gewissen, das ist das Unangenehme dabei, und darum habe ich mich immer bemüht, solche Instrumente zu verwenden und auch selber auszuarbeiten, über deren Sicherheitsgrad ich etwas weiss. Ich glaube nicht, dass ein Psychologe, Berater usw. verantwortungsvoll arbeitet, wenn er nicht so viel wie möglich solche Instrumente verwendet. Dass das nicht genügt, dass er darüber hinausgehen muss, ist selbstverständlich, wobei man immer, seien es nun Tests oder sei es Beobachtung - das ist meine Regel -, keine Information verwenden soll, die man nicht hat verifizieren können. Keine Beobachtung, die nicht mindestens durch eine andere bestätigt worden ist oder durch etwas, das die Eltern gesagt haben, oder durch etwas, das er selbst gesagt hat usw. Auch dort sollte man noch verifizieren, wo man schon ungefähr den Sicherheitsgrad der Angaben kennt, die man erhalten hat.

Entschuldigen Sie meine Ausführungen; ein Diskussionsleiter muss sich ja zurückhalten; aber es ist für mich manchmal schwer. Jetzt möchte ich Sie bitten, sich zum Wort zu melden, in das Gespräch einzugreifen und die Probleme weiter zu diskutieren.

J.Auderset: Herr Vorsitzender, ich möchte anknüpfen an die Voten der Herren Schmid und Dupont und an deren Ueberlegungen hinsichtlich der Instrumente, die den Psychologen zur Verfügung stehen. Ich arbeite als Psychologe in einem Unternehmen, und da kommt es oft vor, dass ich bei der Anwendung gewisser psychodiagnostischer Instrumente - Fähigkeitstests, Persönlichkeits- und Interessefragebogen - mit Erschrecken feststelle, dass ich praktisch nichts oder doch nur sehr wenig weiss über die Mittel, die ich benütze. Manchmal stehen uns Eichungen zur Verfügung, die bei ganz anderen Populationen gewonnen wurden; nur sehr selten gibt es Anhaltspunkte bezüglich Validierung. Glücklicherweise werden nun in einzelnen Bereichen seriöse Untersuchungen in Angriff genommen; aber was Angaben über die heute verwendeten Tests betrifft und über das Vorgehen bei der Erstellung ihrer Normen, die Prüfungssituationen, so haben wir praktisch leider oft gar nichts in der Hand, und wir sehen uns dann gezwungen, die Handwerksarbeit selber zu leisten, eigene Normen zu erstellen und eigene Validierungen durchzuführen.

In Bezug auf die Persönlichkeitstests ging mir während der Ausführungen Herrn Stolls ein Gedanke durch den Kopf; offensichtlich ist es doch so: wenn wir einen Test mit bestimmter Faktorenstruktur haben, müssen wir ihn gewiss im vorgeschriebenen Sinne anwenden; aber zu bedenken ist, dass sehr häufig -

allzu häufig! - die vorgegebenen Faktoren, wie Herr Meili sagte, einer spanischen Herberge gleichen; das heisst, man findet in ihnen das, was man in sie hineingelegt hat. Man muss zugeben, dass die Praktiker häufig gezwungen sind, dem vorgeschlagenen Faktor keine Beachtung zu schenken oder über ihn hinauszugehen im Bemühen, seine Konstituanten zu erfassen, oder beispielsweise zu begreifen, wie ein sehr hoher Punktwert in Neurotizismus durch verschiedene Individuen auf ganz verschiedene Weise erzielt werden konnte und folglich recht verschiedene Bedeutung haben kann. Und hier empfindet dann der Praktiker sehr oft den Wunsch, dass von seiten der Forschung etwas getan werde, um ihm zu ermöglichen, einerseits mit besser geeichten Instrumenten arbeiten, andererseits über Hilfsmittel verfügen zu können, die spezifischer zugeschnitten sind auf die verschiedenen Situationen, denen man in der Praxis begegnen kann.

Zur Effektivität psychodiagnostischer Tätigkeit

H.H.Eckardt: Ich möchte auf das zurückkommen, was Herr v.Uslar gesagt hat - dass hier sehr viel über die Präzision der diagnostischen Instrumente gesprochen wird, dass man aber (wenn ich ihn richtig verstanden habe) die Bedeutung dieser Präzision auch nicht überschätzen solle; jedenfalls gelte das mit Blickrichtung auf bestimmte Teilbereiche der Diagnostik. Dem würde ich zustimmen. Die Präzision von psychologischen Datenerhebungsverfahren als solche ist ja tatsächlich nicht das Entscheidende. Worauf es ankommt, das ist, was mit den mittels dieser Verfahren gewonnenen Informationen weiter geschieht. - Aber andererseits sehe ich die Gefahr, dass mit dem Zurückdrängen des Begriffs der Präzision zugleich der Begriff der Effektivität des diagnostischen Tuns in den Hintergrund gedrängt wird. Und das würde ich für bedenklich halten. Wir müssen an jedes Untersuchungs- und Interpretationselement und -Verfahren die Forderung richten, dass es etwas zum Erreichen des diagnostischen Ziels beiträgt. Davon ist natürlich nichts ausgenommen, auch die sogenannten deutenden Verfahren nicht. Wenn sich herausstellt, dass ein solches Element nichts bringt, dann wird man dieses Element beiseitelassen - "nichts bringt" im Sinne der incremental validity: Es mag durchaus eine gewisse statistische Beziehung zu einem sinnvollen Kriterium besitzen, aber was in ihm an Information enthalten ist, hat der Diagnostiker längst auf andere Weise ausgeschöpft, es war bereits in anderen Informationen enthalten, über die er längst verfügt (z.B. aus der Biographie des Individuums) - das Verfahren bringt also keinen zusätzlichen Nutzen. "Verfahren" in diesem Sinne wäre aber z.B. auch die Interpretation einzelner Items. Ob man so vorgehen soll oder nicht, das ist eine empirisch zu beantwortende Frage.

D.v.Uslar: Ich glaube, dass es für die Praxis durchaus sinnvoll sein kann, auch einzelne Items eines Intelligenztests deutend zu interpretieren. Nur darf man dann die Sache nicht so betrachten, als ob dies das Ergebnis des normierten und validierten Tests wäre. Es ist dann vielmehr ein anderes Instrument.

H.H.Eckardt: Ja, aber man muss nachzuweisen versuchen, dass es etwas bringt.

A.Lang: Aber was bringt es? Wenn Sie Effektivität ins Spiel bringen: Effektivität wofür? Ich glaube, das ist die paradoxe Situation der Beratung: dass wir nicht wissen, auf welche Ziele hin wir beraten. Das hat Herr Pulver deutlich gemacht, als er sagte, die Diagnostik müsse vor allem jene Bedingungen aufdecken, die eine Veränderung, eine Abweichung, eine Fehlfunktion erklären können. Wenn das so ist, dass wir die Ziele nicht spezifizieren können, dann können wir nie Tests validieren oder irgendwelche Instrumente validieren und ihre Effektivität bestimmen Ich glaube, wir haben uns hier einfach von der Analogie des Testens zu Selektions- oder Klassifikationszwecken verleiten lassen.

Ich muss sagen, ich bin froh, Herr Schmid, dass wir, in der Deutschschweiz zumindest, solche Instrumente wie in Australien nicht haben; denn der Besitz von solchen Instrumenten verführt dazu, dass wir die Individuen pseudo-objektivieren. Dann haben wir sie nämlich im Datenprofil eingefangen, und dieses kann gar keine Aussagen darüber machen, was diese Individuen an Entwicklungspotenzen besitzen. Erstens haben die interindividuell standardisierten Skalen einen Messfehler; wir wissen also nicht, wo das betreffende Individuum in diesem Fehlerbereich jeder einzelnen Variablen sich ansiedelt. Andererseits wissen wir nicht, wie die einzelnen Testvariablen, vielleicht sogar recht exakt gemessenen Testvariablen, zu gewichten und zu kombinieren sind in diesem enorm komplexen Insgesamt von Bedingungen, auf das uns Herr v.Uslar in sehr schöner Weise aufmerksam gemacht hat. Wir wissen es einfach nicht, wir sind rein der Intuition überlassen. Wie können wir solche Aussagen rechtfertigen, deren Effektivität wir also effektiv nicht überprüfen können?

F.W.Schmid: Gestatten Sie mir, noch einmal auf das zurückzukommen, was Herr Berger gesagt hat. Es scheint mir, dass wir immer noch und immer wieder vollkommen verschiedene Dinge meinen, wenn wir von "Diagnostik" sprechen, und dass dies die Verständigung ausserordentlich erschwert. Um nur auf die letzte dieser Unklarheiten einzugehen: die australischen Lese- und Rechentests, die ich erwähnte, waren ausgesprochene "achievement tests", also Leistungstests, die sich damit begnügen, festzustellen, wo der Schüler steht, beispielsweise bezogen auf den Erwerb einer bestimmten schulischen Fertigkeit...[4]

A.Lang: Unter sehr spezifischen Bedingungen, die möglicherweise eine Woche später schon nicht mehr in gleicher Weise gegeben sind.

R.Meili: Nein, nein ... (allgemeine Unruhe).

F.Stoll: Warum wollen Sie auf diese Information verzichten?

4 ..., und die damit keinerlei prognostischen Anspruch erheben, wie es bei einem Fähigkeitstest etwa der Fall ist.

A.Lang: Weil wir ihre längerfristige Bedeutung nicht kennen und doch so tun, als ob wir sie kennten.

F.W.Schmid: Es geht doch hier nicht darum, vorauszusagen, wie die Leistung in drei Jahren aussehen wird, sondern ein Leistungstest dient ausschliesslich dazu, mir im Zeitpunkt der Aufnahme Hinweise darauf zu geben, was ich unternehmen kann, um dem Schüler zu helfen, nicht?

A.Lang: Das ist ja das Problem: es ist ein Leistungstest, aufgenommen vor einem halben Jahr in Australien, in Betracht gezogen jetzt in einem ganz anderen Land. Sie sind geneigt, ihn als einen Fähigkeitstest zu interpretieren. Jeder tut das, es ist fast nicht zu vermeiden.

F.W.Schmid: Das stimmt jetzt überhaupt nicht. Ich habe überhaupt keines von diesen Resultaten interpretiert. Ich habe nur festgestellt, dass es in Australien offenbar Tests gibt, mit denen man beispielsweise ein Lesealter ermitteln kann; und es scheint mir sinnvoll und nützlich für einen Schulpsychologen und für einen Lehrer, das Lesealter eines Schülers zu kennen. Es würde mich persönlich interessieren, das Lesealter meiner Kinder zu kennen. Damit kann man etwas machen. Das ist praktisch. Da, glaube ich, hören irgendwo doch diese philosophischen Bedenken auf!

Eine andere Unterscheidung, von der ich meine, dass sie immer wieder vernachlässigt wird, ist diejenige der Anwendung von Tests auf Individuen einerseits, statistische Gruppen anderseits. Herr Eckardt, auf dessen Argumentation ich hier eingehen möchte, war leider nicht unter uns während des ersten Teils des Tages, als wir versuchten, uns klar darüber zu werden, wie andersartig die Situation bei der Beurteilung eines Einzelfalls ist als dann, wenn wir darauf aus sind, statistische Aussagen über eine Gruppe zu machen. Ich glaube, dass man wirklich begründet die Auffassung vertreten kann, ein Test könne in gewissen Einzelfällen sehr effektiv sein, auch wenn sich diese Effektivität im statistischen Gruppenvergleich nicht unbedingt nachweisen lässt; dies aus den verschiedensten Gründen, angefangen beim Kriterienproblem. Ich glaube, auch diese Unterscheidung müssen wir unbedingt berücksichtigen.

Bei der Darstellung von Herrn Meili mit ihrer Hervorhebung der Verwandtschaft von medizinischer und psychologischer Diagnostik ist wohl auch eine bestimmte Betrachtungsweise impliziert, von der ich bezweifle, dass sie das Vorgehen des Praktikers in seiner Gesamtheit abdeckt. Er propagiert sehr richtig die Notwendigkeit des analytischen Herausschälens derjenigen Informationen - seien sie auf Grund von Tests oder von anderen Beobachtungsmitteln gewonnen worden -, die wirklich aussagefähig sind. Dies ist <u>ein</u> Aspekt, und ich stimme ihm vollkommen zu; unter dieser Perspektive geht es mir auch so: von all den vielen Beobachtungen, die ich im Verlauf einer Untersuchung mache, erweist sich nur ein kleiner Teil als direkt verwendbar. Aber gehen wir jetzt auf die andere Ebene, nämlich auf diejenige des Ausdrucksverhaltens, dann stellt sich die Situation völlig anders dar. Dann ist nämlich jede, auch die scheinbar unbedeutendste Verhaltensweise, irgendwie determiniert aus der Situation heraus, aus der Befindlichkeit der Person heraus und aus der Interaktion zwischen den beiden Bereichen.

<u>R.Meili</u>: Aber was hilft Ihnen das?

<u>F.W.Schmid</u>: Das verhilft mir genau dazu, die innere Situation zu verstehen, in der er sich befindet; und dafür sind meines Erachtens die projektiven Tests eben nützliche Hilfsmittel, weil sie in reicherer und vielseitigerer Form als die blosse Verhaltensbeobachtung für derartige Deutungen geeignete Informationen liefern, die im übrigen prognostisch völlig irrelevant und völlig unbrauchbar und völlig blödsinnig sein können. Denken Sie an all die prognostischen Untersuchungen, die mit dem Rorschachtest durchgeführt worden sind - alles nichts, was man da versucht hat, oder fast alles nichts. Deswegen ist der Rorschachtest aber nicht ein unsinniges oder ein unbrauchbares Mittel geworden; denn er hilft mir eben, eine Befindlichkeit zu verstehen, die hier und

jetzt vorliegt und mit der ich mich als Berater auseinandersetze, wenn ich, um mit Herrn Lang zu sprechen, "in der Suppe rühre".

R.Meili: Ja also, dass der Ausdruck über die momentane Situation etwas aussagt und mir helfen kann, momentanes Verhalten zu verstehen, damit bin ich vollständig einverstanden. Ich habe immer die Füsse auch beobachtet, wenn Prüflinge Tests machten. Das ist sehr interessant. Da sieht man oft sehr viel mehr als oben, was oben dran ist. Einmal habe ich einen gehabt, einen Blinden, der mit den Füssen schrieb. Aber dann habe ich ihn auch andere, nicht schriftliche Sachen machen lassen. Und, wie der da mit den Füssen an den Stuhlbeinen herumtastete, je nachdem, was er gearbeitet hat, das war ausserordentlich interessant. Aber ich habe gefragt:"Was hilft Ihnen das?" Ich meine, Sie wollten sagen für die allgemeine Diagnostik, für die Charakterisierung des Menschen, im allgemeinen Sinne.

F.W.Schmid: Doch, natürlich.

R.Meili: Aber das ist vielleicht ein Detail.

U.Pulver: Ja, ich hätte auch wieder Lust etwas zu sagen, und zwar zu den Ausführungen von Herrn Meili. Herr Meili hat am Anfang den Vergleich mit dem Essen gebracht, und ich glaube, wir haben die geistige Mahlzeit nun bald zusammen. Wir haben die Suppe, in der wir rühren, wir haben den Salat, der sich aus Beobachtungen ergibt, und auf diesen Salat möchte ich noch kurz eintreten. Es ist tatsächlich ein Salat, der sich beim Beobachten von Klienten ergibt (und diejenigen, die morgen in der Gruppe bei mir sind, werden so einen Salat serviert bekommen). Aber es gibt auch Salat, in dem Eier oder Tomaten drin sind, also etwas Substantielles. Wenn man so vieles beobachtet, so wiederholen sich gewisse Dinge, und man fängt an sich zu fragen: "Könnte das für den Ratsuchenden typisch sein?" Und dann kommt der Moment, wo man zu ihm sagt: "Ja, sagen Sie jetzt einmal. Jetzt haben Sie ein paar Mal das und das gesagt oder das und das gemacht. Was meinen Sie dazu?" Und dann stutzt er und antwortet: "Ja, wenn ich mir das so überlege, das ist eigentlich typisch für mich. Das mach' ich eigentlich immer in solchen Situationen. Ich habe es noch gar nicht gewusst bis jetzt." Und es kann für ihn eine grosse, vielleicht sogar entscheidende Wendung in dem Sinne bedeuten, dass er hier etwas lernt und dass sich in ihm etwas verändert. Das hat vielleicht mit dem ursprünglichen Ziel der Beratung nichts zu tun. Oft sind das dann die, die aus der Beratung hinausgehen und in der Klasse oder anderen Leuten sagen: "Gehen Sie dort in die Beratung, die hilft einem." Wir können eben meist gar nicht zum vorneherein das Ziel der Beratung fix festlegen. Wir können es gar nicht genau wissen, womit wir die Wirkungen erreichen. Aber wenn wir solche Beobachtungen machen können, wenn wir dem Klienten etwas zurückspiegeln können, haben wir in der Beratung eine wichtige Aufgabe erfüllt. Natürlich können wir nicht sagen: "Auf Grund der Beobachtung, dass Sie immer das und das machen, können Sie nicht ins Gymnasium eintreten" oder so, aber wir können dem Klienten zu Selbstverständnissen verhelfen. Auch wenn er der einzige ist in unserer ganzen Praxis, nach so und so viel tausend Fällen, der gerade dieses Verhalten gezeigt hat, und zwar wiederholt, und wir können es statistisch darum überhaupt nicht erfassen, aber Beobachtung und Rückspiegelung haben ihre Wirkung erzielt - dann ist das <u>effektiv</u>, wenn auch auf einer anderen Ebene als die Statistik effektiv ist. Ich möchte damit nichts gegen die Effektivität der Statistik sagen und nochmals betonen, dass ich sehr viel von der Psychometrie halte und das Gefühl habe, diese Methoden muss man, wie Herr Stoll dargelegt hat, sauber anwenden auf ihrer eigenen Ebene. Aber die anderen Dinge gehören eben auch dazu in einer beraterischen Diagnostik.

<u>O.Maier</u>: Ich hätte noch eine andere Frage. Wir haben uns da jetzt ein bisschen gestritten, ob man Methoden psychometrischer oder diagnostischer Art anwenden soll, ob nicht, und mit welcher Wirkung. Und mir scheint nun, dass zum Beispiel gerade hierin auch in der akademischen Berufsberatung eigentlich eine <u>gesell-</u>

schaftspolitische Funktion noch mitenthalten ist. Und zwar völlig unbekümmert, ob wir die sehen oder nicht, einfach als pragmatische Wirkung. Mich würde eigentlich wundernehmen, ob Sie auch eine solche Wirkung sehen, ob Ihnen das auch irgendwie zum Bewusstsein gekommen ist und wie Sie das allenfalls beurteilen, ob Sie das eigentlich befürworten oder ob man das besser ausschliesst.

R.Meili: Darf ich Sie bitten, ein Beispiel einer Art dieser gesellschaftspolitischen Funktion zu geben?

O.Maier: Sagen wir zum Beispiel in Bezug auf eine Mittelschul- oder eine Hochschulkarriere. Da steckt doch, wenn man so sagen will, sehr stark die Vorstellung einer bestimmten Leistung dahinter, und wenn wir die betonen, dann rechtfertigen wir eigentlich dieses Kriterium. Und nun ist es so, dass es ja nicht um x-einen Beruf geht, ich meine so im Sinne eines Jobs, wenn ich an die Universität gehe, sondern es ist da eigentlich auch eine grössere Verantwortung mit einer solchen Ausbildung verbunden, also eine grössere Verantwortung im Wirken später. Das wäre zum Beispiel etwas, was ich da sehe, dass man zu stark eine intellektuelle Leistung betont, gegenüber anderen Kriterien vielleicht, die auch entscheidend sein können.

A.Lang: Was Du sagst, ist natürlich eines der Motive für meinen Standpunkt. Und zwar ohne dass ich zunächst ganz bestimmte Zielsetzungen damit verbinden möchte, ganz bestimmte Vorstellungen, was gesellschafts- oder bildungspolitisch zu vermeiden wäre oder was anzustreben wäre. Aber die Frage ist aktuell, insofern den akademischen Berufsberatern unter Umständen mit einer gewissen Wahrscheinlichkeit zum Beispiel der Auftrag bevorsteht, bei der Auswahl der Studenten für die unter Numerus Clausus stehenden Universitäten mitzuarbeiten, gemäss Vorschlag einer Subkommission der Hochschul-Konferenz. Dann ist genau dieser Rollenkonflikt akut, auf dem ich die ganze Zeit herumreite, von dem ich glaube, dass ihn zu viele Berater noch zu wenig klar sehen.

Dann sind sie nämlich ihre Beraterfunktion los! Dann können sie nicht mehr beraten; dann haben sie keine Möglichkeit mehr, aus einer freien Position heraus das Beste des Klienten zu wollen, also zu dieser Selbstfindung beizutragen. Dann ist ihre ganze Methodik, die freie, die intuitive Diagnostik, wie auch die vermeintlich objektive Diagnostik nicht mehr brauchbar. Dann können sie nur noch trennen, auf Kriterien validierte Testbatterien einsetzen, mit denen sie rechtfertigen können, dass sie den und den eben in die Hochschule zulassen und den anderen eben nicht. Alles andere sind dann einfach Werturteile, die sie fällen, und ich kann nicht verstehen, wie sich Menschen herausnehmen können, in unserer Gesellschaft diese Funktion zu übernehmen. Ich hoffe, dass es nicht so weit kommt; aber ich meine, das ist eben einer dieser Fälle, wo diese Probleme, auf die ich hinweise, akzentuiert werden.

Beratungsziele und Psychodiagnostik

H.-P.Schaub: Ich möchte, dass man an dieser Stelle nochmals über das frühere Votum von Herrn Eckardt spricht, nämlich über das Problem der Effektivität von psychodiagnostischen Verfahren. Herr Lang hat meiner Meinung nach zu recht gesagt:"Solange man das Ziel nicht bestimmen kann, kann man auch nichts über die Effektivität aussagen." Darauf sollte man hier nochmals eingehen.

H.H.Eckardt: Dass es oft schwierig ist, sinnvolle Kriterien zu finden, ist unbestreitbar. Aber umgekehrt muss man vielleicht auch einmal sagen: In vielen Anwendungsbereichen gibt es Kriterien, die auf der Hand liegen, die unzweifelhaft brauchbar sind, die ohne weiteres verwendet werden können. Etwa im Anwendungsbereich Berufsberatung: Eine Berufsausbildung oder ein Studium, das man begonnen hat, nicht wieder abbrechen zu müssen, weil man es nicht schafft oder weil man Widerwillen dagegen entwickelt - also das Durchhalten-Können des betreffenden Ausbildungsgangs bis zum vorgesehenen Abschluss - das ist doch ein unbestreitbar sinnvolles Ziel für den einzelnen und damit auch ein unbestreitbar sinnvolles Kriterium für die statistische Betrachtungsweise. Oder das Kriterium der beruflichen Zufriedenheit. Natürlich kann man fragen: Wie ist sie messbar? Was ist das überhaupt? Ist das ein stabiles Merkmal? Hängt sie nicht auch von der betrieblichen Situation und von der ausserberuflichen Lebenssituation ab? usw. Aber für die statistische Betrachtungsweise - und nur sie ist angebracht, denn wir wollen ja möglichst vielen Menschen helfen - ist es durchaus sinnvoll, das zu verwenden, was die einzelnen über ihre Zufriedenheit äussern; es kommt uns ja bei der Effizienzüberprüfung, im Gegensatz zur Arbeit am Einzelfall, nur auf den Vergleich von statistischen Gruppen an. - Es gibt also Ziele, die von allen Menschen angestrebt werden und die wir, ohne der Individualität der Wertsetzungen Abbruch zu tun, als Kriterien bei der Effektivitätsüberprüfung psychologisch-diagnostischer Tätigkeit verwenden können.

P.Landolf: Ich möchte gerade hier einhaken und das Gegenteil behaupten. Es ist nicht so, dass die Zielsetzung, auch in der Berufsberatung, in den meisten Fällen so klar ist. Ich meine eher mit Herrn Pulver, dass wir hier sehr vorsichtig sein müssen und vielleicht als erstes Beratungsziel nichts weiter anstreben sollten, als eben die Zielklärung vorzunehmen. Das kann vielleicht viele Stunden gehen. Warum ich das betone? Wir haben auf unserer Beratungsstelle Erfahrungen gemacht, die uns sehr zu denken gaben. Zu Beginn der Beratung legen wir die Zielsetzung fest, so wie sie der Klient sieht und wie wir uns darauf einigen, und nach Abschluss der Beratung fragen wir den Klienten nochmals, welches eigentlich das Beratungsziel gewesen sei. Dabei stellen wir fast regelmässig fest, dass sich die Ziele verändern und meistens auch erweitern. Es kommen neue Ziele dazu. Ein Jahr später fragen wir den ehemaligen Klienten nochmals, mit welchen Anliegen oder Zielen er eigentlich in die Beratung kam. Bei vielen Klienten stellen wir fest, dass auch nach Abschluss der Beratung noch Veränderungen im Bewusstsein des Klienten eintreten können. Und wenn das so ist, so können wir nicht einfach von Eingangsgrössen und Eingangszielsetzungen ausgehen, sondern müssen als Beratungsziel zuerst das Festlegen der Ziele sehen. Und bevor wir das nicht haben, können wir sicher auch nicht Psychodiagnostik betreiben, weil das ganze sonst vollkommen in der Luft hängt. Da wäre ich mit Herrn Lang auch einig.

F.Stoll: Der Aufbau des Soll-Zustandes und das Aufbauen des Ist-Zustandes ist ein zyklisches Vorgehen, und das ist nicht etwas Fixes oder Geschlossenes; Hypothesen zur Verbindung zwischen Ist- und Soll-Zustand formulieren, ist Psychodiagnostik.

P.Landolf: Ich würde sagen, psychodiagnostische Mittel sind dann gut, wenn sie eben helfen, diesen Prozess zu fördern. Und wenn sie auch dazu beitragen (das wäre ein neuer Gedanke), die Fähigkeit des Klienten zur Selbstdiagnostik zu fördern. Denn alles, was wir von uns aus machen, ist eben doch einseitig. Wir schauen den Klienten an und urteilen dann. Es sind immer wir. Damit helfen wir dem Klienten jedoch keinen einzigen Schritt weiter in der Absicht (die offenbar niemand bestreitet), dass Beratung Hilfe zur Selbstberatung des Klienten sein soll.

H.H.Eckardt: Auch ich sehe, dass Ratsuchende mit vorgeschobenen oder unbewusst vorgeschobenen Anliegen kommen, dass Anliegen und Zielsetzungen sich wandeln, usw. Aber das widerspricht dem nicht, dass es Kriterien gibt, die für die Zwecke der Validierung und Effektivitätsüberprüfung diagnostischer Vorgehensweisen, also für die Anwendung auf statistische Gruppen, brauchbar sind.

P.Landolf: Ich könnte Ihnen diverse Fälle schildern, wo einer z.B. mit dem Anliegen kam:"Ich möchte das juristische Examen ablegen können. Bitte helfen Sie mir. Was kann ich machen, damit ich effizienter arbeiten kann?" Später hat sich die Fragestellung geändert:"Will ich überhaupt Ius studieren oder nicht?" Das kann sich also stark ändern, und am Schluss gibt er als Zielsetzung vielleicht an:"Verbesserung der Kontaktschwierigkeiten".

R.Meili: Das hindert aber nicht, dass diese Periode der ersten

Zielsetzung existierte. Das Gesagte trifft auch nicht auf jeden Fall zu.

A.Lang: Ja, aber nur eine der Zielsetzungen kann in die Validitätsuntersuchung eingehen, und natürlich muss es die erste sein, denn alle andern werden ja erst durch die so und so verlaufene Beratung bekannt. Wenn ich nun aber irgendwelche Variablen im Hinblick auf diese erste Zielsetzung validiere und die Ziele sich im Verlauf der Beratung ändern, so bekomme ich doch ein ganz falsches Bild von der Bedeutung dieser Variablen. Vom Individuum selbst aus gesehen ist dieser Beratungsprozess als Anstoss einer persönlichen Entwicklung grossartig; aber die diagnostischen Befunde des Beraters sind mehrdeutig.

H.H.Eckardt: Sobald der Diagnostiker in diesem Fall erkannt hat, dass es das eigentliche Anliegen des Ratsuchenden ist, seine Kontaktfähigkeit zu verbessern, wird ein darauf bezogenes Kriterium zum hier angemessenen - anstelle eines auf die Berufsentscheidung bezogenen Kriteriums. Darin sehe ich keinerlei Schwierigkeit.

P.Gander: Ich möchte gerne einen Punkt wieder aufgreifen, den Herr Landolf eben in die Diskussion eingeführt hat, und zurückkommen auf das, was Herr von Uslar uns darlegte über die Situation der Beratung, über diesen Dialog, dieses Zwiegespräch zwischen Berater und Klient. Was sich da abspielt, lässt sich auf verschiedene Arten strukturieren. Es kommt zum Beispiel oft vor, dass der Klient ganz einfach einen Rat wünscht, eine Hilfe, und dass er dem Berater die Sorge und die Verantwortung dafür überlässt, wie er zu diesem Rat oder dieser Hilfe kommt. Das ist natürlich eine Erwartung, auf die der Berater nicht eintreten wird. Er wird sich bemühen, den Ratsuchenden dahin zu bringen, dass er seine Situation selber zu meistern sucht. Dies kann auf verschiedene Weise geschehen. Zum Beispiel: der Berater führt selber eine psychologische Abklärung durch, auf die er dann einen Rat gründet. Dann bemüht er sich darum, den Ratsuchenden zum Verstehen und Akzeptieren dieses Rates hinzuführen.

Aber würde das nicht das Problem, das wir uns heute abend in bezug auf die Tests gestellt haben, in ein anderes Licht rücken, wenn wir uns fragten, wie weit die Informationsbeschaffung selber beispielgebend sein kann? Man kann sie mit dem Klienten vorbesprechen, bevor man sich darauf einlässt, dann die Ergebnisse in einer Weise explizieren, dass der Ratsuchende zwar nicht die Technik als solche - das ist eine andere Frage -, aber die intendierten Zusammenhänge versteht. Dass er also im grossen und ganzen die Methode versteht, die von einer - gut oder schlecht gestellten - Frage zu ihrer präziseren Fassung führen kann, dann zur Suche nach dem, was Herr Meili heute abend die "Symptome" nannte; schliesslich zur Suche nach dem "Syndrom", das sich hinter den "Symptomen" versteckt - um endlich versuchsweise zu einer "Behandlung" zu gelangen. Die Behandlung kann natürlich nicht mehr sein als ein Versuch, weil die Frage stets offen bleibt, wie Herr Lang in seinem Referat ausführlich dargelegt hat. Nur würde ein solcher Versuch auf Grund einer gemeinsamen, zwar mit Hilfe des Beraters, aber doch als eigenes Unterfangen des Ratsuchenden durchgeführten Abklärung unternommen werden. Der ganze Ablauf würde damit einen erzieherischen Wert gewinnen, der das Problem der theoretischen Validierung der Tests in seiner Bedeutung stark relativierte und uns, was die Frage der Nützlichkeit der Konsultation betrifft, eine andere Antwort nahelegte als jene, nach der wir bis dahin gesucht haben, nämlich mit Schwergewicht nicht mehr auf dem Problem der Validität, sondern auf jenem des pädagogischen Nutzens - ganz unabhängig vom Sicherheitsgrad der Diagnose.

Persönlichkeitsmodelle und Deutung diagnostischer Befunde

R.Meili: Herr Lang hat noch eine fundamentale Frage gestellt: Wir haben jetzt immer nur von Präzision und dergleichen Dingen gesprochen, aber nicht von der Validität, d.h. von dem, was ein Testresultat aussagt. Es ist also das Problem der Deutung. Wie kommen wir zu einer Deutung, und das trifft nicht nur zu für projektive Tests, das trifft für jede Information zu, jedes Symptom. Auf was weist uns das hin? Auf welche Tendenzen, auf welche Fähigkeiten usw.?

F.Berger: Mir scheint, zu dieser Frage ist bisher zu wenig deutlich geworden, welcher Zusammenhang zwischen Psychodiagnostik und Persönlichkeitstheorie resp. Persönlichkeitsmodellen besteht. Ich glaube nicht, dass wir - ausgehend von Beobachtungen - Deutungen machen können, die valide, sinnvoll und nützlich sind, ohne Bezugnahme auf ein Persönlichkeitsmodell, und ich glaube, einige der divergenten Voten von heute beruhen auch auf divergenten Vorstellungen von dem, was Persönlichkeit ist. Wenn die Aussage Herrn v.Uslars in der Nähe eines feldtheoretischen Persönlichkeitsverständnisses anzusiedeln ist, unterscheidet sie sich doch sehr deutlich von dem, was wir meinen, wenn wir von Dispositionen oder bestimmten Verhaltensgewohnheiten sprechen. Was wird unter "Persönlichkeit" verstanden? Und wie ist der Zusammenhang zu sehen zwischen den Beobachtungen - den diagnostischen Symptomen, wie Herr Meili gesagt hat - und dem, was als Modell unterstellt wird?

D.v.Uslar: Interessant ist es in diesem Zusammenhang, dass in vielen Tests bereits ein Persönlichkeitsmodell enthalten ist. Das ist z.B. beim Rorschachtest der Fall oder auch beim Farbpyramidentest von Pfister, Heiss und Hiltmann. Wenn man den Test auswertet, ist man im Grunde fast gezwungen, die Sprache des Modells mitzubenutzen, das der Test enthält. Das wären etwa die Begriffe "Extraversion" und "Introversion" bei den beiden Beispielen, die ich genannt habe, oder auch "Affektivität" und "Regulation". Andererseits scheint es mir, dass die Persönlichkeitsmodelle, die in den Tests enthalten (und häufig von den Erfindern in sie hineingebracht) sind, auch nur instrumentalen Charakter für uns haben. In der praktischen Situation, in der wir eine Entscheidung fällen oder einen Rat geben wollen, sind auch alle die verschiedenen Bilder vom Menschen, die wir im Laufe eines psychologischen Studiums oder einer psychologischen Praxis lernen und die in Tests enthalten sind, nur verschiedene Zugänge zu etwas doch sehr Lebendigem und sehr viel Umfangreicherem, das man nicht auf ein einzelnes Modell festlegen kann. Ich möchte darum auch hier für ein flexibles Vorgehen plädieren. Es ist nicht sinnvoll, die Ergebnisse eines Tests krampfhaft auf ein Persönlichkeitsmodell zu verrechnen. Ein pragmatisches Vorgehen scheint mir das geeignetere zu sein.

J.Schmitt: Diagnostische Verfahren implizieren in den meisten Fällen bestimmte Modellvorstellungen und werden auch dementsprechend konstruiert. Wie ist nun das von Herrn v.Uslar vorgeschlagene flexible Vorgehen zu verstehen? Heisst dies, dass Meilis IQ das gleiche bedeutet wie Thurstones IQ oder Wechslers IQ?

D.v.Uslar: Nein, aber diese Dinge hängen nicht nur vom Persönlichkeitsmodell ab, sondern auch von vielen anderen Faktoren. Hier ist vor allem die praktische Erfahrung und Ausbildung wichtig.

F.Berger: Ich bin unzufrieden mit Herrn Meilis Definition des Begriffes "Symptom". Was wir aus der Fülle von Beobachtungen als Symptome bezeichnen, hängt doch vom Persönlichkeitsmodell ab. Ein Beispiel hat Herr Pulver gegeben, als er von typischen Verhaltensabläufen während eines Beratungsprozesses sprach. Mit "Symptom" und auch "Diagnostik" wird jeweils etwas Unterschiedliches bezeichnet, - und wir achten auf ganz andere Verhaltensweisen - je nachdem, ob man dem Selbstkonzept von Rogers verpflichtet ist oder ob man sogenannte "Persönlichkeitszüge" möglichst exakt zu fassen und in eine Regressionsgleichung zu fügen versucht. Ich bin insofern auch nicht zufrieden mit der Antwort von Herrn von Uslar, dass wir hier flexibel sein müssen und einmal das und einmal jenes in den Vordergrund stellen können.

S.Spörli: Ich möchte Herrn Berger unterstützen. Ich bin auch nicht ganz zufrieden mit der Antwort von Herrn v.Uslar. Ich glaube auch nicht, dass er hier seine wirkliche Position ausgedrückt hat. Herr v.Uslar wird mir doch zustimmen, dass mindestens ein Menschenbild, also eine anthropologische Modellvorstellung leitend ist für uns. Ich glaube, dass für unsere ganze Diskussion diese, vielleicht eben unreflektierten Modellvorstellungen sehr wichtig sind. In diesem Zusammenhang möchte ich Herrn Lang bitten, mir seinen Autonomiebegriff etwas näherzubringen. Ich habe das Gefühl, dass unterschwellig in diesem Autonomiebegriff eine Vorstellung von Ungebundenheit steckt, die ich für irreal halte.

D.v.Uslar: Ich gebe beiden Herren in dem Punkt recht, dass es sehr wichtig ist, dass man nicht mit ungeklärten Modellvorstellungen an die Dinge herangeht. Eine Reflektion auf die verschiedenen Menschenbilder, die in den Theorien enthalten sind, scheint mir sehr wichtig. Nur glaube ich nicht, dass man auf ein Modell schwören muss. Wenn man begreift, dass es Modelle sind, kann man das schon gar nicht mehr, denn der Mensch ist kein Modell. Es sind nur Zugänge, um irgendetwas von ihm zu verstehen. Darum brauchen wir eine Perspektivität der Theorien. Wenn man seinen eigenen Standort beschreibt, macht man dadurch ungewollt auch ein Modell. In dem, was ich heute gesagt habe, habe ich natürlich auch ein Modell entworfen. Aber ich finde, man soll das Modell nicht einfach mit der Wirklichkeit verwechseln. Man soll also die Menschenbilder reflektieren, aber man soll sie nicht absolut setzen.

U.Pulver: Ich möchte meinen Mannigfaltigkeiten von heute früh noch eine weitere anhängen, das ist die Mannigfaltigkeit der Persönlichkeitsmodelle. Für verschiedene Menschen taugen verschiedene Persönlichkeitsmodelle verschieden gut. Wenn der eine Berater nun einfach beschliesst, von diesem Modell auszugehen und der andere von jenem und der dritte von dem - wenn jeder das tut und dabei hart bleibt, dann wird er, von diesem Gesichtspunkt aus, vielleicht zwei Dritteln der Fälle nicht gerecht. Wenn man die Psychologen hingegen dazu erzieht, verschiedene Modelle handhaben zu können, dann könnte man vielleicht dem Klienten gerechter werden. Ich habe das Gefühl, die Perspektivität, die Herr v.Uslar gemeint hat, geht etwas in dieser Richtung.

A.Lang: Aber wer entscheidet darüber, welches Persönlichkeitsmodell in Frage kommt? Das verschiebt nur das Problem. Ich glaube, das hängt auch direkt mit meiner Autonomie-Idee zusammen.

Ich kann die Autonomie nicht positiv definieren. Aber ich würde sagen, es ist das Fehlen von Willkür im Einfluss von aussen, im zwingenden Einfluss von aussen, also in der Machtausübung. Und der Gebrauch von Willkür: da sind diese Persönlichkeitsmodelle und deren Perspektivität genau ein Beispiel für die Verletzung der Autonomie. Wenn ich zum einen Berater gehe, dann hat er eben ein Modell; und das zwingt er mir auf, dem bin ich ausgeliefert, dem kann ich nicht ausweichen, weil ich keine Kontrolle darüber habe, weil es seine Sache ist. Dann habe ich die Möglichkeit, entweder zu verlangen, dass er seinen Standpunkt und das, was er aus diesem Standpunkt heraus mir gegenüber tut, rechtfertigt; es irgendwie auf eine Basis stellt, die mich dieser Willkür enthebt. Aber ich fürchte, wenn er es objektiviert, im Sinne des Positivismus, dann habe ich kein Leben mehr. Oder dann muss ich die Wahl haben zwischen mehreren Beratern. Und dann sehe ich, sie widersprechen sich; aber es hat doch keinen Sinn, eine Beratung in der Weise aufrecht zu erhalten, wenn sie zu widersprüchlichen Ergebnissen und in ein solches Dilemma führt.

F.W.Schmid: Es gibt bei Polanyi einige sehr schöne Stellen, wo er zeigt, wie auch im strengsten Verifikationsprozess schöpferische Elemente enthalten sind, so dass ein vollständiger Nachweis der Richtigkeit einer Hypothese in der Wissenschaft letztlich ebenso wenig wie in der Praxis gelingen kann. Wenn er von den "Denklücken", den "logical gaps" spricht, so meint er genau das. (Polanyi, 1958, S.123-130.) Ich würde aus dieser Ueberlegung schliessen, dass man, wollte man Herrn Langs Rezept wörtlich befolgen, auch keine Wissenschaft mehr betreiben könnte. Man könnte überhaupt nicht mehr handeln, sondern sich nur noch in einer Klause einmauern lassen und das Ende seiner Tage erwarten.

A.Lang: Es gibt immerhin Gebiete, wo ich empirisch überprüfen kann, welche Folgen trotz dieser Relativierung der Erkenntnis zu erwarten sind; die Wissenschaft kann sich bescheiden darauf beschränken.

F.W.Schmid: Aber diese Ueberprüfung ist eben nie vollständig.

P.Landolf: Ich bedaure, dass die Diskussion über Persönlichkeitsmodelle nicht früher angesetzt hat. Ich glaube, hier liegt ein wichtiger Hund begraben. Ich habe mir gerade überlegt, wo ich selbst stehe: Zuerst war mir sehr sympathisch, was Herr Pulver und Herr v.Uslar sagten, dass man nämlich gewissermassen vom Persönlichkeitskonzept ausgehen sollte, das der Klient selbst von sich hat; dann sind wir flexibel; wir gehen ihm entgegen, wir verwenden die Methode, die er am besten verstehen kann. Aber inzwischen habe ich auch diese Position aufgegeben, weil ich glaube, dass viele Klienten, vor allem Klienten, die mit scheinbar unlösbaren Konflikten zu uns kommen, diese Konflikte deshalb nicht lösen können, weil sie einem problematischen Persönlichkeitskonzept oder Selbstkonzept aufsitzen. D.h. wir müssen uns in der Beratung mit diesem Selbstkonzept auseinandersetzen, aber gleichzeitig auch wissen, was wir selbst für ein Persönlichkeitskonzept vertreten und welche Konzepte hinter den verschiedenen diagnostischen Methoden stehen. Dass wir uns auf ein Modell einigen können, halte ich für unmöglich und auch für falsch. Die Konfrontation mit anderen Möglichkeiten, sich selber zu sehen und zu verstehen, wäre eine wichtige Aufgabe, welche die Beratung erfüllen müsste.

R.Meili: Haben Sie, Herr v.Uslar, vom Selbstkonzept gesprochen, das dem Klienten bewusst ist?

D.v.Uslar: Nein, das habe ich nicht gemeint. Aber es ist ein sehr interessanter Gedanke. - In der Diskussion war ja gefordert worden, dass man sagen soll, welches Persönlichkeitsbild man zugrunde legt. Meine Antwort war: Es gibt sehr viele Persönlichkeitsbilder. Der Mensch ist mit einem von ihnen nur perspektivisch eingefangen. Es gehört, glaube ich, mit zur psychologischen Ausbildung, dass wir lernen, durch verschiedene Brillen zu sehen. Das lernen wir, indem wir nach und nach verschiedene Theorien kennenlernen und vielleicht auch an sie glauben. - Nun ist aber das, was jetzt in die Diskussion gebracht worden ist, noch etwas anderes, weil das Selbstkonzept ja etwas anderes ist als das Persönlichkeitsbild. Auch die Frage nach dem Selbstkonzept scheint mir aber für die Beratungssituation wichtig zu sein.

R.Meili: Ich glaube auch, dass das Problem des Persönlichkeitsmodells, des Persönlichkeitssystems, das wir der Interpretation der Ergebnisse zugrundelegen, der Beobachtungen usw., fundamental ist. Leider besitzen wir dieses System nicht. Ich stehe vollständig auf dem Boden von Herrn v.Uslar und Herrn Pulver, dass es nicht angeht, dass es ausserordentlich gefährlich ist, eines als das richtige zu erklären. Wir können das nicht einmal für die Intelligenz tun; nicht? Wie sollen wir dann für die Persönlichkeit ein vollgültiges Modell haben? Damit müssen wir uns abfinden, dass wir das nicht haben, aber es gibt noch einen anderen Weg der Interpretation. Es ist nämlich fraglich, ob es überhaupt richtig ist, auf ein Persönlichkeitsmodell zurückzugehen, d.h. zu sagen:"Es gibt 5 oder 10 oder 100 verschiedene grundlegende Persönlichkeitseigenschaften." Und dann bestimmt man sie und macht eine Liste; die eine Person hat die einen, eine andere Person hat andere. Darauf kommt es schliesslich hinaus, wenn man streng von einem Persönlichkeitskonzept ausgeht, und ich glaube nicht, dass dies ein richtiger Weg ist. Wir müssen Persönlichkeit vielmehr als einen Prozess auffassen und müssen versuchen - wozu wir aber heute auch noch viel zu wenig sichere Kenntnisse haben - wir müssen versuchen zu verstehen, aufgrund welcher Prozesse ein Verhalten zustandegekommen ist. Nicht aufgrund welcher Eigenschaften, sondern aufgrund welcher Prozesse. Ich meine, dass z.B. die Psychoanalyse ein solches Erklärungsmodell darbietet, das in vielen Fällen sehr nützlich und sehr gut anwendbar ist, aber sicher ergänzt und modifiziert werden muss. Die Psychologie würde, glaube ich, wenn sie auf diesem Gebiet richtig arbeitete, der Diagnostik schneller gute Grundlagen liefern, als wenn sie nach Persönlichkeitsmodellen im angedeuteten Sinne sucht.

F.W.Schmid: Ich wollte hier noch ergänzen, dass mir der Gedanke von Herrn Landolf sehr interessant zu sein und auch nicht in einem schwerwiegenden Gegensatz zu den vorherigen Aussagen von Herrn Pulver zu stehen scheint. Der Amerikaner Epstein hat in einem theoretischen Aufsatz den Nachweis dafür geliefert, dass das Selbstkonzept sehr viele Analogien zu einer wissenschaftlichen Theorie aufweist (1973). Es entspringt einem Versuch des Individuums, sich selber in gedanklichen Kategorien irgendwie zu fassen und dadurch kohärent zu reagieren, beziehungsweise den Belastungen, welche das Leben mit sich bringt, besser zu widerstehen. Ich habe mich in meiner These, dass die Arbeit des Psychodiagnostikers theoretischen Charakter hat, sehr bestärkt gefühlt durch die Ausführungen von Epstein; denn auf diese Weise wird offenbar genau die Reziprozität erreicht, die Polanyi wiederum fordert. Wir tun als Diagnostiker nichts grundsätzlich anderes, als was der Klient tut, wenn er sich selber zu verstehen sucht, auch wenn wir dafür andere Mittel verwenden.

Gesellschaftspolitische Implikationen der Psychodiagnostik

U.Pulver: Ich möchte nochmals zurückkommen auf das Thema, das Herr Maier aufgeworfen hat und das Herrn Lang am Herzen liegt. Es scheint mir nicht unwichtig, doch folgendes noch festzuhalten. Wir sehen in Herrn Lang bis zu einem gewissen Grade jemand, der uns die Tests "wegnimmt", wenn man so will, und das nehmen wir ihm etwas übel, einfach ausgedrückt. Aber wir müssen in Herrn Lang auch jemand anderen sehen, nämlich jemand, der mit uns und für uns sich vor gewissen Dingen fürchtet, die auf uns zukommen, und die wir in unserer Arbeitsgemeinschaft sehr ernsthaft diskutieren. Es ist die Frage unserer Mithilfe bei Selektionsaufgaben. In meinem Referat habe ich deutlich darauf hingewiesen, dass ich die beraterische Diagnostik in starkem Gegensatz zur Selektions-

oder Klassifikationsdiagnostik sehe. Wir müssten also einen kräftigen Schwenker machen, wenn wir gezwungen würden, Auslesen zu machen. Da kommen mir nun andere gesellschaftspolitische Implikationen in den Sinn. Zum Beispiel kann man bis zu einem gewissen Grade den Erfolg in einem Medizinstudium mittels Tests prognostizieren. Das haben die Amerikaner mit ihren Examinations einigermassen zustande gebracht - nur um dann feststellen zu müssen, dass sie mit dieser Methode ein Arztbild bereinigt und verfestigt haben, das gar nicht das erwünschte ist. Dass sie einen fleissigen Studenten, der genau und etwas streberisch in der Richtung der Examina voranschreitet, ausgesondert haben und durch diese Auslese dann immer stärker das Arztbild in dieser Richtung fixiert und zum Schluss nur noch solche Aerzte gezüchtet haben. Das könnte man allenfalls auch, wenn man z.B. das Bild von erfolgreichen Aerzten als Kriterium nimmt und Voraussagetests dazu entwickelt. Dann fixiert man, dann trifft man eine gesellschaftspolitische Entscheidung. Man sagt beispielsweise, so wie die Aerzte heute sind, so müssen die Aerzte auch in Zukunft sein, und wir lesen die Leute weiterhin nach diesen Kriterien für das Medizinstudium aus. Das ist ja ein Problem, dem der akademische Berufsberater in anderem Zusammenhang schon heute - glücklicherweise nicht mit so präzisen Mitteln - immer wieder begegnet. Wer soll Arzt werden? Wem soll man diese Laufbahn abraten? Ich glaube, das haben Sie angetönt, Herr Maier. Und Herr Lang hat nun darauf hingewiesen, dass je valider ein Test ist, umso gefährlicher die Situation wird. Ich glaube das hat er diesen Frühling in der SGP sehr deutlich herausgehoben. Wenn eine ganz hohe Validität festgestellt würde, dann bliebe ja gar keine Wahl, dann wäre es ja reiner Wahnsinn, Leute mit mässigen Testresultaten dennoch in diese Richtung gehen zu lassen; also ist von dort her die Autonomie des Ratsuchenden, aber auch des Beraters, gefährdet. Da möchte ich Herrn Lang nun einfach noch ein Kränzchen winden und meinen Dank dafür aussprechen, dass er auf dieses Problem sehr deutlich hingewiesen hat. Davor habe auch ich eine gewisse Angst und halte es für wichtig, diese Seite auch zu sehen. Ich weiss nicht, ob Sie ungefähr an das gedacht haben.

O.Maier: Ja, in Deutschland hat man meines Wissens den Numerus Clausus abgestellt auf die Anzahl Punkte resp. auf Notendurchschnitte im Abitur, so dass nur noch Schüler mit mindestens 1,2 zum Beispiel überhaupt ein Medizinstudium ergreifen konnten.

A.Lang: Auch in Schweden!

F.W.Schmid: Ausgerechnet!

R.Meili: Ich bin vollständig einverstanden, aber eine Korrektur muss ich doch anbringen. Es ist nicht richtig zu sagen: je besser ein Test, desto grösser ist die Gefahr. Sie betrachten dann als Kriterium eines guten Tests nur die hohe Korrelation mit einem bestimmten Kriterium, was einseitig ist.

U.Pulver: Ja: besser, je valider ein Test.

R.Meili: Ja, je kriteriumsvalider ein Test; aber ein kriteriumsvalider Test nützt uns in der Beratung überhaupt nichts.

A.Lang: Wohl aber in der Selektion!

R.Meili: Ich wollte verhindern, dass man sagt:"Um Gottes Willen keine guten Tests."

H.H.Eckardt: Ich möchte Ihre Besorgnis dämpfen. Daran, dass wir einen Test mit sehr hoher Validität verwenden, ist nicht zu denken, weil wir ihn nicht zur Verfügung haben - heute nicht und auch in weiterer Zukunft nicht. Leider sind unsere Tests so beschaffen, dass wir eine derartige Besorgnis nicht zu haben brauchen.

A.Lang: Ja, ausser eben für die Ethik, für die Verantwortlichkeit.

S.Spörli: Ich möchte hier noch einmal zurückkommen auf eine

kleine Diskussion, die ich in der Pause mit Herrn Lang hatte. Wir machen hier jetzt eine sehr starke Unterscheidung zwischen Diagnostik in der Beratung und in der Selektion, und die Selektion wird nun regelrecht zum eigentlichen Bösewicht. Wenn ich aber aus meiner verkehrspsychologischen Gutachtererfahrung urteile, scheint mir diese Abwertung der Selektionsdiagnostik nicht gerechtfertigt. Ich halte es auch im Selektionsfall für besser, wenn eine geschulte Entscheidungsinstanz in ethischem Verantwortungsbewusstsein sich dem Einzelfall zuwendet und im Einzelfall immer wieder durch diese Krise der Diagnostik, die letztlich eine Krise des Diagnostikers ist, hindurchgeht und dann im Sinne eines best-effort-Entscheides mit bestmöglichen Methoden beiträgt zu Entscheidungen, die auch ohne Mitwirken des Diagnostikers fallen würden. Deshalb habe ich Herrn Langs Autonomiebegriff attackiert; es ist eben nicht so, dass Entscheidungen durch uns fallen, die anderweitig nicht fallen würden; und sie fallen ohne uns viel irrationaler. Aus dieser Sicht ist es dann wirklich ein falsches Ideal, wenn uns immer wieder dieser Test mit Kriteriumskorrelation 1,0 vorschwebt; mit dieser sehr gefährlichen Idealvorstellung wollen wir im Grunde genommen dem Entscheidungskonflikt ausweichen, der selbst im Einzelfall immer wieder Garant dafür ist, dass bestmögliche Entscheidungsarbeit geleistet wird.

A.Lang: Ich möchte dann nur die Frage anschliessen: Sollen wir Bemühungen unternehmen daraufhin, diese angeblich bestmöglichen Entscheidungen zu übernehmen? Wenn wir sie einmal haben, haben wir sie am Hals; und die Tendenz ist, sie auszuweiten. Sollen wir nicht vielmehr recht früh in diesem Entwicklungsprozess eine Grenze ziehen und versuchen, diese Energien, die wir jetzt für diese Notfall-Löschaktion einsetzen, umzuleiten im Hinblick auf Verbesserungen der Systeme, welche diese Entscheidungen treffen? Dass die Systeme selber diese Entscheidungen treffen; und nicht so willkürlich, wie wir jetzt den Eindruck haben.

S.Spörli: Also darf ich darauf einfach aus meiner verkehrspsychologischen Erfahrung antworten? Da ist es im Moment doch so, dass ich in mehr als der Hälfte der Fälle zum Anwalt des Individuums werde, das verstrickt ist im Räderwerk der Bürokratie. Also hier habe ich immer noch das Gefühl, dass ich ja sagen kann zu meiner Tätigkeit.

F.W.Schmid: Ich wollte nur Herrn Lang fragen, ob er tatsächlich der Meinung ist, es wäre besser, wir würden uns nicht mehr für die Durchführung verkehrspsychologischer Untersuchungen hergeben?

A.Lang: Nein, das würde ich nicht sagen, aber ich würde einfach vorsichtig sein im Ausweiten und im Generellmachen davon. Meine Absicht geht überhaupt nicht auf die Abschaffung einer gegenwärtigen Praxis, das wäre also wirklich ein Missverständnis. Ich denke nur ein wenig in die Zukunft; ich stelle mir vor, diese Feuerwehr-Praxis weitet sich aus und wird ein allgemeiner Prozess. Jedem seinen Berater! Dann kommt mir die Kälte über den Rücken herab. Das möchte ich vermeiden. Und ich glaube, man muss das früh begrenzen, und es ist vielleicht schon zu spät. Wenn das einmal zu viel Moment gewinnt, dann ist es nicht mehr möglich, es aufzuhalten; und dann kommen diese Sachzwänge: die Ueberweisung der Selektionsfunktion an den Berater und solche Dinge.

S.Spörli: Die Geschichte der Verkehrspsychologie geht genau in diese Richtung. Die Verkehrspsychologen, die den Auftrag angenommen haben, solche Entscheidungsfunktionen zu übernehmen, haben heute die Möglichkeit, auf das System zurückzuwirken. Sie konnten beispielsweise darauf hinweisen, dass Verkehrssicherheit nicht über eine Minoritäten-Elimination zu erzielen ist. Wenn die Psychologen auf solche Aufgaben nicht eingestiegen wären, hätten sie keine Möglichkeiten zu solcher Erziehungs- und Oeffentlichkeitsarbeit gehabt. Ich sehe da also eine im Sinne von Herrn Lang positive Entwicklung und gerade nicht einen Grund zu seinem Pessimismus.

A.Lang: Ich bin völlig einverstanden. Die Einstiegsfunktion - ja; aber zugleich die Vorsicht, sich nicht darin auszubreiten: das ist mein Anliegen.

D.v.Uslar: Ich glaube, dass man dem, was Ihnen vorschwebt, zustimmen kann, wenn man sagt, dass es nicht die Aufgabe der Psychologie ist, die Welt in Ordnung zu bringen, sondern dass es eigentlich eher darauf ankommt, sozusagen das Schlimmste zu verhüten. Gerade das, was Herr Spörli sagte, geht ja in diese Richtung. In der Verkehrspsychologie kann man z.B. nicht einfach jeden Verkehrsteilnehmer untersuchen und dann alle, die nicht vollkommen "in Ordnung" sind, von der Strasse fernhalten. Untersucht werden vielmehr diejenigen, die aufgrund ihrer Verkehrsvorstrafen oder wegen eines ständigen Versagens in der Fahrprüfung zu Bedenken Anlass gegeben haben. Einem Teil von ihnen kann der Psychologe aufgrund seiner Untersuchungsergebnisse noch eine Chance geben. - Wenn man das nun analog auf das Problem der Zulassung zur Universität überträgt, bedeutet das also folgendes: Wenn wir die Aufgabe übernehmen würden, als Psychologen sozusagen vorzuselegieren, wer studieren darf, dann wäre das wohl eine sehr problematische Sache. Aber wenn das Unglück es will, dass jemand anders hier vorselegiert, dann können wir unter Umständen korrigierend wirken. Vielleicht ist also überhaupt die korrigierende Funktion der Psychologie wichtiger als die perfektionierende - auch in Beziehung auf das ganze gesellschaftliche System.

15. Verantwortbare Verfahren in der Psychodiagnostik. Arbeitsgruppe

Ansprüche und Probleme statistischer Betrachtungsweise

H.Nussbaumer: Mich interessiert speziell das gestern im Referat Pulver angeschnittene Thema der Auswertung und Besprechung einzelner Test-Items. Wie wird das unter uns Beratern allgemein gehandhabt? Ich selber gehe ab und zu so vor, etwa beim IST. Da kommt zum Beispiel ein Klient und fragt:"Warum habe ich wohl so schlecht abgeschnitten? Warum habe ich so viele Fehler gemacht?" - worauf man sich die einzelnen Antworten anschaut. Dazu hätte ich nun zunächst eine rein theoretische Frage: Ist das Gesamtresultat des Tests vollkommen unabhängig von der Beantwortung der einzelnen Fragen, d.h. kommt es nicht darauf an, welche Aufgaben richtig gelöst worden sind? Ist das Gesamtresultat also eine rein statistische Angelegenheit? Eine zweite Frage ist die: Bei Persönlichkeitstests wie dem 16 PF oder auch dem FPI erhält man oft eine wunderbar ausgeglichene Kurve und stellt ein oder zwei Jahre später fest, dass der betreffende Ratsuchende ein borderline-case ist. Man muss sich dann fragen: Was nützt ein Persönlichkeitsfragebogen, wenn sich die einzelnen Antworten in ihrer Wirkung auf das Gesamtresultat praktisch aufheben und eine Kurve erzeugen, die mehr oder weniger durch die Mitte läuft? Das sind meine beiden Fragen; die erste ist wohl einfacher, testtheoretischer Natur, die zweite dürfte schon etwas komplizierter sein.

F.Berger: Ohne mich als "Testtheoretiker" bezeichnen zu wollen, möchte ich dazu etwa folgendes sagen. Psychometrische Tests sind so konstruiert, dass man von Einzelfeststellungen oder -items zu Dimensionen kommt. Diese Dimensionen werden an Kriterien validiert, z.B. durch die Berechnung von Korrelationen mit Schulnoten. Ich glaube nun nicht, dass einzelne Fragen für sich eine ausreichende Aussen- oder Kriteriums-Validität haben. Sie wurden vielmehr nach testtheoretischen Gesichtspunkten ausgewählt, weil sie in einer Dimension hoch "laden". Nach diesem additiven Modell kann man nicht annehmen, dass die eine Antwort mehr Bedeutung hat als die andere. Das ist meine Vorstellung vom Funktionieren der Intelligenztests. Natürlich besteht auch für mich ein Unterschied, ob jemand die erste oder letzte Aufgabe eines Tests auslässt oder nicht lösen kann, auch wenn es sich im Endergebnis überhaupt nicht unterschiedlich niederschlägt.

H.H.Eckardt: Als Wissenschaftler werden wir immer von der Tatsache, um es etwas pathetisch auszudrücken, der Hinfälligkeit des menschlichen Erkenntnisvermögens ausgehen müssen. Als Psychologen wissen wir zudem von der Gestaltauffassung, von der fast unbezwingbaren Neigung, Zusammenhänge, Muster - auch und gerade Muster des Verhaltens anderer Menschen - zu sehen. Sich gegen die Irrtümer, die aus dieser Neigung und dieser Fähigkeit resultieren, sichern zu wollen, war ja letzten Endes der Grund, warum man formalisierte Datenerhebungsverfahren wie Tests und Fragebogen überhaupt erfunden hat. Auf unsere Frage bezogen heisst das: Ein Test sollte so angewandt werden, wie es bei seiner Konstruktion vorgesehen worden ist (d.h. in der Regel: dass man die Antworten addiert und nur das Endergebnis für eine Interpretation verwendet) - es sei denn, man hätte ein anderes Vorgehen empirisch abgesichert. Es ist aber bisher noch nie gelungen zu zeigen, dass durch die Berücksichtigung einzelner Items Diagnose und Prognose verbessert werden. - Nun könnte man sagen: Es gibt bei der diagnostischen Tätigkeit neben der prognostischen Zielsetzung noch eine ganz andersartige, bei der man vor allem die Reflexion des Probanden, seine Selbsterkenntnis fördern will, und hier ist das gesonderte Betrachten und Diskutieren einzelner Antworten durchaus sinnvoll. Grundsätzlich ist das richtig. Nur besteht auch hier die Gefahr, dass dem einzelnen Item ein Wert beigemessen wird, der ihm nicht zukommt, dass die auf ihm aufgebaute Diagnose, die an sich nur hypothetisch gemeint ist, eine Art Suggestivwirkung ausübt und zu einer Prognose führt, die nicht abgesichert ist. - Ich muss eine grosse Skepsis gegen dieses Vorgehen äussern, wenn Sie es mir nicht übel nehmen ...

R.P.Jecko: Ich habe die Auffassung, grundsätzlich ist Diagnostik nur verantwortbar im Rahmen einer Beratung, wo man den Menschen zu sehen versucht in seiner Totalität. Ich habe mir gestern während der Referate die Frage gestellt: Was hat eigentlich die Diagnostik für ein Menschenbild? Herr Berger hat in der gestrigen Diskussion sehr richtig die Frage nach dem Persönlichkeitsmodell aufgeworfen. Welchem Persönlichkeitsmodell ist möglicherweise der Diagnostiker verhaftet? Von dieser Frage aus lässt sich dann auch sein konkretes Vorgehen erklären. Von meiner Praxis her bin ich der Meinung, man müsste versuchen, alle Mittel, gesicherte und ungesicherte, zu verwenden. Dies darum, weil die Intuition auch ein legales Mittel in der Psychodiagnostik, wenn auch statistisch nicht kontrollierbar, darstellt; sie ist in der menschlichen Beziehung ausserordentlich fruchtbar. Wenn sich die Psychodiagnostik und der Psychodiagnostiker auf die reinen gesicherten Testmittel zurückziehen, dann besteht bereits eine Einschränkung. Man geht von Prämissen aus, die als solche ebenfalls nicht kontrolliert sind. Ich gehe von der Meinung aus, man würde sinnvollerweise versuchen, sich zu öffnen, auch in der psychodiagnostischen Situation. Das würde bedeuten, dass auch der Psychologe etwas von sich in die Beratung hineinträgt, also Partner ist. Das ist immer und ewig das Problem in der psychodiagnostischen Situation: da ist der Korrigierende und da ist das Testopfer. Das ist ja das Thema des populären Buches von Frau Paczensky, des "Testknackers" (1974), das, interessant in den Schlussfolgerungen, die ganze Skepsis gegen die Abhängigkeit des Testopfers vom Psychodiagnostiker zeigt. Da neige ich zur Auffassung der Pluralität, wie sie Pulver vertreten hat. Wir sollten versuchen, in der psychodiagnostischen Situation im Sinne des pluralen Prinzips alle Möglichkeiten auszuschöpfen, die sich uns bieten; wir sollten auch offen sein für Schlussfolgerungen, die vielleicht im irrationalen Bereich liegen; diesen irrationalen Bereich würde ich als legitim in die psychodiagnostische Situation hineinnehmen, mit aller Skepsis gegenüber der Frage, inwieweit sind meine Aussagen nachher gesichert.

R.Buchli: Ich möchte auf einen andern Aspekt hinweisen. Die Position von Herrn Eckardt kann man verwerfen oder annehmen; ich möchte sie vorläufig weiterführen. Nehmen wir also einmal diesen Anspruch an. Dann sehen wir aber, dass wir z.B. Tests verwenden, die an einer deutschen Population geeicht worden sind. Sie müssen übertragen werden auf schweizerische Verhältnisse. Da liesse sich auch wieder die harte Position vertreten: nein, die darf man nicht verwenden, solange sie nicht an einer schweizerischen Population geeicht worden sind. Aus Gründen, die auf der Hand liegen, machen wir das aber nicht und nehmen somit einen ersten Verlust an Sicherheit in Kauf. Dazu kommt, dass ich z.B. als Solothurner Berater Leute aus kleinen Juradörfern zur Beratung bekomme, die ihr ganz eigentümliches Lokalkolorit aufweisen. Wenn man nun ohnehin nicht schon die ganz harte Position vertritt, dass man Tests nur auf Bevölkerungsgruppen anwendet, für die sie genau geeicht worden sind, dann scheint es mir verantwortbar, eine Analyse einzelner Items durchzuführen mit dem Ziel, abzuklären, ob sich nicht eine sprachliche Transformation aufdrängt: Besteht bei diesem Item für den Getesteten überhaupt die beabsichtigte Bedeutung? Versteht z.B. ein junger Mann aus Welschenrohr unter der Verbindungsstrecke Zürich-Basel dasselbe wie ein Stadtzürcher oder ein Hamburger? Ich glaube, das liesse sich immer noch mit der Anwendung einer relativ harten Position vereinbaren.

U.Pulver: Mit Betonung auf dem "relativ"! Es scheint mir an dieser Darstellung deutlich zu werden, dass der absolut harte Kern psychometrischer Folgerichtigkeit - wie gestern im Referat angedeutet - unerreichbar ist. Es ist stets nur eine Annäherung an diesen "harten Kern" möglich, und die Frage stellt sich immer neu, wieviel Abweichung darf der Psychometriker tolerieren. Eben zum Beispiel: darf man Normen anwenden auf eine "Borderline"-Gruppe - wie weit ist das zu verantworten? Es würde mich interessieren zu vernehmen, wo Sie da die Grenzen sehen.

H.H.Eckardt: Die Generalisierung von Validitäten, also die Anwendung von Validierungsergebnissen auf neue Populationen, hat in gewisser Weise etwas Irrationales, jedenfalls in dem Sinne, dass sie eine Ermessensentscheidung verlangt, dass sie nicht lückenlos rational begründbar ist. Dem ist völlig zuzustimmen. Aber dieser, wenn man so will, schwache Punkt an der einen Stelle entbindet mich nicht davon, an allen anderen Stellen immer wieder zu fragen, welche Vorgehensweisen sich rechtfertigen lassen und welche nicht. Das ist soweit als möglich empirisch zu überprüfen. Vieles ist ja getan worden. Man hat nach Formeln und Tabellen gearbeitet, und man hat gleichzeitig Diagnostiker frei operieren lassen, dabei hat die Interpretation von Einzelitems, von der hier die Rede ist, sicher oft stattgefunden: Die freie Interpretation hat sich nie als überlegen erwiesen.

U.Pulver: Aber man muss ja doch unterscheiden zwischen Einzelfall und Gruppe, d.h. zwischen der richtigen Entscheidung oder Aussage im Durchschnitt und jener beim Einzelnen. Nehmen wir gerade den Fall der Berücksichtigung einzelner Items! Im Durchschnitt gesehen ist es völlig klar, dass die verschiedenen Antworten sich ausgleichen; für die Feststellung der Position in der Gruppe kommt es nicht darauf an, ob der eine diese oder der andere jene Aufgabe richtig gelöst hat. Ebenso klar ist es nun aber andererseits, dass es vom einzelnen her betrachtet nicht beliebig und zufällig ist, dass er die eine Aufgabe lösen konnte und die andere nicht. Ich bin der Meinung, dass nur sehr wenige Verhaltensweisen - etwa beim Raten - "zufällig" entstehen. Jede einzelne Antwort als solche ist persönlich bedingt. Betrachtet man sie im Rahmen einer Dimension, so können sich die persönlichen Bedingtheiten gegenseitig aufheben - womit sie aber noch nicht aufhören zu existieren. Das versuchte ich gestern zu zeigen am Beispiel des Persönlichkeitsfragebogens. Will man etwa ein allgemeines Aggressionsmass ermitteln, so können zwei das genau gleiche Ergebnis erhalten, die sehr verschiedene charakteristische Arten zeigen, auf die Welt zu reagieren: der eine ärgert sich im Stillen über manches, der andere zwar nicht, neigt aber dazu, Möglichkeiten zum Streit aufzugreifen. Das sind ohne Zweifel in der zugrunde liegenden Realität gegebene Unterschiede, die aber in der psychometrischen Dimension annulliert werden.

Statistisch absichern kann man Aussagen natürlich nur dann, wenn man mit Gesamtergebnissen einer Gruppe operiert. Beim Einzelnen gibt es diese statistischen Absicherungsmethoden nicht. Man kann jedoch probieren, Hypothesen darüber aufzustellen, wie das festgestellte individuelle Verhalten entstanden sein könnte. Solche Hypothesen muss man dann auf eine andere Art zu prüfen versuchen: durch Vergleich mit weiteren Ergebnissen etwa, indem man untersucht, ob sich daraus eine individuelle Konstellation ergibt, oder durch direkte Befragung und Konfrontation des Ratsuchenden mit den Hypothesen, oder auf ähnlichen Wegen. So sehe ich Absicherungsbemühungen anderer Art, die man freilich nicht der statistischen Absicherung gleichsetzen darf. Auch darf man nicht die Ebenen vermischen, z.B. nicht psychometrisch gewonnene Ergebnisse durch anders gewonnene Einsichten "korrigieren" wollen. Psychometrische Resultate muss man zunächst als Fakten sicherstellen; dann kann man schauen, in welche individuelle "Totalität" sie eingebettet sind, und beispielsweise die Hypothese wagen, dass ein schlechtes psychometrisches Resultat im vorliegenden Fall günstiger zu interpretieren ist als in einem anderen. Damit gewinnt man einen Fingerzeig, wo der "wahre Wert" des Probanden im Rahmen der ja immer sehr grossen Unsicherheitsmargen psychometrischer Testresultate zu vermuten ist. Statistisch absichern lässt sich diese Vermutung jedoch nicht.

Problematik prognostischer Zielsetzungen und mögliche Alternativen

H.H.Eckardt: Ich möchte den Vorschlag machen, dass man - nicht nur im speziellen Zusammenhang von Fragen wie der der Einzelitem-Interpretation, sondern bei allen ähnlichen Fragen - die

Unterscheidung noch deutlicher im Auge behält zwischen der Situation, die bei prognostischer Zielsetzung gegeben ist und der, die bei selbsteinsicht-fördernder Zielsetzung gegeben ist. (Natürlich kommen beide Zielsetzungen häufig nebeneinander vor.) Das würde manches Missverständnis vermeiden helfen.[1] Bei der Prognose wird man nur Erkenntnisse verwenden, die gegen den Zufall und gegen die allgegenwärtige Gefahr der Selbsttäuschung des Diagnostikers so gut wie möglich abgesichert sind. Für die Selbsteinsicht-Förderung des Klienten dagegen kann man, grundsätzlich betrachtet, alles verwenden, was man will, so z.B. auch ein einzelnes Item herausgreifen und den Klienten daraufhin ansprechen. Dass der Klient dann u.U. aus seinem (auf diese Weise gegebenenfalls modifizierten) Selbstbild seinerseits Prognosen ableitet, ist zwar nicht ungefährlich, ist aber unvermeidbar und mit Blick auf seine Entscheidungsautonomie letztlich sogar begrüssenswert.

L.Bertsch: Diese Unterscheidung ist tatsächlich gestern in den Referaten und Diskussionen nie klar getroffen worden. Der eine Referent, Herr Pulver, hat z.B. immer von Beratung gesprochen. Und Herr Lang erwähnte als Beispiel für seine Probleme die Selektion der Studenten bei einem allfälligen Numerus Clausus. Genau da liegt meiner Ansicht nach das Problem. Wenn wir auf Grund von Tests selektionieren und prognostizieren müssen, dann brauchen wir ein statistisch abgesichertes Instrument, von dem wir sicher sein können, dass es das Gewünschte misst. Nicht der Einzelfall ist dann wichtig, sondern im Grunde handelt es sich um ein gesamtgesellschaftliches Problem: wir machen "Bestauslese". Unser Ausleseinstrument ist zwar mit gewissen Fehlern behaftet, wir tun gewiss Einzelnen Unrecht, doch der Einzelfall

1 nämlich manches Missverständnis zwischen den Vertretern des "wissenschaftlichen Kulturkreises" und denen des "humanistischen Kulturkreises" innerhalb der Psychologie (Sprinthall, 1975: "... Incompatible cultures ... These are not simply different points of view but totally separate orientations, life styles that are polar opposites, one leading to a total incomprehension of the other. 'The feelings of one pole become the anti-feelings of the other' (Snow).")

ist gar nicht wichtig. Die Herren Pulver, Schmid und Meili sprachen gestern jedoch immer von Beratungsfällen. In einer Einzelberatung ist das Bezugssystem aber nicht mehr die Gesellschaft, sondern das Bezugssystem ist dieser je einzelne Mensch. Deshalb sind hier Longitudinalstudien das geeignete Untersuchungsmittel: wir bilden Hypothesen über den Einzelmenschen und überprüfen diese Hypothesen auch an diesem Einzelmenschen und nicht an der Gruppe. Die Trennung zwischen Prognose bzw. Selektion und Beratung ist deshalb unbedingt notwendig.

R.Buchli: Das ist natürlich insofern fragwürdig, als man von dieser Position aus gar nicht beantworten kann, wie es überhaupt zu einer Leistungsbeurteilung kommt. Leistungsbeurteilung ist immer gruppenbezogen. Zwar gibt es schon so etwas wie eine sachbezogene Leistung; dann verschwindet aber im Grunde genommen der Begriff der Leistung als solche. Es entsteht dann irgend so ein physikalischer Leistungsbegriff. Sobald man aber mit einem psychologischen Leistungsbegriff arbeiten will, braucht man einen gruppenbezogenen.

L.Bertsch: Sicher, Leistung ist gruppenbezogen. Ich teste den Klienten und sage ihm: im Vergleich zu deiner Altersgruppe oder Schulgruppe stehst du da oder dort. Mehr Informationen gibt mir der Test nicht her.

R.Buchli: Gut; aber die Situation ist doch die, dass man heute zum Beispiel einem Gymnasium gegenüber die gruppenbezogene Leistungsfähigkeit diagnostizieren muss. Man muss ja doch beurteilen können, ob einer früher oder später das lernen kann, was ein Gymnasiast gelernt haben muss, also ob er wird mithalten können oder nicht inbezug auf die Gruppe, in der er sich befindet. Wenn er das nicht kann, werden seine Leistungen einfach nicht mehr als genügend betrachtet, und er fällt aus.

R.P.Jecko: Nun gibt es aber gewisse situationsbedingte Momente, die man in einem Test gar nicht erfassen kann. Gut, es ist die

Gruppe: aber auch gewisse gruppendynamische Momente spielen mit beim Schulerfolg. Dazu kommt noch die Lehrer-Schüler-Beziehung, die den Schulerfolg ganz eminent mitbeeinflusst; es gäbe hier viele konkrete Beispiele, gerade auf dieser Altersstufe. Das sind Momente, die von der Situation her ins Spiel kommen und die wir diagnostisch gar nicht erfassen können. Aber wir wissen, dass für einen Gymnasialerfolg die Intelligenz ca. 30% ausmacht und nicht mehr, die andern 70% auf die innere Motivation, auf die Einstellung, den Arbeitscharakter usw. zurückzuführen sind, die alle wiederum sehr abhängig sind von persönlichen Entwicklungsfaktoren. Wir haben also einen sehr grossen Bereich, den wir mit gesicherten Verfahren gar nicht abstecken können. Und davon rührt ja die ganze Unsicherheit her, die ich nicht etwa als Negativum, sondern als die grosse Chance der Psychologie bezeichnen möchte. Ich spreche dabei von der Beratungssituation. Allerdings habe ich etwas Mühe, Prognostik und Selbsteinschätzung zu trennen. Ich denke jetzt an einen konkreten Fall, an einen Gymnasiasten, der den Vater verloren hat und einen grossen Leistungsabfall zeigte. Hier erwies sich, dass der Umstand, in diesem Alter den Vater zu verlieren, den Schüler total deroutiert hat. Es stellte sich die prognostische Frage, was kann getan werden, dass dieser junge Mensch überhaupt im Gymnasium bleibt, wobei von der Intelligenz her keine Einwände zu machen waren. Die Frage war: Was kann man beraterisch-therapeutisch unternehmen (wobei der Therapeut für eine bestimmte Zeit sogar den Vaterersatz übernehmen müsste), um diesen jungen Menschen wieder zu konsolidieren, seine Ich-Struktur zu stärken, die unter diesem Schicksalsschlag auseinanderzubrechen drohte. Da spielt also das Problem des inneren Engagements des Beraters mit.

<u>H.H.Eckardt</u>: Die Unterscheidung "Prognostische Zielsetzung" und "Selbsteinsichtfördernde Zielsetzung" läuft <u>nicht</u> parallel mit der von "Beratungsdiagnostik" und "Selektionsdiagnostik". Bei der für Beratungszwecke betriebenen Diagnostik haben wir im allgemeinen nicht nur selbsteinsicht-fördernde Aufgaben, sondern

auch prognostische Aufgaben zu erfüllen. Und bei der Prognose sollte man, nach allem, was wir wissen, nur im Extremfall Gesichtspunkte nach freiem Ermessen hinzubringen. Das genannte Beispiel ist vielleicht ein solcher Extremfall.

R.Buchli: Das glaube ich schon, weil ja die Voraussetzungen für die Testsituation infrage gestellt sind.

H.H.Eckardt: Im Normalfall aber sollte man sich bei prognostischer Aufgabenstellung auf die Nutzung empirisch gesicherter Zusammenhänge - soweit solche bekannt sind - beschränken.

U.Pulver: Ich glaube aber doch, wir müssen den Begriff Prognose etwas differenzieren. Es gibt auf der einen Seite Prognosen im Sinne einer gezielten Aussage darüber, was in dieser oder jener Situation geschehen wird oder was für Chancen einer hat, z.B. ein Examen zu bestehen - häufig vorkommende, allgemein interessierende Ereignisse, die man als Kriterium statistisch erfassen kann. Aber bei der Selbsteinsicht-Förderung und Beratung einer Person als Ganzer kommt die Zukunftsperspektive in einer anderen, viel breiteren Form immer auch ins Spiel. Aus der diagnostisch bereicherten, mit dem Berater durchbesprochenen Selbstsicht des Ratsuchenden lassen sich gewisse Vermutungen über sein künftiges Verhalten in verschiedenen Situationen ableiten. Ein Klient gewinnt dabei etwa die Einsicht, dass er unter bestimmten Bedingungen dazu tendiert, sich vor Menschen zurückzuziehen. Das sollte man in Rechnung stellen bei der Besprechung der in Betracht gezogenen Ausbildungs- und Berufslaufbahnen. Aber es berechtigt uns natürlich nicht, zum Klienten zu sagen: Hören Sie, Ihre Chance, in diesem Beruf Befriedigung zu finden, in dem Sie doch ständig mit Leuten zu tun haben, ist so und so gross. Solcherlei Aussagen lassen sich allein auf Grund gezielter prognostischer Studien einigermassen verantworten, die es nur für ausgewählte Fragestellungen von gleichmässiger Relevanz für grosse Gruppen von Ratsuchenden gibt und geben kann. Psychodiagnostische Untersuchungen mit breiter Beobachtungsmöglichkeit und gründlicher Besprechung der Ergebnisse fördern aber viele individuell wichtige Gesichtspunkte zutage, die bei der Erarbeitung eines Zukunftsentwurfs mit dem Klienten von grosser Bedeutung sein können. Man kann sie nicht alle einfach beiseite schieben und den Ratsuchenden sitzen lassen mit dem Hinweis, ausser den paar "harten" Prozentzahlen könne man überhaupt nichts Zukunftsrelevantes aussagen. Um das gestern von Herrn Lang gebrauchte Bild aufzunehmen: man muss beim Beratungsgespräch in der Suppe der Zukunft herumrühren und auch hier Brocken herausfischen. Meiner Meinung nach ist es also unumgänglich, einen Unterschied zu machen zwischen gezielter "Prognose" und allgemeinerem "Zukunftsentwurf".[2]

T.Fuchs: Ich habe versucht, mich etwas "hineinzuhören", und ich habe mich gewundert, dass die Diagnostik bei den akademischen Berufsberatern ein so grosses Problem darstellt. Früher habe ich drei Jahre lang beim Schulpsychologischen Dienst gearbeitet. Da versuchte ich jeweils auch, diagnostisch abzuklären, welche Aussichten für den Ratsuchenden in dieser oder in jener Schule beständen. Seit drei Jahren habe ich nun die Chance, dass Woche um Woche die gleichen Leute zu mir in die Beratung kommen. Je länger ich nun so arbeite, desto weniger stelle ich Prognosen auf Grund von Diagnostik. Ich habe eingesehen, dass ich eine Prognose nur stellen könnte, wenn die Bedingungen für den Ratsuchenden gleichblieben. Aber ich habe ja nun Gelegenheit, Longitudinalstudien zu machen, und da sehe ich, dass es das nicht gibt. Je länger je mehr kommt mir der Mensch wie eine plastische Masse vor; im Laufe der Zeit drückt von hier etwas

[2] Ich kann der Auffassung, Zukunftsüberlegungen seien ausschliesslich Domäne empirisch (gemeint statistisch) gesicherter Zusammenhänge, ebensowenig beipflichten wie der disjunktiven Gegenüberstellung "prognostischer" vs. "selbsteinsicht-fördernder" Zielsetzung. Der Mensch lebt und denkt kaum je in der Gegenwart allein, schon gar nicht dann, wenn er sich selber zu erkennen versucht. Selbsteinsicht ist zwangsläufig zugleich Entwurf seiner selbst in die Zukunft - besonders eindrücklich hat das etwa Kelly (1955) dargestellt (vgl. auch von Uslar, 1972) - und Beratung tendiert immer dazu, den Klienten gerade durch Förderung zukunftsbezogener Selbsteinsicht zur sinnvollen Vorausnahme und Gestaltung seiner weiteren Laufbahn zu ermuntern und zu befähigen ("Selbstfindung" und "persönliche Entscheidung"; vgl. den Bericht über die Beratung der Mittelschüler und Studierenden, 1974).

hinein und von da etwas hinein, und schon nach einem halben Jahr zeigen sich bei der Durchführung einer Kontrolldiagnostik starke Veränderungen. Müsste man sich darum nicht auf Aussagen beschränken wie: Jetzt im Moment kann ich dieses oder jenes raten; unter den gegenwärtigen Situationsbedingungen können Sie das sinnvollerweise machen, wenn Sie es für richtig halten. Hingegen kann ich nicht voraussehen, ob diese Bedingungen nach zwei Jahren weiterhin erfüllt sind, wenn der Ratsuchende in einer anderen Situation drin steht. Es werden neue Eindrücke hinzukommen, neue Motivationen, neue Interessen und neue Krisen, die wir jetzt überhaupt nicht einbeziehen können. Der Mensch "wächst"; man hat es in der Regel ja mit jungen Leuten zu tun. Ich wage es also nicht mehr, einem Menschen prognostisch auf 5 oder 10 Jahre hinaus etwas zu sagen. Ich weiss nicht, ob das realisierbar ist in einer Institution wie der akademischen Berufsberatung - aber könnte man nicht davon abkommen, überhaupt Prognosen zu stellen, es sei denn in Extremfällen (wo ich es natürlich auch tun kann), etwa bei einem IQ von 80 oder bei einem IQ von 130 und sehr guter Motivation. Unter solchen Bedingungen scheint mir auch eine langfristige Prognose oder eine Selektion zulässig. Aber wo wir uns in der Bandbreite der Norm bewegen, da ist die Prognose ein va banque-Spiel.

Das hat dazu geführt, dass ich praktisch nur noch solche Tests mache, bei denen der Mensch Gelegenheit hat, seine akuten Probleme zu verbalisieren: Persönlichkeits-Fragebogen, sehr viele Satzergänzungstests, wobei ich nachher den Klienten zu jedem Satz frei assoziieren lasse. Wenn ich dann merke, dass ein Konflikt besteht, dann gehe ich dem nach. Also: für eine sehr vertiefte Exploration brauche ich noch Psychodiagnostik. Sie gibt mir den "roten Faden"; es geht rascher, als wenn ich absolut nicht-direktiv vorgehe; aber für etwas anderes brauche ich sie nicht mehr. Ich habe manchmal gedacht, meine 7 Semester Rorschach-Ausbildung seien für die Katze gewesen, weil ich diesen Test nicht mehr verwende, da ja der betreffende Proband dabei nur geringe Möglichkeit hat, die Probleme, die ihn gerade beschäftigen, zu verbalisieren. Die quantitative Auswertung von Tests mache ich nur, damit ich in der Zusammenarbeit mit einem Psychiater, zuhanden der Versicherung sagen kann, ob der Klient eine Therapie brauche oder nicht.

H.H.Eckardt: Mit der Aussage "Bei diesem Patienten empfiehlt sich eine psychotherapeutische Behandlung" geben Sie eine Prognose ab.

T.Fuchs: Ich habe einmal 300 Fünftklässler getestet, mit Intelligenztests und mit sehr komplexen Leistungstests, und habe dann die Laufbahn der Schüler drei Jahre hindurch verfolgt. Dabei stellte ich fest, dass der IQ am wenigsten zuverlässig war. In die Leistungstests gehen alle Dinge wie Arbeitsstörungen usw. ein; darum ergeben sie unter Umständen eine bessere Prognose als Intelligenztests. Das ist offenbar Ihr Problem: jemand hat gesagt, im Gymnasium gibt es einen so und so hohen Prozentsatz von Versagern. Und da glaube ich nun auch, dass es mit der Prognose sehr hapert.

R.Buchli: Ich glaube, das war nie ein Problem. Wenn man die Reliabilitäten ausrechnet, kommt man apriori auf einen schlechten Prozentsatz. Dann müsste man über die Validität abschätzen, wieviel Zusammenhang mit dem Schulverhalten überhaupt besteht. Ich habe letzthin einmal den Artikel von Herrn Eckardt über die mathematische Begabung gelesen (1970). Mir hat dieser Artikel sehr viel gegeben, weil er mich zur Ueberlegung geführt hat, dass man sich bewusst sein muss, dass testbezogene Prognosen natürlich nicht erweitert werden können auf die gesamte Situation; sie sind einfach testgebunden. Wenn Ihre Testerei jene Reliabilitäten unterboten hat, die von der Eichung her durch die Testautoren ermittelt worden sind, dann sollte das als Hinweis gewertet werden, dass man auch schlechtere Werte erhalten kann und dass die Tests jene Qualitäten nicht aufweisen, die von den Testautoren nachgewiesen worden sind. Aber die Ermittlung von Prognosen für die Gesamtsituation auf Grund von Tests scheint mir schon von der Testtheorie her einfach unzulässig. Der Artikel von Herrn Eckardt über die mathematische Begabung hat gezeigt, dass ziemlich viele zusätzliche Faktoren mit erhoben werden müssen, z.B. das soziale Verhalten, um mathematische Leistungen voraussagen zu können. Wenn man das nachher wieder zurückführt auf Ihr ursprüngliches Bemühen, eine Prognose im ganzen stellen zu können, so wird verständlich, dass man versuchen muss, die verschiedenen Elemente zu explizieren, die in dieser gesamten Situation eine Rolle spielen werden. Und da kann ich mir Rechenschaft darüber geben, wie weit sie mir zur Verfügung stehen und wie wahrscheinlich sie sich ändern werden. Dann komme ich natürlich zu einem sehr schlechten Schluss, wenn ich das in ein globales, einheitliches Urteil zusammenfassen will, wie etwa eine Aussage über Bestehen oder Nichtbestehen. Dann kommt man rein rechnerisch wahrscheinlich nicht auf Werte von über 5%. Wenn man schon nur von 5 oder 10 Faktoren ausgehen muss, dann erhält man ganz kleine Werte im Rahmen einer Wahrscheinlichkeitsrechnung.

H.H.Eckardt: Es ist sicher richtig, dass auf vielen Gebieten nur besonders stark oder besonders schwach ausgeprägte Merkmale oder Merkmalskombinationen eine Prognose erlauben. So ist die Situation der psychologischen Diagnostik nun einmal noch immer! Günstig ist aber andererseits, dass manche Anwendungsbereiche, etwa in der Berufsberatung, eine sehr aufgefächerte Fragestellung haben. Nehmen wir an, dass für einen Ratsuchenden mit einem bestimmten Schulabschluss 100 Berufsmöglichkeiten existieren. Wenn nun von diesen 100 Berufen beispielsweise 20 als ungeeignet für den Ratsuchenden bezeichnet werden können, dann ist das ja durchaus wertvoll und die Mühe von ein paar Stunden wert. Denn es bestünde ja die Gefahr, dass der Ratsuchende gerade auf einen der für ihn weniger empfehlenswerten Wege gerät. Auf psychologischem Gebiet Prognosen zu stellen, ist wirklich nicht besonders erfolgreich, dem stimme ich ohne weiteres zu, aber statistisch gesehen, über eine grössere Zahl von Klienten hinweg beobachtet, lohnt es den Aufwand eben doch.[3]

[3] Zu der letzten Aeusserung von Herrn Buchli ist zusätzlich folgendes zu sagen. Die Tatsache, dass bei den meisten Fragestellungen eine Vielzahl von Merkma-

T.Fuchs: Ich habe einen Gedanken noch zuwenig deutlich ausgedrückt. Ich meine, dass der andere Mensch, der zu uns kommt, sich sehr stark verändert, und dass es deshalb einfach nicht möglich ist, eine langfristige Prognose zu stellen, weil Motivation und Interessen unter Umständen nach zwei bis drei Jahren ganz anders gelagert sind.

H.H.Eckardt: Dieser Umstand ist einbezogen in die Beurteilung des prognostischen Erfolgs. Weil menschliches Verhalten relativ instabil ist, ist auch die Zuordnung zu Gruppen relativ schlecht. Jede Gruppe setzt sich aus solchen Personen zusammen, die gerade in einem Zustand getestet worden sind, und anderen, die in einem anderen Zustand getestet worden sind, und insgesamt ergibt sich damit ein relativ verwaschenes Bild. Wenn man einmal als Beispiel die Untersuchung von Angehörigen verschiedener Berufe nehmen will (Analoges würde für die herkömmliche Vorhersage des Erfolgs in einem Beruf gelten und auch für alle möglichen anderen Fragestellungen): In einer Stichprobe von Schlossern, die gerade ihre Berufsausbildung beendet haben, habe ich solche, die zum Zeitpunkt der Testung in einer bestimmten Entwicklungsphase waren, und andere, die in einer anderen waren, und für die Kaufleute, die ich in meiner Stichprobe habe, gilt das gleiche. Und das ist mit ein Grund dafür, warum sich beide Gruppen nach ihren psychologischen Merkmalen nur relativ undeutlich voneinander unterscheiden lassen. Aber ich verwende am neu zu mir kommenden Einzelfall ja nur das, was sich an typischen Merkmalskonstellationen trotz der Instabilität herausfiltern lässt. Das ist vielleicht wenig, aber es lohnt die Mühe eben doch, es erlaubt im Einzelfall einige Aussagen zu machen, trotz der unbestreitbaren

len berücksichtigt werden muss, ist nicht als weiteres Handicap für die psychologische Prognostik anzusehen, sondern im Gegenteil als Vorteil: Die einzelne Variable mag nur im Falle eines extremen Ausprägungsgrads beim Individuum eine halbwegs sichere Prognose erlauben (Beispiel: sehr niedriger IQ), bei mehreren Variablen ist dagegen schon eine Kombination von weniger extremen - und damit: weniger seltenen - Ausprägungsgraden bedeutsam (Beispiel: ziemlich niedriger IQ + ziemlich niedrige Lernmotivation). Unter anderem auf diese Weise wächst bei mehreren (brauchbaren) Variablen der Anteil der Fälle an, zu denen eine Aussage möglich ist.

Wandelbarkeit und Plastizität des Menschen. Diese Wandelbarkeit ist also bei einer entsprechenden Validierung und Effektivitätsüberprüfung schon mitberücksichtigt.

L.Bertsch: Ich bin trotzdem dankbar, dass Herr Fuchs gesagt hat, mit welchem Persönlichkeitsmodell er arbeitet. Dies ist nämlich sehr wichtig. Wenn Sie, Herr Eckardt, sagen, für einen Beruf, etwa Kaufmann, sei Negativauslese trotzdem möglich, dann gehen Sie anscheinend davon aus, dass der Beruf des Kaufmanns so bleibt, wie Sie ihn sich jetzt vorstellen. Aber wer gibt Ihnen die Berechtigung, auf Grund der heute getesteten Leute zu sagen, das ist jetzt der Kaufmann, diese Art Kaufmann wollen wir weiter behalten?

H.H.Eckardt: So ist der Kaufmann, nicht: so soll er sein. Das zu bestimmen, ist ja nicht unsere Aufgabe als Psychologen.

L.Bertsch: Wenn wir Prognosen machen, dann greifen wir wieder auf diesen Durchschnitt zurück, wie er sich heute darbietet!

B.Tautenhahn: Genau das scheint mir das Problem zu sein: einerseits, dass man dadurch das Berufsbild vom durchschnittlichen Kaufmann einfach zementiert, sodass es weiterhin so bleibt, andererseits, dass man dadurch dem Individuum möglicherweise nicht gerecht wird, weil es vielleicht nicht in dieses Bild des durchschnittlichen Kaufmanns passt, obschon es im Einzelfall dennoch ein guter Kaufmann werden könnte.

H.H.Eckardt: Nehmen wir den Fall, dass ein Ratsuchender zu hohe intellektuelle Fähigkeiten besitzt, als dass er dem Durchschnittsbild des Einzelhandelskaufmanns entsprechen würde. Wenn der Berater ihn mit dieser Aussage konfrontiert, dann wird er vielleicht sagen: Ich passe nicht so richtig zum Einzelhandelskaufmann, weil ich zu intelligent bin? Das sehe ich aber ganz anders, ich habe nämlich vor, ...

B.Tautenhahn: Wenn er das überhaupt sagen kann! Wenn man so differenziert sagen kann: "Sie sind zu intelligent verglichen mit dem durchschnittlichen Kaufmann", und nicht nur einfach eine Abweichung vom Durchschnittsbild feststellt, ohne den Grund für diese Abweichung zu kennen.

H.H.Eckardt: Zumindest bei uns gilt das Prinzip, dass wir bei allem, was wir an Aussagen liefern, es zusätzlich zu ermöglichen versuchen, dass dem Ratsuchenden eine Begründung gegeben werden kann; das gehört sozusagen zu unserer Philosophie. Und wenn man so vorgeht, dann kann sich der Ratsuchende nun doch entschliessen, den Beruf des Einzelhandelskaufmanns zu ergreifen. Er kann beispielsweise sagen: Das ist mir gerade recht, dass ich dort über dem Durchschnitt liege, vielleicht kann ich daraus etwas Besonderes machen ... Ich meine: Wenn man sich bemüht, dem Ratsuchenden Begründungen zu liefern, sind die vorgebrachten Einwände nicht berechtigt.

B.Tautenhahn: Aber eben, ich frage mich, ob man ihm das wirklich sagen kann.

H.H.Eckardt: Ja. Sie können es anhand der Testergebnisse. Sie können beispielsweise sagen: Die Einzelhandelskaufleute sehen eigentlich anders aus. Das liegt im einzelnen daran und daran. Nun müssen Sie es sich selbst überlegen, oder wir können zusammen überlegen, ob und wie Sie diese Erkenntnisse für Ihre Entscheidung nutzen wollen.[4]

[4] Einschränkend ist hierzu allerdings zu sagen, dass an den Arbeitsämtern der Bundesrepublik Deutschland auch eignungsdiagnostische Aufgabenstellungen zu bearbeiten sind, die nur am Rande beratungsbezogen sind, vielmehr in erster Linie Entscheidungen der Institution selbst dienen. Dazu gehören z.B. Entscheidungen über die Finanzierung der Teilnahme an einer beruflichen Umschulungsmassnahme.

F.Berger: Nun aber nochmals zurück zum Persönlichkeitsmodell und zur Unterscheidung von Prognose und Selbsteinsichts-Aktivierung. Die Frage von Herrn Fuchs beschäftigt mich auch, da ich in der akademischen Berufsberatung und in der Studentenberatung auf dem Gebiet der Prognose tätig bin. Hier werden wir ja häufig mit der Notwendigkeit konfrontiert, Aussagen zu machen, ob es sich für den Betreffenden lohnt oder noch einen Sinn hat, ein Examen zu wiederholen oder eine bestimmte Laufbahn einzuschlagen. Wenn wir uns nun da auf den Standpunkt von Herrn Eckardt stellen, dass man eine Prognose nur auf Grund harter, abgesicherter Daten stellen darf, dann müssten wir eigentlich wirklich den Job aufgeben. Dem Anspruch, einen Studienerfolg zu prognostizieren, könnten wir auf Grund der bisher zur Verfügung stehenden Messverfahren nicht genügen. Es kommen also weitere Variablen hinzu, die offensichtlich ebenfalls ausschlaggebend sind, für die es aber keine diagnostischen Instrumente gibt, zumindest nicht so streng validierte, geeichte und überprüfte. Ich frage mich darum: Ist es nicht eine falsche Annahme, wenn wir meinen, wir könnten zu einem bestimmten Zeitpunkt möglichst exakt konstante Persönlichkeitszüge messen und in die Zukunft extrapolieren oder auf weitere Leistungssituationen generalisieren? Ist es nicht so, dass es ganz wenige konstante Züge gibt, die aber immer eingebettet sind in konkrete Situationsbezüge, und ist es nicht so, dass diese konkreten Situationsbezüge letztlich ausschlaggebender sind als diese sogenannten Eigenschaften? Das ist zunächst ein Gesichtspunkt. Das hat Konsequenzen für unsere Arbeit und für die Anwendung der Diagnostik. Wenn wir auf diese weiteren Variablen abzielen, z.B. auf die Selbsteinschätzung - ein wesentlicher Faktor, der für den Studienerfolg verantwortlich zu sein scheint - oder das Kontaktverhalten, oder die Einstellung zur Institution, oder auf andere Variablen, wie weit können wir dann in einer konkreten Beratungssituation diese Variablen einschätzen und mit ihnen umgehen? Man kann es aufgeben und sagen: Ich mache überhaupt keine Diagnostik mehr: es bringt zu wenig.

Man kann sich auf den Standpunkt der Studie von Saterdag & Apenburg (1972) stellen und sagen: Intelligenz hat sich als irrelevant erwiesen für die Prognose des Studienerfolges. Das sind so Folgerungen, die man ziehen könnte. Ich bin diesbezüglich im Augenblick sehr unsicher.

Ich möchte aber noch auf einen zweiten Gesichtspunkt zurückkommen, den ganz am Anfang Herr Jecko erwähnt hat. Wir hatten gestern und vielleicht auch heute die Tendenz, Irrationales abzuwerten oder in den Bereich der Praxis oder der individuellen Verantwortung zu überweisen. Es ist aber nicht so, dass irrationale Prozesse oder irrationales Geschehen nicht untersucht und kontrolliert werden können, und es ist auch nicht so, dass sie gar keinen Einfluss hätten auf unsere Arbeit oder auf unsere Diagnostik. Ich glaube, wir haben über die emotionalen Elemente in der diagnostischen Situation noch zu wenig gesprochen. Hier scheint mir eine Richtung zu liegen, die man unbedingt verfolgen müsste.

H.H.Eckardt: Ich bin nicht der Meinung, dass man zur Beantwortung prognostischer Fragestellungen nur "harte" Daten verwenden dürfe, also nur Daten, die weitgehend objektiv erhebbar sind. Man sollte hier klar unterscheiden zwischen der Erhebung der Daten (durch Tests, durch Fragebogen, aber auch durch das diagnostische Gespräch etwa) und der Verarbeitung der Daten. Die kritische Frage ist die der Verarbeitung der Daten. Das ist der Punkt, der uns hauptsächlich beschäftigt: wann man die gewonnenen Daten frei kombinieren und interpretieren muss und wann man diesen Vorgang so weit wie möglich formalisieren kann.

F.Berger: Sie sagen: frei kombinieren. Wäre es nicht denkbar, dass man Regeln für diese Kombinatorik erstellen könnte, d.h. dass der diagnostische Entscheidungsprozess auch formalisiert werden könnte?

H.H.Eckardt: Genau das ist es, was ich meine! - Aber zur Frage der Situationsbestimmtheit des Verhaltens würde ich gern noch sagen: Wir sollten hier nicht von einem Extrem ins andere fallen. Früher hat man manchmal vielleicht die situativen Determinanten des Verhaltens unterbewertet, heute tut man oft das gleiche mit den personalen Determinanten. Was Verhalten bestimmt, ist ja doch nicht das eine oder das andere, sondern die Interaktion zwischen Person und Situation. Und da die zukünftigen Situationen im allgemeinen noch schwerer vorhersehbar sind als der zukünftige Status der Person, tun wir nicht falsch daran, wenn wir uns vor allem für diejenigen Merkmale der Person interessieren, von denen wir annehmen können, dass sie relativ stabil sind.

R.Buchli: Da müsste man ja sonst ein völliges Fehlen von Persönlichkeitskonstanten annehmen. Man kann natürlich nicht eine Persönlichkeitskonstante voraussetzen, die mit 12 und 13 Jahren da ist und einen sicheren Bestand hätte und behalten würde; das ist sicher nicht richtig. Aber man müsste wahrscheinlich doch von einer gewissen Kontinuität ausgehen, die man dann einschränken, präzisieren und bereichern müsste, um der Wirklichkeit gerecht zu werden.

F.Berger: "Gewisse" Konstanz oder "gewisse" Kontinuität sind ein sehr vager Begriff. Mir scheint genau da der Ansatzpunkt zu sein: welche Theorie nehmen wir als Ausgangspunkt? Welche Vorstellung haben wir von der Entwicklung der Persönlichkeit, von der Prägung und Determinierung des Verhaltens, wenn wir Diagnostik oder Prognostik betreiben? Angenommen, es gebe Verhaltensgewohnheiten, die das Leistungsverhalten oder das Verhalten an der Uni bestimmen. Sie sind irgend einmal im Sozialisationsprozess gelernt worden. Wenn es gelänge, diese "habits" zu fassen und im Verlauf einer Beratung zu beeinflussen, dann hätten wir effektiv Diagnostik betrieben, d.h. jene "Symptome" erfasst, die für das Verhalten, sei es im Studium, sei es in der beruflichen Tätigkeit, von Bedeutung sind. Aber wenn man ganz allgemein von Diagnostik spricht, dann meint der eine den Rorschachtest, der andere eine Arbeitsprobe oder einen Intelligenztest. Wir wissen nichts Präzises darüber, inwieweit die damit erfassten Faktoren effektiv das Leistungsverhalten beeinflussen. Wir haben zwar Vermutungen. Wir haben globale Korrelationen errechnet, ganz präzise, faktorenanalytisch saubere Instrumente ausgearbeitet; aber ob wir damit gerade die ausschlaggebenden Faktoren ermitteln, darüber wissen wir noch sehr wenig. Ich wäre vorsichtig, nur das ernst zu nehmen oder als gesichert zu betrachten, was zum jetzigen Zeitpunkt psychometrisch erfasst werden kann. Wenn ich so Diagnostik betreibe, habe ich eine statische, d.h. falsche Vorstellung von der Persönlicheit. Ich bin auf der andern Seite auch nicht der Ansicht, dass man allein nur situative Einflüsse als ausschlaggebend zu betrachten hätte. Ich denke an eine Interaktion von jetzt bestehenden Verhaltensmustern mit künftigen Situationen, die das Verhaltensmuster wieder beeinflussen.

R.Buchli: Das ist sicher richtig. Nur glaube ich, dass man nicht die Umkehrung machen und sagen kann, dass der situative Kontext durch einen Test nicht erfasst würde.

L.Bertsch: In diesem Zusammenhang frage ich mich, ob wir unsere Kräfte, anstatt sie in die Standardisierung und Normierung von Tests zu investieren, nicht besser darauf verwenden würden, eine relevante Verlaufspsychologie aufzubauen. Analog der kognitiven Dissonanztheorie könnte man aufzeigen, was sich aus einem gegebenen Ist-Zustand entwickeln kann oder, negativ ausgedrückt, was auf Grund eines gegebenen Ist-Zustandes nicht möglich ist. Anstatt uns auf die Standardisierung und Normierung zu konzentrieren, sollten wir vermehrt die von der jeweiligen Ausgangssituation x, bzw. x+1, x+2 usw. infrage kommende Entwicklung betrachten.

R.Buchli: Mir ist jetzt nicht sehr wohl, weil ich den Eindruck bekomme, dass der Begriff "standardisiertes Verfahren" mit Persönlichkeitstheorie gleichgesetzt wird. Einerseits versuchen wir, die Wirklichkeit theoretisch zu erfassen, andererseits haben wir Hilfsmittel. Ein gewissen statistischen Aspekten genügendes standardisiertes Verfahren ist nicht die Theorie selbst. Nur im Lichte theoretischer Standpunkte erfolgt das standardisierte Verfahren. Wenn wir nun das eine gegen das andere ausspielen, so führt das zu einer reinen Begriffsverwirrung.

L.Bertsch: Es geht nicht darum, das eine gegen das andere auszuspielen. Standardisierte Beobachtungen sollen uns helfen, Fehlprognosen zu vermeiden und Symptome ausfindig zu machen, die für eine Prognose entscheidungsrelevant sind. Indessen bin ich der Meinung, dass wir die Aufmerksamkeit weniger dem direkten Schluss vom Symptom, z.B. intelligent aber schlechte Arbeitshaltung, auf die Prognose, z.B. Universitätserfolg, richten sollten als vielmehr auf die kleinen Schritte, wie ein intelligenter Ratsuchender mit schlechter Arbeitshaltung zum erfolgreichen Universitätsabschluss kommt.

U.Pulver: Hier muss ich indessen an den Computer denken, der meines Wissens nur bis zu einem gewissen Grad Schach spielen kann, und dies aus dem Grund, weil schon nach wenigen Zügen eine allzu grosse Variationsbreite zu erwägender Möglichkeiten offen steht. Aehnlich könnte es uns ergehen, wenn wir in kleinen Schritten weiterdenken wollen. Gestützt auf diese Vorstellung muss man eigentlich staunen darüber, dass man überhaupt irgendwelche Prognosen stellen kann.

F.Berger: Diese Variationsmöglichkeiten sind indessen doch nicht so unbegrenzt. Beim menschlichen Verhalten ergeben sich innerhalb jedes kulturellen oder institutionellen Kontextes Einschränkungen.

R.Buchli: Die Aussage von Herrn Berger macht für mich einiges klarer: da es nur eine begrenzte Anzahl von Berufen gibt und da in diesen Berufen der einzelne unterkommen muss, vereinfacht sich die Situation ungemein. Diesen Aspekt haben wir bis anhin ausgelassen. Wir beschränkten uns ausschliesslich auf die Determination bezogen auf das Subjekt, und zwar unabhängig von den Forderungen, die von aussen her an dieses gestellt werden. Zum Beispiel wäre die Frage zu erörtern, welche möglichen Berufe tatsächlich bestehen und infrage kommen.

F.Berger: Gemäss der Aussage von Herrn Fuchs kann vereinfacht gesagt werden, dass die Kenntnis der institutionellen Bedingungen für den Schulpsychologen die Möglichkeit einer sinnvollen Prognose erhöht. Wenn man den Berufserfolg prognostizieren will, kommt man in den Bereich einer nahezu unendlichen Variabilität. Ich denke hier an die vielfältigen Arbeitsbereiche, in denen beispielsweise Juristen oder Soziologen einsetzbar sind. Da die späteren situativen Bedingungen nicht mehr überschaubar sind, wird die Prognosemöglichkeit stark eingeschränkt.

Sie kennen wohl die Persönlichkeitstheorie von Kurt Lewin. Er stellte sich die menschliche Person in einem gegliederten Feld situiert und auf bestimmte Zielregionen hin orientiert vor. Ist dem Klienten der Zugang zu einer Zielregion - beispielsweise Medizinstudium - durch eine Barriere versperrt, dann lautet die Frage nicht nur, welche Faktoren innerhalb der Personregion relevant sind, sondern man sollte auch wissen, wie die Barriere beschaffen ist und was auf der andern Seite der Barriere vorhanden ist.

Die zu Beginn der Beratung bestimmte Feldkonstellation verändert sich im Laufe der Zeitreihe, dann nämlich, wenn die personalen oder situativen Regionen umstrukturiert werden. Wenn dem Klienten infolge einer Barriere ein bestimmter Weg versperrt ist, muss er versuchen, über eine andere Region zu seiner angestrebten Zielregion zu kommen. Dabei scheint es mir vor allem denkbar, dass wir Voraussagen machen, wie der Uebergang vom jetzigen Zustand in den nächstfolgenden zustande kommt, im Vertrauen darauf, dass der Klient über genügend Elemente verfügt, um die beim zweiten Zustand anstehenden Probleme zu lösen. Demzufolge ginge es nicht so sehr darum, auf Grund des Ausgangspunktes A eine Prognose hinsichtlich des Endpunktes Z zu fällen, sondern bloss ausgehend vom einen situativen Zeitpunkt eine Prognose hinsichtlich des nächstfolgenden Zeitpunktes zu wagen.

U.Pulver: Irgendwie geht dies in eine Richtung, die mir sehr am Herzen liegt. Wahrscheinlich lässt sich ja jedes Verhalten, auch jeder Erfolg oder Misserfolg beispielsweise, auf eine ganze Reihe von Bedingungen zurückführen. Die Analyse dieser Bedingungen, der inneren wie der äusseren, ist eines unserer Hauptanliegen. Und zwar müssen wir einerseits jene Bedingungen erforschen, die erfüllt sein müssen, damit einer später einmal ein bestimmtes Ziel erreicht. Andererseits geht es im Moment darum, sein jetziges Verhalten zu erklären, d.h. die Bedingungen festzustellen, die zu ihm führen. Der Versuch, die im Moment gegebenen Bedingungen zu erfassen, kann uns dann helfen, wenigstens hypothetisch einige Aspekte der künftig zu erwartenden Bedingungsstruktur vorauszusehen. Auch Veränderungen, die wir für möglich halten und in Gang zu setzen wünschen, können und müssen wir dabei in Rechnung stellen.

Zur Analyse der gegenwärtigen Bedingungen tragen nun aber die Ergebnisse psychometrischer Tests nur spezifische Teilaspekte bei. Deshalb die Frage: werden wir mit der Beschränkung auf diese Methoden dem Individuum ganz gerecht, oder gibt es nicht auch andere Möglichkeiten, um - wenigstens annäherungsweise - etwas mehr über diese Bedingungen zu erfahren, über Bedingungen, die von der Umwelt her geliefert werden, z.B. Einkommen oder Einstellung der Eltern, aber auch Bedingungen vom Subjekt her, etwa die Motivation. Nun, eine derart umfassende Bedingungsanalyse kann man weder vollständig noch in jedem Punkt exakt durchführen. Es gibt Faktoren, die nur auf recht verschwommene Weise zutage gefördert werden können. Aber wir dürften es unseren Klienten schuldig sein, das Thema so breit als möglich anzugehen, damit er sich selber umfassende Gedanken über seine Zukunft machen kann. Dies scheint mir eine für uns Berater zentrale Aufgabe zu sein. Wenn wir uns beispielsweise darauf beschränken, auf Grund einer uns bekannten Korrelation zwischen Intelligenz und Studienerfolg dem Ratsuchenden die Wahrscheinlichkeit seines Durchkommens bekanntzugeben, dann haben wir ihm nur unvollständig geholfen, weil wir andere Aspekte weggelassen haben, die bereits heute, wenn auch in verschwommener Art, miterfasst und für die Zukunftserwägungen fruchtbar gemacht werden könnten. Das meine ich mit "Mannigfaltigkeit" und Flexibilität: dass wir bei Datensammlung, Interpretation und Zukunftserwägungen eine ganze Skala von Präzisions- und Verschwommenheitsgraden in Kauf nehmen sollen Wir sind dem Ratsuchenden gegenüber verpflichtet, uns nicht nur auf jene Aspekte zu beschränken, die exakte Aussagen ermöglichen, sondern alle uns zugänglichen Fakten mitzuberücksichtigen. Bekanntlich sind ja auch die sogenannten exakten Aussagen in ihrer Anwendung auf den Einzelfall durch einen recht grossen Unsicherheitsbereich ausgezeichnet. Man muss mit unexakten Befunden aus dem einen Grunde sehr vorsichtig umgehen, mit exakten aus einem anderen - wenn man aber die Bedingungsstruktur von beiden Seiten her zu erfassen versucht, so hat man doch vielleicht die beste Grundlage, um mit dem Ratsuchenden konstruktiv über dessen Zukunft zu reden.

R.Buchli: Mir fällt ein Aphorismus von Wittgenstein ein:"Ist es unexakt, wenn ich den Abstand der Sonne von uns nicht auf 1 m genau angebe ..." und wo er auch sagt, es gebe nicht ein Genauigkeitsideal. Man darf nicht mit einem falschen Exaktheitsideal die Erfassung eines Gegenstandsbereichs verhindern.

H.H.Eckardt: Die Bedingungsanalyse ist im Grunde seit jeher das Vorgehen, das kennzeichnend für den gründlich arbeitenden, am Einzelfall tätigen Psychologen ist. Aber auch hier wieder: Was dieses Vorgehen bringt, muss empirisch geklärt werden. Wir sollten auch daraus keine Weltanschauung machen, sondern eine wissenschaftliche Frage mit praktischen Konsequenzen: Was funktioniert besser? Und zwar: Was funktioniert besser im statistischen Mittel? Denn darauf allein kommt es an. - Angenommen, im statistischen Mittel hätte sich ein Verfahren, das auf Bedingungsanalyse verzichtet, als günstiger erwiesen. Wenn es nun so wäre, dass man einen bestimmten Einzelfall mit dem Verfahren der Bedingungsanalyse richtiger beurteilen würde, dann würden logischerweise dafür bei Anwendung des gleichen Verfahrens mehrere andere Fälle schlechter beurteilt werden (sonst hätte es nicht zu dem schlechteren Durchschnittsergebnis kommen können). Ich würde also - immer vorausgesetzt, diese Frage sei schon empirisch abgeklärt - das Vorgehen wählen, bei dem ich nur einen

Probanden falsch beurteile. - Auf den ersten Blick scheint diese Denkweise einer auf das Einzelindividuum gerichteten Grundhaltung praktisch-psychologischer Tätigkeit zu widersprechen; in Wirklichkeit tut sie es nicht.

U.Pulver: Da bin ich nur sehr bedingt einverstanden. Lassen Sie mich kurz auf die Frage zurückkommen, die Herr Nussbaumer zu Beginn gestellt hat, jene hinsichtlich Itemanalyse. Nehmen wir an - um das Beispiel extrem zu vereinfachen - wir hätten einen Fragebogen über Aggressivität, bestehend aus vier Items, und wir hätten vier Leute, die zwar je zwei Items in Richtung Aggressivität beantworten, aber in je anderer Kombination. Alle vier weisen somit, statistisch gesehen, das gleiche Mass an Aggressivität auf. Wenn wir nun aber die Fragebogen einzeln ansehen, erhalten wir vier verschiedene Bilder individueller Aggressionsmuster, und es wäre nicht möglich, das Bild des einen unbesehen auf den anderen zu übertragen. Das heisst: einerseits müssen wir den Rahmen der Gruppe beiziehen, andererseits müssen wir das klinische Vorgehen mitberücksichtigen, wenn wir mit diesem Rahmen etwas anfangen wollen.[5]

F.Berger: Da verlassen wir den Boden der psychometrischen Tests und der abgestützten Persönlichkeitsfragebogen, die eine Skala bezüglich Aggressivität enthalten. Der Test sagt ja nur, dass - wenn eine bestimmte Anzahl von Items in einer bestimmten Richtung beantwortet sind - man behaupten kann, dass die Ausprägung von

[5] Geht es darum, serienweise auf die gleiche Frage (z.B.: Examenserfolg - ja oder nein?) Auskunft zu geben, und liegt für das Gesamtmass eine statistische Validierung vor, so treffen die Ueberlegungen Herrn Eckardts zu. Darauf beschränkt sich aber eine Beratung praktisch nie, selbst dann nicht, wenn eingangs nur eine einzige Frage gestellt wurde. Man bespricht mit dem Klienten nicht einfach bloss die Erreichbarkeit seines Zieles, sondern auch Vor- und Nachteile ihm persönlich offenstehender alternativer Wege dazu, allenfalls zwecks Chancenverbesserung zu ergreifende Zusatzmassnahmen, sinnvolle Reaktionen auf verschiedene in seinem Falle mögliche situative Konstellationen usw. Bei einer solchen Besprechung helfen einem Gesamtmasszahlen allein wenig. Man muss sich dann zusätzlich auf jenes individuelle Bild stützen können, das man - z.B. durch Berücksichtigung einzelner Items - mit dem Ratsuchenden zusammen erarbeitet hat.

diesem Individuum auf der Skala Aggressivität ungefähr so und so ist, im erwähnten Fall z.B. einen mittleren Grad aufweist. Ueber die unterschiedlichen Antworten hingegen sagt der Test nichts aus, auch nicht über Korrelationen zwischen dieser Kombination von Antworten und dem tatsächlichen Verhalten in einer bestimmten Situation. Da sind wir auf dem Boden der Vermutungen. Wenn man wirklich ein Konzept von Aggressivität aufrechterhalten will, kann man diese Aggressivität nicht messen, indem man einfach die eine oder andere Frage stellt, wie früher Intelligenzmessungen in psychiatrischen Kliniken vorgenommen worden sind, mit Fragen wie: welches Datum ist heute? wie spät ist es? Hingegen ist es möglich, dass durch eine Häufung von Antworten, die gleichsinnig lauten, Aussagen über die Dimension Aggressivität getroffen werden können.

U.Pulver: Das würde allerdings voraussetzen, dass die Aggressivität re vera eine Einheit ist. Meiner Meinung nach ist Aggressivität, die mit derartigen Mitteln festgestellt wird, eine blosse Abstraktion. Jeder Mensch hat eine andere Form und Bedingungsstruktur der Aggressivität, und wenn wir bloss seine Masszahl auf einer Linie feststellen, so haben wir zwar eine wesentliche interindividuelle Vergleichsbasis gewonnen, aber die individuelle Bedingungsstruktur, die im konkreten Fall wirksam ist, haben wir nicht erfasst.

R.Buchli: Man könnte das jeweilige Vorgehen ja auch von der Frage abhängig machen, die in der Beratung beantwortet werden muss. Mir scheint, dass es hier relativ eindeutige Situationen gibt: wenn zum Beispiel der Mittelschulerfolg eines Studenten zur Diskussion steht, so geht es eindeutig um einen gruppenspezifischen Erfolg -, und da würde ich mich dagegen sträuben, die Erfolgschancen abzuklären, ohne mich auf Erfassungsmittel abzustützen, die immerhin den gruppenspezifischen Zusammenhang - wenn auch in schwachem Masse - anzeigen. Nun gibt es aber auch andere Fragen, bei denen ein anderes klinisches Vorgehen naheliegend sein dürfte: z.B. beim Bewältigen von Problemen oder Konflikten zwischen Schülern und Lehrern.

F.Berger: Der Glaube, mit der Diagnostik wäre alles zu lösen, oder es sei das Ziel der Beratung, mit dieser möglichst weit zu gehen, sollte endlich begraben werden.

Anwendungsfall: Psychologische Diagnostik im Dienste der Schule

H.Nussbaumer: Ich möchte nochmals auf das Votum von Herrn Fuchs zurückkommen, bei dem ich herauszuhören glaubte, dass Sie sich sozusagen leisten können, von eigentlichen Prognosen abzusehen.

T.Fuchs: Wohl kann ich mir, auf Grund der durchgeführten Diagnostik, eine Aussage hinsichtlich der nächstfolgenden Initialphase erlauben. Aber was die Methode der Beratung betrifft, bin ich der Ansicht, dass Beratung ein Prozess sein sollte, genau wie Person und Umwelt prozesshafte Veränderungen durchmachen. So lasse ich z.B. den Ratsuchenden über zwei Jahre hinweg monatlich vorbeikommen. Wenn ich nun akademischer Berufsberater wäre, würde ich folgende Konsequenz ziehen: ich würde die Ratsuchenden in Zwölfergruppen zusammenfassen und sie jeden Monat einmal, zwei Jahre lang, zu einer doppelstündigen Sitzung kommen lassen.

H.Nussbaumer: Wahrscheinlich müssten Sie als erstes, falls Sie an einer akademischen Berufsberatungsstelle tätig wären, eine Institutionsreform in die Wege leiten ...

F.Berger: Mir scheint, dass aus dem Konzept von Herrn Fuchs eine Konsequenz zu ziehen möglich ist, ohne gleichzeitig schon an eine Institutionsreform zu denken. Ich möchte auf ein altes Hobby zurückkommen, auf die sogenannten Gruppengespräche mit Maturanden, die in regelmässigen Abständen durchgeführt werden, und wo weniger über spezifische Fähigkeiten und Erfolgschancen des einzelnen diskutiert wird als vielmehr über die gemeinsame Situation und über die Möglichkeit, die Entscheidungsunsicherheit zu überwinden. Letzteres ist ja nicht eine Frage der Intelligenzeinschätzung, sondern beinhaltet einen prozesshaften Aspekt.

H.Nussbaumer: Gut. Aber in so und so vielen Fällen wird von mir verlangt, dass ich innerhalb einer eng begrenzten Zeit - z.B. dreier Wochen - einem Ratsuchenden bei einem Entscheid behilflich sein muss, der auf Jahre hinaus Gültigkeit haben kann und der auch Eltern und Lehrern mitgeteilt werden muss. Zum Beispiel: Soll der Klient eine Lehre anfangen, im Gymnasium weiterfahren, die Schule wechseln? In all diesen Fällen kann ich mich nicht von der prognostischen Funktion distanzieren. Da kann ich nicht sagen, dass wir zunächst dem Klienten zur notwendigen Entscheidungsautonomie verhelfen sollten. Entscheidungsfähig zu werden braucht meist sehr viel Zeit; ich hingegen sollte als Berater im Zeitraum von drei bis vier Wochen wissen, ob der Ratsuchende z.B. in einer bestimmten Schule weiterfahren soll oder nicht.

T.Fuchs: Das muss ich ja auch machen. Ich gehe aber einfach von einer Bandbreite von Minimalbedingungen aus, die für den Besuch des Gymnasiums unabdingbare Voraussetzung ist. Wenn der Ratsuchende diese Bandbreite von Minimalbedingungen nicht erfüllt, kommt ein Entscheid beispielsweise in Richtung Gymnasium eben nicht in Frage. Wenn er sie hingegen erfüllt, ist das Feld offen, und man kann sich den Fragen der Motivation und der Bedürfnisse zuwenden. Dabei muss man einer grossen Variabilität von Möglichkeiten Rechnung tragen. Natürlich gibt es Charaktere, die sich nur langsam verändern, und der einzelne Ratsuchende ist natürlich nicht von Stunde zu Stunde verschieden. Aber da das Feld von Möglichkeiten offen bleibt, sollte die Beratung als Prozess verstanden werden, der sich begleitend zu vollziehen hat. Ich denke hier etwa an einen 16jährigen Buben, der seit einem Jahr eine orale Regression durchmacht, und jetzt ist dieser regressive Prozess so stark, dass er Koch werden möchte. Demzufolge überlege ich mir folgendes: die Bedürfnisse, die der Klient verspürt, sind orale Bedürfnisse. Nach einem Jahr wird der Betreffende vielleicht ein Mädchen kennenlernen, wodurch sich dann seine Bedürfnisstruktur ändern wird. Dann könnte der Fall eintreffen, dass auch der Berufswunsch, Koch zu werden, den Anreiz verliert, und dass der Bursche eventuell die Lehre abbricht ...

Also, abschliessend gesagt, ich muss auch für die Schule entscheiden; aber wenn die Minimalbedingungen erfüllt sind, befinde ich mich vor einem absolut offenen Feld, und dann betrachte ich eine begleitende Beratung für angebracht.

H.Nussbaumer: Hier kommt mir der nicht seltene Fall in den Sinn, da Lehrer uns Schüler schicken, damit wir abklären, wie weit die Minimalanforderungen erfüllt sind. Hier mag es vorkommen, dass ich zu einem positiven Urteil gelange und den betreffenden Schüler weiterhin für den Besuch des Gymnasiums zu motivieren versuche, obwohl die Lehrer eher der Ansicht sind, dass er sich nicht fürs Gymnasium eigne. Dann entgegnen die Lehrer oft mit den Worten: was habt Ihr denn für Tests, wenn Ihr in Eurem Urteil zu einem derartigen Schluss kommt, der unserer Lehrerbeurteilung so gar nicht entspricht.

F.Berger: Das ist geradezu der Beweis, dass die Diagnostik in der Krise ist, wenn man sich gezwungen sieht, so vorzugehen. Dann übersehen wir, dass das konkrete Verhalten eines Schülers in der Schule nicht nur von einem Minimalscore im Intelligenztest abhängt, sondern von weiteren Variablen, die man sich bemühen sollte, präzis zu erfassen, um darüber Aussagen machen zu können. Eine Verhaltensanalyse, wie sie in der Verhaltenstherapie üblich ist, wäre notwendig. Wodurch wird das Verhalten bei der Arbeit, in der Schule, gegenüber Eltern, Lehrern usw. bedingt? Man kann versuchen, Einflussgrössen präziser zu erfassen, die sich auf das Leistungsverhalten störend oder fördernd auswirken. Anzustreben ist Verhaltensdiagnostik, wie wir sie bis anhin mittels der Tests nicht durchgeführt haben. Es müssten präzise Regeln erarbeitet werden, wie eine solche Verhaltensanalyse vorzunehmen ist.

Ein anderer Ansatzpunkt wäre der, dass ich psychometrisch die verschiedenen Einflussgrössen zu erfassen versuche, die im Spiel sind. Dann stellt sich mit Bestimmtheit heraus, dass hier nicht nur Intelligenz ausschlaggebend ist. Es gibt weitere Anhaltspunkte, die psychometrisch zu erfassen sind, beispielsweise Arbeitsverhalten, Selbsteinschätzung, Leistungsmotivation, Testangst usw. Man kann den Versuch machen, diese Korrelationen psychometrisch zu ermitteln und eine Regressionsgleichung aufzustellen. Das Kriterium, ob ein Klient erfolgreich sein wird, hängt ab vom Gewicht, das der Variablen A (z.B. Intelligenz) zukommt plus dem Gewicht, das der Variablen B zukommt plus etc.... Man kann zu einem Wahrscheinlichkeitswert kommen, mit dem dieses Individuum in dieser Schule oder Institution Erfolg haben wird. Es ist im Prinzip möglich, die Variablen so präzis zu erfassen, dass sie als zuverlässige Aussage gelten können, und eine Regressionsgleichung aufzustellen, welche den Wahrscheinlichkeitswert eines Individuums bestimmt, in einer Institution Erfolg zu haben. Herr Buchli hat darauf hingewiesen, dass die Unschärfe durch die Kombination der Variablen so gross wird, dass der Kriteriumswert eine sehr breite Bandbreite hat. Aber diese Leistungsdiagnostik ginge doch weiter, als wenn dem Lehrer bloss das Niveau einer Variablen, nämlich Intelligenz, mitgeteilt würde.

<u>U.Pulver</u>: Dazu allerdings eine Frage. Es gibt unzählige Bedingungen, die Leistung und Erfolg beeinflussen können. Bei sehr vielen von ihnen ist aber im Normalfall nur eine minimale Ausprägung da, so klein, dass sie in der Rechnung praktisch nicht zum Zuge kommt. Es lohnt sich also gar nicht, sie in allen Fällen zu bestimmen. Nehmen wir das Beispiel jenes Schülers, dessen Vater kurz zuvor gestorben ist. Ein solcher Umstand ist ein wesentlicher Faktor, der in die Gleichung aufgenommen werden müsste. In den meisten Fällen ist seine Grösse aber 0; wo die Bedingung jedoch zutrifft, da hat sie entscheidendes Gewicht. Für eine kaum übersehbare Zahl möglicher Einflussgrössen gälte nun das gleiche; nur ist es beim einen Fall diese, beim andern jene, die überraschend auftritt und für das Gesamtresultat ausschlaggebend wird. Da habe ich nun den Eindruck, dass diese ganze Fülle mit exakten Methoden nicht mehr zu bewältigen ist. Beim klinischen Vorgehen dagegen erfasst man unter Umständen solche Faktoren viel rationeller - ein Grund mehr, nicht bloss statistisch vorzugehen.

F.Berger: Ich plädiere natürlich für ein kombiniertes Vorgehen. Ich möchte beifügen, dass ein derart multiples Vorgehen das Umfassendste ist, was meines Wissens vom psychometrischen Standpunkt aus möglich ist, wobei ich mir voll bewusst bin, dass dies nicht ausreicht. Man kann wahrscheinlich nur empirisch beantworten, welche Einflussgrössen für das Kriterium oder für den Schulerfolg ausschlaggebend sind, und man kann rechnerisch ermitteln, wie hoch diese multiple Korrelation ist. Ich habe in meiner Arbeit über Schulversagen bei Gymnasiasten auf der Oberstufe eine solche Regressionsgleichung aufgestellt (Berger, 1974). Es sind darin 12 gewichtige Variablen enthalten. Die multiple Korrelation beträgt .54, mit aller Unschärfe, die in der Datenerhebung oder in der Stichprobe enthalten ist. Ein Ansatzpunkt also; er könnte nun vielfach repliziert werden, um abzuklären: ist das ein realistischer Wert, sind das die ausschlaggebenden Variablen, oder sind eventuell die Variablen nur an den Schulen, die ich gerade untersucht habe, relevant? Aber da kann man entgegnen, dass wir mit einer multiplen Korrelation von .54 nur einen Erklärungsprozentsatz von 30% haben; wo sind also die 70%, die immer noch miteinfliessen? Immerhin lässt sich sagen, dass 30% mehr bedeuten als bloss 5 oder 12%.

H.H.Eckardt: Zum Einwand von Herrn Pulver möchte ich folgendes sagen: Es gibt solche Variablen, die nur sehr selten Bedeutung besitzen, weil sie entweder selten einen von Null abweichenden Wert aufweisen (das Beispiel von Herrn Pulver war der kürzlich erfolgte Tod des Vaters) oder weil sie für die gegebene Fragestellung (z.B. Berufswahl) selten relevant sind (hier könnte man als Beispiel etwa das Merkmal "Schwindelfreiheit" anführen, das nur für einige wenige Berufe eine Rolle spielt). Derartige Variablen würden in der Tat in einer Gleichung ganz niedrige Gewichte erhalten und sozusagen "untergehen". Deshalb dürfen sie in einem formalisierten Interpretationsverfahren nicht in Gleichungen eingehen, sondern müssen in Form von Alternativschritten berücksichtigt werden. Der Anwendung der Gleichung wäre dann (ich bleibe bei dem bisherigen Beispiel, obgleich es an dieser Stelle nicht mehr ganz glücklich ist) vorzuschalten "Ist ein naher Angehöriger in den letzten 4 Wochen gestorben?" Eine solche Variable würde dann als Moderatorvariable verwendet werden. - Es gibt also Mittel und Wege, um auch "selten vorkommende Merkmale" in ein formalisiertes System einzubeziehen, wobei allerdings noch anzufügen ist, dass hier oft zunächst - eben wegen der Seltenheit des Merkmals - von einem strikt empirischen Vorgehen ab- und auf psychologische Plausibilität hin ausgewichen werden muss.

H.Nussbaumer: Bei der Antwort Herrn Bergers auf meinen Hinweis handelt es sich, wie ich glaube, um ein Missverständnis. Die Lehrer haben eben ihre eigenen Vorstellungen hinsichtlich der Tests. Ich würde einem Schüler nicht einfach deshalb das Weiterfahren am Gymnasium nahelegen, weil sein IQ in den Bereich der Bandbreite zu liegen kommt. Natürlich versuche ich auch, die andern Faktoren mitzuberücksichtigen; aber es ist nicht gut möglich, den Lehrern alle Aspekte mitzuteilen, die im Laufe der Testuntersuchung oder des Beratungsgespräches zum Vorschein gekommen sind.

R.Buchli: Aber es scheint mir insofern kein Missverständnis vorzuliegen, als Herr Berger darauf hinweist, dass man hier vernachlässigt hat, gewisse eminent wichtige Bereiche zu erheben...

F.Berger: Die sich übrigens auch präzis fassen lassen und nicht einfach in den Bereich klinischer Intuition zu verweisen sind. Ich wehre mich dagegen, dass man alles andere nicht sollte erfassen können und der freien Beurteilung durch den Berater überlassen müsste.

H.H.Eckardt: Deshalb halte ich es auch für missverständlich, wenn man in dem Sinne, in dem es vorhin geschehen ist, von "Minimalforderungen" spricht in Bezug auf testmässig messbare Fähigkeiten. In der Diskussion dieser Themen entsteht immer sehr leicht die Gefahr, dass der Gesamtbereich der Tests auf Intelligenztests zusammenschrumpft, die dann zur Zielscheibe der Kritik gemacht werden.

R.Buchli: Ein wertvoller Aspekt ist dabei allerdings klar geworden, ein Aspekt übrigens, der für die Praxis sehr relevant ist: die Erwartung der Lehrer. Ich habe diese Fälle in Solothurn auch gehabt, wo Lehrer z.B. der Ansicht sind:"Eine seriöse Abklärung hat über Tests zu erfolgen." Wobei dieser Aspekt jetzt allerdings nicht im Fokus unserer Diskussion steht.

U.Pulver: Höchstens könnte man hier noch beifügen, dass es oft gegenseitige Missverständnisse zwischen Lehrern und Beratern gibt. Viele Lehrer haben das Gefühl, sie hätten den Schüler als Ganzes zu beurteilen und der Berater sei bloss ein Experte, der beigezogen wird, um eine Frage, nämlich die der Intelligenz, abzuklären. Wir Berater aber verstehen uns anders. Wir sind meist der Ansicht, wir unsererseits hätten bei der Erfassung des Klienten das Ganze im Auge, während die Lehrer nur eine Seite des Ratsuchenden, nämlich sein Leistungsverhalten in der Schule, zu beurteilen vermöchten. Es sind hin und wieder andere Rollenvorstellungen, die wir haben...

F.Berger: Da möchte ich aber doch noch eine Warnung aussprechen, die ich von Heckhausen gehört habe, und die mir sehr eingeleuchtet hat: Wir dürfen uns nicht zwingen lassen, eine Funktion zu übernehmen, die traditionellerweise und vernünftigerweise der Schule zuzuordnen ist, nämlich Schüler zu einer Entwicklung zu bringen, bestimmte Bildungsziele zu erreichen und bei Schwierigkeiten entsprechende Massnahmen zu treffen, damit das Lernziel erreicht werden kann. Wenn die Tendenz besteht, wie dies in den 60iger Jahren der Fall gewesen ist und zum Teil jetzt noch der Fall ist, dass für alle Arten von Störungen und Problemen spezialisierte Experten beigezogen werden, die den Lehrern dann praktisch zu sagen haben, welche Schüler in Frage kommen und welche nicht, dann laufen wir Gefahr, dass wir eine Funktion übernehmen, die eigentlich den Lehrern zusteht. Der pädagogische Raum würde dadurch entleert. Wir weigern uns in Basel strikte, solche Abklärungen durchzuführen. Wir können dies, weil es einen Schulpsychologischen Dienst gibt, der dies macht.

H.Nussbaumer: Das scheint mir indessen ein fauler Trick, weil dann einfach die andern den schwarzen Peter zugespielt bekommen.

F.Berger: Es ist kein fauler Trick, denn wenn ich am Schulpsychologischen Dienst wäre, würde ich mich wahrscheinlich auch weigern. Oder ich würde es machen wie Herr Fuchs, der nicht mehr auf dem Schulpsychologischen Dienst arbeitet, weil er es nicht mehr verantworten kann, in einer vierstündigen Abklärung das zu machen, was der Lehrer in zwei Jahren nicht geschafft hat.

H.Nussbaumer: Einverstanden, aber dann kommt der Lehrer, der auf Grund der Zeugnisnoten allein beurteilt, dass der betreffende Schüler aus der Schule austreten muss... und die begonnene Laufbahn ist dahin. Das ist die andere Variante.

R.Buchli: Das ist schon eine Position, die einigermassen dem Alles-oder-nichts-Prinzip verhaftet ist.

F.Berger: Ich muss vielleicht noch etwas spezifizieren. Es ist ein Unterschied, ob uns ein Lehrer oder Rektor einen Schüler schickt zum Zeitpunkt der Lehrerkonferenz und innerhalb von 2-3 Tagen einen Bericht möchte, oder ob ein Schüler, der Schwierigkeiten hat, zu uns kommt. In diesem Falle haben die Schüler nämlich eine Möglichkeit - das wissen sie, und wir möchten auch propagieren, dass sie es wissen - bei uns eine seriöse Abklärung zu erhalten, eventuell auch eine länger dauernde Betreuung. Wir möchten eben das, was Herr Lang gestern betont hat, wahren, eine autonome Beratungsstelle, zu der der Schüler Vertrauen gewinnen kann und bei der uns die Möglichkeiten gegeben sind, persönlicher zu beraten, als wenn es unter dem institutionellen Druck geschähe.

R.Buchli: Nicht wahr, ich sehe da bei diesem Problem keine andere

Möglichkeit, als bei den Schulen diese Anschauung einfach einmal durchzusetzen.

F.Berger: Ich glaube eben, es lässt sich eine Möglichkeit finden, uns nicht von Schulseite her unter Druck setzen zu lassen, Tests durchführen zu müssen, die wir dann widerwillig machen, oder mit einem unguten Gefühl, dass das eigentlich unseriös sei. Da dürfen wir uns einfach nicht drängen lassen. Der Zugang zu den Bildungsinstitutionen ist ein gesellschaftliches Problem, bei dem mitzumixen wir unreflektiert in Gefahr stehen. Wir müssen zwar "mitmixen", aber nicht auf diese Tour. Wir dürfen nicht einfach Dienstleistungsbetrieb sein für eine Schule.

H.Weidmann: Man könnte vielleicht ein Fazit aus der Diskussion von heute morgen zu ziehen versuchen. Ich möchte meinen Eindruck folgendermassen wiedergeben: wir sind an eine Stelle gelangt, an der klar wird, dass wir die Beratung und damit die Diagnostik von einem bisher punktuellen zu einem neuen sequentiellen Vorgehen umgestalten möchten oder sollten. Das wäre da besonders wichtig, wo sich die diagnostischen Probleme in der grössten Schärfe stellen: nämlich bei Mittelschülern (weniger bei Maturanden). Und gerade da können wir dies noch nicht realisieren, weil die Schule noch weit davon entfernt ist, sich auf ein sequentielles Vorgehen einzustellen. Die Frage ist nun: sind wir in der richtigen Position, um den entsprechenden Einfluss auf die Schule auszuüben? Wir können ja nicht einfach für uns, l'art pour l'art, das Beratungssystem umgestalten, während das Bildungssystem in seiner alten Form weiterbestehen bliebe. Das muss irgendwie Hand in Hand vor sich gehen. Aber ich persönlich sehe noch nicht, wie dieses Zusammenwirken erreicht werden könnte.

16. Verantwortbarer Einsatz der Psychodiagnostik. Arbeitsgruppe

Beratung und Selektion - unvereinbarer Gegensatz oder sinnvolle Ergänzung?

F.W.Schmid: Es geht um die Fortsetzung der Diskussion von gestern abend, doch die Idee wäre nun, das Problem mehr von der Praxis her anzupacken, ausgehend von den persönlichen Erfahrungen der Teilnehmer.

B.Biberstein: Möchte jemand von Ihnen eine These oder einen Aspekt aus dem Themenbereich von gestern abend aufnehmen, von dem wir ausgehen könnten?

P.Landolf: Oder könnten wir Fragen, bzw. offene Anliegen sammeln rund um den Tisch?

O.Maier: Was ich sagen werde, gehört nicht unbedingt hierher, doch ist es mein Anliegen. Ich spreche dabei nicht für die akademische Berufsberatung, sondern eher für die Erziehungsberatung, doch sind das ja zwei Institutionen, die man unter dem Aspekt der Beratung zusammenfassen kann. Es geht um die Frage, was tun, wenn die staatlichen Organe eine starke Einmischungspolitik betreiben, indem sie z.B. Pflichtpensen verlangen oder im Themenbereich Selektion und Beratung Vorschriften machen. Was tun, wenn fast keine Beratung mehr möglich ist, weil nur noch Selektion gemacht werden muss - was ja für die akademische Berufsberatung insofern aktuell ist, als Selektionsforderungen verstärkt an sie herangetragen werden. Wie kann man sich dagegen wehren? Ich persönlich habe erlebt, dass man sagte: "Wir bezahlen, wir befehlen! Wenn es Ihnen nicht passt, können Sie anderswohin gehen!" Es scheint mir da stark das gesellschaftspolitische Moment mitzuspielen, dass ein akademischer Berufsberater oder ein Erziehungsberater den verantwortlichen Organen klar machen sollte, was der tiefere Sinn dieser Einrichtungen ist. Dieser liegt, wie wir gestern gesehen haben, weniger bei der Selektion als bei der Beratung, die ja in hohem Mass eine frei verantwortliche Tätigkeit sein muss. Dieses Problem beschäftigt mich, vielleicht ist es aber zu wenig spezifisch für Ihre Interessen.

B.Biberstein: Man kann kaum sagen, das Thema sei zu wenig spezifisch für uns, wurde es doch in der AGAB - und es sind vor allem AGAB-Mitglieder anwesend - während der letzten zwei Jahre schon als ein zentrales Thema ausführlich diskutiert. Möchte jemand Herrn Maier antworten?

H.-P.Schaub: Ich möchte hier eine Frage anschliessen. Gestern wurde von Herrn Eckardt die Frage nach der Effizienz der psychodiagnostischen Methoden gestellt. In Deutschland scheint es so zu sein, dass Beratung vor allem effizient sein muss, d.h. dass ein Nutzen für die Gesellschaft klar ersichtlich sein muss. Und da die Frage: Wie gross ist der Druck von aussen und wer bestimmt, was effizient ist?

O.Maier: Könnte jemand von Ihnen uns zusammenfassend kurz berichten, zu welchen Ergebnissen die AGAB in ihren Diskussionen gekommen ist?

B.Biberstein: Darf ich Dir das Wort geben, Peter Landolf, Du hast die Diskussion z.T. geleitet.

P.Landolf: Die AGAB hat sich auf ihre eigentliche Aufgabe besonnen und entschieden, dass sie sämtliche Ansprüche in Richtung Selektion und Lenkung als nicht vereinbar mit ihrer Beratungsaufgabe qualifizieren und deshalb ablehnen muss. Dieser Standpunkt wurde in der Presse veröffentlicht. Auch im schon mehrfach erwähnten Bericht "Die Beratung der Mittelschüler und

Studierenden im Rahmen der Beratungsdienste im schweizerischen Erziehungs- und Ausbildungswesen" ist er festgehalten. Auch gegenüber der Hochschulkonferenz ist er zum Ausdruck gebracht worden, was zum Teil nicht ganz verstanden worden ist: "Wir seien Spielverderber, wir könnten doch nicht einfach kneifen!" Das Problem ist nicht ganz einfach: wir haben einen öffentlichen Auftrag und sind deshalb nicht völlig frei, mindestens diejenigen von uns nicht, die beamtet sind. Können wir da einfach sagen, wir machen nicht mit? Die "grosse Schlacht" ist noch nicht geschlagen, aber die Fronten sind bezogen. Ich glaube jedoch nicht, dass man uns zwingen wird, direkt Selektion zu betreiben. Ich sehe eher die Gefahr, dass indirekt schon selektioniert wird, indem man Informationen unkritisch weitergibt - genau wie die Mittelschulen schon indirekt Selektion betreiben, wenn sie den Maturanden z.B. abraten von Studienfächern wie Psychologie, Biologie und Medizin.

S.Spörli: Eine Anschlussfrage: Hat die AGAB eine Meinung darüber, wer denn solche Selektions- und Entscheidungsprozesse überhaupt in der Hand haben sollte? Es ist doch nicht getan damit, wenn wir sagen, wir tun so etwas nicht. Man müsste dann eine gesellschaftspolitische Vorstellung haben, wie denn diese Entscheidungsprozesse sonst ablaufen sollten, denn sie laufen ja in jedem Falle ab.

P.Landolf: Zwei Dinge fallen mir dazu ein: Zum ersten ein Alternativmodell zur Selektion überhaupt. Dieses bestünde aus einer noch viel besseren Information und Beratung und führte dazu, dass sich die Entscheidungsprozesse gewissermassen selber steuerten, indem all die Mechanismen genügend transparent wären und das Individuum möglichst angesichts sämtlicher relevanter Tatsachen entscheiden könnte. Aber auch so würden nicht alle Probleme gelöst, weshalb es zusätzlich gleichwohl einer Instanz bedürfte, die steuert. Die AGAB hat sich dazu noch nicht weiter geäussert, als dass eine allfällige Selektion ausserhalb der eigentlichen Beratung geschehen muss, dass man Selektion und Beratung nicht vermischen darf. Doch wer selegieren soll, ist noch unklar. Ob der Berater z.B. ausserhalb seiner Beratertätigkeit in einer Kommission als Experte mitwirken könnte, ist noch offen.

B.Biberstein: Wir haben jedenfalls festgehalten, dass wir nicht prinzipiell gegen Selektion sind. Sollte es wirklich zu Unterkapazitäten an den Hochschulen kommen, infolge zu vieler Studienbewerber, kommt man ohne Auslese nicht durch. Die AGAB will sich da auch nicht reinwaschen und sich draussen halten. Wir haben das so gesehen, dass der akademische Berufsberater allenfalls der Kommission zur Verfügung stehen würde als Berater über Selektionsmassnahmen, wenn schon nicht als Selektionsagent. Er soll also im Sinne der Verbesserung des Selektionsprozesses mitwirken, selber aber nicht selegieren.

S.Spörli: Dabei habe ich eine Schwierigkeit. Auf der einen Seite habe ich von meiner tiefenpsychologischen Ausrichtung her und auch von der theoretischen Auseinandersetzung mit der Diagnostik volles Verständnis für die Problematik, die da vorliegt. Aber auf der andern Seite verstehe ich nicht recht, woher diese überspitzte Angst kommt, dass man als Berater Autonomie-einschränkend auf einen Klienten wirkt. Es scheint mir hier auch ein grosses Missverständnis vorzuliegen: ich bin der Meinung, dass wir in jeder Tätigkeit als Berater weit mehr steuernd wirken als wir meinen, ob wir nun mit Tests operieren oder nicht. Wir wissen doch heute viel über averbale Kommunikation; man beeinflusst einen Klienten doch schon damit, ob man einen weiteren Termin vereinbart oder nicht. Nun habe ich den Eindruck, man nimmt ein Gebiet unserer Tätigkeit heraus, nämlich die Diagnostik, zieht sich daraus zurück und hat dann den Eindruck, man sei in der Beziehung zum Klienten nicht mehr steuernd. Das ist ein gewaltiges Missverständnis! Watzlawick hat gesagt, es sei dem Menschen nicht möglich, nicht zu kommunizieren; in Anlehnung daran könnte man auch sagen, es ist dem Menschen unmöglich, den andern nicht zu manipulieren. Ueber das müsste man nachdenken! Dieses Problem geht weit über die Frage hinaus: Diagnostik ja oder nein, Selektion ja oder nein.

Wenn ich da gleich noch fortfahren darf: Wenn man sagt, man wirke allenfalls beratend mit bei der Konzipierung von Selektionsprozessen, doch selber möchte man die Rolle des Selegierenden nicht übernehmen, so habe ich das Gefühl, dass da gesagt wird, wir waschen die Hände in Unschuld, wir haben damit nichts zu tun. Wäre es nicht eine echte Aufgabe, genau den Entscheidungsprozess zu übernehmen und dafür zu sorgen, dass er optimal verläuft? Zu "optimal" eine These, wie am Anfang gewünscht wurde: Der Diagnostiker könnte sich sehen als Agent des Realitätsprinzips[1]. Darin steckt ein sehr hoher Anspruch, dass der Diagnostiker eine Situation klarer und realitätsgerechter sehen soll als der Klient oder als der Auftraggeber. Und das sind dann die zwei Seiten des diagnostischen Auftrags: Der Diagnostiker kann zum Anwalt des Individuums werden, das von der Institution her eliminiert werden sollte, und sagen, hier geschieht etwas Ungerechtes. Er würde also in diesem Fall die Autonomie des Klienten vergrössern. Im umgekehrten Falle erinnere ich mich daran, was Herr Landolf gestern sagte von den Selbsttäuschungen, denen ein Klient unterliegt. Sie haben angeknüpft an die Frage, wie die Ziele sich verändern, wenn ein Klient in die Beratung kommt. Es ist ja eine sehr regelmässige Erfahrung, dass die Vorstellungen, die der Klient darüber hat, was sein eigentliches Anliegen sei, sich verschieben durch die Beeinflussung oder die klärende Bemühung des Beraters. Dies wäre dann die andere Seite der diagnostischen Arbeit: dass der Berater solche Verbiegungen in der Optik des Klienten korrigieren hilft. Und auch das wäre keine Einschränkung der Autonomie des Klienten, weil das Herausarbeiten eines klareren Selbstbildes beim Klienten ja auch dazu führt, dass er nachher realitätsgerechter mit Anforderungen umgeht, denen er mit oder ohne unser Zutun ausgesetzt ist.

<u>B.Biberstein</u>: Vielleicht zuerst das Problem der Steuerung, ohne sie als solche zu erklären. Lenkung, Manipulation, Beeinflussung ausserhalb eines expliziten Selektionsauftrages, die immer schon mitgegeben sind, wenn man beratend tätig wird.

[1] Vgl. hiezu auch Kapitel 5.4 ("Diagnostik im Dienst des Realitätsprinzips").

P.Landolf: Ich weiss nicht, ob wir das so einfach hinnehmen müssen, dass man so oder so steuere. Natürlich macht man das, doch glaube ich, die entscheidenden Fragen sind, ob man das dem Klienten auch bewusst macht, und in welcher Form und wie stark man steuert. Man kann besser oder schlechter manipulieren. Die Berufsberatung hat ohnehin gegen das Vorurteil anzukämpfen, dass sie die Ratsuchenden im Dienste der Arbeitgeber beeinflusse. Sie kann aber von ihrer Aufgabe her nur im Dienste ihrer Klienten handeln. Ein weiterer Punkt liegt in der Unzulänglichkeit unserer Methoden im Hinblick auf Prognosen. Gerade wir wissen ja aus unserer Arbeit, dass es gar nicht möglich ist, einem Maturanden zu sagen, ob er ein guter Arzt werden könnte oder eher ein Jurist. Aus dem Grunde würde ich mich bescheiden und einfach sagen, man kann das nicht.

S.Spörli: Man kann aber etwas anderes tun. Dazu eine Erfahrung aus der Untersuchung von Stipendienanwärtern. Ich bekomme in meiner Privatpraxis den Auftrag, jemanden daraufhin zu begutachten, ob er es wert sei, ein Stipendium zu erhalten oder nicht. Also eine unmögliche Angelegenheit! Ich versuche dann aber die Situation umzufunktionieren und zu sagen: Ich kann einen solchen Auftrag nicht übernehmen, aber ich kann versuchen, mit dem Kandidaten gemeinsam zu klären, ob es für ihn sinnvoll ist, den geplanten Weg zu gehen. Es handelt sich in solchen Fällen meist um Anwärter auf den zweiten Bildungsweg, bei denen die Situation sehr komplex ist. In solchen Fällen können diagnostische Mittel trotz ihrer Unzulänglichkeit wertvolle Aufschlüsse geben. Dabei mache ich häufig die Erfahrung, dass ich auf eine der beiden Seiten einwirke. Ich stehe beispielsweise gegenüber der auftraggebenden Institution auf; ich gehe da manchmal sehr weit und betone, dass es in solchen Fällen oft nicht nur um Schulgeld geht, sondern darum, dass man einem begabten, aber milieugeschädigten Kandidaten im Sinne der Chancengleichheit sogar eine Psychotherapie bezahlen müsste. Ich sehe es ja auch so, dass wir in unserer Arbeit die Selbstentfaltung des Klienten fördern müssen. Aber ich habe auch den Eindruck, dass wir irgendwo am Problem vorbeidiskutieren. Ich bin sehr einverstanden, dass man Funktionen ablehnt, bei denen man einfach schubladisieren und Weichen stellen sollte. Ich frage mich nur, ob die Verzichterklärung der Diagnostik dazu das geeignete Mittel ist. Müsste man nicht auf der einen Seite politisch tätig werden als Psychologe, der im gesellschaftlichen Bereich Grundsatzprobleme sieht, auf der andern Seite aber doch eine Verfeinerung der diagnostischen Instrumente anstreben?

F.W.Schmid: Ich glaube, Herr Spörli zielt da auf einen wichtigen Punkt. Er weist auf den Unterschied hin zwischen der Betrachtungsweise von aussen und der Betrachtungsweise von innen. Seiner Auffassung zufolge kann sich der Berater auch im Rahmen eines Selektionsauftrags unter Umständen zum Anwalt seines Probanden machen, indem er abklärt, ob der einzuschlagende Weg für diesen sinnvoll sei. Wenn dies der Fall ist, vertritt er die entsprechende Lösung der auftraggebenden Instanz gegenüber, auch wenn sie deren unmittelbaren Interessen vielleicht nur bedingt entspricht. Er wird dabei oft erleben, dass ihm sein Auftraggeber tatsächlich ein Stück weit entgegenzukommen bereit ist, sei es, weil er sich bewusst ist, durch die Tätigkeit des Beraters bei anderen Gelegenheiten vor grösserem Schaden bewahrt worden zu sein, sei es aus einem Gefühl sozialer Verpflichtung heraus, das auch in Institutionen und Unternehmen lebendig sein kann.

Ein solches Vorgehen setzt natürlich voraus, dass man seinem Auftraggeber gegenüber eine relativ starke und unabhängige Stellung einnimmt, die für den privaten Berater in der Regel leichter zu erreichen sein dürfte als für seinen beamteten Kollegen. Ferner lässt es sich nur realisieren, wenn man genügend vertieft arbeitet, um den Kandidaten wirklich in seiner Eigenart zu erfassen, und wenn das Verhältnis von Angebot und Nachfrage eher zu seinen Gunsten als allzu massiv gegen ihn spricht.

B.Biberstein: Ich möchte zur Diskussion von Herrn Spörlis Ausführungen ein Beispiel einbringen von einer solchen Selektionsberatung. Ein Klient hat auf Grund eines psychologischen Gutachtens über seine Motivation und Begabung ein beantragtes Stipendium, auf das er von seiner wirtschaftlichen Situation her angewiesen gewesen wäre, nicht erhalten. Nach vier Jahren hat er dann seine Matura trotzdem bestanden. Man kann sagen, es sei so, dass der Proband die Matura vielleicht nur geschafft habe, weil er durch die Hindernisse, die ihm in den Weg gelegt wurden, Kräfte habe mobilisieren können, die ihm sonst nicht zur Verfügung gestanden hätten. Selbst wenn diese Argumentation richtig wäre, bleibt für mich ein unangenehmer Nachgeschmack bei einer solchen Geschichte, wenn ich sehe, dass ein Berater einem das Recht abspricht, ein Stipendium zu erhalten, und der gleiche Kandidat sich dann unter ganz erschwerten Umständen trotzdem zur Matura bringt. Sein Erfolg zeigt, dass das Urteil über seine Fähigkeiten falsch war. Sein Misserfolg anderseits würde noch nicht die Richtigkeit des Beraterurteils bestätigen, da er ja nach dem negativen Gutachten unter erschwerten Bedingungen studieren musste. Eben ohne Stipendium, im zitierten Fall konkret als Giessereiarbeiter und Fernkursschüler gleichzeitig. Ich möchte mit dem Beispiel ein Dilemma aufzeigen: Nach Einbezug aller möglichen äusseren und inneren Faktoren einer Situation und einer Person kommt ein Berater zum Schluss, ein Kandidat sollte einen bestimmten Ausbildungsweg nicht wählen, also auch kein Stipendium dafür erhalten. Der Klient seinerseits kann aber diesen Schluss nicht teilen und beharrt auf seiner Wahl. Was mache ich nun als Berater-Gutachter? Schreibe ich meine Ueberzeugung aufs Papier oder gebe ich dem Ratsuchenden gegen meine Ueberzeugung Recht und stütze sein Gesuch? Ich glaube, wenn man sich auf die Gutachter-Tätigkeit einlässt, kommt man unweigerlich irgendwann einmal in diesen Zwiespalt hinein.

S.Spörli: Natürlich gibt es leider den eben geschilderten Sachverhalt, er ist mir auch schon unterlaufen. Verschiedenes lässt sich dazu ausführen. Einmal stehen dem eben geschilderten Fall eine Anzahl anderer Fälle gegenüber, die ohne Begutachtung sicher kein Stipendium erhalten hätten. Bekanntlich gibt es Auslesefehler erster und zweiter Art: einmal werden weisse Schafe irrtümlich für schwarz und im andern Fall schwarze Schafe irrtümlich für weiss erklärt. Zur Verminderung solcher Fehler muss man ganz intensiv an der Verbesserung der Methoden arbeiten. Und dann müsste man weiter auf politischer Ebene die Frage diskutieren, was der Gesellschaft die Autonomie des Einzelnen eigentlich wert ist. Das hat auch einen ökonomischen Aspekt: Nehmen wir die Frage der Universitätskapazitäten, die nicht mehr ausreichen. Da ist es doch so, dass ein Studienplatz, den einer einnimmt, einem andern weggenommen wird. Da entsteht die durchaus legitime Frage, wie man das Gut "Studienplatz" verteilen soll. Das ist ein legitimes Selektionsproblem. Mit diesem Problem konfrontiert würde ich versuchen, den vorhin erwähnten Fehler erster Art möglichst klein zu halten, d.h. im Zweifelsfalle für den Klienten zu entscheiden. Aber wir müssen dann sehen, dass die Autonomie des Einen eine Einschränkung der Autonomie des Andern bedeutet. Lassen Sie mich das an der Verkehrspsychologie exemplifizieren, weil es dort noch klarer wird: Das "Recht zu fahren" gehört zur freien Persönlichkeitsentfaltung. Aber jeder, der dieses Recht ausübt, hat eine Waffe in den Händen, nämlich das Motorfahrzeug, mit dem er unter Umständen andere und auch sich selber gefährdet. Da ist es doch eine legitime Frage, was in diesem Fall der Gesellschaft die Entfaltung des Einzelnen wert ist. Wieviel Einschränkung der Autonomie Vieler kann die Gesellschaft in Kauf nehmen, um die Entfaltung des Einen zu gewährleisten? Das ist ein Problem, über das man diskutieren kann.

J.Schmitt: Meiner Meinung nach sollte man diese beiden Fragen - die Auswirkungen eines derartigen Entscheids auf die Gesellschaft einerseits und auf den einzelnen andererseits - auseinanderhalten Die gesellschaftspolitische Frage möchte ich zunächst einmal zurückstellen. Auf Grund theoretischer Ueberlegungen ist davon auszugehen, dass bei der Begutachtung von Personen mit Sicherheit mit "falschen Positiven" zu rechnen ist. Es wird immer wieder passieren, dass man solchen Personen, die ein bestimmtes Ziel erreichen können, sagt, dass sie dieses Ziel nicht erreichen werden. Diesem Problem kann man in der individuellen Beratung und Begutachtung nicht ausweichen. Auch dadurch nicht, dass man ein optimales Vorgehen wählt, bei dem man sehr vielen anderen Personen gerecht und so und so oft mit Erfolg zum Anwalt der einzelnen Person wird.

S.Spörli: Dazu möchte ich sagen, die "falschen Positiven" sind der gesellschaftliche Preis für die "richtigen Negativen". Die "richtigen Negativen" gibt es ohne mich dann eben auch nicht. Das wird verkannt in dieser Diskussion.

F.W.Schmid: Sind wohl diese Ausdrücke allen verständlich?

S.Spörli: "Falsche Positive" sind solche, von denen ich sage, sie schaffen es nicht, und sie schaffen es dann doch. "Richtige Negative" sind jene, die ohne mich nicht zum Stipendium kämen, bei denen die Behörde zum vornherein sagen würde, sie schaffen es nicht, bei denen ich aber auf Grund von Tests verborgene Qualitäten erkenne und dann sage, sie schaffen es doch.

J.Schmitt: Davon hat aber der "falsche Positive" nichts.

S.Spörli: Das ist richtig, darum sage ich auch, die Gesellschaft muss entscheiden, wieweit sie solche Opfer um der Andern willen toleriert.

J.Schmitt: Genau. Deshalb sollten Psychologen diese Entscheidung auch nicht allein übernehmen; die Gesellschaft sind viele andere, und nicht nur einzelne Psychologen. Es müssen deshalb nicht-psychologische, intersubjektive Massstäbe gesucht werden, auf Grund derer solche Entscheidungen getroffen werden können.

S.Spörli: Ganz einverstanden. Ob wir hier aber nicht eine Funktion hätten? Aus der Konfrontation mit diesen Problemen sehen wir doch diese Konflikte viel klarer als ein hierarchischer, anonymer Bürokratie-Apparat. Müsste man da nicht, wie ich vorhin sagte, politisch tätig werden?

J.Schmitt: Nochmals zu dem Vorschlag, bei der Selektion für die Hochschulen einzusteigen: Einerseits müsste zunächst einmal die Frage der Kapazitäten an den Hochschulen genauer abgeklärt werden. Andererseits frage ich mich, weshalb gerade Psychologen für die Lösung dieser Frage eingesetzt werden sollen, einer Frage, die im psychologischen Bereich allein ohnehin nicht gelöst werden kann. Der Zugang zu den Hochschulen ist ein Problem unserer ganzen Gesellschaft und sollte auch als solches gelöst werden.

W.Schönenberger: Bei diesem Punkt war ich auch nicht glücklich über Herrn Spörlis Votum. Man darf sich nicht verleiten lassen zu einer scheinbar sauberen Trennung in politische Aktivität und unpolitische Arbeit (Diagnostik, Beratung etc.). Am Beispiel der Selektion im Falle des Numerus Clausus lässt sich das zeigen. Wenn eine Institution, wie z.B. die Akademische Berufsberatung, zu früh und zu bereitwillig den Selektions-Auftrag als Sachzwang übernimmt, dann handelt sie eminent politisch, obwohl sie scheinbar ganz arbeits- und auftragsimmanent bleibt. Und ebenso politisch handelt diese Institution, wenn sie möglichst lange ihre Argumente gegen die Selektion darlegt und sich weigert, Selektion zu betreiben. Indem so der Sachzwang des Numerus Clausus nicht einfach akzeptiert wird, wirkt er auf die auftraggebende Institution zurück. Vielleicht wird man dort versuchen, die Kapazitäten der Hochschulen wirklich auszuschöpfen und vielleicht sogar eine Lösung eher in Richtung Ausbau als in Richtung Zulassungsbeschränkung suchen. Natürlich ist diese Rückwirkung auf Institutionen nur eine Hoffnung. Jedenfalls sehe ich die Aufgabe der politischen Aktivität nicht abgetrennt von der täglichen Arbeit.

J.Schmitt: Wenn es um die Beratung bei bestimmten Selektionsstrategien geht, sollte eine Gruppe von Beratern oder ein Verband (z.B. die AGAB) mitarbeiten. Dies erscheint mir besser, als wenn nur einzelne Berufsberater oder einzelne Stellen beteiligt sind. Bei diesen ist nämlich die Gefahr viel grösser,

Selektion als Sachzwang hinzunehmen oder hinnehmen zu müssen. Dabei wird es dann zum Problem des einzelnen Beraters, ob er den Zwang zur Selektion hinnehmen will und wie er mit seiner Angst vor Fehlbeurteilungen umgehen kann.

H.-P.Schaub: Wahrscheinlich ist es leichter, Merkmale, die einen gefährlichen Verkehrsteilnehmer konstituieren, festzustellen als solche, die einen gefährlichen Lehrer ausmachen! (Gelächter)

O.Maier: Es ist hier gut die Sicht des privaten Beraters herausgekommen, der von seiner Stellung her immer Distanz hat. Auf der andern Seite sehe ich von der Schulpsychologie und Erziehungsberatung her, wie ungeheuer weit der staatliche Einfluss gehen kann. Bei uns ging er soweit, dass nicht nur vorgeschrieben wurde, was alles gemacht werden muss, sondern auch in welcher Zeit und mit welchen Mitteln.

Wenn Sie hier diskutieren, Psychodiagnostik ja oder nein, ist das im Grunde ein Problem, das Sie nicht entscheiden können nur unter dem Aspekt der akademischen Berufsberatung. Man müsste die verschiedenen Spezialdienste zusammennehmen und abklären, ob da verschiedene Bedürfnisse bestehen. Persönlich kann ich mir nicht vorstellen, ohne Diagnostik auszukommen in der Schulpsychologie, weil man dann kein Gegengewicht mobilisieren könnte zum Lehrer, der sagt, ich habe meine Erfahrung und meine Noten. Dem müssen wir etwas entgegenhalten können, das vielleicht auch noch etwas mythischen Charakter hat.

Ich finde, es besteht ein grosser Gegensatz zwischen privat tätigen und staatlich angestellten Beratern. Wenn Sie sich hier Gedanken machen über die Autonomie, wie auch Herr Lang das tut, so finde ich das sehr sinnvoll, und zwar von meiner Beamtung her in der Schulpsychologie, in der ich nun einmal tätig bin und in welcher der staatliche Einfluss sehr gross ist. Es ist in diesen Diensten eine Tatsache, dass die Autonomie nicht nur des Klienten, sondern auch des Beraters ständig gefährdet ist. Es ist deshalb sehr wichtig, dass der Berater nicht trennt zwischen seiner Tätigkeit als Berater einerseits und einer etwaigen politischen Tätigkeit anderseits, die er zu seiner moralischen Entlastung ausüben würde. Der Berater muss schon in seiner Arbeit die Verantwortung wahrnehmen und seinen Einsatz für die Autonomie leisten, heraushalten darf er sich jedenfalls nicht.

F.W.Schmid: Ich kann mich dem Gesagten weitgehend anschliessen, besonders auch bezüglich des Unterschieds zwischen der Situation des öffentlichen und derjenigen des privaten Beraters. Ich wäre absolut unglücklich, wenn die AGAB eingehen würde auf die Selektionsansprüche und -ansinnen, die neuerdings an sie herangetragen werden. Auf der andern Seite habe ich als privater Berater gar keine Schwierigkeiten, Selektionsaufgaben zu übernehmen, weil ich dann auch als Selektionär deklariert bin und der Proband weiss, mit wem er es zu tun hat. Ein Rollenkonflikt kann allerdings in Zwischensituationen trotzdem auftreten.

In diesem Zusammenhang möchte ich nochmals zurückkommen auf das Beispiel des Stipendienanwärters. Ich habe zwar in meiner Praxis kaum solche Fälle, jedoch ergeben sich analoge Konflikte in der betriebspsychologischen Eignungsdiagnostik. Sie haben die Frage aufgeworfen, was zu tun sei, wenn man sieht, dass man auf Grund der Evidenz eigentlich nein sagen müsste, der Kandidat sich die Bewältigung der Anforderungen aber zutraut und sich nicht von seinem Vorhaben abbringen lässt. Ich möchte beschreiben, wie ich mich als Berater in solchen Situationen verhalte. Ich stelle zunächst im Gutachten beide Aspekte möglichst profiliert dar: das, was meines Erachtens gegen die Eignung spricht, und ebenso stark und vielleicht noch etwas betonter, welch starke Motivation dennoch in besagter Richtung vorliegt. Diese Motivation wird dann auch zu einem prognostischen Faktor, der ernst genommen werden muss. Wieviele Leute machen nicht eine Matura dank eisernem Willen oder was sonst noch dazu kommt. - Von diesem Punkt an versuche ich dann, auf ein Abwägen hin zu tendieren. Es kommt hierauf meist ein Prozess der Auseinandersetzung in Gang, in den beide Seiten hineingezogen werden. Vielleicht findet man sich auch zu dritt zusammen, zum Beispiel im Büro des Personalchefs: der Kandidat, der Personalchef und ich als Berater. Wenn es so weit ist, trage ich die Verantwortung nicht mehr allein, sondern es kommt ein gesellschaftlicher Prozess "en miniature" in Gang. Irgendwo entscheidet es sich dann. Aber mindestens fällt diese Entscheidung nicht nur unter meiner einseitigen Perspektive oder derjenigen eines der beiden Partner. Ich glaube, es ist dies eine kleine Annäherung an das, was Herr Spörli gefordert hat.

Begutachtungspflicht - Teil des öffentlichen Auftrags an die Beratungsdienste?

J.Schmitt: Bei der Begutachtung eines Stipendienanwärters durch eine öffentliche Stelle sieht es allerdings etwas anders aus. Der Stipendienberater schickt den Anwärter mit dem Auftrag an die Stelle, sich beraten oder begutachten zu lassen, und erwartet anschliessend Bericht. Dieser Bericht kann sich lediglich auf die Mitteilung beschränken, dass der Anwärter die Stelle aufgesucht hat, oder er kann in einem Gutachten bestehen, das nach Wunsch eines Stipendienberaters nicht länger als eine halbe Seite sein sollte. Der Kontakt zwischen Stipendienberater und Berater der akademischen Berufsberatung findet dabei häufig nur schriftlich statt - von gemeinsamer Erarbeitung einer Entscheidung zu Dritt ist schon gar nicht die Rede. Als privater Berater haben Sie, Herr Schmid, den Vorteil, dass Sie einen Auftrag jederzeit ablehnen können.

F.W.Schmid: Das ist ein Vorteil. Weiter hat mein Proband auch die Möglichkeit, wenn er in Firma A nicht befördert wird, sich bei Firma B zu bewerben, die seinen Argumenten vielleicht eher Gehör schenken wird. Wenn er hingegen von seinem Wohnortskanton kein Stipendium bekommt, kann er sich nicht einfach anderswo hinwenden.

B.Biberstein: Offenbar gibt es wesentliche Unterschiede zwischen Entscheiden, bei denen es um öffentliches Geld geht, um ein öffentliches Gut, wie einen Studienplatz; oder aber um eine private Anstellung. Ebenso ist der Unterschied gross zwischen verkehrspsychologischen Fragestellungen, Führerausweisentzug z.B., und Selektionsproblemen im Bildungsbereich.

O.Maier: Vielleicht könnte man entschärfend sagen, es sei nicht ein Wesensunterschied, sondern ein Gradunterschied bezüglich der Auswirkung. Ein Studienplatz führt zu einer Selbstverwirklichung, die schlecht verglichen werden kann mit der Möglichkeit, ein Fahrzeug zu führen. Andererseits trägt die Mobilität in der heutigen Zeit auch zur Persönlichkeitsentfaltung bei. So total verschieden sind die beiden Dinge nicht.

P.Landolf: Ich würde die Unterschiede auch eher als gravierend bezeichnen. Statt des Beispiels Autofahren hätte man auch das Beispiel der Linienpiloten-Auslese aufführen können. Es ist klar, dass dort der Faktor Sicherheit überwiegt. Wenn sich unter 99% Abgelehnten 20% finden, die die Ausbildung eigentlich geschafft hätten, muss man das im Hinblick auf die Sicherheit in Kauf nehmen (Prinzip der Bestauslese). Doch bei uns ist die Situation so, dass wir nicht wissen können, ob ein Anwärter ein guter Pfarrer werden wird oder ein guter Arzt oder Apotheker. Wir können nur sagen, auf Grund der bisherigen Erfahrung sollte ein Klient das Studium mit einiger Wahrscheinlichkeit schaffen können oder nicht. Weiter können wir wirklich nicht gehen.

Man kann uns schon vorwerfen, die Hände in Unschuld zu waschen. Zum Teil machen wir es uns sicher zu leicht, wenn wir sagen, andere sollen selegieren, nur wir nicht. Anderseits sind wir politisch geworden, indem wir mit einer Resolution zu Selektion und Lenkung an die Presse gelangten. Ich meine, die AGAB sollte sich tatsächlich mehr Gedanken machen zur gesellschaftlichen Relevanz ihres Handelns und zu den Möglichkeiten, die sie hat, um über den engen Beratungshorizont hinaus dazu beizutragen, dass der ganze Komplex von Bildung, Beratung und Selektion auch institutionell verbessert wird.

L.Bachmann: Eine kurze Illustration zur Diskrepanz zwischen grundsätzlichen Ueberlegungen und Praxis. Vor kurzem hat uns der Erziehungsdirektor - in Kenntnis der Stellungnahme der AGAB zum Problem von Selektion und Lenkung - mit der Begutachtung eines Stipendienfalles beauftragt. Die Stipendienkommission konnte sich nicht entscheiden, einer 26-jährigen Frau ein Stipendium von über 30'000 Franken für ein Medizinstudium zuzusprechen. Die Frau hatte seinerzeit an der ETH das erste Vordiplom in Chemie nicht bestanden, darauf hin das Studium abgebrochen. In den letzten fünf Jahren hat sie daheim ihre kranke Mutter gepflegt und im väterlichen Geschäft mitgeholfen. Nach reiflicher Ueberlegung hat sie sich entschlossen, Medizin zu studieren. Der Erziehungsdirektor hat darauf hingewiesen, dass die Rezession die Stipendienkommission zu vermehrter Zurückhaltung zwinge. Vor der Rezession wäre der Fall ohne Bedenken über die Bühne gegangen. Wir haben uns mit Kollegen anderer Stellen besprochen, wie sie sich einem solchen Auftrag gegenüber verhalten würden. Trotz schwerwiegender Einwände war die Meinung doch die, dass man kaum nein sagen könnte. Wir haben dann den Fall übernommen.

P.Landolf: Jetzt wird es spannend. Ist der Fall schon durch?

L.Bachmann: Nein, er ist noch in Bearbeitung.

F.W.Schmid: Es scheint mir, dass man in einem Fall, wie er uns eben geschildert worden ist, die Fragestellung sozusagen auf "nicht-direktive" Art der Institution zurückspiegeln sollte. Statt dass man sich festlegt mit einem Rat, zeigt man einfach noch einmal ganz gewissenhaft alle die Faktoren auf, die für die eine und für die andere Entscheidung sprechen, und wägt sie fachmännisch gegeneinander ab. Und dann soll die hohe Stipendienkommission auf Grund unseres Gutachtens bitte selber entscheiden.

P.Landolf: Denken wir den Fall etwas weiter. Nehmen wir an, die junge Frau kommt in die Beratung, zunächst mal ohne die Frage: Stipendium ja oder nein. Nun hängt ja wohl Ihre Stellungnahme auch davon ab, wie Sie die Dame kennengelernt haben, ob Sie sich auf Grund der Fallkenntnis zu ihrem Anwalt machen können beim Anliegen, das sie vertritt. In dem Fall würden Sie sie ja wohl gerne zur Begutachtung übernehmen. Sie könnten dann positiv selegieren, zu ihren Gunsten und unter Hochachtung des Autonomieprinzips. Aber im andern Fall, wenn Sie das Gefühl haben, sie sollte den Weg nicht gehen: was dann?

J.Schmitt: Man kann dies auch auf ganz andere Weise lösen. Während meines Studiums erzählte man sich die Geschichte von einem Professor für Nationalökonomie, der die Stipendienberechtigung von Studenten durch kurze Fachprüfungen feststellen sollte. Da ihm dies unmöglich erschien, soll er die finanziellen Kosten eines Stipendiums mit den Kosten verglichen haben, die mit jedem Absturz eines Starfighters entstehen. Dieser Vergleich soll stets zugunsten der Stipendienanwärter ausgefallen sein. Damit verschiebt sich aber das Problem auf eine ganz andere Ebene. Im Bereich des öffentlichen Interesses müssen eben andere Ueberlegungen und Beurteilungskriterien dazukommen, und es zeigt sich eine Grenze für die psychologisch ausgerichtete Arbeit. Die Beurteilung sieht nämlich ganz anders aus, wenn jemand - vielleicht auf Grund irgendwelcher Ueberlegungen nach eigenem Ermessen - andersartige, nicht individual-psychologische Kriterien heranzieht.

O.Maier: Müsste man nicht auch sehen, dass die Gesellschaft oder zumindest die politischen Vertreter umso empfindlicher reagieren, je höher die Beiträge sind. Wenn einer vierzigtausend Franken fordert, sagt die verantwortliche Instanz, das können wir nicht entscheiden, und sucht die moralische Rückendeckung bei einer Institution, wie der Akademischen Berufsberatung. Wenn dann der Gutachter nur zurückspiegelt, mobilisiert er eventuell Aengste, die wieder im Vorwurf zu ihm zurückkommen - wie es mir als Schulpsychologe schon passiert ist -: er sei mit seinem Gehalt so teuer, dass man schon eine eigentliche Stellungnahme erwarten könnte.

W.Schönenberger: Beim Nachdenken über dieses Problem sehe ich zwei Aspekte. Da ist zum einen die Gesellschaft, die im Sinne der Arbeitsteilung eine Aufgabe an uns abgegeben hat. Zum andern haben sich die Psychologen als imstande erklärt, diese Aufgabe lösen zu können. In diesem Rahmen hat die Diagnostik eine sehr wichtige Rolle gespielt. Es kamen hier also zwei Einstellungen zusammen: Einerseits glaubte der Psychologe noch stark an die diagnostischen Mittel, andererseits war die Gesellschaft nur froh, eine Verantwortung abtreten zu können. Vor einer ähnlichen Situation, nämlich der Uebernahme eines Selektionsauftrages für die Hochschulen, steht die AGAB heute. Inzwischen hat sich aber im Handhaben der diagnostischen Mittel gezeigt, was durch ein verändertes gesellschaftliches und wissenschaftliches Bewusstsein des Psychologen bereits vorgezeigt war, dass diese Mittel doch nicht so hoch einzuschätzen sind.

Meiner Meinung nach sind heute im schulpsychologischen Dienst die diagnostischen Erfassungmittel, und im engern Sinne die Tests, erstens ein Gegenmythos gegen den Mythos der Noten und zweitens eine berufsständische Legitimation. Die Diagnostik stempelt den Psychologen zum Fachmann, sie wird zum weissen Kittel des Arztes. In einem ähnlichen Sinne wird die Diagnostik zum Teil auch an privaten Beratungsstellen eingesetzt. Sie übernimmt die Funktion der Legitimation gegenüber dem Klienten. Die Gesellschaft, welche diesem Mythos glaubt, spiegelt ihn uns nun allerdings wieder zurück, indem sie von uns verlangt, Selektion und die Verantwortung dafür zu übernehmen. Mir scheint, dass wir klarstellen müssten, wie wenig die Diagnostik für Letztentscheide taugt und wie sie nur Hilfsmittel im Rahmen der Beratung im Sinne von Selbstentscheidung sein kann. Nur dann können wir wieder mit den gesellschaftlichen Institutionen in ein sinnvolles Gespräch kommen. Dann können wir auch einen Teil der Verantwortung wieder zurückgeben. Historisch gesehen scheint mir da eine unglückliche Entwicklung stattgefunden zu haben, in der die Schulpsychologen mitten drin sitzen. Und es ist zu hoffen, dass die Akademische Berufsberatung im Problem der Selektion eine solche Entwicklung noch früh genug abfangen kann.

P.Hälg: Dieser Besinnungsprozess fängt bei den Schulpsychologen erst an. Das hat sicher einmal zu tun mit dem Fortschritt der Sozialwissenschaften, der auch unser Menschenbild verändert hat. Ursprünglich hat man ja gemeint, man könne mit psychotechnischen Methoden den Menschen erfassen, messen, festlegen wie ein Maschinensystem. Inzwischen hat man herausgefunden, dass der Mensch nicht so determiniert ist, genetisch jedenfalls nicht. Die Selektionsentscheide, die der Schulpsychologe trifft, sind nicht bindend oder endgültig, da er juristisch gesehen als Berater der Behörde fungiert in solchen Fragen. Im Erziehungsgesetz z.B. des Kantons St.Gallen heisst es, er solle seine Meinung abgeben wie die Lehrer auch. Er hatte somit nie eine alleinige Entscheidungsfunktion. Diese oblag immer der Gesellschaft bzw. deren politischen Vertretern. Die Entwicklung ist nur leider so gelaufen, dass sich viele Schulpsychologen in die Rolle eines Selektionärs drängen liessen und über ihre Stellung überhaupt nicht reflektiert haben. Mit unserer Rolle in der schulischen Selektion müssten wir Schulpsychologen uns intensiver beschäftigen. Der Problemkreis wird zwar diskutiert, aber die Systemzwänge, die dagegen stehen, sind z.T. ungeheuer gross. Es gibt z.B. die Sonderklassen, denen der einzelne Schulpsychologe gar nicht zustimmen mag. Damit aber die bestehenden Einrichtungen "gefüllt" werden, muss er helfen, eine gewisse Anzahl Schüler dafür auszulesen. Wenn er die Aufgabe ablehnt, stellt er sich ausserhalb dieses Systems, und es wird nicht lange dauern, bis er auch selbst draussen ist.

J.Schmitt: Ich möchte noch auf einen anderen Aspekt, den Zusammenhang zwischen Diagnose und Prognose, eingehen.

Vielfach werden ja auf Grund diagnostischer Untersuchungsergebnisse direkt Aussagen über künftiges Verhalten, über Bewährung etc. abgeleitet. Dabei unterläuft der wesentliche Fehler, dass die äusseren Bedingungen, welche die künftige Entwicklung der Person beeinflussen, nicht mitberücksichtigt werden. Man tut so, als könnte man die äusseren Bedingungen vernachlässigen; in Wirklichkeit fehlt uns das nötige Wissen darüber fast völlig. Dies ist übrigens ein Argument gegen die Mitwirkung bei der Selektion. So kann man z.B. auf Grund einer diagnostischen Untersuchung eines Mittelschülers eine Erfolgsprognose stellen; trotzdem kann ein Lehrer den Erfolg verhindern. Derartige Faktoren in der Ausbildung sind äussere Bedingungen, deren Bedeutung man kennen müsste. Es lässt sich deshalb nicht vertreten, nur auf Grund von individuellen Gegebenheiten eine Prognose zu stellen.

O.Maier: Ich möchte noch eine provokative These aufstellen. Es ist eigentlich ziemlich unbestritten, dass sich der akademische Berufsberater von der Selektion zurückhalten möchte. Aber bei dem Entscheid darüber, ob jemand studieren soll oder nicht, geht es auch um die Funktion, die der Betreffende später in der Gesellschaft haben wird. Jede zusätzliche Ausbildung, und vor allem auch jedes Studium, führt zu einem Mehr an verantwortungsvoller Tätigkeit, d.h. sein Verantwortungsbereich in der Gesellschaft wird grösser. Man könnte sich fragen, ob die Zurückhaltung, in der man sich üben möchte, nicht zu riskant ist. Wenn die geschulten Leute mit ihren Mitteln, die zwar nicht absolut die besten, aber doch relativ gut sind, die Selektion nicht machen, dann wird es am Ende irgendwer mit ganz unkontrollierbaren Methoden tun.

B.Biberstein: Das würde teilweise stimmen, wenn nicht alle die Leute, die wir in den Selektionsprozess bei Numerus Clausus einbeziehen müssten, sich nicht ohnehin schon mit ihrem Mittelschulzeugnis ausgewiesen hätten über ihre Berechtigung zum Studium, für das wir sie auslesen sollten. Wenn wir die Selektion nicht übernehmen, und sie dann irgendwer ausübt, kann nur etwas Gutes passieren, nämlich dass nach irgendwelchen und nicht immer nach den gleichen Kriterien selegiert wird. Es würde dann in die Auslese nicht eine einseitige Optik reinkommen, die entstehen könnte auf Grund des irrigen Glaubens, man habe allgemeingültige Kriterien, um zu entscheiden, wer sich zu welchem Studium und Beruf eigne. Wenn ein Psychologe selegiert und seine Kriterien anwendet, immer die gleichen, schafft das zwar einen Anschein von Gerechtigkeit und Fachkundigkeit, wird aber Einseitigkeiten in der ausgelesenen Gruppe zur Folge haben. Wenn dagegen Nicht-Fachleute die Auslese betreiben müssen, und mal so und mal anders selegieren, am besten nach dem Zufallsprinzip, ergibt das schliesslich eine viel ausgeglichenere Verteilung.

O.Maier: Aber ist es dann nicht so, dass ein Teil der Legitimation, die man fordert für die Ausbildung einerseits, und das Salär anderseits dieser akademischen Berufsberater verloren gehen?

B.Biberstein: Ich meine nein, weil die Funktion der akademischen Berufsberater eben eine andere ist. Die Saläre werden nicht bezahlt für eine Funktion, die jetzt in einer Ausnahmesituation allenfalls auf die akademische Berufsberatung zukommt, die aber ursprünglich nicht vorgesehen war.

O.Maier: Ist das denn so sicher, dass die Politiker, die die Kredite sprachen, nicht glaubten, die akademischen Berufsberater würden selbstverständlich solche Aufgaben übernehmen?

B.Biberstein: Wo das zum Problem wird, müsste man es zur Diskussion bringen. Und dann müsste der einzelne akademische Berufsberater Stellung nehmen und sich entweder den Anstellungsbedingungen fügen oder andere Konsequenzen ziehen.

J.Schmitt: Bis jetzt spielt dies bei der Anstellung keine Rolle, es gehört noch nicht zum Pflichtenheft.

H.-P.Schaub: Ich meine, was Herr Bachmann machen muss, geht in genau die gleiche Richtung. Er muss ja den Fall nehmen; oder was würde passieren, wenn Sie ihn nicht übernähmen?

L.Bachmann: Das weiss ich nicht.

S.Spörli: Ich möchte dazu noch etwas sagen, um meinen Standpunkt klarer sichtbar zu machen. Sie sprachen davon, dass es nicht möglich ist, die künftigen Inputs von aussen in dieses Interaktionssystem zum voraus mit in Rechnung zu stellen, und darum sei es schwierig, Prognosen zu machen. Damit bin ich sehr einverstanden.

J.Schmitt: Meiner Meinung nach müsste man die äusseren Bedingungen kennen, wenn man eine Prognose stellen möchte. Herr Schmid z.B. kennt die beruflichen Anforderungen in den einzelnen Betrieben, für die er Personal auswählt. In diesem Fall dürfte es leichter sein, zuverlässigere Prognosen zu stellen.

S.Spörli: Sie meinen, da wo es schwierig ist, da ist es nicht statthaft, Prognosen zu machen. Das würde ich sehr unterstützen. Ich möchte nur noch einmal sagen, was ich mit quasi-politischer Tätigkeit auch meine in der diagnostischen Arbeit. Ich meine nämlich nicht, dass man sich schizophren spaltet, indem man einerseits eine Tätigkeit ausübt, die man nicht verantworten kann, und anderseits Kantonsrat ist. In der Verkehrspsychologie wurde seinerzeit - das ist immer noch nicht ganz überwunden - die Vorstellung von der eliminativen Selektion an uns herangetragen. Wir wehrten uns mit grossem Nachdruck gegen diese Rolle. Wir sagten aber, es ist im Einzelfall möglich, eine ganz andere Frage sinnvoll zu beantworten; diese Frage richtet sich nicht auf die Prognose der Verkehrssicherheit, von welcher wir noch viel zu wenig wissen; aber wir sind in der Lage, einen echten Beitrag zu leisten in folgender Situation: Jemand hat dreimal die Fahrprüfung nicht bestanden, und nun stellt sich die Frage, ob man ihn ein viertes Mal zur Prüfung zulassen kann. Das ist also eine ganz klare Ja-Nein-Frage. Die Frage wird uns mit der unterschwelligen Annahme gestellt, es sei feststellbar, ob der Kandidat im Verkehr sicher funktionieren werde. Wir drehen die Sache um und sagen, wir haben nicht eine prospektive, sondern eine retrospektive Optik. Wir können uns Gedanken darüber machen, warum der Kandidat dreimal durch die Prüfung gefallen ist, und wir können uns die Frage stellen, ob es an ihm oder an der Prüfungssituation oder an seinem Ausbildner gelegen habe. Indem wir ein solches Konzept entwickeln, vertreten und in der Praxis immer wieder anwenden, sind wir, glaube ich, enorm emanzipatorisch und im weitern Sinne politisch tätig. Wir sollten also in solchen gesellschaftlichen Problemsituationen nicht nur die Frage beantworten: übernehmen wir den an uns gestellten Auftrag oder nicht? Wir sollten uns auch fragen, ob es nicht Wege gibt, durch eine völlige Umstrukturierung der Fragestellung sinnvolle Beiträge zu leisten.

Ich möchte noch etwas sagen: es mag den Anschein erwecken, dass ich für die Numerus Clausus-Selektion plädiere. Ich habe diesen Fall vorhin nur gebracht, um zu zeigen, dass man sich überhaupt solche Gedanken machen kann. Aber ich glaube auch nicht daran, dass man prognostizieren kann, ob jemand ein guter Mediziner wird. Bei den Stipendienabklärungen ist die Situation etwas anders: Dort lautet ja die Frage eher, ob jemand eine Matura oder eine Hochschulausbildung generell bewältigen könne.

Zur Rolle von Teamarbeit und emotionalen Prozessen in der psychodiagnostischen Tätigkeit

P.Landolf: Könnten wir uns jetzt nicht noch einem anderen Thema zuwenden?

B.Biberstein: Ja, zum Thema Selektion wurden doch einige Gedanken aus der diagnostischen Fragestellung heraus dargestellt.

P.Hälg: Mir fällt auf, dass immer nur vom einzelnen Psychologen gesprochen wird, der Selektion betreiben soll, aber nie von einem Team. In der ersten Zeit nach meinem Studium habe ich allein gearbeitet, aber seit 21/2 Jahren in einem Team. Dort erlebe ich, wie gross der Unterschied ist, wenn das Team den Entscheid fällen muss, in welche weiterführende Schule ein Kind gehen soll, ob seine Fähigkeiten ausreichen für die Sekundarschule, für das Gymnasium oder nur für die Primarschuloberstufe. Ich möchte daher die Frage der Teamarbeit zur Diskussion stellen.

F.W.Schmid: Diese Frage hat einen sachlichen und einen subjektiven Aspekt. Der sachliche besteht darin, dass ein Team tatsächlich in der Lage ist, mehr verschiedenartige Gesichtspunkte zusammenzutragen. Wir kennen ja das klassische Beispiel der Pilotenselektion, wie sie bei der Swissair betrieben wird. Da versucht ein recht umfangreiches Team von Spezialisten diese Entscheidungen zu fällen, und zwar so, dass zwar ungeeignete Kandidaten von der Ausbildung ferngehalten werden, weil ihre Zulassung mit einem Sicherheitsrisiko verbunden wäre, dass aber doch jedem ernsthaften Interessenten seine faire Chance eingeräumt wird.

Auf der anderen Seite steht aber gerade auch der junge und noch unerfahrene Psychologe unter Umständen in Versuchung, sich auf ein Team abzustützen, damit er sich selber nicht auf eine klare Stellungnahme festlegen muss, womit der Sache aber natürlich nicht gedient ist. Hier stellt sich die erzieherische Aufgabe, darauf hinzuweisen, dass man als Psychologe häufig vor Situationen gestellt wird, in denen man eine Entscheidung treffen muss und den Ball nicht an andere weiterspielen kann. Vorher wurde angedeutet, dass man vielleicht zuerst abklären könnte, ob man sich für den Stipendienanwärter einsetzen kann, und seine Beratung nur dann übernehmen sollte, wenn dem so ist. Aber das funktioniert natürlich nicht. Sie werden nämlich unglaubwürdig, wenn Sie nur diejenigen Klienten übernehmen, zu deren Plänen und Absichten Sie ja sagen können. Es gibt einfach gewisse Fälle, in denen man die unangenehme Suppe auslöffeln muss, auch wenn sie von anderen angerichtet worden ist. Wenn man schon zugesteht, dass die Gesellschaft nicht um einen Selektionsentscheid herumkommt, dann muss man auch sehen, dass man als Psychologe ein nicht ganz unwichtiger Teil dieser Gesellschaft ist und mehr Entscheidungsverantwortung für sie zu tragen hat als ein Käser oder Bauer.

P.Landolf: Ich möchte noch einmal auf ein eigenes Anliegen zurückkommen. Bei der Swissair weist tatsächlich das Teamurteil die höchste Korrelation mit dem Erfolgskriterium auf. Erst danach kommen die verschiedenen Einzelurteile auf Grund von Einzeltests. Aber ich halte das nicht unbedingt für einen Beweis, dass das Team von selbst besser ist als der einzelne, sondern dass es ein gutes Team sein muss, um besser als der Einzelne funktionieren zu können. Ob Team oder Einzeldiagnostiker, die Aufgabe, die sich stellt, ist tatsächlich die, das Team oder den Einzelnen als Diagnostiker zu validieren. Darüber ist, glaube ich, viel zu wenig gesagt worden. Man weicht immer auf die Frage aus, ob die Tests valide sind oder nicht. Aber ich glaube, entscheidender ist der, der die Tests handhabt und in die Beratung einbaut. Ich möchte die Frage in den Raum stellen: Wie validiert man den Diagnostiker? Reicht es aus, wenn er Differentielle Psychologie, Testtheorie, Testanwendung, Metrik, Statistik usw. bis ins Einzelne beherrscht und sämtliche Fallstricke und Grenzen kennt, oder braucht es da nicht mehr, nämlich die Schulung der Urteilsfähigkeit? Ist nicht auch die Fähigkeit zur Beurteilung von Gefühlen wichtig, der Gefühle, die ich als Diagnostiker habe, wenn ich mit einem Klienten in den diagnostischen Prozess einsteige? Was mache ich mit meinen Gefühlen? Wie urteile ich? Auf Grund von was urteile ich?

P.Hälg: Ich möchte an die Aeusserung von Herrn Schmid anknüpfen. Am Anfang meiner praktischen Tätigkeit hatte ich weniger Schwierigkeiten, Entscheidungen zu fällen und damit Verantwortung zu übernehmen. Rückblickend muss ich sagen, dass ich viel zu optimistisch war. Ich habe meine Mittel überschätzt, vor allem auf Grund meiner Ausbildung in Fribourg, wo uns die Tests nur allzu vordergründig gelehrt wurden. In diesem Sinn fehlte mir die Validierung. Erst im Team stellte ich fest, dass ich vorher gewisse Aspekte überhaupt nicht gesehen hatte. Heute kann ich dadurch, dass ich im Team validiert worden bin und meine eigenen Parameter genauer kennengelernt habe, besser die Verantwortung für das, was ich als Berater sage, übernehmen.

S.Spörli: Ich möchte mich vehement dem anschliessen, was Herr Landolf vorhin gesagt hat. Ich habe sehr ähnliche Erlebnisse gehabt, wie Sie sie von der Swissair schildern. Ich habe mich in unserem Verkehrspsychologenkreis schon sehr unpopulär mit einer allerdings überspitzten Aussage gemacht, nämlich, dass jeder Diagnostiker auch eine tiefenpsychologische Ausbildung haben sollte. In den psychoanalytischen Begriffen der Uebertragung und Gegenübertragung steckt ja genau das, was hier gemeint ist. Ein Schlagwort von mir ist, dass eine Untersuchungssituation als Ganzes mit allen Tests, die sie enthält, ein strukturiertes Interaktionsfeld darstellt, in dem viele unterschwellig-emotionale Prozesse ablaufen. Die Sensibilisierung für solche Phänomene ist ausserordentlich wichtig. Von der Psychometrik, welche die subtile Verfeinerung der Instrumente auf einer ganz anderen Ebene anstrebt, wird das gar nicht gesehen. Ich finde das äusserst problematisch, und diese zwei Sichtweisen schliessen sich ja eigentlich gar nicht aus. Das Ziel der Diagnostik ist doch, die Rationalität und die Transparenz der ablaufenden Prozesse zu erhöhen, und zwar nicht zuletzt auch der Prozesse, die bei einem selber ablaufen. Aus tiefenpsychologischer Warte ist ein Testrohwert ein viel unwichtigeres Phänomen als etwa meine Gereiztheit darüber, dass der Kandidat meine Instruktion immer noch nicht verstanden hat. Nach meiner Meinung ist da ein wichtiger Bereich von der Ausbildung nicht abgedeckt. Es dürfte aber das Anliegen einer Veranstaltung wie dieser sein, vor allem wenn wir an die Fallbesprechungen gehen werden, solche persönliche Eichungserlebnisse zu bewirken, sodass man sensibilisierter wird für die Konstanten in der eigenen Optik, derer man sich bisher überhaupt nicht bewusst war. Das kann man nicht nachdrücklich genug fordern.

W.Schönenberger: Sie haben da von der totalen Vereinseitigung in der Ausbildung der Psychologen gesprochen, wo gerade solche Aspekte wie persönliche Validierung, Selbsterfahrung usw. kleingeschrieben werden. Es scheint mir, dass man solche Gedanken speichern sollte, um sie nachher im Plenum vorbringen zu können, an dem ja auch Hochschuldozenten teilnehmen.

P.Landolf: Vielleicht sollten wir Berater oder Therapeuten auch einmal die Vorstellungen formulieren, die wir inbezug auf eine adäquate Diagnostik haben. Bisher stand viel zu sehr die Frage im Vordergrund, ob man die Intelligenztests, die nun einmal da sind, anwenden kann oder nicht. Doch gerade das Referat von Herrn Pulver hat ja erkennen lassen, dass das Bedürfnis des Beraters, der auch Diagnostik betreiben will, ganz anders liegt. Die halb- und nichttestologischen Diagnostika, die er erwähnt hat, sind bescheidene Versuche, etwas zu verbessern. Aber man kann daraus ablesen, dass sich da etwas ändern müsste, damit wir diese Instrumente mit besserem Gewissen und adäquater anwenden könnten.

H.-P.Schaub: Ich glaube, man sollte auch einmal über die Ueberschrift dieser Tagung sprechen, die Stellung der Psychodiagnostik in der Beratung. Bis jetzt haben wir nur über Psychodiagnostik gesprochen, aber nicht über den Stellenwert, den sie in der Beratung hat. Gestern wurde in einer Diskussion gefragt, wieviel Tests wir eigentlich machen. Dabei konnte man feststellen, dass in der Allgemeinen Berufsberatung z.B. viel mehr Tests gemacht werden als in der Akademischen Berufsberatung. Welches Menschenbild oder welches Modell steht da dahinter? Diese Frage würde mich interessieren. Ich glaube, es ist doch auch eher eine rückläufige Tendenz beim Einsatz der Psychodiagnostik in der Beratung erkennbar.

B.Biberstein: Es stellt sich auch die Frage, wie man die Testergebnisse in die Beratung einbringt, wie der Ratsuchende damit konfrontiert wird. Wie erreicht man, dass es nicht bei der Aussenansicht bleibt, die Herr Lang so angeprangert hat? Wie erreicht man, dass es beim Ratsuchenden selber zu so etwas wie einem Informationserlebnis kommt, das zu Innenperspektiven führt und auch eine Aktivität vom Ratsuchenden her ermöglicht?

F.W.Schmid: Ich möchte zu der "Validierung des Beraters" noch etwas sagen. Ich finde das überhaupt eine glückliche Wortprägung, weil sie wirklich etwas Wesentliches trifft. Es ist bemerkenswert, dass wir schon einige Male auf das Pilotenselektionsprogramm der Swissair zu sprechen gekommen sind. Es sitzen ja allein in diesem Raum mindestens drei Leute, die in irgendeinem Zeitpunkt an diesem Programm mitgearbeitet haben. Ihre Aeusserungen scheinen zu zeigen, wie sehr die Mitarbeit in einem Team von Beurteilern dazu beitragen kann, eine gewisse Grundlagensicherheit zu gewinnen, sowohl in Bezug auf die Möglichkeiten als besonders auch auf die Grenzen einer diagnostischen Aktivität. Es ist ja nicht zuletzt das, was wir bei den Hochschulabsolventen immer wieder vermissen, dass sie nämlich diese Art von praktischer Erfahrung im Team und den Feed-back, der damit verbunden ist, nie mitbekommen haben.

Ich habe gestern schon kurz auf die "Assessment Centers" hingewiesen. Es handelt sich dabei um Verfahren, die analog aufgebaut sind und auch die gleiche historische Wurzel haben wie die Swissair-Untersuchung. Sie dienen dazu, Führungseigenschaften bei in der Regel jüngeren Nachwuchsleuten zu erfassen. Die amerikanische Armee wendet ähnliche Methoden für die Auswahl der Offiziere an. Es gibt sie auch für die Erfassung von anderen Fähigkeiten, beispielsweise derjenigen für den Verkauf.

Diese Verfahren sehen so aus, dass während drei bis vier Tagen etwa ein Dutzend Kandidaten eine Serie von Interviews und von gewöhnlichen, traditionellen Tests wie Intelligenztests, Persönlichkeitsfragebogen und projektiven Verfahren durchlaufen. Zu diesen kommen ferner eine Anzahl von Gruppenübungen hinzu. In einer "leaderless group discussion" wird über Themen von allgemeinem Interesse frei diskutiert. Dann müssen Aufgaben gelöst werden, die Organisation und Kooperation erfordern, beispielsweise eine Montage-Aufgabe, die nur arbeitsteilig zu bewältigen ist. Immer sind Beobachter dabei, die nach streng festgelegtem Verfahren und in objektiver Weise feststellen, was sich abspielt und wie sich jeder einzelne Teilnehmer präsentiert. Anschliessend werden die Testwerte und Beobachtungen in ähnlicher Weise ausgewertet, wie es bei der Swissair geschieht. Jede Prüfstelle erstellt einen Bericht, und diese Berichte werden in einer Team-Sitzung umgesetzt in ein "Rating" auf einer gut definierten Beurteilungsskala. Das Bemerkenswerte ist - und darin kann man ein Zeichen dafür sehen, dass etwas in der Idee steckt, den Diagnostiker zu validieren -, dass auf diese Weise tatsächlich sehr gute Beurteilungszuverlässigkeiten erzielt werden können. Interessanterweise ist dies nicht nur der Fall, wenn ausgebildete Psychologen eingesetzt werden, sondern man kann auch Leute aus dem Personalwesen ins Team aufnehmen, sogar Vorgesetzte und andere Mitarbeiter aus dem Unternehmen, für die eine solche Mitarbeit gleichzeitig eine Schulung in der Menschenbeurteilung darstellt.

Herr Spörli hat sicher auf einen wichtigen Punkt hingewiesen, als er uns dazu aufforderte, unser Vorgehen selber immer wieder zu reflektieren. Ein anderer und vielleicht sicherer Weg, die diagnostische Aussagefähigkeit zu verbessern, dürfte darin bestehen, die Beurteilungskriterien sehr viel expliziter zu machen, als wir dies in der heutigen Praxis in der Regel tun. Die "Assessment Centers" zeigen uns, wie dieses Ziel erreicht werden kann. Ich meine, dass man diese Idee auch auf die Ausbildung unseres Nachwuchses übertragen könnte. Man sollte die Psychologie-Studenten, die auf eine diagnostische, beraterische oder klinische Tätigkeit hinauswollen, irgendwie durch eine solche Erfahrung hindurchführen können. Wenn man diesen Gedanken weiterspinnt, so kommt man jedenfalls für den beraterisch-klinischen Bereich zur Konzeption einer Art von <u>Poliklinik</u>; das heisst, zu einem Beurteilungsprogramm, das sowohl mit Begleitforschung verbunden werden könnte als eben auch einen Ausbildungszweck erfüllen würde. Ich glaube, solange man ein solches Projekt nicht in der einen oder anderen Form verwirklichen kann, wird die diagnostische Ausbildung der Absolventen immer zu wünschen übrig lassen. Wenn sie auch noch so viele Methoden kennengelernt haben und noch so gut Messfehler berechnen können, so sind das alles doch nur Bausteine. Der Kitt, der diese zusammenhält, ergibt sich erst aus der überwachten, kontrollierten und reflektierten praktischen Erfahrung.

R.Meili: Hundertprozentig einverstanden!

P.Landolf: Ich möchte dieses Modell noch etwas erweitern. Es müsste offenbar aus verschiedenen Bausteinen bestehen. Ein Baustein wären Veranstaltungen, wie Sie sie geschildert haben, also in ähnlicher Form wie das Assessment-Center mit hohem Objektivitätsgrad, mit Beobachtern, Rating-Skalen usw. Zweitens ist wichtig, dass sich jeder einzelne Diagnostiker selber kennengelernt hat, ob in einer Lehranalyse oder in einem anderen Rahmen. Ein dritter Baustein läge in den mehr gruppenbezogenen sensitivity-trainings. Ein vierter, der bis heute viel zu wenig berücksichtigt wird, wäre die bessere Schulung des angehenden Diagnostikers in Methoden der Erfolgskontrolle.

B.Biberstein: Das sind nun einige Gedanken über die Ausbildung der zukünftigen Berater. Ich glaube, wir müssen diese Aspekte aber auch unter der Weiterbildungsperspektive sehen für die Berater, die schon berufstätig sind. Wir sollten uns einmal Gedanken machen, wie man solch gute Ideen wie Poliklinik, Assessment-Center, Selbsterfahrung oder Anleitung zur Erfolgskontrolle in ein Weiterbildungsprogramm einbauen und realisieren könnte. Ich könnte mir z.B. vorstellen, dass man als Berater ganz ähnliche Erfahrungen machen kann wie die Studenten in einer Poliklinik. Man könnte während seiner Anstellung Praktika machen an einer anderen grösseren Beratungsstelle, z.B. zwei Monate lang. Ich sage zwei Monate, damit nicht nur der Praktikant, sondern auch die Beratungsstelle profitieren kann. Der Praktikant müsste während dieser Zeit Beratungen machen und v.a. in der Diagnostik eingesetzt werden. Er könnte zusammen mit den Beratern dieser Stelle, als Testassistent z.B., Fälle bearbeiten. Dies könnte eine Form sein, die eigene diagnostische Tätigkeit neu in Frage zu stellen und sie an derjenigen der anderen Berater zu kontrollieren.

H.-P.Schaub: Naheliegender wäre noch eine zentrale Institution, die diesen Schulungsauftrag übernehmen könnte und dafür auch speziell ausgebildete Leute hätte. Ich kann mir das sonst einfach praktisch nicht vorstellen.

B.Biberstein: Ich kann mir hingegen eher die andere Form vorstellen, denn die zentrale Stelle ist ja ein altes und schwer zu lösendes Problem.

S.Spörli: Ich möchte sehr unterstützen, was Sie gesagt haben, nämlich, dass man dieses Anliegen als permanentes Anliegen des Praktikers sehen muss. Das Problem ist, dass die absolut wünschenswerte Validierung des einzelnen Diagnostikers die Gefahr mit sich bringt, dass man sich schlussendlich in seinem persönlichen Narzissmus als Medizinmann vorkommt, der alles besser kann als jeder andere. Ich habe in einer ERFA-Gruppe von Verkehrspsychologen solche Tendenzen zu stolzem Isolationismus erfahren; ich weiss nicht, ob das eine Eigentümlichkeit von Verkehrspsychologen oder von unserem Stand allgemein ist. Man bleibt in liebgewordenen Gewohnheiten, die man gern unter der Verbrämung der persönlichen Validierung sieht, stecken, und es ist sehr schwer, solche Fixierungen aufzubrechen. Es hat auch in der genannten ERFA-Gruppe ziemlich lange gedauert, bis eine reziproke Supervisionsfunktion zwischen den Teilnehmern zustande kam, wo man sich in einem sehr offenen Gespräch gleichsam über die Schulter guckt und sich gegenseitig hilft. Aus solchen Erfahrungen heraus würde ich nicht meinen, dass es eine zentrale Stelle braucht, die ja dann irgendwie zur heiligen Halle wird, wo etwas passiert, das dann wieder in gewisser Distanz zur Praxis steht. Ich könnte mir aber vorstellen, dass das, was wir jetzt gerade machen und am heutigen Nachmittag fortsetzen werden, besser institutionalisiert werden könnte; dies wäre eine ständige kasuistische Weiterbildung, bei der nicht nur über Tests diskutiert würde, sondern bei der auch Möglichkeiten zur Selbstkonfrontation gegeben sein sollten. Das halte ich für realisierbar.

O.Maier: Ich habe noch eine Frage an Herrn Prof. Meili: Gestern hat er angetönt, dass er sich sein ganzes Leben lang für dieses Anliegen eingesetzt hat. Auf der anderen Seite habe ich dann gelesen, dass Sie emeritierter Professor sind. Ich habe mich nun gefragt, ob Sie nicht vielleicht Möglichkeiten sehen, abgesehen von Publikationen, einen direkten Einfluss auf die Ausbildung zu nehmen. Oder heisst emeritiert=zurückgezogen sein und die Initiative den anderen überlassen?

R.Meili: Ja, Gott sei Dank. (Gelächter.) Aber ich sage ganz gern an einem Orte wie diesem etwas über das Thema, denn ich habe einige Erfahrung damit. Es gibt zwei grosse Schwierigkeiten bei der Ausbildung an der Universität. Der Ausbildner muss einerseits Praktiker sein, muss praktische Erfahrung haben. Aber anderseits muss er auch Wissenschafter sein, d.h. die ganze Psychologie beherrschen. Das ist heute fast nicht mehr möglich. Ich selber habe vor und während des Studiums praktisch gearbeitet, und nach dem Studium sowohl praktisch wie wissenschaftlich. Den Studenten habe ich immer angeraten, auch wenn sie später an der Universität weitermachen wollten, zuerst einige Jahre praktisch zu arbeiten. Das hatte zum Erfolg, dass auch die Besten nachher nicht mehr an die Universität zurückgekehrt sind. Das zeigt nur, wie schwierig es ist, das Ideal zu verwirklichen. Wir haben in Bern in der Erziehungsberater-Ausbildung eine ganz günstige Form, indem die Studenten nach den ersten vier Semestern praktisch arbeiten müssen, und diese praktische Tätigkeit wird jetzt noch erweitert, indem man die Studienzeit verlängert. So etwas könnte man im Prinzip auch für akademische Berufsberater machen. Es besteht aber immer die Schwierigkeit, dass der allgemeine Unterricht in Psychologie - und damit meine ich nicht nur Differentielle Psychologie und Testpsychologie - und das, was in der Praxis gemacht wird, aufeinander abgestimmt sein müssen. Sonst kommt es dazu, dass die einen sagen, was die in der Praxis machen, sei Humbug, und die andern, was die an der Uni betreiben, nütze nichts. Die Schwierigkeit ist also, dass die Praxisstelle, wie die Poliklinik in der Medizin, im gleichen Sinn arbeiten muss wie die Universität, und dass die Universitätsdozenten wissen, was an der Praxisstelle geschieht, und nicht eine ganz vom Individuum abgelöste Psychologie betreiben. Ich möchte damit nur auf verschiedene Probleme aufmerksam machen. Ich würde es übrigens auch nicht für sehr günstig halten, die Studierenden für die Praktika auf verschiedene akademische Berufsberatungsstellen zu verteilen, solange deren Methoden noch stark divergieren. Es ist zwar gut, wenn sie nach einer ersten Phase sehen, wie man es anders machen kann, aber für den Anfang braucht es meiner Meinung nach doch eher so etwas wie ein Zentrum, an dem Praxis und Wissenschaft gut zusammenspielen.

F.W.Schmid: Ich darf dazu noch ergänzen, dass es im Rahmen des Vorbereitungsprojekts für die Hochschule Aarau auch eine Gruppe "Evaluation" gibt oder gegeben hat, an der AGAB-Mitglieder beteiligt gewesen sind in ihrer Funktion als Mitglieder der Studienkommission für bildungspsychologische Fragen. Dort hat man über ganz ähnliche Ideen diskutiert. Bisher besteht leider noch kaum Aussicht auf Verwirklichung, teils wegen der allgemeinen Schwierigkeiten, in denen das Hochschulprojekt Aarau steckt, teils wegen des nicht geringen Aufwandes, der erforderlich wäre. In der Pilot-Gruppe der Hochschulkonferenz für die Reform der Psychologen-Ausbildung sind wir daran, dieselben Fragen zu diskutieren. Herr Lang leitet diese Gruppe, ich selber bin einer der beiden Praxisvertreter. Auch dort haben wir Vorschläge formuliert, die in diese Richtung zielen, aber es wird sich erst noch zeigen müssen, wie weit wir damit kommen. Es ist also nicht so, dass noch nicht versucht worden wäre, diesbezüglich etwas zu unternehmen, nur ist es enorm schwierig, bei der Struktur unseres Hochschulwesens und bei der momentanen Finanzknappheit zu realisierbaren Lösungen zu gelangen.

B.Biberstein: Das heisst also, die Institutionalisierung an einer Hochschule wird angestrebt, aber es gibt sie noch nicht. Der andere Weg hingegen existiert schon: die Zusammenarbeit von akademischen Berufsberatungsstellen oder Weiterbildungsveranstaltungen wie diese. Auf einem Gebiet, nämlich in der Gesprächsschulung, haben wir schon die Erfahrung gemacht, dass das starke Bedürfnis der Teilnehmer der ersten Tagung zu einer Institutionalisierung der Tagung geführt hat. Wir führen jetzt alle Jahre einen Gesprächsschulungskurs durch. Es wäre denkbar, dass diese Tagung jetzt auch der Anfang für eine solche Institutionalisierung wäre. Das ist die eine Idee. Die andere wäre diejenige vom Austausch der Arbeitskräfte zwischen den Stellen.

O.Maier: Ich weiss nicht, ob das der richtige Ort ist, aber ich habe ein Bedürfnis, der AGAB zu danken für ihre Einladung. Der VSSE hat bisher nicht den Mut gehabt, eine solch radikale Frage zu stellen wie die nach der Stellung der Psychodiagnostik in der modernen Beratung. Für mich ist es sehr interessant, diese Ueberlegungen zu hören, weil sie ja doch in engem Zusammenhang mit unseren Problemen stehen. Beide Ideen, die jetzt genannt worden sind, leuchten mir sehr ein, auch von unserer bescheideneren Warte aus. Ich möchte nur hoffen, dass man die Möglichkeit ins Auge fasst, auch interessierten Leuten aus benachbarten Verbänden wie dem VSSE, die Teilnahme anzubieten. Vielleicht wäre auch in einem breiteren Rahmen sogar die Durchführung leichter im Hinblick auf Finanzierung und personelle Fragen.

17. Sequentielle Beratung – ein Lösungsweg? Plenums-Diskussion

Leitung: Jean-Blaise Dupont.

Bemühungen um eine vertretbare Praxis

J.-B.Dupont: Meine Damen und Herren,

Ich dachte gestern, dass es schwierig sein könnte, eine sinnvolle Diskussion zu führen; aber Herr Meili hat sie so gut geleitet, dass keine Gefühle der Frustration aufkommen konnten, auch wenn wir die Zeit etwas überschritten, ohne jedoch alle aufgeworfenen Probleme erschöpfend behandeln zu können.

Diesen Vormittag habe ich der Arbeit einer Gruppe beigewohnt und den Eindruck bekommen, die Vielgestaltigkeit des Gedankenaustausches in dieser Gruppe sei möglicherweise typisch für das, was sich auch in anderen Gruppen abgespielt hat. Deshalb wäre es vielleicht zweckmässig, zuallererst einen Vertreter jeder Gruppe zu fragen, was er uns sagen möchte, um die Diskussion einzuleiten, oder welche Bemerkungen oder allenfalls auch welche kritischen Feststellungen er anbringen möchte. Auf diese Weise würde das Gespräch in Gang kommen. Da wir nicht sehr zahlreich sind, könnte sich anschliessend dann jeder zum Wort melden, wann und wie es ihm gut scheint, auch wenn weiterhin zwischen den eingeladenen Referenten und den übrigen Teilnehmern unterschieden werden soll. Deshalb übergebe ich jetzt das Wort demjenigen, der es ergreifen will. Jemand muss wohl oder übel den Anfang machen... Herr Lang ist nicht der "Hofnarr" unter uns, weil er die Rolle des Kritikers gespielt hat; so gut übrigens, dass er seinen Standpunkt sicher noch etwas modifizieren wird. Aber es scheint mir, während all der Diskussionen, die stattgefunden haben, sei ein zentrales Problem offen geblieben - wenn niemand das Wort ergreift, werde ich Herrn Lang die Frage stellen: praktisch hat ein grosser Teil der Anwesenden weiterhin das Bedürfnis, über verschiedene Instrumente zu verfügen, handle es sich dabei um Tests oder um andere diagnostische Hilfsmittel. Die betreffenden Kollegen möchten, dass diese Instrumente besser ausgearbeitet würden, damit sie im Umgang mit den Klienten adäquater eingesetzt werden könnten. Es scheint mir, Herr Lang, dass Sie die Meinung vertreten, es sei unmöglich, von der Gesamtheit der Informationen, die über einen Klienten gesammelt worden sind, weiterzuschreiten zur Formulierung eines gültigen Ratschlags zuhanden desselben Klienten. Habe ich Sie richtig verstanden?

A.Lang: Ich habe natürlich übertrieben, aber das muss man ja wohl bei der Absicht, die ich verfolge... Es geht mir nicht darum, die Praxis auf den Kopf zu stülpen; sondern es geht mir darum, Elemente der Besinnung zu verbreiten und dazu beizutragen, dass sich eine vertretbare Praxis entwickelt - oder wie ich es mir eigentlich vorstelle: an Stelle einer Ausweitung des Beraterberufes eine Veränderung in jenen Prozessen herbeizuführen, die jetzt die Beratung nötig machen.

Und dabei habe ich selbstverständlich schwarz-weiss gemalt. Ich habe gesagt, dass es sich bei den vorhandenen Tests nicht verantworten lässt, Uebertragungen auf individuelle Fälle zu machen. Auf der anderen Seite habe ich für Freizügigkeit plädiert, d.h. der Berater soll machen, wozu er Lust hat, letztlich hat er es allerdings persönlich zu verantworten, und er soll es nicht mit Objektivität verzieren.

Ich glaube aber, dass für eine vorläufige Praxis die Möglichkeit besteht, einen Mittelweg zu suchen. Aber einen vorläufigen Mittelweg! Man könnte untersuchen, ob es doch Vorgehensweisen ohne den problematischen Beigeschmack des "Objektivierten", des "Pseudoobjektiven" gibt. Die Stellung des Beraters führt meines Erachtens leider zu dieser Wahrnehmung aus der Sicht des Ratsuchenden, gleichgültig, ob der Berater die Intention hat, nur als Katalysator zu wirken. Ich glaube nun nicht, dass wir einfach aus dem Handgelenk bestimmen können, welche Methoden unter welchen Bedingungen in welcher Weise zu welchem Grad "vertretbar" sind. Diese Aufgabe sollte systematisch angepackt werden; in welcher Weise es geschehen könnte, kann ich allerdings nicht absehen.

Leider ist diese Antwort nur eine erneute Darstellung meiner Sicht. Sie ist nicht sehr konstruktiv. Ich nehme an, dass Herr Stoll in seinem Vortrag dazu Einiges sagen wird; er hat bereits Wege angedeutet, die ihm möglich erscheinen.

F.Stoll: Ich schlage vor, dass wir versuchen, ein oder zwei Themen aufzugreifen, die von einer der Gruppen als wichtig erachtet wurden.

J.-B.Dupont: Sind Vertreter der Gruppen hier anwesend, welche die bei ihnen behandelten Probleme vorbringen könnten, oder allenfalls auch diejenigen Probleme, die sie am Rande der Diskussion und der Vorträge von gestern angetroffen haben?

B.Biberstein: Man kann hier etwas einbringen, das wir in unserer Gruppe diskutiert haben[1] sowie einen weiteren Punkt, den wir noch zur Diskussion stellen; Sie können dann wählen, worüber Sie reden möchten.

Eines der Themen, das gleich zu Beginn wichtig wurde und das zum Bereich von Langs Idee gehört, Besinnungspunkte in die Tätigkeit des Diagnostikers einzubringen und zu fragen, was man als Diagnostiker eigentlich macht, war: die gesellschaftliche Relevanz unserer Tätigkeit. Wir kamen dabei sehr schnell auf die bereits des öfteren diskutierte Frage der Selektion. Es wurde dabei versucht, das Dilemma klar herauszustellen: auf der einen Seite steht der Psychologe dem Individuum zur Verfügung, auf der anderen Seite erhält er als Angestellter einer öffentlichen Institution oder als privater Berater einen Auftrag von einem Auftraggeber, der nicht selbst Ratsuchender ist und zu dem der Ratsuchende in irgendeinem Abhängigkeitsverhältnis steht, sei es dass der Ratsuchende als Gesuchsteller oder als Arbeits-

[1] Vgl. Kapitel 16 ("Verantwortbarer Einsatz der Psychodiagnostik").

suchender an ihn herantritt. Der Psychologe soll nun die Interessen beider wahrnehmen und zu einem Entscheid kommen in der Frage: ist es im Interesse des Ratsuchenden einerseits und im Interesse des Auftraggebers andrerseits, dass etwas Bestimmtes geschieht? Dass z.B. der Ratsuchende ein Stipendium bekommt, dass er im Betrieb eine bestimmte Position einnehmen kann oder dass er - was auf uns zuzukommen scheint - ein Medizinstudium anfangen darf.

Wir haben uns sehr mit den Widersprüchen dieser Problematik beschäftigt, haben jedoch nicht die Spur einer Lösung gefunden. Falls man im Plenum näher auf diese Frage eingehen möchte, können die anderen Gruppenmitglieder weitere Punkte einbringen.

In einem weiteren Abschnitt unserer Diskussion nahmen wir - wir hatten P.Landolf in unserer Gruppe - die Idee der Validierung des Beraters auf, die Frage, wie man das Instrument, das der Berater ja ist, verbessern kann.

Als Perspektive wurde von F.W.Schmid die auch in der Pilotgruppe Psychologie diskutierte Idee eingebracht, für die Auszubildenden im Fach Psychologie eine Poliklinik einzurichten, vor allem für jene, die nach dem Studium Beratungs- und Diagnostikfunktionen übernehmen wollen. Aehnlich wie es im Medizinstudium geschieht, erlernt man einen Teil der späteren beruflichen Rolle durch überwachte Tätigkeit in der Praxis. D.h. es genügt nicht, eine sehr gute testtheoretische und testtechnische Schulung zu absolvieren, sondern es muss die Möglichkeit gegeben sein, die verschiedenen Elemente der Testtechnik und Testtheorie durch Anwendung "zum Kleben zu bringen", die eigenen Fähigkeiten an der Praxis zu überprüfen - um zu sehen, was es bei einem selbst und beim Ratsuchenden bewirkt, wenn man Tests anwendet, wenn man Gutachten schreiben muss usw. Von einigen Gruppenmitgliedern, die selbst Erfahrungen in der Selektion, speziell von Swissair-Piloten, sammeln konnten, wurde darauf hingewiesen, dass sich daraus ein anderes Verständnis für die Probleme der Selektion und den Zwang zur Selektion ergibt. Jene dagegen, die von Anfang an in öffentlichen Institutionen angestellt waren, haben dagegen eher die Tendenz, sich gegen Selektionsaufträge abzuschirmen.

Neben der Idee der Poliklinik wurden andere Möglichkeiten diskutiert, etwa das Einbringen dieser Fragestellungen in die allfällige künftige Universitätsausbildung im Aargau. Weitere Ideen waren die, Tagungen wie die jetzige zur Institution zu machen, oder durch den Austausch von Beratern unter bestehenden Beratungsstellen einen gegenseitigen Validierungsprozess einzuleiten.

J.-B.Dupont: Es scheint mir, dass Sie im wesentlichen drei Ideen erwähnt haben. Die erste betrifft die Rolle, welche die Berater einnehmen, wenn sie zum Beispiel mit Selektionsansprüchen konfrontiert werden; die zweite berührt, so scheint es mir, Fragen im Zusammenhang mit der Validierung der Beratungsarbeit oder, wenn man will, die Validierung des erteilten Ratschlags; was die dritte anbelangt, so zielt sie auf die Ausbildung der Studenten in Diagnostik und in der Beratung im allgemeinen. All dies ist sehr wichtig: obwohl die genannten Probleme auf verschiedenen Ebenen liegen, scheinen sie miteinander verknüpft zu sein.

J.Auderset: Sie haben einige der Themen erwähnt, die unsere Gruppe beschäftigten[2]: wünschbare Entwicklungen auf der Ebene der diagnostischen Instrumente, Probleme der Ausbildung. Wir haben in unserer Gruppe Herrn Lang gehabt, der uns seine Intentionen etwas klarer enthüllt hat, in dem Sinne, dass er im Psychologen einen Träger sozialer Veränderung sieht, nicht nur individueller Veränderung; jemanden, der dazu beiträgt, gewisse gesellschaftliche Praktiken in Frage zu stellen, in denen wir festgefahren sind und die in gewissen Punkten verbesserungsfähig scheinen... Was die Rolle des Psychologen als solche betrifft, so glaube ich nicht, dass wir viel Neues beigetragen haben im Vergleich zu den Ueberlegungen, die gestern angestellt wurden; es sei denn, dass jemand darauf hingewiesen hat, es sei ja gerade die Aufgabe des Beraters, seinen Klienten zu einem Mehr an Autonomie zu verhelfen, während jemand anderer hervorhob, dass er, mit gewissen Einstellungen seiner jungen Ratsu-

[2] Nicht wiedergegeben; vgl. Vorbemerkung zu Teil II.

chenden konfrontiert, in der heutigen Situation eben gerade die Rolle desjenigen übernehmen müsse, der sie, durch Vermittlung von Informationen, fast zwinge, sich mit sozialen Realitäten auseinanderzusetzen, die ihnen wahrscheinlich unvertraut waren, bevor sie einen Rat einholten.

A.Lang: Ich möchte ergänzen und das, was Herr Auderset aus unserer Gruppe berichtet hat, mit Bezug auf den Bereich der Universität konkretisieren. Wenn nun die Forderung kommt, der akademische Berufsberater solle Teil dieses Selektionsverfahrens sein, und der akademische Berufsberater bzw. die Gemeinschaft der akademischen Berufsberater nun die Intention hat, sich dagegen zu wehren, so gut es nur eben geht - sie wird einen schweren Stand haben -, dann ist wahrscheinlich die beste Strategie die Entwicklung einer Alternative. Die Alternative könnte in der Richtung verlaufen, dass der akademische Berufsberater seine respektable Position von heute ausnutzt, um als "Agent Social" wirksam zu werden und Entwicklungen zu unterstützen oder zu fördern oder zu planen, was immer angezeigt ist, um diese punktuelle Entscheidung - diese oder jene Universität, dieses oder jenes Fach, eines von 40 Fächern, die man wählen muss und aus denen man nur unter dem Verlust von Jahren heraus in ein anderes wechseln kann - in ein sequentielles Geschehen umzuwandeln. So könnte man beispielsweise versuchen, gruppierte und nicht auf Fächer ausgerichtete propädeutische Vorstufen einzurichten, damit eine elegantere und allmählich geschehende Einspurung in eine bestimmte Studienrichtung zustande kommt.

Kurzfristige Prognosen und sequentielle Strategie - Ausweg aus der Problematik psychodiagnostischer Tätigkeit?

H.Weidmann: Ich möchte Ihnen einen persönlichen Eindruck von der Diskussion in unserer Gruppe wiedergeben[3]. Bei uns hat sich

[3] Vgl. Kapitel 15 ("Verantwortbare Verfahren in der Psychodiagnostik").

nicht so sehr das Bedürfnis artikuliert, das Sie einleitend erwähnt hatten, das Bedürfnis nach Verbesserung der verfügbaren diagnostischen Mittel, sondern - vielleicht eher etwas unterschwellig - das Bedürfnis nach einer Veränderung des beraterischen Vorgehens im Sinne einer stärker sequentiell orientierten Beratung; dies in Abhebung von der weit verbreiteten oder allgemein üblichen punktuellen Form. Wir sahen uns dabei vor ein Problem gestellt: wir wären sehr wohl bereit, diesen Schritt zu vollziehen, doch stossen wir dabei auf Widerstände. Das Bildungssystem, auf das hin wir ja unsere Klienten beraten müssen, lässt sequentielle Entscheidungsfindung eigentlich nicht zu, sondern fordert punktuelle Entscheide. Und wir haben die Frage aufgeworfen, ob wir als akademische Berufs- und Studienberater in der richtigen Position wären und genügend Ueberzeugungskraft hätten, um eine entsprechende Aenderung im Bildungssystem zu initiieren.[4]

U.Pulver: Darf ich diesen Bericht noch etwas ergänzen? In unserer Gruppe wurde sehr intensiv das Problem der Prognose behandelt. Immer wieder haben wir uns mit den Fragen beschäftigt: sind Prognosen möglich? In welcher Weise sind sie möglich? und - sind sie überhaupt nötig? Es wurde das Modell einer Beratung aufgestellt, das ziemlich weitgehend von Prognosen absieht. Vielleicht kann Herr Fuchs, der dieses Modell entwickelt hat, darüber berichten.

Ein weiteres wesentliches Gesprächsthema in unserer Gruppe war

[4] Im Verlauf der Plenumsdiskussion wurde deutlich, dass eine sequentielle Beratung und Diagnostik leicht zu einer immerwährenden Betreuung ausarten könnte. Diese Gefahr besteht tatsächlich, wenn die Beratung/Diagnostik einseitig auf die Lösung des Problems zentriert bleibt, das in der jeweiligen Beratungssequenz gerade aktuell ist. Die Abhängigkeit des Klienten vom Berater kann jedoch wesentlich verringert oder sogar ganz aufgehoben werden, wenn sich die Beratung darauf ausrichtet, den Klienten nicht einfach zur Lösung des aktuellen Problems zu befähigen, sondern ihn zugleich in die Kunst des "Mit-sich-selber-zu-Rate-gehens" einzuführen. Ansätze in dieser Richtung sind vorhanden und in der Beratungspraxis auch wirksam - man denke nur an das weithin anerkannte Grundkonzept, wonach Beratung Hilfe zur Selbsthilfe vermitteln soll. Noch zu entwickeln wäre jedoch - soweit ich sehe - die Theorie und systematische Methodik einer in diesem Sinne "bifokalen Beratung"

die von Franz Berger gestern auch im Plenum bereits aufgeworfene Frage der Persönlichkeitstheorie, von der man in der Diagnostik ausgeht. Franz Berger hat zu zeigen versucht, dass die Diagnostik und die aus ihr gezogenen Konsequenzen sehr davon abhängen, welche Vorstellungen man über die Persönlichkeit und vor allem die Determinanten hat, die das Verhalten bestimmen. Herr Berger kann dazu vielleicht selbst noch Stellung nehmen.

T.Fuchs: Ich habe darüber berichtet, wie ich arbeite und wie ich etwa zu dieser Arbeitsweise gekommen bin. Ich habe drei Jahre lang als Schulpsychologe gearbeitet und dabei auch Prognosen gestellt, Prognosen über Schulerfolg und Schulmisserfolg. Ich bin dann aus dem Schulpsychologischen Dienst ausgetreten und habe nun seit vier Jahren die Gelegenheit, Erwachsene und Schüler jede Woche zu sehen. Zuerst war ich sehr erschrocken und erstaunt, nun feststellen zu müssen, dass bei einer über zwei oder drei Jahre dauernden Arbeit mit einer Person diese Prognosen nur für die Initialphase Gültigkeit hatten. Wenn ich diese Personen über Jahre hinweg begleiten konnte, sah ich, dass neue Momente auftreten- von der Umwelt her, aber auch durch die Entwicklung des Jugendlichen ändert sich etwas, an der persönlichen Motivation etc. Heute bin ich der Meinung - dies ist keine wissenschaftliche Empfehlung -, dass ich mit einer Diagnostik noch Prognosen für eine einigermassen kurze Initialphase stellen kann. Im weiteren muss ich versuchen, den Jugendlichen oder den Erwachsenen periodisch wiederzusehen, um erneut wieder das einzubeziehen, was sich in dieser Person oder in seiner Umwelt verändert hat.

Ich sagte heute, dass ich jetzt den Eindruck habe, der Mensch sei eine plastische Masse. Ich kann feststellen, wie die Verformung im Moment ist. Aber was in einem halben Jahr, in einem Jahr oder über einen noch längeren Zeitraum hinweg passiert, all das kann ich nicht voraussehen.

Ich kam dann auf die Idee, dass ich, wenn ich an der Stelle eines akademischen Berufsberaters wäre, sagen müsste: aufgrund der Diagnostik stelle ich nur eine kurzfristige Prognose. Die von mir untersuchten Personen möchte ich jedoch zu Zehner- oder

Zwölfergruppen zusammenfassen, und ich möchte sie über zwei Jahre hinweg jeden Monat einmal sehen. Dies ist die Konsequenz aus dem, was ich persönlich erfahren habe.

F.Berger: Ich möchte zunächst ein Missverständnis von gestern aus der Welt räumen. Ich möchte nicht wissen, welches Persönlichkeitsmodell für die Diagnostik notwendig oder welches Modell das beste sei. Ich behaupte bloss, dass die Art des diagnostischen Vorgehens oder die Wahl der Instrumente vom impliziten oder expliziten Persönlichkeitsmodell des Diagnostikers abhängig ist. Wenn wir nicht den extremen Standpunkt einnehmen, den Herr Fuchs formuliert hat, wonach eine Person eine plastische Masse ist, die x-welche Verformung erfahren kann, sondern davon ausgehen, dass sie zu jedem Zeitpunkt eine bestimmte Struktur hat, die sich nach bestimmten Gesetzen verändern kann - und diese Gesetze kann man auch untersuchen -, dann hat dies Konsequenzen für die Diagnostik. Wir müssten eine Situationsdiagnostik realisieren und dabei - zum Zeitpunkt t_1 - bestimmte Determinanten erfassen, die das Leistungsverhalten und das Verhalten des Menschen allgemein beeinflussen. Wenn wir jene Determinanten miterfassen, die in absehbarer Zukunft - zu einem Zeitpunkt t_2 - hinzukommen, dann können wir mit einer gewissen Wahrscheinlichkeit prognostische Aussagen treffen. Solche prognostischen Aussagen können wir aber nicht treffen, wenn wir von einem "Zustandsbild jetzt" ausgehen und dieses generalisieren oder extrapolieren und Aussagen über den Erfolg in einem Studium oder in einem Beruf nach 5 oder 6 Jahren machen. Ich stimme also in diesem Punkt überein: eine Prognose ist nur kurzfristig zu stellen, ausgehend von einer exakten Analyse der Verhaltensdeterminanten zum jetzigen Zeitpunkt[5].

F.Stoll: Ich bin froh zu hören, dass man den Anspruch erhebt, eher kurzfristige Prognosen zu formulieren; dies scheint mir richtig zu sein. Es scheint mir auf jeden Fall richtiger, als

[5] ... unter Einbezug jener Situationsfaktoren, die vorhersehbar sind.

die Illusion, keine Prognose stellen zu wollen. Es gehört nämlich grundsätzlich zu jeder Handlung, dass eine Prognose gestellt wird. Deshalb hatte ich auch ganz am Anfang etwas Angst und bin nun beruhigt zu hören, wie man es sich hier vorstellt. Ich glaube, dass es auch im Modell oder in der Auffassung von Herrn Fuchs möglich ist, dass plötzlich oder in einem ganz bestimmten Stadium der Entwicklung innerhalb der Zwölfergruppe der Wunsch geäussert wird, jetzt einen Interessentest zu machen. Und in diesem Moment ist es nicht unwichtig, welches Instrument gebraucht wird. Herr Fuchs, wären Sie mit dieser letzten Bemerkung einverstanden?

T.Fuchs: Ja, ich komme einfach zu meiner Sichtweise, weil ich im eigentlichen Sinne wenig mit akademischer Berufsberatung zu tun habe; meine Fälle sind etwas anders gelagert. Nehmen wir ein Beispiel: da kommt ein Sozialarbeiter, der in einem Scheidungsfall entscheiden soll, ob die Mutter oder der Vater die Kinder erhalten soll. Er hat mit den Eltern gesprochen, er hat die Kinder gesehen, er hat abgeklärt, wie die Kinder wohnen, und er fragt nun, ob ich von der Psychologie her noch etwas beitragen könne. Meine Antwort ist: ja. Kurzfristig kann ich etwas beitragen. Ich kann die Kinder kommen lassen, ich kann mit ihnen den Familienbeziehungstest machen, ich kann den Szenotest machen, ich kann den Düss-Fabeltest machen, ich kann einen Zeichentest machen und kann z.B. sagen:"Jetzt im Moment haben die Kinder die intensivere und bessere Beziehung zum Vater als zur Mutter. Also ist im Moment zu entscheiden, dass der Vater die Kinder bekommt."

Ich mache deshalb eine Prognose, weil ich sage: im Moment ist es besser, ... aber ich lasse dabei offen, ob nach drei oder vier Jahren erneut erwogen werden muss, ob die elterliche Gewalt der Mutter zugesprochen werden soll. Dies als Beispiel dafür, wie ich kurzfristige Aussagen mache. Gestern hat jemand gesagt: "Entschieden wird ja sowieso" oder "es muss sowieso entschieden werden" - ich sehe den Sinn meiner Arbeit darin, dass ich dazu einen Beitrag leisten kann.

Ein weiteres Beispiel aus meiner Arbeit mit Untersuchungsgefangenen: Der Richter entlässt einen Untersuchungsgefangenen nach vier bis fünf Tagen Haft und übergibt ihn dem Sozialarbeiter; dieser fragt sich nun: was soll ich denn überhaupt mit ihm tun? Er spricht mit ihm. Dann schickt er ihn noch zu mir. Ich führe mit dem Untersuchungsgefangenen vielleicht den Achtnich-Berufsbildertest durch oder den Freiburger Persönlichkeitstest, mit einer Analyse der einzelnen Items, indem ich ihn zu diesen assoziieren lasse; ich führe eine vertiefte Exploration durch und glaube auch in diesem Fall, dem Sozialarbeiter sagen zu können: nach meiner Meinung würde der junge Mann dies oder jenes im Moment bewältigen.

F.W.Schmid: Es scheint mir, dass es eine Beratungstechnik gibt, die der Tatsache Rechnung trägt, dass in manchen Situationen kurzfristige Prognosen eher möglich sind als langfristige. Ich glaube, dass sehr viele Berater vor allem im Kontakt mit Jugendlichen nach dem Prinzip arbeiten, keine Türen zuzuschlagen, die nicht zugeschlagen werden dürfen. Dem liegt die Ueberlegung zugrunde, dass es in manchen Phasen der Beratung viel weniger wichtig ist, die richtige oder die optimale Lösung bestimmen zu können, als zu verhindern, dass der Klient in eine Sackgasse gerät, aus der heraus dann kein Weg mehr zu einem vernünftigen Ziel führt. Es wäre interessant, einmal zu untersuchen, wie die Berater konkret vorgehen, um diesem bescheideneren Anspruch zu genügen.

Einwände und Vorbehalte

U.Pulver: Ich fühle mich ausnahmsweise veranlasst, die Rolle des Agent Provocateur von Herrn Lang zu übernehmen und die Frage zu stellen: was heisst kurzfristige Prognose? Was heisst es, einen Entscheid jetzt zu fällen, etwas provisorisch zu tun; jemanden provisorisch dem Vater oder der Mutter zuzuweisen, provisorisch in diese oder jene Schule zu gehen? Dies erscheint im Moment zwar als ein bloss vorläufiger Schritt; es besteht dann aber die Tatsache, dass die Kinder beim Vater oder bei der Mutter sind, oder dass jemand in eine bestimmte Schule eingespurt ist. Diese Tatsache wirkt in der Folge auf die betroffene Person ein, sie verändert die Lebensbedingungen dieser Person. In andern Worten: die Umweltbedingungen werden durch diesen Entscheid neu formiert, sodass eine Person, die beispielsweise in ein Gymnasium eingetreten ist, mit viel grösserer Wahrscheinlichkeit Akademiker wird als nicht. Ich kenne den vorgeschlagenen Ausweg schon; ich wähle ihn auch. Es ist unsere Hoffnung, dass wir etwas nur vorläufig, provisorisch wählen können. Ich glaube aber - dabei wird mir Herr Lang wahrscheinlich zustimmen -, dass man damit doch viel mehr entscheidet als man eigentlich meint. Man bestimmt dabei die Entwicklung eines Klienten doch langfristig mit. Wir dürfen darum auch bei kurzfristigen Prognosen die Problematik nicht unterschätzen, sondern müssen stets die langfristige Wirkung unserer Schritte im Auge behalten.

A.Lang: Auf den ersten Blick imponiert mir dieses provisorische Beraten auch, als momentane Lösung. Ich bin aber immer interessiert, auch das Längerfristige zu beachten. Und dabei stellt sich mir die Frage: Ja, ist das denn ein lebenswertes Leben? Diese momentanen Entscheidungshilfen zwingen doch dann zur fortwährenden Betreuung. Notwendigerweise muss die vorläufige Entscheidung als vorläufig betont werden, und es muss verfolgt werden, was weiter geschieht. Das heisst aber dann, dass dieser Mensch vielleicht nicht mehr allein leben kann, sondern dass er einen Betreuer braucht, um weiter leben zu können. Ich sehe darin einen fundamentalen Widerspruch zu unserer Art des Zusammenlebens, zur freien Gesellschaft, die wir wollen. Dies ist ein Schritt zu einer Planwirtschaft, aber nicht nur mit der Wirtschaft, sondern mit den Menschen.

Diese Perspektive, die ich hier sicher überspitzt aufwerfe, muss man sehen, wenn man derartige Entscheidungen trifft.

J.-B.Dupont: Ich stelle fest, dass die Diskussion lebhaft wird!

T.Fuchs: Herr Pulver hat mich auf einen Gedanken gebracht: das von mir skizzierte Vorgehen hat vielleicht Langzeitwirkung, aber es ist keine Langzeitprognose. Ich bin heute soweit, dass ich alles offenlasse. Früher war dies ganz anders. Bei einem Kind mit einem IQ von 82 war ich der festen Ueberzeugung, dieses Kind solle von der zweiten bis zur achten Klasse in eine Hilfsklasse. In diesem Sinne wurde das Kind in die Sonderklasse eingewiesen, und es war eine abgemachte Sache, dass es auch aus der Hilfsklasse heraus die Schule verlässt. Auch dies wurde aufgegeben. Wir sehen heute alles viel dynamischer. Es ist durchaus möglich, dass nach drei oder vier Jahren durch irgendwelche Umstände dieses Kind dann die Sekundarschule bewältigt (in Basel-Land Oberstufe der Primarschule). Dies ist deshalb möglich, weil wir nicht alle Variablen in der Hand haben, um eine bessere Prognose zu treffen.

Es stimmt, dass dieses Vorgehen zu weiteren Konsultationen führen kann. Aber ich kann mir z.B. doch nicht anmassen, bei einer Kinderzuteilung zu sagen, dass die Kinder auch in vier Jahren noch die bessere Beziehung zum Vater haben werden, so wie es im Moment der Fall ist. Dafür habe ich gar nichts in der Hand. Aber für den Moment habe ich drei, vier Möglichkeiten: die Kinder kommen in ein Heim, zum Vater oder zur Mutter, oder zu irgendwelchen Verwandten. Die Auswahlmöglichkeiten sind sehr begrenzt, und sie sind bekannt. Eine dieser Varianten wird sicher realisiert; und zu dieser Auswahl kann ich meiner Meinung nach mit Hilfe der Diagnostik einen Beitrag leisten.

J.-B.Dupont: Ich danke Ihnen für das interessante Beispiel, das Sie uns vorgelegt haben. Ich erlaube mir hier, nebenbei darauf hinzuweisen - dies zuhanden von Herrn Lang -, dass die Anzahl der Möglichkeiten, denen man sich gegenübersieht, begrenzt ist, sowohl im zitierten Beispiel, als auch in anderen Situationen. Dies ist ein Aspekt, der bei der Diskussion berücksichtigt werden muss.

C.von Orelli: Ich möchte eigentlich ähnlich wie Herr Pulver argumentieren: sollten wir nicht die Strategie verfolgen, langfristig zu planen, wohl wissend, dass wir nur kurzfristige Prognosen stellen können. Wäre dies nicht ein anderes Vorgehen?

<u>F.Berger</u>: Mir kam die Position von Herrn Lang sehr überspitzt vor, das Provisorium - oder besser einen überschaubaren Zeitraum - als den Einstieg in eine unendliche Verlängerung von Provisorien zu betrachten, woraus sich eine Bevormundung der Ratsuchenden oder Klienten ergeben würde. Es ist doch so, dass sich auf Grund einer Intervention zu einem bestimmten Zeitpunkt mit kurzfristigen Konsequenzen die subjektive oder objektive Situation der einzelnen Person verändert. Der Sinn dieser sequenziellen Diagnostik oder Beratung besteht darin, die Situation erneut überprüfen zu können. Und dies so lange, bis wir zu dem Punkt gekommen sind, an dem der zu Betreuende seine Entscheidung treffen oder seine Situation selbst gestalten kann. Ich sehe es als besonders wichtig an, dass unsere Interventionen nicht Bevormundungen sind, sondern Hilfestellungen in einer ganz konkreten Situation, in der die situativen Determinanten bestimmt sind. Und ich halte es für wichtig, dass wir es dem Klienten freistellen, die Entscheidung zu einem späteren Zeitpunkt selbständig zu treffen, dass wir also eine Entwicklungsmöglichkeit des Klienten miteinbeziehen.

Mir scheint auch Ihr Standpunkt, Herr Lang, nicht ganz klar zu sein, vor allem bei dem Beispiel, das Herr Fuchs genannt hat. Ist es nicht eine Frage des gesellschaftspolitischen Standpunktes, wenn ich mich in einem sozialen Fall engagiere und versuche, als Psychologe fundierte oder vernünftige Entscheidungen mitzutreffen? Oder wenn ich mich völlig draussen halte und es anderen überlasse? Besteht da nicht die Gefahr, dass ich mich völlig isoliere, wenn ich sage, solche Aufgaben übernehme ich nicht, weil ich es wissenschaftlich nicht verantworten kann? Ist der Wissenschaftler oder der mit wissenschaftlichem Anspruch Arbeitende nicht gleichzeitig ein Mitglied der Gesellschaft, das solche Entscheidungen mitbeeinflusst?

<u>A.Lang</u>: Ich habe ausgeschlossen, dass man es wissenschaftlich

verantworten kann. Ich habe für die Personalisierung der Beratung plädiert; mit gewissen Konsequenzen für die Profession. Wenn man die Beratung als Agent einer Institution, insbesondere des Staates, macht, also als staatlich angestellter Berater, dann sehe ich irgendwann einen Interessenkonflikt heraufkommen, dem man nicht entgehen kann; in diesem Fall ist man ein Sozial-Ingenieur; man hat seinen Wertungsstandpunkt aus der Hand gegeben. Wenn man Beratung als privater Berater macht, dann ist man wohl sehr viel freier, obgleich dabei gelegentlich ein Existenzproblem entstehen kann. Mir scheint diese Festlegung des professionellen Beraters in akzentuierter Form in jener Situation zum Ausdruck zu kommen, in der man mit Drittpersonen Beratung macht. Konkret, wenn das Problem eines Kindes gelöst werden soll, das Kind aber nicht selbst für sich verantwortlich ist, sondern seine Eltern, sein Vormund oder wer immer. Man kann nicht unmittelbar aus der Situation heraus das Problem lösen, sondern man geht zu einem Agenten, der einem die Sache in Ordnung bringt. Wenn dies nun für das Kind zum Modellfall für Problemlösungen im Leben wird, dann ist damit eine Entwicklung eingeleitet, vor deren Konsequenzen ich warnen will. Bei aller Anerkennung der Berechtigung momentaner Adäquatheit eines derartigen Vorgehens wehre ich mich gegen die langfristige Wirkung, gegen die Etablierung dieses Vorgangs als Normalfall.

P.Landolf: Ich möchte noch einmal zurückkommen auf den Gedanken der sequentiellen Beratung, da ich glaube, dass wir uns dabei einer Illusion hingeben. Als Studentenberater "ernte" ich viele Fälle von der Akademischen Berufsberatung, bei denen im Zeitpunkt eines möglichen Eintritts ins Gymnasium festgestellt wurde: "Im Moment gibt es keine Alternativen, die Schulnoten waren nicht so schlecht, versuchen wir es einmal." Aber die Dinge haben ihre Eigengesetzlichkeit, d.h. wo man einmal ist, bleibt man, solange es nur irgendwie geht. Solch ein kurzfristiger Entscheid bzw. eine kurzfristige Prognose rächt sich dann vielleicht sechs oder mehr Jahre später. Ich glaube, dies können wir nicht verantworten. Mit diesem Modell kommen wir nicht weiter. Bei Medizinern z.B. würde das heissen: wir prognostizieren jetzt das erste Propädeutikum, wenn dieses bestanden ist, prognostizieren wir das zweite, dann das dritte, und später können wir vielleicht noch den Beruf prognostizieren. Was wir stattdessen tun können, um die punktuelle Diagnose und damit auch die auf einem Punkt basierende Prognose zu verbessern, wäre die "prolongierte Beratung" vor irgendwelchen Entscheiden. D.h. wir versuchen die Entscheide solange hinauszuzögern (unter Umständen unter Verlust eines Semesters, eines Jahres oder mehr), bis die Elemente für eine Entscheidung vorhanden sind. Solche Elemente können sein: Information, Ergebnis von Gesprächen, aber auch Semesterarbeiten an der Universität, Praktika in einer Institution, Zwischenlösungen oder irgend etwas anderes. Wir müssen vermeiden, unter Zeitdruck so etwas wie Entscheidungshilfe zu geben und dabei den Eindruck zu erwecken, es wäre möglich, aufgrund einer drei- oder vierstündigen Beratung mit einigen Tests solche Entscheide zu unterstützen.

W.Schönenberger: Ich glaube, man könnte die beiden Aspekte (die in einer sequentiellen Beratung liegen) noch etwas vertiefen.

Herr Lang hat Gefahren genannt, die man sehen muss. Es ist dasselbe, was heute in der Medizin passiert. Der Arzt ist zum Medizinmann geworden, der sich durch Fachmethoden, die für den Laien undurchschaubar sind, unentbehrlich gemacht hat. Die Medizin hat Abhängigkeiten etabliert, in denen der Patient gefangen ist und aus denen er sich nicht lösen kann. Solche Abhängigkeiten können durchaus auch in der Psychologie etabliert werden; sie sind etabliert worden z.B. in analytischen Langzeittherapien. Solche Abhängigkeiten könnten auch in einem sequentiellen Vorgehen vertieft werden.

Auf der anderen Seite sehe ich durchaus auch positive Möglichkeiten, vor allem in dem, was Herr Fuchs angetönt hat. Solche positive Momente sehe ich dann, wenn man nicht Abhängigkeiten von einer Einzelperson etabliert, sondern wenn man in Gruppen zusammen kommt, in denen die Lernprozesse durchschaubar sind. Solche Gruppen bestehen auch ausserhalb der therapeutischen

Situation; sie sind exemplarische Lernmodelle, in denen man das Umgehen mit Entscheidungssituationen und das Gewinnen von feedback lernen kann. Ich glaube, die Bearbeitung von Problemen in Gruppen hat auch immer transitorische Aspekte; dabei wird nicht Abhängigkeit kreiert, sondern Autonomie initiiert. Darin scheinen mir positive Aspekte zu liegen.

R.Buchli: Ich möchte jetzt einmal die Aussagen von Peter Landolf als Vorwurf auffassen und sie zurückweisen. Seinen Vorwurf nämlich, dass eine Person jetzt etwas auszufressen hat, was in einer frühen Phase verbrochen wurde. Ich unterschiebe jetzt Peter Landolf in boshafter Weise, dass er etwas vergisst. Infolge der Tatsache, dass er als Studentenberater jetzt reicher strukturierte Persönlichkeiten in der Beratung hat, vergisst er, dass wir bei der Entscheidung für oder gegen den Eintritt ins Gymnasium Persönlichkeiten vor uns haben, die zum Teil über wesentliche Voraussetzungen für eine gute Entscheidung nicht verfügen. Infolgedessen könnte die Konsequenz gezogen werden, den Entschluss aufzuschieben. Dabei stellt sich natürlich die Frage, ob sich dabei die Fähigkeit, einen besseren Entscheid herbeizuführen, entwickelt. Man kann m.E. nicht einfach sagen: wir warten und dann stellt sich schon die Entscheidungsfähigkeit ein. Umgekehrt müssen wir anerkennen, dass der Eintritt in die Schule den Schüler einen Schritt weitergebracht hat; dieser Entscheid war vielleicht falsch, aber ohne Eintritt in die Schule wäre auch die Entscheidungsfähigkeit nicht eingetreten. Dem Vorwurf an die akademischen Berufsberater eignet der Mangel einer unzulässigen Vereinfachung.

P.Landolf: Es geht mir nicht darum, Vorwürfe zu machen. Ich beziehe mich nur auf die Fälle, bei denen der Eintritt ins Gymnasium ein Hinausschieben des Entscheides ist; bei denen der Berater, der sich zurückhält und nicht dirigieren will, das "Opfer" dieser Entscheidungsunfähigkeit wird. Es scheint mir überhaupt keine Alternative zu sein, ein Jahr zu warten in der Hoffnung, dass es dann besser wird. Meiner Meinung nach haben wir bzw.

die akademischen Berufsberater die Aufgabe, dafür zu sorgen oder Möglichkeiten vorzuschlagen, dass sich die Entscheidungsfähigkeit verbessert. Dabei sollte das Ziel verfolgt werden, dass der betreffende Klient nach einem halben oder ganzen Jahr so viel mehr über sich weiss, so viel zusätzliche Erfahrungen sammeln konnte, dass er dann besser und sicherer sagen kann: ich gehe jetzt ans Gymnasium oder ich erlerne einen Beruf.

Der Klient ist bisher ja immer nur in der Schule gewesen, er kennt sich nicht; wir können ihm diese Erfahrungen nicht liefern, auch nicht durch Zukunftsphantasien. Als mögliche Lösungen wären ein Berufswahljahr, Praktika usw. zu überlegen. Oder wir könnten ihn zu ganz anderen Leuten in die Beratung schicken, welche alternative Aspekte wie z.B. praktisch-berufliche vertreten.

V.Lunin: Ich möchte noch einen Gedanken einbringen: Wer entscheidet für wen was? Zur Zeit wollen wir ja nicht für den Klienten entscheiden, sondern wir schieben den Entscheid auf die Institution, in die er hineinkommt. Und nun kann die Situation eintreten, dass die Institution auch nicht mehr für ihn entscheiden will; und dadurch entstehen nach meiner Meinung wiederum Identitätsdiffusionen, deren verheerende Auswirkungen wir feststellen können. Ich halte es deshalb für sehr wichtig, dass die Institutionen, welche ausbilden, weiterhin den Mut haben zu entscheiden und nicht jene Offenheit, für die wir plädieren, selbst auch übernehmen.

R.Meili: Die Diskussion befindet sich nun an einem ganz anderen Ort, als dort, wo ich eigentlich einsetzen wollte. Ich möchte dennoch dahin zurückgehen. Eine prinzipielle Frage scheint mir zu sein: können wir es verantworten, so oder so als akademische Berufsberater zu arbeiten? Ich glaube, es ist gut, dass sich der akademische Berufsberater und jeder Praktiker irgendwelcher Art seiner Verantwortlichkeit gegenüber dem Klienten und der Gesellschaft im allgemeinen bewusst ist; aber ich habe den Eindruck, dass dies auch zu einer Phobie werden kann, und dass durch gewisse Voten Berater verunsichert werden können.

Man könne keine Prognosen machen über Jahre hinaus. Vielleicht kann man es für ein Jahr, für einen Monat, vielleicht für ein paar Tage. Das kann man gar nicht allgemein sagen, denn es kommt immer darauf an, welche Art von Prognose man macht. Unsicherheit wird auch erzeugt darüber, ob man einen Rat geben darf, ob man etwas Bestimmtes sagen darf, oder ob man im Unbestimmten bleiben muss etc.etc. Ich möchte aber darauf hinweisen, dass wir uns in der heutigen Welt immer in Unsicherheiten befinden. Wenn sie nicht so ausserordentlich kompliziert wäre, dann brauchten wir gar keine Berater irgendwelcher Art. Herr Lang hat ein wenig dieses Ideal; aber wir leben nicht in einem solchen Paradies; deshalb braucht man Berater, und deshalb müssen wir uns, trotz aller Schwierigkeiten und aller Probleme dieser Aufgabe hingeben, der Aufgabe des Beraters. Wir müssen es tun, trotz aller Risiken, und das Beste zu erreichen versuchen. Glücklicherweise gibt es in der Beratungssituation meistens mehrere Möglichkeiten, sodass die Fehlermöglichkeiten weniger gross sind, es sei denn, wir müssen von Amtes wegen entscheiden. Wenn wir unserer Aufgabe ausweichen, dann übernimmt sie jemand anderes! Und ich wage zu sagen, dann wird es in mindestens 50% der Fälle schlechter sein.

Also: Wir dürfen sicher nicht glauben, im Besitz der ganzen Wahrheit zu sein und irgend jemandem immer das Beste geben zu können; wenn wir diesen Anspruch an uns haben, dann müssen wir nicht diesen Beruf wählen, sondern etwas ganz anderes machen. Wir müssen uns auf ein bescheidenes Ziel konzentrieren: die Situationen so gründlich wie möglich zu erfassen und die praktischen Folgerungen daraus zu ziehen. Es gibt viele Wege, um zu diesem Ziel zu gelangen; aber man muss sich in jedem Fall über die Tragweite dessen, was man macht, im Klaren sein.

J.-B.Dupont: Vielen Dank, Herr Meili, für diese sehr gehaltvollen Ausführungen.

F.W.Schmid: Ich möchte Herrn Meilis Votum unterstützen. Auch ich bin in den letzten Jahren immer mehr zur Ueberzeugung gelangt, dass die übertriebene Skepsis und Gewissenserforschung die eigentliche Berufskrankheit des Psychologen darstellt und dass unsere Handlungs- und Einwirkungsmöglichkeiten in manchen Situationen durch unsere Zurückhaltung in einem bedauernswert grossen Ausmass beschnitten werden.

Ich gehe anderseits nicht ganz einig mit Herrn Schönenberger, der die Meinung vertreten hat, man könne dem Dilemma der Abhängigkeit entgehen, indem man von der Zweierbeziehung auf die Gruppenbeziehung ausweicht. Ich beobachte heute bei manchen, vor allem jüngeren Kollegen ausgesprochene Suchterscheinungen in Bezug auf die Teilnahme an Gruppen. Man geht nur noch von einem Gruppentraining zum nächsten und kann zwischendurch kaum mehr allein und auf sich gestellt leben. In dieser Hinsicht hat Herr Lang schon recht, wenn er uns darauf aufmerksam macht, dass es solche Erscheinungen gibt.

Gestatten Sie mir noch, einen technischen Hinweis zu formulieren, der an diejenigen unter uns gerichtet ist, die sehr vorsichtig und zurückhaltend sind in Bezug auf die Aeusserung von Prognosen und die Mitteilung von Ratschlägen. Ich frage sie, ob sie nicht auch schon die folgende Beobachtung machen konnten. Je zurückhaltender sie in dieser Beziehung sind, das heisst, je länger sie damit zuwarten, ihre eigenen Meinungen zu äussern, desto mehr Gewicht bekommen diese Meinungen dann beim Ratsuchenden, wenn sie am Schluss doch preisgegeben werden müssen.

Auf der anderen Seite gibt es einen Beratungsstil - einige Kollegen haben ihn zur Perfektion entwickelt -, der darin besteht, auf verschiedene Weise Versuchsballone steigen zu lassen und sich unter Umständen schon sehr früh im Gespräch mit eigenen Ideen zu exponieren. Man sagt etwa:"Hast Du noch nie an die und die Möglichkeit gedacht?", "Wäre es Dir zum vornherein unmöglich, Dich in der Rolle X zu sehen?" oder "Vielleicht solltest Du einmal diesen Weg genauer unter die Lupe nehmen". Dabei gibt man gerade durch die Vielzahl, die Spontaneität und die Unverbindlichkeit solcher Aeusserungen zu verstehen, dass man sich eben nicht als <u>den</u> Experten betrachtet, sondern mit dem Klienten auf der Suche ist nach Lösungsmöglichkeiten, mit denen er sich selber auseinandersetzen kann und auseinandersetzen soll. Dieses

Vorgehen scheint mir auf einer Dialektik zu beruhen, die für den praktischen Ablauf der Beratung von sehr wesentlicher Bedeutung ist.

18. Testgebrauch in der schweizerischen Beratungspraxis

François Stoll

In meinem Exposé werde ich insbesondere das Feld der Tests, also nur einen relativ kleinen Teil der Psychodiagnostik direkt besprechen. Mein Plan ist folgender: Ich möchte zuerst allgemeines über Testverfahren sagen und Qualitätsansprüche formulieren. Dann werde ich einen Rückblick geben anhand einer Untersuchung von F.W.Schmid, welche die Verwendung von Tests innerhalb des Schweizerischen Berufsverbandes für Angewandte Psychologie (SBAP) im Jahre 1964 erhob. Nach diesem Rückblick werde ich auf die diesjährige Untersuchung, die eigentlich von der Schweizerischen Testkommission ausgegangen ist, zu sprechen kommen. Anschliessend werden wir einen Blick nach Holland werfen, wo ich zwei Studien gefunden habe, eine von 1967 und eine von 1971, die dieselbe Frage stellen. Zum Schluss werde ich kritisch zur heutigen Situation Stellung nehmen.

Allgemeine Bemerkungen über Testverfahren

Zur Definition von Tests im engeren Sinne schlage ich in Anlehnung an die Standards der APA eine Definition von Drenth vor: "Ein Test ist ein Spezialfall der Kategorisierung und Messung des menschlichen Verhaltens." Diese Kategorisierung macht Schwierigkeiten: Man kategorisiert nicht gerne; man fragt sich, ob das etwas hilft usw. Ich denke, dass es auch hier gut ist, Fragen zu stellen und die Konsequenzen solcher Kategorisierungen unter die Lupe zu nehmen; ich glaube aber, dass wir erst mittels solcher Kategorisierungen denken können. Fragen und Aufgaben eines Tests sollen es ermöglichen, über empirisch-theoretisch begründete Eigenschaften des Probanden eine Aussage zu machen. Man geht von einer objektiven Verarbeitung von Reaktionen der Person - dies meint der Anspruch auf Objektivität - in einer standardisierten, sorgfältig ausgewählten Reizsituation aus. Diese Standardisierung hat unter anderem zum Ziel, eine gute Reliabilität zu schaffen. Sie ermöglicht den Vergleich der Reaktionen einer Person mit den Reaktionen anderer Personen: Das ist der Anspruch auf Eichung der Instrumente. Im Hintergrund dieser Definition steht eine Erwartung, die an dieser Tagung schon mehrmals zum Ausdruck kam: die Benützung des Tests als Entscheidungshilfe. Diese Benützung als Entscheidungshilfe ist um so sinnvoller, je mehr sie den Entscheidungsprozess verbessert. Wenn die Testinformation dagegen die Chance einer falschen Entscheidung nicht reduziert, weil sie entweder falsch oder bedeutungslos ist, dann ist es nicht zu verantworten, die Entscheidung auf einen Test zu gründen. Ich möchte hier beifügen: die Tests werden oft - ich würde sogar sagen: fast immer - vom Probanden als scharfer Eingriff oder als scharfes Instrument empfunden. Man muss sich natürlich überlegen, ob es sich lohnt, diesen scharfen Eingriff vorzunehmen oder nicht. Bei einigen Psychologen hat man den Eindruck, dass sie sich das nicht überlegen und dass sie ohnehin Tests anwenden wollen.

Nun zu den Qualitätsansprüchen, die aus dieser Definition und dieser Ueberlegung herauswachsen - welche können wir da formulieren? Ich möchte hier die Kategorien und Ansprüche, wie sie die holländische Gesellschaft vorschlägt, darstellen. Es haben sich Leute der holländischen Testkommission eine Art Skala, eine Güteskala für Tests im engeren Sinn erarbeitet, und ich habe diese Güteskala etwas vereinfacht in Abb.1 dargestellt.

Die Güteskala gibt psychometrisch konstruierten Tests, d.h. Tests im engeren Sinne des Wortes, die Note A, sie erfüllen sämtliche sechs ersten Kriterienansprüche. Der zweitbeste Rang ist B. Die letzten Kategorien, E und F, gehören eigentlich nicht mehr zu den Tests im engeren Sinn. Ich beabsichtige, die heute zur Diskussion stehenden Tests nach dieser Skala einzustufen.

Güteskala:	sehr gut				schlecht	
	A	B	C	D	E	F
1. Objektives Punkte- und Beurteilungssystem	x	x	x	x		
2. Normen für definierte Gruppen	x	x	x			
3. Positive Reliabilitätsdaten	x	x				
4. Keine eindeutig negative Reliabilitätsdaten	x	x				
5. Ausreichende Konstrukt- und prädiktive Validitätsdaten	x					
6. Wenig nicht-valide Ergebnisse	x					
7. Ausreichende Konstrukt- oder prädiktive Validitätsdaten; falls beides, dann nicht konsistent		x				
8. Reliabilität unvollständig, aber für weitere Untersuchungen ausreichend			x			
9. Einige Angaben über Konstrukt- oder prädiktive Validität; wenn keine Validitätsangaben, Reliabilität positiv			x			
10. Normen für definierte Gruppen *oder* positive Reliabilitätsergebnisse *oder* einige positive Validitätsergebnisse *oder* mehrere dieser Kategorien, die aber inkonsistent sind				x		
11. Kein Research bekannt					x	
12. Vorhandene Daten deuten auf mangelhafte Testkonstruktion oder -theorie						x

Abb. 1: Psychometrische Güteskala für Tests
(nach NIP-Documentatie van tests en testresearch in Nederland, 3e ed. Zaandijk, 1969).

Frühere Testumfragen in der Schweiz

Ich war sehr erfreut, vor einigen Monaten zu erfahren, dass eine Testumfrage in der Schweiz schon 1964 stattgefunden hat (vgl. Abb.2). Damals war ich noch nicht Mitglied des SBAP, so dass ich davon gar nichts wissen konnte. Gerade Herr Schmid, der die heutige Tagung mitorganisiert hat, richtete sich mit seiner Umfrage an sämtliche Mitglieder des SBAP. Er versuchte, von allen eine Antwort zu bekommen; nach zwei Mahnungen hatte ein grosser Prozentsatz der Mitglieder geantwortet. Im ganzen waren unter den 90 Psychologen, die Tests verwenden und die antworteten, 81 Deutsch- und 9 Welschschweizer. Man muss sich dabei vergegenwärtigen, dass die Mitglieder des schweizerischen Berufsverbandes vorwiegend in der deutschen Schweiz tätig sind.

Qualität*	Rang	Test	Punkte	Gebrauchshäufigkeit (0 – 150 – 200)
E	1	Baumtest (Koch)	239	
D	2	Graphologie, ganzheitlich	211	
D	3	Wartegg	208	
D	4	Rorschach	203	
D	5	Drahtbiegeprobe	175	
A	6	IST (Amthauer)	169	
E	7	Zulliger	147	
F	8	Szondi	139	
D	9	Points à organiser (Rey) ..	139	
A	10	AIT (Meili)	126	
D	11	Farbpyramidentest (Pfister/Heiss)	120	
C	12	HAWIE	119	
C	13	Figuren nach Rybakoff (Meili)	119	
B	14	BIT (Irle)	115	
A	15	Mechanisch-technischer Verständnistest (Lienert)	111	

* Zur Qualität vgl. die Güteskala der Abb. 1.

Abb. 2: Testumfrage 1964

Schweizerischer Berufsverband für Angewandte Psychologie (F.W.Schmid).

111 Mitglieder (86% Beteiligung) haben den Fragebogen ausgefüllt. 90 von diesen 111 verwenden Tests.

Die Antworten wurden gewichtet von 1 bis 3 Punkte, je nachdem ob der Test "häufig" oder "selten" gebraucht wird.

Zu den Ergebnissen: Man findet in den ersten drei Rängen eine Gruppe von Verfahren, die mit dem Wort Graphologie zu kennzeichnen ist; denn der Baum- und der Wartegg-Test haben im theoretischen Ansatz, im Aufbau, in der Art der Interpretation ziemlich viel mit Graphologie gemeinsam. Ich glaube, diese Spitzengruppe enthält einander ziemlich verwandte Verfahren. Ich habe ihre Qualität verschieden eingestuft; aber ich meine, dass diese Qualitätsbestimmungen anfechtbar sind. Ich würde gerne Gegenvorschläge entgegennehmen, denn es ist nicht immer leicht, die holländische

Skala anzuwenden. Für den Baum-Test sind mir keine "sauberen" Studien bekannt. Wir haben in unserem Seminar letztes Jahr zwei Studien durchgeführt, die auf die mangelnde Auswertungs- und Interpretationsobjektivität des Baum-Tests hinweisen. Dann haben wir in unserer Darstellung eine zweite Gruppe von Verfahren, nämlich die mehr traditionellen projektiven Verfahren: im 4.Rang den Rorschach, im 7. und 8.Rang den "Zulliger-Test" und den "Szondi-Test", und noch etwas weiter unten den Farbpyramidentest. Die Gruppe ist also nicht kompakt, sondern etwas verstreut; aber solche Verfahren sind recht zahlreich unter den 15 meistgebrauchten Tests. Im 5.Rang folgt dann schon die Drahtbiegeprobe, die ja in verschiedenen Arten und Fassungen existiert. Ob die standardisierte Fassung nach Lienert gemeint war oder nicht, ist mir nicht bekannt. Wir nehmen es an, so dass wir der Aufgabe Objektivität zusprechen können. Dann kommt eine weitere Gruppe, die der mehr standardisierten Tests, über deren Güte wir auch mehr Informationen haben. Da wäre der IST im 6.Rang und der AIT von Meili im 10., BIT und mechanisch-technisches Verständnis von Lienert im 14. und 15.Rang. Ich möchte noch erwähnen, dass in den "points à organiser" und Figuren nach "Rybakoff" spezifische Fähigkeiten erfasst werden. Es handelt sich um spezifische Tests, die man auch in eine Testbatterie einfügen könnte; die faktorielle Charakterisierung dieser Aufgaben ist wahrscheinlich nicht ganz klar.

Es fehlen in dieser Aufzählung Persönlichkeitsfragebogen. Ich vermisse auch Konzentrationstests. Die Raven-Matrizen sind nur an 18.Stelle, also noch weiter hinten zu finden. Psychomotorische Aufgaben tauchen auch nicht auf. Wir finden unter den meistgebrauchten Tests wenige, in denen eine präzise Leistung verlangt wird. Es sind eben viele ziemlich vage Verfahren, und bedenklich ist, dass sich unter den fünf ersten vier befinden, die die psychometrische Qualitätsnote D verdienen, sowie ein Verfahren mit der Qualitätsnote E. Das war die Ausgangslage vor 10 Jahren; Schmid gibt dazu einen sehr kritischen Kommentar:"Diese Verteilung spricht wohl weitgehend für sich selbst; sie ist so typisch für die gegenwärtige Ausrichtung der angewandten Psychologie in unserem Lande, wie nur irgendetwas sein kann. Sechs von zehn

Rang		Anzahl Stellen	Qualität*
1.	Kramer-Test (Intelligenz)	10	C
2.	HAWIK	9	C
3.–4.	Baumtest (Koch)	8	E
	TAT (Murray)	8	D
5.–12.	HAWIE	6	C
	AIT (Meili)	6	A
	IST (Amthauer)	6	A
	Raven-Matrizen	6	B
	Zulliger	6	E
	CAT	6	D
	Wartegg	6	D
	Sceno	6	E
13.–16.	Benton	5	B
	Düss Fabeln	5	D
	Familie, Familie in Tieren	5	D
	BIT (Irle)	5	B

* Zur Qualitätseinstufung vgl. Abb. 1.

Abb. 3: Testumfrage 1970
an zehn deutschschweizerischen Schulpsychologischen Diensten und Erziehungsberatungsstellen (Basel-Stadt, Basellandschaft, Bern, Horgen, Kanton Luzern, Solothurn, Kanton St.Gallen, Stadt St.Gallen, Stadt Zürich, Thurgau) (H.Ochsner)

Die Zahlen geben an, wieviele der zehn Stellen die aufgeführten Tests verwenden.

(Persönliche Mitteilung.)

erstgenannten Tests sind Ausdrucks- und projektive Tests. Man müsste wohl weit suchen, um ein Land mit einer ähnlich anspruchsvollen und tiefschürfenden, aber auch einer ähnlich einseitigen und subjektiven Testpraxis zu finden. Könnte etwas deutlicher die Wünschbarkeit, ja dringende Notwendigkeit der Arbeiten beweisen, deren Inangriffnahme sich die Testkommission für die unmittelbare Zukunft vorgenommen hat?"

In Abb.3 sind die Resultate einer Umfrage von H.Ochsner bei Schulpsychologen dargestellt.

Man hat dabei zehn wichtige schulpsychologische Stellen gefragt: "Welche Tests verwenden Sie?", und so eine Aufzählung dieser Verfahren zusammengestellt. Ich habe sie dann nach Anzahl Psychologen, die einen Test verwerten, rangiert und stelle fest, dass wiederum projektive Verfahren wie Baum-Test, TAT, Zulliger,

CAT, Wartegg, Sceno, Düss-Fabeln- und-Familie die Hälfte der Verfahren in der Spitzengruppe bilden, und dass präzisere Verfahren wie HAWIE, HAWIK, Kramer, UNB, IST die andere Hälfte ausmachen. Vermisst werden Verfahren, die direkt die Schulleistung und das in der Schule erworbene Wissen erfassen könnten: im Lesen, im Rechnen, in Konzentrationsaufgaben usw. In dieser Richtung werden wohl einige Verfahren erwähnt, aber nie mehr als einmal. Jede Stelle hat ihre kleinen Gewohnheiten und ihre eigenen Verfahren entwickelt, und dies meistens methodisch sehr unreflektiert.

Die Testumfrage 1975 der Schweizerischen Testkommission

Diese Umfrage wurde von zwei Studentinnen unter der Aufsicht von Prof. Lang und dem Referierenden durchgeführt. Leider ist uns die Gestaltung des Fragebogens nicht besonders gut gelungen. (Mein Assistent sagte mir, nur zwei Universitätsprofessoren könnten es sich leisten, einen solchen Fragebogen zu verschikken!) Wir erhielten trotzdem einige Antworten und das Bild, das sich daraus ergab, ist in Abb.4 zusammengefasst.

Von den 237 Antworten stammen etwa die Hälfte teilweise oder ganz aus der Berufsberatung. Berufsberater, die bekanntlich grosse Testbenützer sind, hatten also ein (zu?) grosses Gewicht in diesem Befund. Es gibt also zwischen der Untersuchung von Herrn Schmid und dieser letzten zwei grundlegende Unterschiede: der eine ist die Zeit, denn die erste Untersuchung liegt 10 Jahre zurück; und der zweite: eine andere Population. Das erste Mal war nur der SBAP betroffen, diesmal wurden sämtliche Mitglieder der Schweizerischen Gesellschaft für Psychologie (SGP), des SBAP, des Verbandes Schweizerischer Schulpsychologen und Erziehungsberater (VSSE) und alle Berufsberater, die sich bei der Testkommission gemeldet haben, miteinbezogen. So kommt man auf 830 verschickte Fragebogen. Der Rücklauf war in der deutschen Schweiz besser als in der welschen Schweiz.

Betrachten wir einmal diese Rangliste, und zwar nur nach Typ I des Ranges. Der IST ist nun an 1.Stelle, hat also die "grapholo-

Rang I	Rang II		zitiert von %	Ja, Normen genügen*	Ja, Validität genügend*	Qualität**
1.	4.	IST (Amthauer)	53	42	40	A
2.	1.	Baumtest (Koch)	44	30	26	E
3.	2.	Wartegg	44	18	18	D
4.	6.	Raven-Matrizen	42	28	29	B (Obj.?)
5.	8.	Rorschach	42	48	40	D
6.	13.	HAWIE	36	32	35	C
7.	3.	Neigungsstrukturtest – NST (Keller)	32	43	26	D
8.	10.	Zulliger-Test	30	46	35	E
9.	7.	Berufsbildertest (Achtnich)	28	24	21	D
10.	8.	Prüfsystem für Schul- und Bildungsberatung – PSB (Horn)	28	34	33	A
11.	11.	Analytischer Intelligenztest – AIT (Meili)	26	50	35	A (Obj.?)
12.	5.	N 29 (Hug)	25	23	17	F
13.	15.	TAT	25	27	31	D
14.	12.	Löw'sche Figur (Arbeitsprobe)	15	74	11	D
15.	14.	Sceno-Test (Staabs)	14	9	13	E

* Prozentsatz der Benützer, die die entsprechenden Fragen bejahen.
** Zur Qualitätseinstufung vgl. Abb. 1.
Rang I = nach Anzahl der Psychologen, die den Test überhaupt anwenden
Rang II = nach Anzahl Nennungen, multipliziert mit der mittleren jeweiligen Gebrauchshäufigkeit (Median)

Abb. 4: Testumfrage 1975

Schweizerische Testkommission (T.Pfäffli, K.Belser, A.Lang, F.Stoll).

Rücklauf:

830 verschickte Fragebogen
202 (32%) aus der Deutschschweiz
35 (17,5%) aus der Romandie

Etwa die Hälfte der 237 Antwortenden gibt an, sich teilweise oder ausschliesslich mit Berufsberatung zu beschäftigen.

gischen" Verfahren verdrängt. Gleichzeitig wird Graphologie gar nicht mehr als Test genannt. Zwei, drei Personen haben Graphologie erwähnt: das ist doch ein Zeichen dafür, dass sich etwas in der Auffassung der Verfahren geändert hat. Ich glaube nicht, dass Graphologie weniger angewendet wird; aber sie wird den andern Tests nicht mehr gleichgesetzt.

Die Gruppe Baum-Test und Wartegg bleibt auf den Plätzen 2 und 3. Auf Platz 4 folgen die verschiedenen Arten von Raven-Matrizen; diese sind also vom 18. auf den 4.Rang vorgerückt. Ich habe für die Raven-Matrizen Qualität B angegeben, mit einem Fragezeichen in bezug auf die Objektivität: Man weiss, dass die Instruktionen beim Raven einen grossen Einfluss auf das Ergebnis haben und dass diese Instruktionen von Praxis zu Praxis meist ziemlich verschieden sind. Das lässt mich an der Objektivität des Verfahrens zweifeln: Man hat zu wenig versucht, die Instruktionen in der deutschen Sprache - und wir sollten eigentlich sagen im Schweizerdeutschen - zu standardisieren.

Auf Platz 6 folgt der HAWIE. Eine nächste Gruppe ist auf den Plätzen 5 und 8 - Rorschach und Zulliger - in der Rangliste ziemlich gleich geblieben wie vor 10 Jahren. Dann folgen neue Interessentestverfahren wie der NST auf Platz 7, BBT von Achtnich (ein neues Verfahren) auf Platz 9 und N 29 von Hug auf Platz 12. Diese haben den BIT von Irle verdrängt: Er kommt in den vorderen Rängen nicht mehr vor und steht viel weiter hinten. Die hier am meisten verwendeten Interessentests sind also psychometrisch gesehen recht problematisch, wenn nicht ungenügend. Ich glaube, in den Schlussfolgerungen müssen wir das berücksichtigen: Es wäre eine Aufgabe, diese Interessentestverfahren zu verbessern.

Dann folgen PSB-Horn und AIT; AIT ist also zurückgefallen. Mit dem IST sind das die drei Intelligenztests der Spitzengruppe. Dann haben wir noch drei projektive Verfahren: TAT, Sceno-Test und die Löw'sche Figur, die letzte hat in dieser Parade sozusagen die Drahtbiegeprobe ersetzt. Erstaunlich, dass diese Löw'sche Figur so oft zu finden ist, wenn man bedenkt, dass sie zum Beispiel im "Handbuch psychologischer und pädagogischer Tests" von Brickenkamp nicht erwähnt wird. Dieses Buch ist eine nützliche Referenz, um Informationen über gebräuchliche Tests im deutschen Sprachgebiet zu erhalten. Da die Autoren sich sehr höflich gegenüber den Testautoren und Testverlegern verhielten, muss der Leser oft zwischen den Zeilen lesen, zum Beispiel wenn unter Validität einfach "keine Angabe" steht!

Die Rangierung nach Typ II erfolgte so: Für jeden Test wurde ausgezählt, wie viele Psychologen ihn verwenden. Diese Zahl wurde gewichtet, das heisst mit der mittleren Verwendungshäufigkeit (Median) des jeweiligen Tests multipliziert. Die so gewichteten Punktwerte wurden rangiert. Vergleicht man die Ränge I und II, so rücken zwei Tests um mehrere Plätze vor, nämlich NST und N 29. Dafür ist sehr wahrscheinlich die Berufsberatung verantwortlich: Man testet mehr in der Berufsberatung, und diese Tests gewinnen an Wichtigkeit. Im Gegensatz dazu verlieren IST, Rorschach, HAWIE einige Plätze, also Tests, die relativ viel Zeit zur Durchführung und Auswertung in Anspruch nehmen. Man versteht, dass diese nicht so oft verwendet werden.

Die vierte und fünfte Kolonne geben an, wieviel Prozent der Benützer die Normen als zufriedenstellend oder genügend und die Validität als genügend bezeichnen. Zum Beispiel wäre die Antwort in der ersten Linie so zu verstehen, dass 42 Prozent der Personen, die den IST anwenden, die vorhandenen Normen und die Validität als genügend bezeichnen. Im ganzen sieht man, dass sich dabei ein ziemlich kritisches Bild ergibt. Man ist von der Validität dieser Verfahren nicht begeistert. Doch frage ich mich, was die 40 Prozent ausdrücken wollen, die behaupten, die Validität des Rorschach sei genügend. Sie dachten wahrscheinlich doch an etwas anderes, als was ich meine. Dasselbe gilt für die 35 Prozent beim Zulliger und die 26 Prozent beim Baum-Test. Allgemein gesehen würde ich sagen, ist an dieser Umfrage erfreulich, dass BIT, Raven, HAWIE, PSB-Horn und AIT an Wichtigkeit gewonnen haben, und dass zum Beispiel der Szondi-Test verschwunden ist. Der Farbpyramidentest würde wahrscheinlich wieder auftauchen, wenn wir die Umfrage nächstes Jahr machten; denn dann kommt eine neue Fassung heraus, und das wird ihn vermutlich wieder aktualisieren. Bedenklich finde ich das Vorrücken des NST, N 29 und BBT, welche meiner Ansicht nach ungenügende Interessentests sind. Ich finde es auch verständlich, aber gleichzeitig bedenklich, dass spezifische Aufgaben wie Figuren nach Rybakoff und "Points à organiser" nicht mehr auftauchen.

Testumfragen in Holland zum Vergleich

Nun, ich hatte das Glück - und da kommen wir zur nächsten Untersuchung (Abb.5) - ähnlichen Untersuchungen in Holland zu begegnen. Die Holländer haben ähnliche Probleme wie wir in der Schweiz.

Vielleicht als Hinweis: Sie bemerken, dass der HAWIE 1971 hoch im Kurs stand; das ist auf die Ausgabe einer neuen Fassung, und

1971 (n = 168 Institute oder Psychologen)			1967 (n = 80 Institute oder Psychologen)		
	%	Qualität		%	Qualität
1. WAIS (HAWIE)	36	B	1. TAT	40	D
2. Amsterdamer Biographischer Fragebogen	35	B	2. Rorschach	40	D
3. Bourdon-Wiersma	32	D	3. Stanford-Binet	32	C
4. Groninger Intelligenz-Test	32	B	4. WAIS (HAWIE)	32	(B)
5. TAT	29	D	5. Bourdon-Wiersma	29	D
6. Rorschach	28	D	6. Berufsinteressentest	28	B
7. Berufsinteressentest	28	B	7. Amsterdamer Biographischer Fragebogen	26	B
8. Stanford-Binet	28	C	8. Four Picture Test (Lennep)	26	D
9. WISC (HAWIK)	28	E	9. CAT	25	E
10. Sätze ergänzen	24	D	10. Groninger Intelligenz-Test ..	24	B
11. SON (nicht-verb. I-T)	23	B	11. Differentieller Veranlagungstest....................	21	A
12. Bender	20	E	12. WISC (HAWIK)	21	E
13. CAT	18	E	13. Wartegg	20	E
14. Differentieller Veranlagungstest	18	A	14. Sätze ergänzen	20	D
15. Raven-Matrizen	17	B	15. "Wiggly Blok"	16	E

Bemerkungen:

a) Es gab 1971 eine neue holländische Ausgabe des WAIS.

b) Allgemein ist eine leichte Verbesserung des Qualitätsniveaus zwischen 1967 und 1971 zu beobachten.

c) Innerhalb einer Testkategorie (z.B. Intelligenztest, Berufsinteressentest) ist eine schwache positive Korrelation zu beobachten zwischen Qualität und Gebrauchshäufigkeit. Dies ist 1971 deutlicher als 1967.

Abb. 5: Zwei Untersuchungen über Testgebrauch in Holland

(Roe, R.A.: Testgebruik in Nederland, de NIP enquetes van 1967 en 1971. De Psycholog, 1974, 9, 57-70).

zwar einer holländischen Fassung des HAWIE zurückzuführen. Vorher verwendeten die Holländer Ad-hoc-Uebersetzungen der englischen Fassung; dann kam die holländische Fassung heraus, was diesen Sprung zum Teil erklärt. Allgemein gesehen nimmt Roe (1971) an, die Lage habe sich zwischen 1967 und 1971 etwas verbessert. Tatsächlich sind der "Amsterdamer biographische Fragebogen", welcher ein standardisiertes Instrument ist, und der "Groninger-Intelligenztest" an die Spitze gerückt, wogegen andere, undifferenziertere Verfahren zurückfielen. Eine Bemerkung zur Qualität des WISC auf Platz 12, 1967: Die schlechte Qualifikation hat dieser Test bekommen, weil es nur die englische Version war und es noch keine holländische Norm und Instruktionen gab.

In Abb.6 habe ich versucht, das Gesamtbild zusammenzustellen. Zuerst Holland: In der schraffierten Kolonne die Situation 1967 und in der weissen Kolonne die von 1971. Sie sehen, die Verbesserung ist nicht drastisch, es sind lediglich ein D- und ein E-Test durch B-Tests ersetzt worden. Ein gewisser Trend nach links also, aber immerhin ist eine solche Verschiebung in der Schweiz in den letzten zehn Jahren nicht festzustellen; im Gegenteil, ein C-Test ist durch einen E-Test ersetzt worden. Weiter muss ich bemerken, dass die Verfahren der Kategorie A und B in der Schweiz seltener sind als in Holland. Ich finde es bedenklich, dass wir unter unseren viel verwendeten Tests nicht mehr Verfahren aus den Kategorien A und B haben.

Dieses bedenkliche Bild wird etwas durch die Aussagen der Benützer gemildert. Damit meine ich die Aussagen der Testumfrage 1975, denn diese zeigen, wie vorsichtig die Testresultate zum Teil verwendet werden.

Natürlich sind das nur introspektive Aeusserungen, aber sie deuten doch auf ein gewisses Problembewusstsein hin. Für die Durchführung und Auswertung von Tests setzten die Psychologen, die diesen Fragebogen beantwortet haben, im Durchschnitt nur etwa einen Viertel ihrer Arbeitszeit ein. Sie sehen darin einen Idealwert. Die meisten betrachten den Anteil, der für sie charakteristisch ist, als angemessen. Nur 10 Prozent glauben, sie

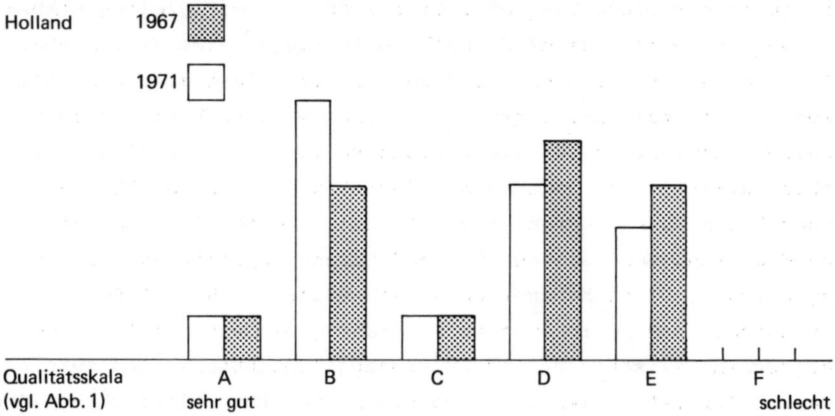

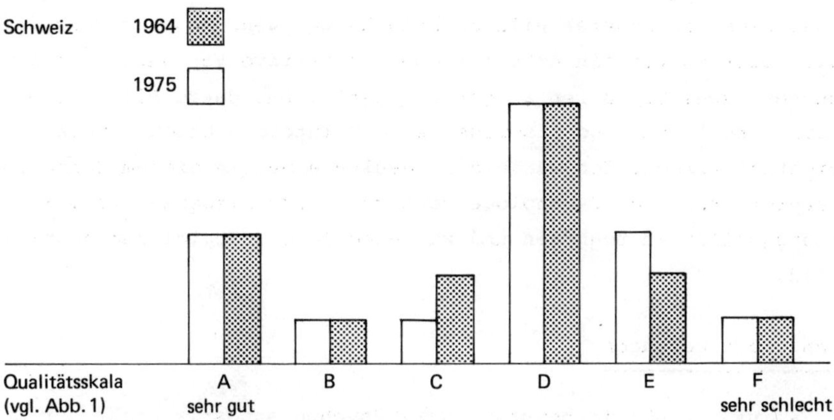

Abb. 6: Anzahl der meistgebrauchten Tests in jeder Qualitätsstufe

Vergleich zwischen den holländischen und den schweizerischen Untersuchungen

verwendeten zuwenig Zeit für Testdurchführungen und Auswertungen, und 12 Prozent, sie brauchten zuviel Zeit. Im grossen und ganzen also sind die Leute doch ziemlich zufrieden mit dem Anteil, den sie den Testverfahren zubilligen oder zubilligen müssen.

Fast alle Befragten verwenden verschiedene Kombinationen von Tests. Es gab eine Frage, mit der man herausfinden wollte, ob die Leute nur einen Test oder eine starre, immer gleiche Kombination von Tests - immer dieselbe Batterie - verwenden. Leute, die in dieser Art testen, sind sehr selten, fast alle sind flexibel in der Wahl der Instrumente. Eine weitere Frage lautete: "Welches Gewicht messen Sie typischerweise in Ihrer diagnostischen Tätigkeit den folgenden Informationsquellen bei?" Die vier angeführten Punkte waren: Testresultate, persönliche Begegnung und Gespräch, Lebensgeschichte und Erfahrung/Ueberlegungen des Psychologen. Diese Kategorien stehen sicher nicht auf derselben Ebene. Es wird ihnen aber ungefähr gleichviel Gewicht zugesprochen: zwischen 30 und 20 Prozent; der Unterschied zwischen diesen vier Kategorien ist also klein. Der Psychologe möchte die Informationsquellen etwas ausbalancieren. Leider ist anzunehmen, dass sich ein anderes Bild ergeben hätte, wenn man zum Beispiel die Testresultate in Arbeitsprobe, projektive Verfahren und psychometrische Verfahren aufgeteilt hätte. Das ganze Bild hätte sich verschoben, und das muss bei der Interpretation berücksichtigt werden. Ich würde die Resultate nur in diesem Sinne interpretieren: der Psychologe versucht, verschiedene Informationsquellen zu benützen und zu integrieren. Soviel zum heutigen Bild.

Schlussfolgerungen

Es ist mir völlig bewusst, dass Psychodiagnostik nicht nur auf psychometrischen Tests basiert. Trotzdem ist für mich das Gesamtbild beunruhigend. Begriffe wie Objektivität, Reliabilität, Validität, Eichung, Normen haben offensichtlich in der Praxis noch zuwenig Fuss gefasst; das allgemeine Niveau unseres Instrumentariums ist so schlecht, dass ich Schwierigkeiten hätte, es in der Oeffentlichkeit zu verteidigen. Ich finde, es wird viel zuviel nur auf der Beobachtungsebene gearbeitet. Dazu kommt, dass mehrere Verfahren, die eigentlich objektive Verfahren und in den Gütekriterien hoch einzuschätzen sind, den grossen Nachteil haben, nicht mit schweizerischen Normen versehen zu sein, so dass ihre Anwendung auch von daher fraglich wird. Ich glaube, wir können die Adjektive Herrn Schmids wiederholen: tiefschürfend, anspruchsvoll, ich würde sagen sogar etwas prätentiös, wenn man ungenaue Verfahren anwendet und sich die Illusion macht, dass diese ungenauen Verfahren die Präzision richtiger psychologischer Verfahren aufweisen. Ich sage nicht, alle Psychologen machen sich solche Illusionen, aber ich spüre diese Gefahr immer wieder, wenn ich mit Praktikern spreche. Anderseits empfinde ich es als eine Einseitigkeit, den projektiven Verfahren soviel Gewicht zu gewähren.

Meiner Ansicht nach sollten sich die Psychologen bewusst werden, dass sie heute an einem Rennen teilnehmen! Es ist ein Rennen zwischen ihnen, den Psychologen, und einer öffentlichen Meinung, das sind zum Beispiel Journalisten, aber auch Aerzte, Politiker. Diese werden es nicht mehr lange dulden, dass durch ein solches "à-peu-près" Lebensentscheidungen getroffen werden. Ich glaube, der Angriff ist zurzeit relativ stark, und wenn wir uns verteidigen wollen, dann müssen wir unter anderem auf die Qualität der Instrumente achten. Sicher, das Instrument ist nicht alles, und ich möchte nicht, dass Sie mir zuschreiben, ich hätte so etwas gesagt. Wir müssen noch viel anderes berücksichtigen. Aber wenn wir vermeiden wollen, dass andere für uns die Gesetze der Testanwendung formulieren, so müssen wir beweisen, dass wir von der Wahl, von der Konstruktion und vom Einsatz unserer Instrumente etwas verstehen.

Nun einige Vorschläge zur Verbesserung:
Man sollte sich regelmässig die Mühe nehmen, unter den bestehenden Instrumenten die im psychometrischen Sinn besten zu wählen und anzuwenden, wenn eine Auswahlmöglichkeit besteht. Das bedeutet eine gewisse Bereitschaft, sich umzustellen und neue Verfahren kennenzulernen. Das ist schwierig. Ich glaube aber, dass diese Bereitschaft zu wenig vorhanden ist. Ein zweiter Vorschlag wäre: In jedem Bereich - Schulpsychologie, Berufsberatung, Auslese, Verkehrspsychologie, wie auch klinische Psychologie - sollten sich Fachgruppen mit dem Ziel bilden, eine Art Notprogramm aufzubauen. Wo sind die schlimmsten Lücken? Was fehlt uns am meisten? Was kann man relativ schnell verbessern? Ich denke

da besonders an Ansprüche der Objektivität und an das Problem schweizerischer Adaptationen. Jeder weiss, wie fraglich die schweizerdeutschen "Uebersetzungen" des HAWIK und HAWIE sind. Niemand nimmt die Aufgabe wahr, darüber Klarheit zu schaffen.

Schweizerische Adaptationen sind nicht einfach: Es sind Untersuchungen mit dem IST-70 im Gange, die zeigen in der Item-Analyse, dass einige Subtests für unsere schweizerischen Verhältnisse nicht übernommen werden können. Mehrere Fragen haben in unserer Kultur gar nicht mehr ihre ursprüngliche Bedeutung. Fallen durch das Anpassungsverfahren zu viele Items aus, dann muss man sie ersetzen können, sonst sinkt die Reliabilität der verschiedenen Dimensionen. Das erfordert viel Arbeit.

Im Bereich der Berufsberatung könnte man bei den Interessentests ansetzen und sicher eine Verbesserung erreichen. Für den PSB und für den IST-70 sollten Schweizer Normen aufgestellt werden. Weiter könnte man eine faktorielle Testbatterie vorschlagen. Es gibt eine deutsche Uebersetzung der Batterie Générale d'aptitude (BGA), die unter dem Namen Berufseignungs-Test (BET) verbreitet wird. Aus mir unbekannten Gründen hat sie in der Schweiz keinen grossen Anklang gefunden. Ich frage mich, warum sich solche gut konstruierten und prinzipiell gut aufgebauten Batterien nicht durchsetzen konnten.

Als letzter Punkt sind die Testverfahren zu nennen, die spezielle berufsbezogene Fähigkeiten und Fertigkeiten erfassen sollten. Hier ist das Angebot recht mager. Aber die Psychologen wissen mit den vorhandenen Verfahren nichts Rechtes anzufangen. Das hängt wahrscheinlich mit den zu seltenen Validitätsstudien und mit der Ausbildung der Psychologen selbst zusammen.

Ich habe versucht, Sie mit Fakten und Bemerkungen zur Stellung der Testverfahren in der Diagnostik zu konfrontieren. Meine Vorschläge zur Verbesserung der Situation blieben notgedrungen skizzenhaft. Sie bedürfen der weiteren Auseinandersetzung durch uns alle.

18.1 Diskussion

F.Berger: Ich möchte zunächst eine Vorbemerkung machen. Mir scheint es, dass dieser doch ziemlich deplorable Zustand der Diagnostik nicht nur den Praktikern anzulasten ist, die wild oder unbekümmert irgendwelche Verfahren einsetzen, sondern ich glaube, es handelt sich um eine Folge der mangelhaften Ausbildung in Psychodiagnostik, eine Folge auch der allzu schnellen Abkehr der Hochschulen von dem, was mit Psychodiagnostik oder Tests zu tun hat. Es wäre sicher wünschenswert, wenn in dieser Richtung etwas geschehen würde und psychodiagnostische Uebungen nicht mehr nur ins erste oder zweite Semester verwiesen würden und später keine Rolle mehr spielten. Dies zunächst als Vorbemerkung.

Bei der Güteskala der holländischen Testforschungs-Gruppe scheint die psychometrische Sicht zu stark betont zu sein, wenn man den Begriff "Test" allgemeiner fasst und nicht nur psychometrische Tests darunter versteht. Bei der Qualifikation A finden wir in den ersten Positionen Objektivität der Beurteilung, Objektivität durch Punktebewertung, wir finden u.a. mehrfach die Reliabilität als ausschlaggebendes Kriterium, dann Validitätsstudien. Trifft es zu, dass die Reliabilität, wenn sie als Konstanz der Testwerte bei der Testwiederholung verstanden wird, bei solchen Verfahren nicht angemessen ist, die gerade kein unveränderliches Merkmal messen wollen, sondern ein Merkmal, das sich verändern kann oder muss? Es könnten dies z.B. Veränderungen sein, die wir im Laufe einer Beratung mit Testverfahren überprüfen möchten. Gemäss Gütekriterium A, bei dem Reliabilität als Konstanz bei Testwiederholungen definiert wird, könnten demnach solche Verfahren nicht eingesetzt werden.

Meine zweite Frage ist spezifisch auf den IST bezogen. Er hat in dieser Uebersicht die Güte A erhalten. Ist es tatsächlich so, dass der IST die Punkte 5 und 6 erfüllt, nämlich Konstruktvalidität, prognostische Validität und das Ausbleiben von nicht validen Ergebnissen? Ich selbst habe sehr grosse Zweifel an der Reliabilität und Validität des IST-70.

F.Stoll: Zunächst zur Frage der Ausbildung in Psychodiagnostik. Als ich vor zwei Jahren die Aufgabe bekam, etwas zur Ausbildung der Psychologen beizutragen, war ich versucht, nichts mit Tests zu machen. Ich wusste, dass andere Kollegen und andere Universitäten dies nicht machen wollen und nicht dazu beitragen wollen, dass Psychologie mit Tests verwechselt wird.

Ich habe mich entschlossen, etwas mit Tests zu machen, und ich versuche, etwas in der Richtung, die Sie angedeutet haben, zu realisieren. Es ist nicht immer leicht, unter anderem deshalb, weil die Studenten am Anfang wenig auf diese Vorschläge reagieren. Ich muss aber sagen, dass wir zum Beispiel im letzten Semester einen Kurs über psychometrische Verfahren verdoppeln mussten, weil mehr als doppelt soviele Studenten da waren, als wir vorher erwartet hatten. Als ich den Kurs ankündigte, sagten mir Kollegen und Assistenten, dass in Zürich zu psychometrischen Verfahren niemand kommt. Die Studenten stellen während ihres Studiums doch fest, dass sie auch solche praktische Kurse besuchen sollten.

Und nun zur Frage der Reliabilität, der Wiederholungsreliabilität. Ich bin mit Ihnen einverstanden. Es ist nicht das Ziel, nur Tests der Güteklassen A und B zu haben, das Ziel ist vielmehr, relativ mehr solche Tests zu haben. Ausserdem wäre zu sagen, dass man die Reliabilität auch auf andere Weise kontrollieren kann als auf dem Wege der Wiederholungsreliabilität.

Ich finde es durchaus legitim, für Fragen der Veränderungsmessung ein Instrument einzusetzen, von dem man weiss, dass es eine gute interne Konsistenz besitzt, dass also eine andere Art von Reliabilität vorhanden ist, das Instrument aber gleichzeitig zeitlich sensibel ist und somit eine schlechte Wiederholungsreliabilität hat. Dazu kämen noch Ansprüche an die Konstruktvalidität; das heisst dass die Veränderungen in der Zeit nicht dem Zufall zuzuschreiben sind, sondern in Uebereinstimmung mit den Arbeitshypothesen der Testautoren stehen.

Sie hatten eine weitere Frage zur Validität des IST. Diese Frage ist umstritten. Die Ergebnisse sind nicht eindeutig. Möglicherweise haben Sie recht: für die heutige Situation und in der Schweiz ist die Einstufung dieses Tests auf dem Niveau A der Güteskala etwas grosszügig.

P.Landolf: Ich habe dazu eine Frage, die provokativer gemeint ist als sie vielleicht tönt, etwa im Sinne von Herrn Lang: Sie haben die Journalisten erwähnt, die uns Psychologen und Diagnostiker immer härter angreifen, weil ihrer Meinung nach die Instrumente zu wenig gut sind. Aber wie erklären Sie sich, dass sich die Angriffe vor allem gegen jene Tests richten, denen Sie eine gute Qualifikation geben? Insbesondere meine ich die Diskussion um den IQ, die in dem Artikel in der vorletzten "Weltwoche" gestartet worden ist. Die Angriffe richten sich dagegen nur selten auf "schlechtere" Methoden.

F.Stoll: Ich glaube, dass Ihre Beobachtung richtig ist. Es lässt sich tatsächlich mehr sagen zu Tests im Bereich der Güteskala A und B. Eine rationale Aussprache darüber ist auch für den Aussenstehenden bzw. für den Laien viel leichter. Dagegen hat er viel mehr Mühe, den Rorschachtest irgendwo anzupakken und anzugreifen. Anfechtbar bleibt der Rorschachtest aber ebenso wie der andere Test, wenn man mit Hilfe des Rorschachtests Mitarbeiter selektioniert oder Intelligenzaussagen macht.

Ich würde gegenüber der Oeffentlichkeit die Tests der Güteskala A und B verteidigen, soweit diese Instrumente auf eine vernünftige Art angewendet werden. Angriffe gegen A- und B-Tests sind oft als eine Reaktion gegen die Kategorisierung zu verstehen. Diese Reaktion hat ihre guten Gründe. Es bedeutet eine Einschränkung der Person, eine Einschränkung der Autonomie der Person, wenn man in ein solches System gepresst wird. Ich halte das für eine gesunde Reaktion.

Auf der rationalen Ebene kann man zeigen, dass Tests eine Entscheidungshilfe bieten können.

P.Landolf: Ich muss hier vielleicht noch etwas deutlicher werden. Ich bin nicht dagegen, dass wir mehr A-Tests entwickeln, im Gegenteil. Paradox ist: je mehr A-Tests wir haben, umso grösser wird ihre Bedeutung gerade für Selektionszwecke. Das berühmteste Beispiel in der Schweiz ist wahrscheinlich die Invalidenrente, die man bei Debilität bekommt, wenn man einen IQ unter 75 erreicht. Oder z.B. der IQ-Wert, den man erreichen muss, um eine bestimmte Arbeitsstelle zu bekommen oder in eine Schule aufgenommen zu werden. Es gibt Schulen, z.B. Lehrerseminarien, in denen gerade zu diesem Zweck der IQ missbraucht wird. Wenn wir keine A-Tests hätten, wäre diese Gefahr klein. Das ist doch paradox.

F.Stoll: Ich weiss nicht, was ich Ihnen antworten soll. Ich bin damit einverstanden, dass die Gefahr durch A-Tests grösser wird.

Als Psychologe und Praktiker könnte ich mich nicht entschliessen, auf diese

A- und B-Tests zu verzichten und sie einfach zu vergessen, nur weil andere Leute diese Tests vielleicht missbrauchen können. In dieser Hinsicht wäre nach meiner Meinung die Aufgabe eher, den Kampf gegen solche Missbräuche aufzunehmen. Was die Beurteilung der Invalidität mit Hilfe von Intelligenztests angeht, so wurden hier bereits entsprechende Schritte unternommen. Ich glaube nicht, dass heute ein Psychologe in Kenntnis der Ungenauigkeit von Testergebnissen, in Kenntnis der Konsequenzen aus einer psychologischen Diagnose und der Massnahmen, die aus dieser Diagnose abgeleitet werden, im allgemeinen ein leichtfertiges Urteil abgibt.

19. Die Testserie für Abiturienten und Hochschüler der Bundesanstalt für Arbeit in Nürnberg[1]

Hans-Henning Eckardt

Ich bin der Einladung, über das von meinen Mitarbeitern und mir betriebene Projekt zur computerunterstützten Eignungsdiagnostik zu sprechen, gern gefolgt, obgleich derjenige Teil unserer Arbeit, der Sie als akademische Berufs- und Studienberater vor allem interessiert, noch nicht sehr weit fortgeschritten ist. Manches von dem, was wir für den Maturanden- und Hochschülerbereich entwickeln, werde ich Ihnen anhand der zu einem anderen Personenkreis vorliegenden Ergebnisse veranschaulichen müssen. Immerhin rechtfertigt aber der Entwicklungsstand unserer Testserie für Abiturienten und Hochschüler doch diesen ersten Bericht.

Einleitend einige Ausführungen zur Situation der Eignungsbegutachtung an den Arbeitsämtern der Bundesrepublik Deutschland. An den 146 Arbeitsämtern sind rund 280 Psychologen beschäftigt. Unter den Tätigkeiten dieser Arbeitsamts-Psychologen nimmt die Eignungsbegutachtung für Zwecke der Berufswahlberatung, der Rehabilitationsberatung und der Beratung im Zusammenhang mit dem Wunsch nach beruflicher Fortbildung einen breiten Raum ein. Zwar hat die Anzahl der Fälle, bei denen der Psychologe selbst beratend tätig wird, zugenommen (es handelt sich dabei vor allem um Ratsuchende, bei denen emotionale Probleme und Verhaltensprobleme das Berufswahlverhalten oder die berufliche Entwicklung beeinträchtigen) und ebenso die Mitwirkung bei der Aus- und Fort-

[1] Der erste Teil des Referats ist inzwischen in modifizierter Form unter dem Titel "Das Test-Validierungs-und-Interpretations-System des Psychologischen Dienstes der Bundesanstalt für Arbeit" in der Zeitschrift Arbeit und Beruf erschienen (Eckardt, 1976); die Verwendung erfolgt mit freundlicher Genehmigung des Verlags der genannten Zeitschrift. Den neuesten Entwicklungsstand geben Eckardt (1977 b) bezüglich des Gesamtprojekts und Fock (1977) bezüglich der Testserie für Abiturienten und Hochschüler (MOT) wieder. Mit gelegentlich geäusserten Vorbehalten gegen das Projekt setzt sich Eckardt (1977 a auseinander.

bildung des Personals der Bundesanstalt, von allen Aufgaben beansprucht aber die Eignungsbegutachtung die Arbeitskraft des Psychologen am stärksten.

Bei dieser Tätigkeit wird der Psychologe heute bereits an den meisten Arbeitsämtern von besonders ausgebildeten Hilfskräften unterstützt. Sie entlasten ihn bei der Durchführung der Untersuchungen - fast immer geht der Begutachtung eine psychologische Untersuchung voraus - und von solchen Arbeiten bei der Auswertung der Tests und Fragebogen, die nach festen Regeln auszuführen sind. Was jedoch nur vom Psychologen selbst geleistet werden kann, ist die Erstellung eines schriftlichen Gutachtens für die beantragende Stelle im Hause. Diese Gutachtenerstellung ist, wie Sie alle wahrscheinlich nur zu gut wissen, im allgemeinen eine mühselige und zeitaufwendige Arbeit.

Seit mehreren Jahren arbeitet die Zentrale Arbeitsgruppe für Grundlagenarbeiten im Psychologischen Dienst (ZAP) der Bundesanstalt an einem Verfahren der maschinellen Testbefundinterpretation. Mit seiner Hilfe entfällt bei einem Teil der auf Antrag eines der Beratungsdienste psychologisch untersuchten Ratsuchenden die Gutachtenerstellung durch den Psychologen und wird durch einen Computerausdruck ersetzt. Schon an dieser Stelle sei, um Missverständnissen vorzubeugen, bemerkt, dass der Psychologe auch in Zukunft in einem grossen Teil der Fälle Untersuchungsverfahren frei zusammenstellen und das Ergebnis in Form eines frei gestalteten Gutachtens an den Auftraggeber weiterleiten wird. Er wird also individuellen Problemen und individuellen Gegebenheiten beim Ratsuchenden wie bisher durch eine gezielte Auswahl von Untersuchungsverfahren und eine individualisierte Ergebnisdarstellung Rechnung tragen. In allen anderen Fällen dagegen soll die maschinelle Testbefundinterpretation zur Anwendung kommen.

Grundgedanken des Test-Validierungs-und-Interpretations-Systems

Die maschinelle Testbefundinterpretation ist das Kernstück des sogenannten Test-Validierungs-und-Interpretations-Systems. Zu diesem System gehören mehrere bundesanstaltseigene Testbatterien für jeweils eine bestimmte Personengruppe, nämlich die Testserie für Hauptschüler (EUB), die Testserie für Abiturienten und Hochschüler (MOT) und die Erwachsenen-Test-Serie (ETS). Diese Testserien enthalten Intelligenz- und Handgeschicklichkeitstests sowie Fragebogen zu Berufsinteressen, Persönlichkeitsmerkmalen, beruflichen Vorlieben und Abneigungen, zu Freizeitbeschäftigungen und zur Selbstbeurteilung unter verschiedenen Gesichtspunkten[2].

Im Sommer 1976 soll das Verfahren der maschinellen Testbefundinterpretation nach längerer Erprobungszeit für eine der genannten Testbatterien, nämlich für die Testserie für Hauptschüler, allgemein eingeführt werden[3]. Die vom Ratsuchenden in der Untersuchung bearbeiteten Testbogen werden an das Rechenzentrum der Bundesanstalt gesandt und die Daten hier in berufsbezogene Eignungsaussagen übersetzt. Das Resultat wird dem Berufsberater in Form eines Computerausdrucks zur Verfügung gestellt.

Ausgangspunkt für die Arbeit am Verfahren der maschinellen Testbefundinterpretation waren - neben der eingangs angedeuteten Aufwendigkeit der Gutachtenstellung und im Zusammenhang mit ihr - zwei Tatsachen: 1. das Missverhältnis zwischen dem Bedarf der Beratungsabteilungen an psychologischer Begutachtung von Ratsuchenden einerseits und der Untersuchungskapazität des Psychologischen Dienstes andererseits, 2. das Missverhältnis zwischen dem Anspruch, den der Psychologische Dienst an sich selbst im Hinblick auf die wissenschaftliche Absicherung seiner Aussagen stellt, und der begrenzten Möglichkeit, der Begutachtung eines Ratsuchenden übertragbare Erfahrungstatsachen zugrundezulegen (d.h. Erfahrungen, die zuvor an vergleichbaren Personengruppen unter gleichen Zielsetzungen und mit denselben Methoden gewonnen worden sind).

[2] Die Konstruktion der Testbatterien erfolgt in Zusammenarbeit mit dem Forschungsinstitut für Praktische Psychologie, Salzburg; Leiter: Dr.F.Treml.

[3] Das Verfahren ist inzwischen eingeführt worden und wird z.Zt. bei jährlich rund 60'000 Ratsuchenden angewandt. Die maschinelle Testbefundinterpretation zur Testserie für Hauptschüler wurde von Dipl.-Psych.Dr.Walter Engelbrecht entwickelt; s.Engelbrecht, 1975, 1978.

Diese beiden Punkte sollen im folgenden etwas näher ausgeführt werden.

Die für die Arbeit der Beratungsdienste erforderlichen Begutachtungen können - dies ist eine seit langem und in vielen Bezirken gemachte Erfahrung - häufig nicht in dem gewünschten Umfang erbracht werden. Das hat u.U. zur Folge, dass zwischen dem Beratungsgespräch, in dem der Berater die Notwendigkeit einer Eignungsuntersuchung erkennt, und dem folgenden Gespräch, in dem das Untersuchungsergebnis vorliegt, eine erhebliche Wartezeit entsteht. Schwerwiegender ist, dass diese Wartezeiten die Spitze eines Eisberges darstellen: Mit Sicherheit grösser noch ist die Anzahl derjenigen Fälle, bei denen der Berater auf die Beantragung einer Untersuchung von vornherein verzichtet, weil er aus Erfahrung weiss, dass das Ergebnis zu spät vorliegen würde als dass es noch Nutzen für den Ratsuchenden haben könnte. Es kommt (für den Bereich der Berufsberatung) hinzu, dass an vielen Orten der Bundesrepublik Deutschland keine Lehrerbeurteilungen für die Schulabgänger mehr erstellt werden und dem Berater hier eine Eignungsuntersuchung besonders notwendig erscheinen wird, wenn er sich nicht ganz auf die im Beratungsgespräch gewonnenen Informationen verlassen will.

Dass man der so beschriebenen Situation mit konventionellen Mitteln - etwa einer Vermehrung der Psychologen-Planstellen oder organisatorischen Massnahmen - nicht würde Herr werden können, war zu dem Zeitpunkt erkennbar, als das hier vorgestellte System konzipiert wurde. Es stand damit fest, dass grundsätzlich neuartige Wege eingeschlagen werden müssen.

An dieser Stelle soll aber zunächst auf einen häufig gehörten Einwand eingegangen werden. Ist es denn überhaupt, so wird gefragt, notwendig, Ratsuchende der Berufs-, Rehabilitations-, Förderungs- und Arbeitsberatung in so grossem Umfang psychologisch zu untersuchen? Ist nicht der gründlich ausgebildete Berater fast immer in der Lage, mit Hilfe eines fachmännisch geführten Gesprächs zu einem befriedigenden Ergebnis zu kommen?

Die Erfahrung zeigt, dass mit den Mitteln des Gesprächs eine genügend sichere Feststellung der persönlichen Voraussetzungen für die im Einzelfall in Betracht gezogenen beruflichen Laufbahnen oft nicht gelingt. Nun gelingt dies natürlich auch bei Einsatz psychologischer Untersuchungsverfahren nicht in jedem Fall. Die Möglichkeiten der psychologischen Diagnostik sind und bleiben - das bedarf in diesem Kreis keiner besonderen Betonung - begrenzt, menschliches Verhalten ist nur mit sehr beschränkter Zuverlässigkeit vorhersagbar. Ebenso wissen wir aber auch, dass im statistischen Mittel vom Einsatz psychologischer Verfahren eine Verbesserung diagnostischer und prognostischer Aussagen erwartet werden kann.

Zum zweiten der eingangs genannten beiden Tatbestände, die Ausgangspunkt für die Ueberlegungen zur Entwicklung des Systems waren, ist zu sagen, dass bei dem bisher im Bereich der Eignungsbegutachtung allein üblichen Vorgehen den Psychologen eine Rückmeldung über den Erfolg seiner diagnostischen Tätigkeit nur selten erreicht. Ein Ansammeln von Erfahrung im strengen Sinne ist deshalb nur in begrenztem Umfang möglich. Es ist nicht gänzlich auszuschliessen, dass sich Vorstellungen, Ueberzeugungen, Denkgewohnheiten, die nicht oder nicht ganz oder nicht mehr ganz zutreffend bzw. angemessen sind, festsetzen können und die Eignungsbeurteilung im Einzelfall beeinflussen.

In der Bundesanstalt für Arbeit bestehen ungewöhnlich günstige Voraussetzungen, um die Situation unter beiden genannten Gesichtspunkten zu verbessern. Zunächst ist anzuführen, dass die Zahl der an den Arbeitsämtern durchgeführten Untersuchungen sehr gross ist (z.Zt. ca. 180'000 jährlich). Dieser Sachverhalt würde für sich genommen wenig Bedeutung besitzen, wenn nicht hinzukäme, dass die Untersuchungen zu einem sehr grossen Teil unter identischen Fragestellungen durchgeführt werden. So aber ergibt sich die Möglichkeit zur Sammlung eines umfangreichen, wissenschaftlich nutzbaren Datenmaterials. Als nächstes ist zu sagen, dass die Bundesanstalt einen zentralisierten Organisationsaufbau aufweist, der einen relativ raschen Informationsfluss nach beiden Richtungen hin gewährleistet. Weiter besitzt sie eine stabile Organisationsstruktur, die es erlaubt, die gleichen Projekte und Massnahmen jahrelang, und, wenn angebracht, jahrzehntelang, weiterzuführen und fortzuentwickeln. Schliesslich verfügt sie in Nürnberg über die notwendigen technischen Hilfsmittel, insbesondere ein leistungsfähiges Rechenzentrum. Damit sind die Voraussetzungen für die systematische wissenschaftliche Bearbeitung genügend grosser Datenmengen erfüllt, für ihre Nutzung zur Entwicklung und Weiterentwicklung von Verfahren und Rechenprogrammen und schliesslich für die Verwendung im Dienst des neu zur Begutachtung kommenden Ratsuchenden.

Abgesehen von dem Gedanken des "Herangehens in breiter Front" an die persönliche Eigenart des Ratsuchenden - Verwendung nicht nur von Fähigkeitstests, sondern auch von standardisierten Untersuchungsverfahren zur Gewinnung von Informationen über Berufsinteressen, berufswichtige Persönlichkeitsmerkmale und andere ausserintellektuelle individuelle Merkmale - kommt in unserem Testsystem dem folgenden Gedanken eine zentrale Bedeutung zu: Die Standardisierung des Vorgehens - bei der Daten<u>erhebung</u> erreicht durch die Verwendung von Tests und Fragebogen anstelle ausschliesslicher Datenerhebung im Gespräch - wird ausgedehnt auf die <u>Verarbeitung</u> der Daten, also auf die Gedankenschritte, mittels derer aus Daten über Personen Schlussfolgerungen gezogen werden, z.B. Prognosen zum Erfolg in einem bestimmten Ausbildungsgang oder zu der späteren Zufriedenheit mit der Wahl eines bestimmten Ausbildungsgangs. Eben dies ist das Prinzip der formalisierten Testbefundinterpretation: über die Standardisierung der Datenerhebung mittels Tests und Fragebogen hinaus auch die <u>Interpretation</u> der Daten zu standardisieren, d.h. die Umsetzung der Testergebnisse des Ratsuchenden in entscheidungsunterstützende Aussagen. "Maschinelle Testbefundinterpretation" ist nichts anderes als eine derartige formalisierte Interpretation psychologischer Daten unter Zuhilfenahme der elektronischen Datenverarbeitung.

Wegen der oben genannten, nur selten erfüllten Voraussetzungen sind computerunterstützte Testsysteme für Zwecke der Laufbahnberatung, wie Ihnen bekannt sein wird, bisher nur an wenigen Stellen entwickelt worden. In den USA wurde ein derartiges System erstmals von Cooley (1964) vorgeschlagen und danach von zwei in bundesweitem Rahmen tätigen Institutionen erarbeitet und seitdem angewandt. In Deutschland hat Simmat (1965) die Verwendung von Testgeräten angeregt und in diesem Zusammenhang Ueberlegungen zu einer maschinellen Interpretation von Testdaten angestellt. Eine detaillierte Konzeption hat erstmals Gendre (1970) vorgelegt.

An dieser Stelle liegt die Frage nahe, ob eine formalisierte, schematisierte Interpretation psychologischer Daten denn überhaupt möglich und vertretbar ist. Verlangt die Aufgabe, Aussagen über zukünftige Verhaltensweisen und Leistungen von Menschen aus Daten abzuleiten, die über diese Menschen vorliegen, nicht in jedem Falle eine intensive gedankliche Bemühung des Beurteilers? Diese Frage kann mit der in den verschiedensten Bereichen der diagnostischen Praxis gemachten Erfahrung beantwortet werden, dass formalisierte Vorgehensweisen im Vergleich mit dem menschlichen Dateninterpreten im allgemeinen mindestens gleichwertige Ergebnisse erbracht haben; wegen ihrer grossen praktischen Bedeutung ist diese Frage bekanntlich viel untersucht und diskutiert worden[4]. Jedenfalls sind, wenn die notwendigen Absicherungsmassnahmen getroffen werden, wesentlich mehr Vorteile als Nachteile von einer formalisierten Dateninterpretation zu erwarten.

Zu den eben angesprochenen Absicherungsmassnahmen einige Worte. Mit Recht werden von den meisten Psychologen Blinddiagnosen abgelehnt. Eine Aussage über einen Menschen sollte - von besonders gelagerten Situationen abgesehen - nicht ausschliesslich aufgrund schriftlicher Unterlagen (etwa aufgrund von Testergebnissen) gemacht werden, sondern der Beurteiler sollte zumindest Gelegenheit zur unmittelbaren Wahrnehmung der beurteilten Person haben; in aller Regel sollte darüber hinaus auch der betreffenden Person selbst die Möglichkeit gegeben sein, sich mündlich zu äussern. Diese Forderung hat ihre Berechtigung schon allein darin, dass die Gesichtspunkte, die im Einzelfall bedeutsam sein können, so zahlreich sind, dass formalisierte Datenerhebungsverfahren, z.B. Fragebogen, sie niemals lückenlos enthalten wer-

[4] Die letzte umfassende Darstellung findet sich bei Wiggins, 1973, S.181-222.

den. Immer wieder kommen für die Beurteilung wichtige Besonderheiten ganz individueller Art auf seiten des zu Beurteilenden vor, die nachträglich in Rechnung zu stellen möglich sein muss. Dieser Forderung wird nun aber auch bei Anwendung der maschinellen Testbefundinterpretation Rechnung getragen: Jede beurteilte Person steht vor und nach der Eignungsuntersuchung in unmittelbarem persönlichen Kontakt (Gesprächskontakt) zu ihrem Berater.

Eine weitere Absicherungsmassnahme ist folgende: Bei der maschinellen Testbefundinterpretation wird der Berater durch sogenannte Problemfall-Indizes auf individuelle Besonderheiten des Ratsuchenden aufmerksam gemacht, deren Nichtbeachtung zu falschen Schlussfolgerungen führen könnte. Diese Problemfall-Indizes sollen zur Einschaltung des Psychologen veranlassen, der dann entscheidet, ob er Zweifel an der Richtigkeit der Ergebnisse bereits anhand der Unterlagen zerstreuen kann oder ob er den Ratsuchenden zu einem Gespräch oder zur Anwendung zusätzlicher psychologischer Untersuchungsverfahren einladen muss.

Die Zielsetzungen und Verfahrenselemente des Testsystems einschliesslich der Darstellungsmittel, mit denen die Untersuchungsergebnisse des einzelnen Ratsuchenden weitergeleitet werden (z.B. Computerausdruck-Formulare) müssen mit den Beratungskonzeptionen der Berufsberatung in Einklang stehen. Unter anderem müssen die Mittel zur Weiterleitung der Untersuchungsergebnisse so beschaffen sein, dass sie dem Prinzip der grösstmöglichen Eigenverantwortlichkeit des Ratsuchenden und dem Prinzip der grösstmöglichen Verständlichkeit und Durchschaubarkeit der verwendeten Informationen und Entscheidungshilfen Rechnung tragen. Einfacher gesagt: Der Ratsuchende soll möglichst weitgehend erkennen können, welche Tatbestände (z.B. welche bei ihm vorhandenen oder fehlenden Fähigkeiten, welche bei ihm vorhandenen oder fehlenden Interessen) einer bestimmten Aussage zugrunde liegen.

Ich habe versucht, Ihnen die Grundgedanken unseres Testsystems darzustellen und will nun einiges zur Methodik des Vorgehens sagen.

Methodik des Vorgehens

Die Basis für die Interpretation der Daten eines Ratsuchenden wird von den Untersuchungs- und Kriteriendaten früher untersuchter Ratsuchender gebildet. Um jedoch die Jahre erfordernden Programmierungs-, Programmtestungs- und Erprobungsarbeiten in Gang zu bringen, war es erforderlich, zunächst Gruppen von Personen mit den Testserien zu untersuchen, die selbst nicht Ratsuchende der Arbeitsämter waren, aber stellvertretend für Ratsuchende Daten liefern konnten. Bei diesen Untersuchungen fand das Verfahren der konkurrenten Validierung Anwendung; es wurden also gleichzeitig mit der Testuntersuchung Kriteriendaten bei den Ratsuchenden erhoben (Berufszugehörigkeit, Berufszufriedenheit, Prüfungsergebnisse). Mit der Testserie für Hauptschüler wurden zu diesem Zweck ca. 4'000 Rekruten der Bundeswehr untersucht, die aus 18 für Hauptschüler typischen zivilen Berufen stammten; mit der Testserie für Abiturienten und Hochschüler wurden ca. 2'200 Studierende aus 15 Studienfächern untersucht. Entsprechende Erhebungsarbeiten mit der Erwachsenen-Test-Serie sind im Gange. Die auf diese Weise gewonnene Datenbasis soll jeweils durch eine im Verfahren der prädiktiven Validierung (follow-up-Verfahren) gewonnene Datenbasis ersetzt werden. Möglich war dies bisher für die Testserie für Hauptschüler; die Untersuchungsergebnisse von rund 280'000 Ratsuchenden liegen auf Band gespeichert vor. Hier wurde eine erste schriftliche Nachbefragung bei rund 44'000 früheren Ratsuchenden durchgeführt. Ca. 70 v.H. der angeschriebenen früheren Ratsuchenden sandten den ausgefüllten Fragebogen zurück. Die Kriteriendaten wurden zu den individuellen Untersuchungsergebnissen in Beziehung gesetzt und das Rechenprogramm entsprechend modifiziert.

Was liefert das Rechenprogramm zur Testserie für Hauptschüler nun, wenn man es auf die Daten eines einzelnen Ratsuchenden anwendet? Die Beantwortung dieser Frage ist auch für den hauptsächlich mit der Maturanden- und Studentenberatung Befassten von Interesse, da ein vergleichbares Vorgehen, wie schon gesagt, für die Testserie für Abiturienten und Hochschüler (MOT) vorbereitet wird.

Der vom Computer für den Ratsuchenden erstellte Ausdruck enthält folgende Angaben: (1) ein Klassifikationsmass zu jedem vom Rechenprogramm berücksichtigten Beruf; z.Zt. wird als Klassifikationsmass der Centourwert verwendet, der den Grad der Aehnlichkeit des Ratsuchenden mit den Angehörigen des Berufs angibt, und zwar mit den im Ausbildungsgang erfolgreichen und mit ihrem Beruf zufriedenen Berufsangehörigen, (2) einen Alternativindex, der angibt, ob der Ratsuchende in allen für das Erreichen des Ausbildungsziels wichtigen Fähigkeitsdimensionen einen bestimmten Mindestwert erreicht hat, (3) die Ausprägungsgrade der einzelnen Fähigkeits- und Interessendimensionen, bezogen auf Personen gleichen Alters und Geschlechts, (4) die Ausprägungsgrade der einzelnen Fähigkeits- und Interessendimensionen, bezogen auf die Angehörigen der einzelnen Berufe; durch die Angaben soll der Berater in die Lage versetzt werden, im Gespräch mit dem Ratsuchenden diesem gegenüber die Ergebnisse bezüglich Klassifikationsmass und Alternativindex zu begründen, (5) die bereits erwähnten Problemfall-Indizes (unter anderem bei extremen und widersprüchlichen Ergebnissen und bei Anzeichen für Jasage-, Neinsage- und Ratetendenz des Ratsuchenden).

Das Computerausdruck-Formblatt wird in den kommenden Jahren zweifellos noch manche Veränderung erfahren. Eine der Fragen, die sich hier stellt - wie überall, wo Informationen in Entscheidungssituationen benötigt werden und dafür systematisch aufzubereiten und weiterzugeben sind - ist die Frage nach dem optimalen Grad der Datenverdichtung: Soll man die angefallenen Informationen besser in einer wenig verarbeiteten (und damit zugleich sehr detaillierten) Weise weitergeben oder ist es angebracht, die Daten so intensiv weiterzubearbeiten, dass das Ergebnis nur in <u>einer</u> (Eignungs-)Endaussage, bezogen auf die jeweilige Entscheidungsalternative, besteht? Diejenigen von Ihnen, die das "Handbuch zu den ausbildungs-, berufs- und wirtschaftszweigspezifischen Beschäftigungschancen (ABC-Handbuch)" der Bundesanstalt für Arbeit kennen und die im Zusammenhang mit ihm angestellten Ueberlegungen zur "differenzierten Information" sind mit dieser Problematik vertraut[5]. Im Gegensatz zum arbeitsmarktprognostischen Bereich ist aber im eignungsprognostischen die Verwendung von zusammenfassenden Indizes möglich und - um die Nachteile der am Einzelfall "im Kopf" betriebenen Zusammenfassung zu umgehen - auch angebracht. Notwendig ist es jedoch, daneben die Ausgangsinformationen (z.B. die erzielten Testergebnisse) wiederzugeben, damit (in der oben bereits angedeuteten Weise) einsichtgetragene Entscheidungen beim Ratsuchenden möglich werden. Darüber hinaus müssen aber auch die Indizes, die Eignungs-Endaussagen enthalten, so beschaffen sein, dass eine gewisse Flexibilität des Vorgehens aufrecht erhalten bleibt. Vor allem muss es möglich sein, besondere Verhältnisse regionaler oder konjunktureller Art auf dem Ausbildungsstellenmarkt bei der Betrachtung der individuellen Voraussetzungen mitzuberücksichtigen.

Einer der vom Rechenprogramm gelieferten Indizes ist, wie schon gesagt wurde, das Klassifikationsmass. Die Klassen, zu denen für den Ratsuchenden Aussagen gemacht werden, sind die einzelnen Entscheidungsalternativen, beispielsweise bei Maturanden die einzelnen Studienfächer. Hier könnte die Frage auftauchen, ob die aus einer solchen Klassifikation ableitbare "Aehnlichkeit" (mit den Angehörigen des betreffenden Studiengangs) oder "Wahrscheinlichkeit" (der Einmündung in den betreffenden Studiengang) wirklich diejenige Information ist, die der Ratsuchende erwartet und benötigt, denn ein Index wie der des Grades der Aehnlichkeit mit den erfolgreichen und zufriedenen Angehörigen eines Studiengangs steht in einer bloss indirekten Beziehung zu den Fragen, die den Ratsuchenden wirklich beschäftigen: ob er den Anforderungen gewachsen sein wird und ob er in dem betreffenden Beruf Zufriedenheit finden wird. Dazu ist zunächst zu sagen, dass die Klassifikationsmasse nicht alleinstehen, sondern, wie geschildert, durch andere Indizes ergänzt werden. Im übrigen ist aber in der Tat zu erwarten, dass die Klassifikationsmasse im Laufe der Weiterentwicklung des Systems

[5] Vgl. Chaberny und Schober-Gottwaldt, 1976.

etwas zurücktreten werden. Bedeutung werden Klassifikationsmasse in einem formalisierten Interpretationssystem jedoch immer behalten, und zwar aus folgendem Grunde: Die Stichproben, an denen Erfolgs- und Zufriedenheitskriterien erhoben werden können, rekrutieren sich zwangsläufig aus Angehörigen der betreffenden Berufe und damit aus Personengruppen, die einer Selbstselektion hinsichtlich des Zugangs zu den betreffenden Berufen unterliegen. Dies kann dazu führen, dass bestimmte berufsrelevante Merkmale bei ausnahmslos allen Angehörigen eines Berufes in starkem Masse ausgeprägt sind (also bei erfolgreichen wie bei weniger erfolgreichen, bei zufriedenen wie bei weniger zufriedenen). Die statistischen Zusammenhänge dieser Merkmale mit Erfolg oder Zufriedenheit sind daher bedeutungslos. Ihre Vernachlässigung bei Ratsuchenden, die noch keinem Beruf angehören, wäre jedoch irreführend. Deshalb ist es erforderlich, dass das Gesamt-Interpretationsverfahren ein Klassifikationsverfahren enthält.

Die Testserie für Abiturienten und Hochschüler (MOT)

Ich komme nun zu dem Teil unseres Projekts, der für Sie der interessanteste ist, nämlich zur Testserie für Abiturienten und Hochschüler (MOT). Die Entwicklung dieser Testbatterie geht in ihren ersten Anfängen bis auf das Jahr 1964 zurück. Zunächst wurde eine Vorform entwickelt und im Jahre 1965 bei 1'700 männlichen Schülern aus 12. Klassen von Gymnasien angewandt; gleichzeitig wurden provisorische Kriterien erhoben, nämlich Berufspläne sowie Schul- und Freizeiterfolge. Die Ergebnisse waren grösstenteils plausibel, legten aber eine Reihe von Aenderungen und Ergänzungen an der Testbatterie nahe, die zwischen 1966 und 1969 vorgenommen wurden. Nach den endgültigen Itemanalysen wurde im Jahre 1969 eine überlange Forschungsbatterie mit 33 Leistungstests, einem 200-Item-Fragebogen und je einer Berufswunsch-, Freizeitinteressen-, Milieu-, Schulzeugnis- und Selbsteinschätzungsskala zur Verwendung eingeführt. Im Jahre 1972 wurde eine vorläufige Verkürzung auf 19 Leistungstests vorgenommen. Die endgültige Form wird neben etwa 15 Leistungstests die obengenannten Fragebogen und Skalen enthalten; über die Zusammensetzung der Gesamtbatterie kann erst nach Vorliegen aller für die Auswahl benötigten Validitätsdaten entschieden werden. Anschliessend wird eine Neunormierung an Abiturienten erfolgen, die sich nun selbstverständlich auch auf weibliche Abiturienten erstrecken wird. Mit der konkurrenten Validierung an Studierenden aus 15 Studienfächern wurde Ende 1971 begonnen[6]. Die Testbatterie ist für die Anwendung bei Maturanden bestimmt, die vor der Berufs- bzw. Studienwahl stehen, und bei Studierenden, die berufliche Beratung benötigen. Eine modifizierte Form findet bei Realschülern Anwendung.

Es gab für uns keinen Anlass anzunehmen, dass bei dem Personenkreis der Maturanden und Realschüler grundsätzlich anders vorzugehen ist als beim Personenkreis der Hauptschulabgänger. Auch hier ist es erforderlich, beim Ratsuchenden möglichst alle potentiell berufswahlrelevanten Merkmale zu erheben, die Begutachtung des Einzelfalles auf eine möglichst gut empirisch abgesicherte Basis zu stellen und eine möglichst einheitliche Testbatterie bei allen Personen anzuwenden, damit eine genügend breite Datenbasis entsteht. Die Verschärfung der Numerus-clausus-Situation war kein Anlass, von dieser Grundkonzeption abzugehen. Bei einem auf Jahrzehnte angelegten Projekt ist es weder sinnvoll noch erforderlich, auf jede Schwankung im Bildungswesen und auf dem Arbeitsmarkt zu reagieren; selbst wenn für einige Jahre der Nutzen der MOT infolge äusserer Bedingungen geringer sein sollte, so lässt uns dies nicht an der langfristig zu beurteilenden Nützlichkeit zweifeln. Im übrigen kommt es auch in der vom Numerus clausus bestimmten Situation darauf an, dem Ratsuchenden einen gangbaren Weg zu zeigen dadurch, dass man ihm die Wahrscheinlichkeit eines Studienerfolgs nennt (in der Absicht, ihm zeitliche, materielle und psychische Verluste zu ersparen) und dass man so gut als möglich vorauszusagen sucht, wie zufrieden er in diesem Studienfach werden wird. Wir liegen damit auf der Linie, die Herr Dupont in Bern angedeutet hat (vgl. S.53),

[6] Vgl. hierzu und zum folgenden: Clausnitzer (1974), Fock (1977).

als er von einer der Begutachtung zugrundzulegenden Philosophie sprach, in deren Wertehierarchie das Glück des Einzelnen eine bevorzugte Position einnimmt.

Die Anwendung der Testbatterie - bisher an rund 13'000 Maturanden erfolgt - geht derzeit noch in recht konventioneller Weise vor sich, sieht man von der Testdurchführung ab, bei der im allgemeinen zur Instruktionsvorgabe und zur Zeitmessung ein mit einer elektronischen Testzeituhr gekoppeltes Tonbandgerät verwendet wird und von der Testauswertung (der Auszählung und Umwandlung der Rohwerte in Standardwerte), die mittels optisch-elektronischer Lesegeräte erfolgt. Der entscheidende Schritt zur maschinellen Interpretation der Testergebnisse ist noch nicht getan. Der Psychologe leistet eine freie ("klinische") Interpretation unter Zuhilfenahme des die Standardwerte enthaltenden Computerausdrucks. Validitätsdaten stehen hierfür bisher nur in sehr geringem Ausmass zur Verfügung (was im Beratungsbereich bekanntlich leider die Regel ist, uns aber immerhin die Rechtfertigung gab, zunächst auch hier noch so vorzugehen). Vorhanden sind zunächst nur Daten über die Zusammenhänge zwischen Testwerten und Berufsplänen von Schülern. Unser Ziel ist es, die Interpretation so bald als möglich auf eine sichere empirische Grundlage zu stellen und sie in formalisierter Weise, also durch den Computer, vornehmen zu lassen.

Als erster Schritt hierzu wurde mit den Ergebnissen aus den bereits erwähnten konkurrenten Validierungsuntersuchungen an Angehörigen von 15 Studienfächern eine multiple lineare Diskriminanzanalyse gerechnet. Dabei ergaben sich drei Diskriminanzfunktionen, durch die die Angehörigen der Studienfächer voneinander unterschieden werden können. Diese Funktionen lassen sich recht plausibel interpretieren mit Hilfe der Begriffspaare "Naturwissenschaftlich versus geistes-/sozialwissenschaftlich", "Nüchtern-zielstrebiges Studieninteresse versus emotional getöntes Wissenschaftsinteresse" und "Systematisch-schlussfolgerndes Denken versus intuitives Denken". Dies sind die allerersten Ergebnisse, die noch an umfangreicherem Material überprüft werden müssen und die vor allem durch die Erhebung von Zusammenhängen zwischen Untersuchungsdaten und den Kriterien "Studienerfolg" und "Studienzufriedenheit" ergänzt werden müssen.

Wir vermuten, dass sich im Verlauf der weiteren Arbeit an unserem Testsystem und der Verfeinerung unseres methodischen Instrumentariums auch für die Gruppe der Maturanden und Studierenden interessante psychologische Einsichten ergeben werden, ähnlich wie dies für die Gruppe der Hauptschüler bereits der Fall war. Entscheidend aber ist für uns die Rationalisierung und vor allem die empirische Absicherung der in unserer Institution in so grossem Umfang betriebenen Begutachtungstätigkeit.

Ausblick

Die Weiterentwicklung des Systems wird eine solche sowohl der Tests als auch der Interpretationsprogramme und Ergebnisdarstellungsmittel einschliessen müssen. Vor allem anderen aber wird es notwendig sein, sich einem bisher noch kaum in Angriff genommenen Problem zuzuwenden; der Frage, in welcher Weise formalisierte Datenerhebung (Tests und Fragebogen) und formalisierte Dateninterpretation (Computerprogramme) einerseits, freie Datenerhebung und Dateninterpretation (im Gespräch) andererseits zu einem optimalen Zusammenwirken gebracht werden können. Diese Frage lässt sich keineswegs global beantworten, sie bedarf vielmehr einer differenzierenden empirischen Erforschung. Die traditionelle Auffassung, nach der Testergebnisse grundsätzlich nichts als ein Rohmaterial sind, das im Gespräch mit dem Probanden einer Weiterbearbeitung unterzogen werden müsse und erst dabei seine eigentliche Bedeutung erhalte, lässt sich dort, wo die Testergebnisse auf empirisch-statistischer Grundlage weiterbearbeitet werden, nicht mehr aufrecht erhalten. Zwar gibt es unzweifelhaft Fälle, in denen empirisch solide untermauerte Erkenntnisse auf Grund von im Gespräch gewonnenen Informationen vollständig beiseite geschoben werden müssen. Aber ebenso gibt es Fälle, in denen ein Abweichen von der empirisch-statistisch untermauerten Aussage zur Verschlechterung der Treffsicherheit führen würde. Zu wissen, welche Arten von im Gespräch gewonnenen

Informationen bei welchen Fragestellungen und bei welchen Datenkonstellationen ein solches Abweichen fordern, wäre von zentraler Bedeutung für die Praxis der Eignungsdiagnostik auch im Beratungsbereich.

19.1 Diskussion

F.W.Schmid: Ich danke Herrn Eckardt für sein ausserordentlich interessantes und aufschlussreiches Referat. Bei dessen Anhören hat sich für mich das Erlebnis wiederholt, das ich vor drei Jahren hatte, als ich ihn in seinem Institut in Nürnberg besuchte. Ich war sehr beeindruckt davon, was nach der Steinzeit der Testpsychologie, in der wir hier leben, in der Moderne, die er mit seinem Team verkörpert, alles geschieht. Ihre Fragen und Kommentare werden nun zeigen, wie gross der Zukunftsschock ist, den Sie bei diesem Uebergang von einer Epoche in die andere erlitten haben.

J.Schmitt: Ganz zentral erscheint mir die Frage, wer die Anwendung dieses Systems verantwortet. Können Sie gewährleisten, dass die Testauswertung bzw. die Verwendung der Testergebnisse unter Ihrer Kontrolle bleiben und nur zur Beratung des einzelnen verwendet werden? Dieses System kann nämlich ebenso als Steuerungsinstrument eingesetzt werden. Ausserdem kann man - wenn man Ihre Ueberlegungen konsequent weiterdenkt und ganz bestimmte Schlussfolgerungen zieht - auf systematische Weise den "durchschnittlichen Berufsmann" produzieren. Die von Ihnen angewendeten statistischen Verfahren schneiden nämlich die beiden Enden der Normalverteilung ab. Jene Personen, die im Vergleich mit einer bestimmten Berufsgruppe z.B. unter- und überdurchschnittliche Leistungen in den Fähigkeitstests, oder zu hohe bzw. zu niedrige Werte in den Interessentests erreicht haben, werden für diesen bestimmten Beruf als nicht geeignet angesehen, da sie zu wenig Aehnlichkeit mit dem durchschnittlichen Berufsvertreter aufweisen.

H.H.Eckardt: Es wäre sicher falsch, wenn man das tun würde. Auch im Interesse der Volkswirtschaft wäre es nicht gut, wenn man aus den Berufen alle Leute mit bestimmten Merkmalen - z.B. mit überdurchschnittlichen Fähigkeiten - heraushalten würde und alle die, die auf irgendeine Weise nicht dem Durchschnittsbild entsprechen, das man in dem betreffenden Beruf vorfindet. Uebrigens würde man auch in einem planwirtschaftlichen staatlichen System nicht so vorgehen; denn auch dort will man ja in den einzelnen Berufen nicht nur Personen haben, die die beruflichen Anforderungen gerade eben erfüllen. Man will überall auch Berufsvertreter haben, die in irgendeiner Weise Kreatives leisten (um nur einen Gesichtspunkt herauszugreifen). - Aber die Gefahr, die Sie sehen, besteht ja dann nicht, wenn man die durch die Anwendung der Testbatterie gewonnenen Daten so aufbereitet, dass sie für möglichst jede individuelle Bedürfnislage, Entscheidungssituation und Blickrichtung die benötigte Information liefern. Für den einen wird mehr der Vergleich mit den typischen Berufsvertretern im Vordergrund stehen, für den anderen (den mit geringer Risikobereitschaft) die Wahrscheinlichkeit des Misserfolgs in der Ausbildung, für den dritten der Gewinn von Selbsterkenntnis anhand psychologischer Merkmalsbegriffe. Der Vergleich mit den typischen Berufsvertretern ist also nur ein Weg, und auch hier wird ja kein Beruf "zugewiesen". Stellen Sie sich etwa einen Abiturienten vor, der an den Beruf des Architekten denkt. Man sagt ihm, dass das in der Untersuchung gewonnene Bild (das allerdings nicht alle bedeutsamen Gesichtspunkte umfassen könne) eigentlich nicht so aussieht wie das eines Architekten. Er habe zuviele psychologische Interessen, zuviele politische Interessen, er sei zu progressiv eingestellt usw. - er solle anstelle des Architektenberufes vielleicht besser ein sozialwissenschaftliches Studium in Erwägung ziehen. Er wird sich also erklären lassen, wie ich zu meiner Annahme gekommen bin, und wird dann vielleicht entgegnen, dass er gerade anders als die übrigen Architekten arbeiten möchte, nämlich so, dass die Interessen und Bedürfnisse der Menschen stärker berücksichtigt werden, usw. - Mit anderen Worten: Wenn man ein derartiges Testsystem auf die Beratungsaufgabe ausrichtet, wenn man es einbaut in eine Beratungskonzeption, die die Autonomie des Individuums wahrt und fördert, dann sehe ich keine Gefahr.[1]

F.W.Schmid: Ich teile an sich Ihren Optimismus bezüglich der Fähigkeit des Individuums, seine Autonomie zu verteidigen; aber ich möchte doch fragen, ob irgendwelche Begleituntersuchungen vorgesehen sind, die Auskunft darüber geben können, wie die Testresultate in den Beratungen verwendet werden und welchen Impakt sie auf das Beratungsergebnis haben. Dies schiene mir eine sehr wichtige Ergänzung des Projekts.

H.H.Eckardt: Zunächst möchte ich sagen, dass wir die Frage, was mit unseren Ergebnissen in der Beratung am Einzelfall geschieht, sehr ernst nehmen. Denn das ganze Vorhaben ist natürlich nur dann gerechtfertigt, wenn die Ergebnisse in der Beratung am Einzelfall in sinnvoller Weise angewandt werden. Wir bereiten zur Zeit Schulungsmaterial vor, das an die Berufsberater ausgehändigt werden soll, dessen Inhalt dann aber auch durch Psychologen mündlich in Schulungsveranstaltungen den Berufsberatern vermittelt werden wird. - Damit ist allerdings Ihre Frage nach begleitenden Untersuchungen hierzu noch nicht beantwortet. Es gilt hierfür das gleiche wie für viele andere Fragen, die an uns herangetragen werden und durch die wir aufgefordert werden, diesen und jenen Schritt auch noch zu tun: Zu allererst muss das System einmal stehen in methodischer und in organisatorischer und technischer Hinsicht. Erst wenn das der Fall ist, kann man an einen weiteren Ausbau denken, es erweitern und verfeinern, zu verschiedenen Bereichen zusätzliche Untersuchungen durchführen u.s.f.[2]

F.Stoll: Sie haben von männlichen und weiblichen Berufen gesprochen. Ist das so gedacht, dass man für ein Mädchen nur die Auswertung für die Frauenberufe bekommt?

1 Zusatzbemerkung zu der Frage nach der Vertraulichkeit der Daten: In der Bundesanstalt für Arbeit bestehen ausserordentlich strenge Vorschriften und Sicherheitsvorkehrungen zum Schutz von Individualdaten. Eine Weitergabe erfolgt nur mit Einwilligung des Betreffenden.

2 Man würde sich vielleicht die umgekehrte Reihenfolge wünschen; aber ein solches Vorgehen würde, wie ausländische Erfahrungen mit vergleichbaren Projekten gezeigt haben, mit Sicherheit zu einem Misserfolg führen. Man muss einmal energisch anfangen mit der Sammlung von praktischen Daten und Erfahrungen.

H.H.Eckardt: Ja. Unser Vorgehen ist konsequent empirisch. Wir können keine Aussagen machen zu Fragestellungen, zu denen wir keine empirischen Daten haben. Wenn wir zuwenig weibliche Mechaniker in unserem Datenarchiv haben, können wir einem Mädchen, das als Ratsuchende zu uns kommt, nicht sagen, wie es in Bezug auf den Beruf der Mechanikerin zu beurteilen ist.[3]

F.Stoll: Da bin ich gar nicht einverstanden. Der Berater könnte auch Informationen über die Aehnlichkeit zwischen diesem Mädchen, seinem Interessen- oder Fähigkeitsprofil und den Interessen- oder Fähigkeitsprofilen der Jungen, die in solchen Berufen tätig sind, verarbeiten.

Für mehrere Berufe wäre es wahrscheinlich am sinnvollsten, auf die Trennung zwischen männlichen und weiblichen Personen überhaupt zu verzichten. Man könnte auf diese Weise vermeiden, dass sich gewisse Stereotypen immer wieder reproduzieren.

H.H.Eckardt: Namhafte Vertreter der Beratungspsychologie haben gesagt, dass die zukünftige Theorie der Berufswahl für beide Geschlechter eine verschiedene sein muss. Die Verhältnisse sind nun einmal für die beiden Geschlechter sehr unterschiedlich. Eine Folge davon ist, dass u.U. andere Variablen den Studien- oder Berufserfolg beim einen und beim anderen Geschlecht bestimmen. Man kann dies beklagen, man kann fragen, was dahintersteckt, man kann fragen, welche gesellschaftlichen Verhältnisse dazu führen. Aber wir können uns nicht darüber hinwegsetzen.

U.Pulver: Ich möchte eine andere technische Frage stellen. In Ihrer Untersuchung berücksichtigen Sie offenbar nur die Erfolgreichen, die in einem Beruf zufriedenen Personen. Haben Sie bereits versucht oder wollen Sie noch versuchen, auch die Versager in den einzelnen Berufen zu erfassen, um auf diese Weise Minimalbedingungen oder Ausschliessungsbedingungen für den Berufserfolg festzustellen? Ich könnte mir vorstellen, dass auf diese Weise noch andere und präzisere Aussagen möglich wären.

Eine zweite Frage schliesst an das Votum von Herrn Schmitt an. Ich habe mir überlegt: in der Bundesrepublik bestehen doch an allen Hochschulen für sehr viele Studienfächer Numerus-clausus-Bedingungen. Was passiert nun, wenn man erfährt, dass Sie aufgrund Ihrer Untersuchungen den Erfolg in einzelnen Studienrichtungen vorhersagen können, und in Ihrem Verfahren das Mittel sieht, um die Leute auszulesen? Ist dies denkbar, und welche Folgen würde das haben?

H.H.Eckardt: Zunächst zur ersten Frage: Wir gehen davon aus, dass wir, um Eignungsaussagen machen zu können, möglichst unausgelesene Stichproben von untersuchten Probanden weiterverfolgen müssen. Wir müssen wissen, wie die Berufslaufbahn jedes einzelnen sich entwickelt hat. Dabei bereiten uns z.Z. nicht so sehr die Prüfungsversager organisatorische Schwierigkeiten, sondern vor allem diejenigen, die aus den verschiedensten Gründen eine Ausbildung abbrechen; diese Gruppe macht das Gros der "Negativfälle" aus. Wir werden u.a. über Institutionen wie die Handwerkskammern u.dgl. versuchen, diese Informationen laufend zu erhalten. Auf jeden Fall ist es unser Ziel, auch Abbrecher und Versager zu erfassen, um auf diese Weise eine Basis für die Erfolgsvorhersage zu schaffen. - Zur zweiten Frage: Man hat sich bei den zu-

[3] Inzwischen sind Untersuchungen im Gange, die zeigen sollen, ob sich nicht doch ein Vorgehen rechtfertigen lässt, das auf der Grundlage der am jeweils anderen Geschlecht gewonnenen Daten bestimmte Aussagen vornimmt.

ständigen Stellen in Bonn in der Tat für unsere Arbeit interessiert; das zeigt, dass Ihre Ueberlegung nicht unberechtigt ist. Aber es gehört nicht zu den Aufgaben der Bundesanstalt für Arbeit, sich mit Selektionsmassnahmen für Einrichtungen des allgemeinen Bildungswesens zu befassen.

H.-P.Schaub: Mich wundert, dass die Zahl der Probanden speziell beim MOT so gering ist. Spielt dabei mit, dass sich Abiturienten weniger leicht "vertesten" lassen als Absolventen anderer Ausbildungsrichtungen? Ich bin überhaupt erstaunt, dass der Widerstand gegen solch ein Projekt nicht grösser ist.

H.H.Eckardt: Viele Fachkollegen empfinden Abneigung - nicht speziell gegen die MOT, sondern gegen die maschinelle Interpretation psychologischer Daten überhaupt. Beobachtungen aus anderen Ländern (und auch aus Fachgebieten ausserhalb der Psychologie) zeigen, dass Widerstand gegen computerunterstützte Diagnostik etwas sehr Häufiges ist und meist nur langsam zurückgeht. Dahinter steht vor allem die Sorge, dass ein Apparat entsteht, den man nicht mehr recht durchschauen und beeinflussen kann mit der Folge, dass sich die eigene Berufsrolle in unerwünschter Weise verändert. Bisweilen begegnet man auch der Befürchtung, beschäftigungslos zu werden - eine Befürchtung, die angesichts der Vielzahl der auf den Psychologen wartenden Aufgaben selbstverständlich völlig unbegründet ist.

F.W. Schmid: Wie ist die Situation in Oesterreich? Dort werden meines Wissens auch sehr umfangreiche Untersuchungen durchgeführt.

H.H.Eckardt: In der österreichischen Arbeitsmarktverwaltung werden zwei sehr ähnliche Verfahren unter den Namen PUB und MOT verwendet. Auch dort ist das Grundprinzip: "Herangehen in breiter Front" an die persönliche Eigenart des Ratsuchenden, d.h. Aufnahme aller nur denkbaren kodierbaren Merkmale. Man hat in Oesterreich allerdings bisher erst die maschinelle Auswertung, noch nicht die maschinelle Interpretation entwickelt. Immerhin besteht zur MOT aber schon ein Programm, das die individuellen Daten auf der Basis von Expertenurteilen maschinell zu Berufen in Beziehung setzt. Es handelt sich also um eine Art halb-automatische Interpretation, vergleichbar etwa mit den MMPI-Interpretationsprogrammen.

H.Nussbaumer: Mir ist nicht ganz klar, welche Funktion der Psychologe hat, wenn anschliessend noch ein Berater da ist. Welches sind die Funktionen von Psychologe und Berater und wie verknüpfen sie sich?

H.H.Eckardt: Der Psychologe überwacht als Fachmann den gesamten Ablauf der Begutachtung. Dabei sollte er - nach der derzeit bei uns herrschenden Auffassung zumindest bei älteren Personen und Abiturienten - zu Beginn der Untersuchung die Einführung vornehmen, d.h. die Probanden in die Situation einstimmen. Vor allem aber hat er die Aufgabe, vom Rechenprogramm identifizierte Problemfälle an sich zu ziehen, um sich diesen Ratsuchenden diagnostisch und gegebenenfalls auch psychagogisch intensiv zu widmen. Die gleiche Aufgabe hat er bei Ratsuchenden, die schon vor der Untersuchung als Problemfälle erkannt worden sind.

20. Bedürfnisse und Zielsetzungen der schweizerischen Beratungspraxis auf dem Gebiet der Psychodiagnostik. Plenums-Diskussion

Leitung: Fred W.Schmid

Möglichkeiten und Grenzen der Ausbildung in Psychodiagnostik

F.W.Schmid: Wem darf ich zuerst das Wort geben?

R.Andina: Liebe Kolleginnen und Kollegen,

In erster Linie möchte ich als dienstältester Berater in diesem illustren Kreis herzlich für die ausgezeichnete Vorbereitung danken. Sie zeichnet sich durch fachliche und administrative Qualität aus. Wenn man weiss, was es heisst, eine Tagung von solchem Niveau zu organisieren, so darf man Fred Schmid und Urs Pulver nur hohes Lob spenden. Wir alle haben enorm viel profitiert. Ich danke auch den Herren von der Hochschule, die sich zur Verfügung gestellt haben.

Zweitens möchte ich als weit abseits wohnender Hochgebirgsberater noch ein Bekenntnis ablegen. Ich bin hieher gekommen, ängstlich wie ich an wissenschaftlichen Tagungen bin, mit einigen Minderwertigkeitsgefühlen, verunsichert und auch erwartungsvoll - so wie etwa Heidi, als es aus dem Bündnerland zum erstenmal nach Frankfurt kam. Nun gehe ich ziemlich selbstbewusst nach Hause. Warum? Die erwartete Verunsicherung hat nicht stattgefunden. Ich fühle mich gestärkt, in meiner Art weiter zu beraten. Ich habe die vielen Denkimpulse gerne akzeptiert. In einer achtstündigen Bahnfahrt ins Engadin werde ich Zeit finden, den Schock von heute vormittag zu überwinden.

Drittens: Als Ausbildner möchte ich noch ein paar Fragen stellen. Ausbildner bin ich insofern, als ich in vielen Kursen aktiv mitgearbeitet habe und stets Praktikanten bei mir aufnehme. So frage ich mich, wie mein Praktikant, der gegenwärtig das Büro hütet, auf all die hier gefallenen Voten reagiert hätte. Er steht im 7.Semester eines Psychologie-Studiums und versucht nun seine ersten Schrittlein in die Praxis. Hart ist die Konfrontation mit allen Problemen, mit denen unsere Schützlinge zur Beratung kommen.

Ich frage mich ferner als Abiturientenberater, wie ein Maturand auf all das Gehörte reagiert hätte, ein Maturand, der Psychologie, Psychagogik und Pädagogik zu studieren gewillt ist, nicht nur um seine eigenen Probleme zu erhellen, sondern aus einer inneren Bereitschaft heraus, seinen Mitmenschen zu dienen.

Was bietet sich ihm im Studium an, der sich den leidenden Mitmenschen widmen will, die mit Anpassungsschwierigkeiten zu ihm kommen? Was kann er sich vom Studium erhoffen, der nun nach Arbeitsmitteln sucht, um diese Dienstleistung, diese persönliche Hilfe in einer effizienten Form anzubieten?

Wird dieser Maturand sich auf sein Studium freuen, er, der weiss, dass es viele Psychologen diesseits und jenseits der Grenze der Scharlatanerie gibt? Er möchte sich ja ernsthaft in einem Studium auf die Aufgabe vorbereiten, weil er auch weiss, dass viele Leute um Hilfe angegangen werden, die aber weder vorbereitet noch bereit sind, diese Hilfe zu geben.

Ich bin nach 27-jähriger Berufstätigkeit davon abgekommen, zu meinen, die praktische Ausbildung könne man oder dürfe man an die Hochschule delegieren, wie ich dies noch in meiner eigenen Dissertation behauptet habe. Aber ich glaube nach wie vor, dass die Universität wenigstens die Aufgabe einer Formung der kritisch-wissenschaftlichen Persönlichkeit hat. Was passiert aber mit dem Sonderkapitel Diagnostik? Wird es möglich sein, dem Studenten eine allgemeine Konfrontation mit dem Problemkreis zu ermöglichen, ohne ihn völlig zu verunsichern? Mit dieser bangen Frage gehe ich nun nach Hause. Diese bange Frage möchte ich den Verantwortlichen in unserem Kreis, aber auch der Hochschule zuschieben. Es wäre richtig und sinnvoll, wenn ein Stück Koordination möglich würde.

Damit möchte ich mein kurzes Votum schliessen und nochmals herzlich für die vielen Anregungen auf hohem Niveau danken.

F.W.Schmid: Vielen Dank! Wir steuern natürlich unter allen Fragen unweigerlich auf diese zentrale Ausbildungsfrage zu. Wie wollen wir vorgehen? Wollen wir die eine Frage gleich irgendwie zu beantworten suchen? Ich möchte Ihnen vorschlagen, dass wir diesen ganzen Komplex zuerst zur Diskussion stellen und anschliessend daran dann andere Kommentare und Fragen entgegennehmen.

R.P.Jecko: Was ich begrüssen würde wäre, dass wir anschliessend an die Tagung, die doch weitgehend theoretisch ausgerichtet war - und das hat uns allen sehr gut getan -, versuchen würden, als weitere Veranstaltung der AGAB ein Kasuistikseminar durchzuführen. Irgendwie ist die Kasuistik an dieser Tagung etwas zu kurz gekommen. Das ist ja das, was uns allen auf den Nägeln brennt, die Konfrontation mit den praktischen Fällen und auch der Erfahrungsaustausch über die praktischen Fälle.

F.W.Schmid: Ich nehme diese Anregung sicher gerne entgegen. Sie wurde auch schon gestern in einer der Gruppen geäussert. Wir müssen dabei allerdings den Aspekt der Weiterbildung von jenem der Ausbildung unterscheiden. Wir haben also bereits zwei Problemkreise, mit denen wir uns befassen sollten. Sie können nicht voneinander getrennt gesehen werden, sind aber auch nicht identisch.

U.Pulver: Zum Problem der Ausbildung möchte ich anschliessen an den Vortrag von Herrn Stoll. Er hat uns Testumfragen präsentiert und die Resultate bewertet. Die Beurteilung geschah durch Anlegen eines Massstabes der Psychometrie. Die holländische Abstufung von A-F geht nach psychometrischen Gesichtspunkten vor. Hier haben die in der Schweiz verwendeten Tests recht schlecht abgeschnitten; auch hat sich von der ersten bis zur zweiten Umfrage in dieser Hinsicht nichts verbessert. Ein Votant fasste das Ergebnis als deplorablen Zustand zusammen.

Nun habe ich mir aber überlegt: wäre nicht der Zeitpunkt gekommen und wäre es nicht sehr wichtig, man würde neben die holländisch-psychometrische Testbewertung eine zweite Testbewertung stellen? Heute morgen kam von irgendwo der Hinweis, die Kriterien seien ungerecht verteilt, die Reliabilität komme zu gross heraus. Dem würde ich nicht ganz zustimmen; es ist wichtig, eine saubere psychometrische Beurteilung von Tests zu haben. Aber daneben müsste es noch andere Beurteilungskriterien über den Wert von Tests geben, die mehr den Breitbandverfahren zugute kommen, die vielleicht die Ergiebigkeit in Hypothesenfindung oder ähnliche Dinge beurteilen, eine Beurteilung also, die von einem ganz anderen Gesichtspunkt her erfolgt. Und wenn man das hätte, dann würde sich vielleicht das Problem etwas anders stellen, als es heute morgen der Fall zu sein schien. Heute ergab sich vor allem das Bedürfnis, eine Verschiebung von den E- und F-Tests hinüber zu den A- und B-Tests zu erreichen und alle Kraft darauf zu verwenden, noch bessere A- und B-Tests zu kreieren und auszuarbeiten, so dass die Studenten im psychometrischen Denken ausgebildet werden können. Damit bin ich zwar durchaus einverstanden, aber ich würde darin nur die eine Hälfte des Problems sehen.

Die andere Hälfte des Problems bestünde jedoch darin, auch die anderen Verfahren zu verbessern, soweit sie verbesserbar sind, vor allem aber die Voraussetzungen zum Gebrauch der anderen Verfahren zu verändern. Mir scheint es nicht deplorabel, dass diese Verfahren gebraucht werden. Wir dürfen nicht etwa unser Ziel darin sehen, von diesen Verfahren abzuraten, um auch gegenüber der Oeffentlichkeit uns reinzuwaschen und behaupten zu können, wir hätten nur ganz saubere Ware anzubieten. Vielmehr haben wir die Aufgabe, die Leute, die damit arbeiten, "sauberer" zu machen im Sinne der Validierung des Diagnostikers. Das Deplorable ist nicht, dass diese Mittel gebraucht werden, sondern wie sie zum Teil gebraucht werden, dass das von vielen Seiten her kritiklos geschieht, dass sehr unvorsichtig vorgegangen wird. Daran aber ist zum Teil die Ausbildung schuld, und zwar beide Arten von Ausbildung, also vor allem auch eine "saubere" Ausbildung, welche nur psychometrisches Denken vermittelt, auch wenn sie diese Aufgabe sehr schön erfüllt. Die in A- und B-Verfahren ausgebildeten Studenten werden in die Praxis kommen, diese Mittel ungenügend finden, zu E- und F-Mitteln greifen und sie im Freistilverfahren anwenden, und dann ist die Katastrophe da. Man müsste meiner Meinung nach schon an der Hochschule zeigen, wie diese Mittel gebraucht werden dürfen, vor allem den Studenten zeigen, in welcher Richtung man sich da irren kann, welchen Gefahren man da unterliegt, und was man dann doch damit tun kann, wenn man sich der Gefahren bewusst ist. Hier müssten wir ebenso sehr ansetzen. Es gibt also nicht ein Entweder-Oder, sondern ein Auch-Auch, das hier in der Ausbildung erreicht werden muss. Wenn wir an dieser Tagung ein bisschen in dieser Richtung mithelfen konnten, so haben wir wahrscheinlich ein wichtiges Ziel erreicht.

F.Stoll: Ich fühle mich angesprochen von Herrn Andina und möchte sagen, dass man an die Hochschulen nicht zu hohe Erwartungen stellen kann. Die Möglichkeiten der Psychologiedozenten an irgendeiner Universität sind nicht sehr gross. Es gibt allerdings Möglichkeiten, etwas in Richtung der Psychodiagnostik zu machen, und ich glaube gezeigt zu haben, dass wir in Zürich schon einiges unternommen haben und auch weiterhin unternehmen werden. Es gibt Rorschachkurse, Graphologiekurse; es gibt kasuistische Seminare. Wenn das Angebot nicht viel umfassender ist, dann hat das zwei Gründe: ein Grund ist, dass diese Verfahren schwierig zu dozieren sind, besonders wenn man in einer Klasse oder Gruppe 50 bis 100 Studenten hat. Ein anderer Grund ist, dass die "Wissenschaftlichkeit" dieser Methoden umstritten ist. Bei der wissenschaftlichen Arbeit mit psychometrischen Tests bestehen präzise Methoden und theoretische Grundlagen. Man hat etwas, was die Hochschulleute besser erfassen können, mit dem sie Hypothesen bilden können, Arbeiten publizieren können usw. Ich will nicht behaupten, dass das ein genügender Grund ist, ich will nur zu erklären versuchen, warum es so ist. Ich glaube aber auch, dass in dieser Richtung etwas möglich ist, darum haben wir auch Kurse über Gesprächsführung eingeführt als Ergänzung zu den projektiven Verfahren. Das Ganze sollte eigentlich noch konkretisiert werden, nicht nur in kasuistischen Seminarien, sondern in einer Art von Beratungsstelle. Die Realisierung einer solchen Stelle ist aber innerhalb einer Historisch-Philosophischen Fakultät eine schwierige Sache. Ich sage dies nur als Ergänzung und Erklärung. Ich bin sehr interessiert zu hören und zu erfahren, welches eigentlich die Erwartungen von praxisorientierten Leuten sind, und herauszufinden, was wir daraus machen können.

S.Spörli: Ich möchte an die Aeusserungen von Herrn Pulver anschliessen und sie sehr unterstützen und einen Punkt vielleicht noch schärfer nuancieren. Bei der gestrigen kasuistischen Arbeit ist mir klar geworden, dass psychometrische und klinische Optik keine Alternativen sind. Anders gesagt: Psychometrische Verbesserung von Tests ersetzt nicht eine Ausbildung in, sagen wir mal, Einübung in klinischer Optik. Ich glaube, das ist ein sehr klares Ergebnis, das wir an konkreten Fällen gesehen haben. Ich verstehe jetzt die Bedenken von Herrn Lang besser als vorher. Ich teile zwar aus meiner eigenen Erfahrung heraus seine Autonomie-Einschränkungs-Bedenken gegen die Diagnostik nicht. Hingegen teile ich seine Bedenken, wenn er sagt, dass psychometrische Verbesserungen bestimmte Gefahren mit sich bringen. Es ist nicht nur die Gefahr des totalitären Staates, die uns da irgendwie in Orwell'scher Perspektive vorschwebt, sondern auch die Gefahr der Bequemlichkeit des Diagnostikers. Ich kann das in unserer verkehrspsychologischen ERFA-Gruppe sehr genau verfolgen; seit wir unsere Verfahren psychometrisch verbessert haben, wird eine Tendenz spürbar, dass man den beschwerlichen Konfliktprozess in der diagnostischen Entscheidungsbildung nicht mehr glaubt durchlaufen zu müssen. Deshalb müssen Hochschulen erkennen, dass Klinik und Psychometrie keine Alternativen sind, sondern Sichtweisen, die sich gegenseitig ergänzen; und Berufsorganisationen wie die unsrige müssen durch permanente Weiterbildungsveranstaltungen die Möglichkeit bieten, dass der Diagnostiker den geschilderten Erstarrungen, Bequemlichkeiten und Einseitigkeiten widerstehen lernt, beispielsweise durch Konfrontationen, wie wir sie gestern bei der kasuistischen Arbeit erleben konnten.

Ich möchte abschliessend danken dafür, dass hier solche Möglichkeiten geboten wurden.

O.Maier: Nur ganz kurz! Ich habe das schon gestern in der Arbeitsgruppe angebracht, möchte es aber hier doch wiederholen, nämlich zu danken, dass Sie den Mitgliedern des VSSE eine Teilnahme an Ihren Weiterbildungsveranstaltungen ermöglicht haben. Ich habe dies schon angetönt, dass eben im VSSE eine so radikale Fragestellung, wie sie diesem Kurs zugrunde lag, vermutlich noch nicht denkbar ist. Ich möchte hoffen, dass auch in Zukunft diese Möglichkeit weiterbesteht. Der zweite Gedanke, der mir durch den Kopf gegangen ist: ich habe mich gefragt, ob diese Autonomie-Einschränkungs-Bedenken oder auch solche Ueberlegungen, wie wir sie gerade jetzt gehört haben, nicht etwas mit der Persönlichkeitsauffassung zu tun haben. Der Begriff "Persönlichkeitsmodelle" wurde ja mehrfach genannt. Offenbar hat man die Auffassung von verschiedenen Modellen, und ich habe mich weiter gefragt, wie diese denn aussehen könnten und ob man bei der Mehrheit der Teilnehmer ein bestimmtes Modell voraussetzen könnte. Ich bin nicht informiert, aber ich frage mich, ob Sie z.B. im Rahmen Ihrer Veranstaltungen eine solche Problematik als Tagungsthema vorgesehen haben.

F.W.Schmid: Es wurde also die Frage gestellt, was für Persönlichkeitsmodelle es sind, die unsere Haltung gegenüber dem von Herrn Lang angesprochenen Autonomieproblem beeinflussen. Darf ich vorschlagen, diese Frage einen Augenblick zurückzustellen, damit wir die Diskussion in Sachen Aus- und Weiterbildung, zu der Sie sich in Ihrem ersten Punkt ja auch geäussert haben, noch etwas abrunden können.

L.Bertsch: Ich möchte gerne ein Problem der Ausbildner hier anbringen, das Herr Lang gestern in unserer Gruppe schon erwähnt hat. Wir Ausbildner ohne Poliklinik sind immer in der schwierigen Lage, dass wir Kasuistik unterrichten sollten ohne oder nur mit sehr wenigen praktischen Beratungsfällen. Wir benötigen dringend eine Fallbibliothek. Dazu braucht es die Hilfe der Praktiker. Sicher, Praktika während der Ausbildung übernehmen einen Teil der Aufgabe, die Studierenden in die Probleme der praktischen Arbeit einzuführen. Ein notwendiger ergänzender Teil ist jedoch das Kennenlernen und Einüben der diagnostischen Schlussfolgerungen mittels schriftlich vorliegender Fälle. Deshalb möchte ich an alle Praktiker die Bitte richten, uns bei der Beschaffung solcher Fälle zu helfen.

F.W.Schmid: Ich möchte die Gegenfrage an den Votanten stellen, ob es möglich ist, solche Kasuistik-Diskussionen auf Grund von Material aus zweiter Hand zu bestreiten, also ohne dass man selber entweder als Berater oder als Beobachter, sei es direkt oder über Video-Recorder, an der Beratung beteiligt war? Dies scheint mir ein Aspekt, der überlegt werden müsste.

L.Bertsch: Ich glaube, dass dies mit gewissen Einschränkungen ohne weiteres möglich ist. Wir haben gestern ebenfalls einen Fall diskutiert, bei dem der Berater selbst nicht anwesend war. Da gewisse Informationen fehlten, mussten wir einige Fragen offen lassen. Deshalb konzentrierten wir uns auf andere Fragen. Selbstverständlich ist es immer von Vorteil, wenn der Berater selbst anwesend ist.

F.W.Schmid: Ich habe die Frage absichtlich gestellt. Wir Lehrbeauftragte in Diagnostik an der Abteilung für Angewandte Psychologie der Universität Zürich hatten vor etwa acht Tagen eine Diskussion mit Herrn Stoll. Wir sind dabei bald auf das Problem gestossen, dass es sogar für den beteiligten Berater recht schwierig ist, Fälle gut zu präsentieren. Wir haben uns den Kopf darüber zerbrochen, auf welche Weise wir den Studenten nahebringen können, wie der Klient ausgesehen, gewirkt, reagiert hat. Die verbalen Mittel erweisen sich da bald einmal als unzulänglich. Wir kamen zum Schluss, dass man einen Schritt weitergehen sollte, indem man beispielsweise Beratungen durch den Einwegspiegel beobachten lässt oder Video-Aufnahmen macht und diese später bespricht. Nur so kann verhindert werden, dass der Erlebnisgehalt, den man als Berater hat und auf den man ja emotional reagiert, verloren geht, beziehungsweise nur so verdünnt vermittelt wird, wie dies bei einem nachträglichen Bericht der Fall ist. Dies scheint auch wieder ein Thema zu sein, das weiter diskutiert werden müsste, und zwar unter Beteiligung sowohl von Praktikern als auch von Hochschullehrern.

J.Schmitt: Während meines Studiums gab es im Rahmen der Diagnostikausbildung ein sogenanntes Befundpraktikum. Ziel dieses Praktikums war es, die Interpretationsmöglichkeiten einzelner Tests kennenzulernen und Interpretationsansätze zu üben. Ausgangspunkt bildeten dabei Testprotokolle mit den allernötigsten zusätzlichen Angaben. Ausgehend von den Testergebnissen wurden dann Ansätze zur Interpretation gesucht. Dabei wurde stets überprüft, inwieweit eine vorgenommene Interpretation zulässig ist resp. welche Aussagen man nicht machen kann, weil das dazu nötige Wissen fehlt. Nach meiner Erfahrung ist dies eine sehr sinnvolle Variante. Wir haben dabei sehr schnell gelernt, die Grenzen von Tests zu sehen; und wir haben vor allem gelernt, was man auf Grund eines Tests einfach nicht aussagen kann.

F.W.Schmid: Ich würde auch meinen, dass es sich dabei um ein sinnvolles Verfahren handelt. Die Frage ist einfach, wie weit man damit kommt und von welchem Punkt an eine noch lebendigere und reichhaltigere Information benötigt wird.

Schulung von Selbsteinsicht und Selbsterleben des Diagnostikers

P.Landolf: Ich möchte noch einmal kurz zurückkommen auf das, was Herr Pulver gesagt hat, dass man nicht nur die Methoden verbessern soll, sondern auch den, der diese Methoden anwendet. Der Diagnostiker ist an diesem Kurs ein bisschen zu kurz gekommen, vielleicht zu recht. Denn hier haben wir es mit einem Gegenstand zu tun, dessen Einflüsse auf das diagnostische Geschehen und das Beratungsgeschehen sehr schwer zu erfassen sind.

Aber ich glaube, langfristig käme man doch nicht darum herum, auch den Diagnostiker ganz explizit mit in die Diskussion einzubeziehen. Herr Lang hat von der Aussenansicht und von der Innenansicht gesprochen. Was wir bisher besprochen haben, sind Aussenansichten. Auch wenn wir Rorschach anwenden oder Gesprächstechniken ins Ausbildungsprogramm der Universität hineinnehmen, so sind dies ja alles Methoden, die die Aussenansichten verbessern. Meine Frage ist: Wie könnte man etwas tun im Sinne einer Persönlichkeitsentwicklung des Diagnostikers? Ist das möglich oder ist das nicht möglich? An sich fände ich es wünschbar. Dies wurde mir deutlich in Gesprächen mit Studenten, die die Kluft zwischen dem, was sie im Studium erlernen und dem, was sie in der Praxis vorfinden, als ziemlich gross erleben.

F.W.Schmid: Ich glaube, es handelt sich um eine sehr wichtige Frage, die Sie hier aufwerfen. Ich möchte aber auf eine Prämisse reagieren, die ich nicht ganz verstehe. Sie scheinen von der Voraussetzung auszugehen, ein Rorschach-Protokoll sei unter die Aussenansichten zu subsumieren. Meiner Meinung nach dienen die projektiven Mittel aber in erster Linie dazu, die Innenansicht[1] festzustellen.

P.Landolf: Ich habe seinerzeit im Studium zahlreiche Diagnostikkurse besucht, aber bis zum Schluss über mich selber als Diagnostikerperson nichts erfahren. Ich hatte keine Möglichkeit gehabt, mich kennenzulernen, und ich habe auch keine Annäherung an die Menschen, mit denen ich die Tests durchgeführt habe, gespürt. Man kommt von aussen an den Menschen heran, und man hat nachher irgendwelche numerischen Werte, aber nicht den Menschen. Und mich interessiert eben diese Innenansicht; ich bin selber durch die rogerianische Schule gegangen und glaube, dort etwas wesensmässig völlig anderes erfahren zu haben als das, was wir auch

[1] Die Verständigung der Votanten leidet hier und im Folgenden darunter, dass nicht klar zum Ausdruck gebracht wird, ob von der Innenansicht des Klienten oder des Beraters die Rede ist und in welchem Verhältnis diese allenfalls zueinander stehen. (Hg.)

mit den besten projektiven Methoden über die Innenansicht unserer Klienten erfahren.

F.W.Schmid: Ich würde so weit zustimmen, dass es sicher Kurse gibt, auf welche Ihre Beschreibung zutrifft und die fälschlicherweise den äusseren Aspekt des Rorschach betonen, was in Wirklichkeit gar nicht haltbar ist in Anbetracht der unbefriedigenden Validierungsergebnisse.

F.Stoll: Herr Lang würde hier wahrscheinlich sagen, was er gestern oder vorgestern sagte, dass nämlich nie gezeigt wurde, dass Therapeuten oder Diagnostiker, die mit sich selbst besser auskommen, auch als Berater besser funktionieren. Herr Lang behauptet - ich habe dieses Thema nicht verfolgt -, es spiele keine Rolle. Im Moment sind für mich diese Aussagen von Herrn Lang und Herrn Landolf widersprüchlich. Wir sollten empirische Daten haben, um diese Behauptungen abzuwägen.

F.W.Schmid: Sie stellen die Frage, wie weit die Selbsteinsicht, das Selbstverständnis, die innere Harmonie des Psychologen, wenn man so will, wichtige Voraussetzungen seien für den diagnostischen und therapeutischen Erfolg. Ich kann mir jetzt vorstellen, dass es die Praktiker unter uns etwas merkwürdig dünkt, dass man diesen Zusammenhang überhaupt beweisen müsste; aber aus der Sicht der Wissenschaft handelt es sich natürlich um eine legitime Frage. Ich muss sagen, ich bin auch nicht in der Lage, Untersuchungen zu zitieren bezüglich der Psychologen; aber es gibt Untersuchungen über Führungskräfte und, wenn ich mich recht erinnere, auch über Lehrer, welche zeigen, dass die Variable - wenn man von einer Variable sprechen kann - relevant ist.

Im Zusammenhang damit wäre auch auf eine neue amerikanische Entwicklung hinzuweisen. Es besteht dort an gewissen Colleges für Business Administration - also an Schulen, an denen angehende Diplom-Kaufleute und Führungskräfte ausgebildet werden - die Möglichkeit, dass man als Diplomarbeit eine wissenschaftliche Selbstcharakterisierung zum Zwecke der Selbsterkenntnis erstellt. Die Studenten werden während ihrer zweijährigen Ausbildung zuerst mit einer Anzahl von Tests im Selbstversuch konfrontiert, ähnlich wie dies Herr von Uslar gefordert hat. Es sind psychometrische Tests darunter, vor allem aber auch solche, die der Erhellung des Selbstkonzepts dienen. Anschliessend haben die Studenten die wissenschaftliche Literatur zu verarbeiten, die über die durchgeführten Tests existiert, und die an sich selbst gewonnenen Befunde einzubauen in eine wissenschaftliche Autobiografie, die einerseits retrospektiv, anderseits prospektiv ausgerichtet ist. Ich habe solche Autobiografien gesehen - es ist hochinteressant und ganz erstaunlich, was Leute, die ja nicht Fachpsychologen sind, dabei zustandebringen. In einem Fall habe ich dann allerdings auch beobachten können, wie der Versuch schiefgehen und das Ziel der Selbsterkenntnis verfehlt werden kann. (Vgl. dazu Kotter, Faux & McArthur, o.J.)

Mit diesem Hinweis wollte ich nur zeigen, dass es Berufsgruppen gibt, die in diesem Bereich weiter vorgestossen sind, als wir uns bisher getraut haben. Ich weiss aber nicht, ob die Frage von Herrn Landolf damit beantwortet ist.

P.Landolf: Nur zum Teil; denn auch das ist, wie alles, was bis jetzt diskutiert wurde, extrem kognitiv. Wir haben im ganzen Kurs praktisch nie von emotionalen Dingen gesprochen, und ich glaube auch, wenn man einen Rorschachbefund hat, so ist dies eben ein kognitiver und nicht ein emotionaler Befund. Ich möchte dies an einem Beispiel verdeutlichen vom Symposium des letzten Wochenendes: Gendlin, ein Professor aus Chicago, führte mit den Teilnehmern ein Experiment durch. Er bat uns, uns bequem hinzusetzen, die Augen zu schliessen und uns eines unserer grossen, ungelösten Probleme vorzustellen. Nachdem sich jeder ein Problem ausgedacht hatte, forderte er die Leute auf, einfach zu spüren, was für Gefühle jetzt kämen, gerade jetzt, wenn sie an dieses Problem dächten. Später forderte er uns auf, uns das Gefühl vorzustellen, das wir hätten, wenn dieses Problem gelöst wäre. Es war ein unheimlich starkes Erlebnis, diese Gefühle wirklich zu haben. Am darauffolgenden Montag kam eine junge Frau zu mir in die Beratung, die einige Tage zuvor die Scheidung eingereicht hatte; sie war voller Schuldgefühle. Sie sprach von einer Kurzschlusshandlung, die sie bereute, und sie redete wie ein Buch. Ich habe mich zuerst fangen lassen von dieser Verbalität und Rationalität, aber später sagte ich:"Jetzt sind wir ein bisschen still, und Sie versuchen einfach einmal, Ihren Gefühlen nachzugehen, die Sie haben oder die Sie hatten, als Sie am letzten Donnerstag die Scheidung einreichten." Es war interessant zu sehen, wie sie in diesen wenigen Minuten des Schweigens ihr Problem plötzlich anders erlebte, nämlich nicht als Kurzschlussreaktion, sondern als erstmaligen wirklich persönlichen Entscheid; denn andere Entscheide wurden ihr früher immer von anderen Leuten ausgeredet. Dies hatte sie bisher noch nicht gemerkt. Ich möchte behaupten, dass wir mit keinem Rorschach und mit keinem anderen Test dieses Gefühl präzis genug erfasst hätten. Ich meine, auch das ist eine Form von Diagnostik, die man noch sehr viel weiter treiben könnte. Aber das führt eben auf einen anderen Weg als den, den wir bisher diskutiert haben. Ich weiss nicht, ob es vielleicht jetzt etwas deutlicher geworden ist.

F.W.Schmid: Sie denken in diesem Zusammenhang also offenbar an gruppendynamische Erfahrungen. Ich kann dazu noch ergänzend beifügen, dass diese bei den erwähnten Diplomarbeiten mit im diagnostischen Instrumentarium, das eingesetzt wird, enthalten sind. Aber wichtiger ist natürlich die von Ihnen angetönte generelle Frage, wie weit es möglich und realisierbar ist, die Gruppendynamik als Mittel der Persönlichkeitsentfaltung in die akademische Ausbildung der Psychologen einzubauen. Vielleicht kann uns Herr Stoll seine Auffassung dazu bekanntgeben.

F.Stoll: Ich glaube, dass auch durch kognitive Aufgaben etwas in Richtung der Persönlichkeitsentwicklung geschieht. Zur Zeit sehe ich durchaus eine Möglichkeit zur Einwirkung auf den emotionalen Bereich. So haben wir im letzten Sommersemester erstmals eine Veranstaltung unter dem Titel "Entscheidungsprozesse in Gruppen" realisiert. In dieser Veranstaltung hat man hauptsächlich die emotionale Dimension des Geschehens in der Gruppe verarbeitet, und man hat wenig versucht, die Sache in ein System zu bringen. Die Reaktion der Studenten war sehr positiv. Sie haben dies als eine echte Alternative zu den anderen Angeboten bezeichnet, und ich habe es als eine Einführung und Unterstützung von Tutoren präsentiert. In diesem doch etwas geschützten Rahmen glaube ich, dass es möglich ist, auch auf der Hochschule ganz offene Veranstaltungen durchzuführen. Wir haben auch hier das Problem, dass wir eigentlich nicht jemandem sagen können:"Du hast zuviele persönliche Konflikte, Du gehörst nicht dazu." Ich habe auch schon von Tagungen und Kursen gehört, welche sich recht problematisch entwickelt haben.

F.W.Schmid: Offenbar haben sich an einer anderen schweizerischen Universität ähnliche Schwierigkeiten ergeben, wie ich von einem Dozenten gehört habe. Die Probleme sind natürlich analog denjenigen, die entstehen, wenn man gruppendynamische Veranstaltung in irgendeinem organisierten Unternehmen oder einer geschlossenen Institution durchführt.

Ich glaube, dass diese Diskussion uns gezeigt hat, wie aktuell doch im Bewusstsein der Praktiker diese Aus- und Weiterbildungsfragen sind. Vielleicht ist jetzt der Moment gekommen, um noch einige andere Themen zu behandeln.

Weiterentwicklung von Testverfahren und Testanwendung in der Schweiz

F.Berger: Wir haben das Thema "Psychodiagnostik in der Beratung", und es ist schon einmal geäussert worden, dass dies etwas zu kurz gekommen ist. Es ist sicher eine Aufgabe, die wir zusätzlich zu bewältigen haben, diesen Einbau oder die Stellung der Diagnostik in einer konkreten Beratungssituation zu diskutieren. Ferner würde ich auch Herrn Landolf zustimmen, die Diagnostik nicht einseitig kognitiv oder einseitig testorientiert abzuhandeln. Es gibt eine Vielfalt anderer diagnostischer Möglichkeiten, die in der Beratung eine Rolle spielen und die diskutiert werden müssten. Es scheint mir hier eine Fortsetzung des Themas zu geben, die aber nicht nur aus kasuistischer Seminararbeit besteht, wie es Herr Jecko angedeutet hat.

F.W.Schmid: Die Veranstalter sind natürlich dankbar für solche Anregungen. Es ist ja immer so, solche Veranstaltungen haben nur einen geringen Wert, wenn sie punktueller Natur sind und nicht eine Entwicklung in Gang setzen oder beschleunigen helfen. Deshalb nehmen wir Ihren Vorschlag sehr gerne entgegen.

Bevor wir weitergehen, möchte ich nun versuchen, Herrn Maier noch kurz zu antworten. Er hat die Frage aufgeworfen, wie weit Persönlichkeitskonzepte - formulierte oder auch nicht-formulierte - mit im Spiel sind bei der Einschätzung der Autonomie-Problematik. Sie sind nach meinem Gefühl sehr stark im Spiel. Ich glaube tatsächlich, dass man zu diesen Bedenken bezüglich einer Gefährdung der Autonomie durch die diagnostische Tätigkeit - oder diejenige therapeutischer Art oder irgendeine andere Form von Arbeit am Menschen - nur gelangen kann, wenn man seinen Ueberlegungen ein relativ enges, positivistisches Modell zugrundelegt. Man geht von metrischen Verfahren, den eigentlichen Tests aus, die auf ein deterministisches Verhaltensmodell hin konzipiert worden sind, damit aber nur einen ganz bestimmten Bereich abdecken. Daneben bleibt ein anderer, in dem sich die Autonomie der Person stärker Geltung verschafft und zu dessen Erfassung ganz andere, verhältnismässig viel weniger strukturierte Mittel erforderlich sind. Wenn es gelingt, diesen freien, von den Neigungen und Wünschen der Person bestimmten Bereich miteinzubeziehen und das zu erhellen, was vorher als die Innenperspektive des Klienten bezeichnet wurde, dann scheint es mir, dass die Autonomie-Problematik ihren Stachel zum grössten Teil verliert. In diesem Sinne bin ich entschieden der Meinung, dass die Menschenbilder, von denen wir ausgehen, unsere Haltung sehr stark beeinflussen.

Nun möchte ich aber noch eine ganz andere Frage an Sie richten, die mir irgendwie im Raum zu stehen scheint - nämlich die, wie wir auf die Präsentationen des heutigen Vormittags reagieren. Herr Stoll hat uns den Ist-Zustand geschildert, und von Herrn Eckardt haben wir einen möglichen Soll-Zustand vor Augen geführt bekommen. Meine Frage an Sie: Ist dies ein erstrebenswerter Soll-Zustand? Sollten wir versuchen, auch in diese Richtung zu gehen? Wenn nicht, welche anderen Ziele sollten wir uns setzen bezüglich der Weiterentwicklung unserer Verfahren? Ich glaube, etwas sollte heute morgen auch dem hintersten Anwesenden klar geworden sein, dass nämlich eine Weiterentwicklung unserer Verfahren notwendig ist; dass wir uns nicht länger hinter einer klinischen Romantik verstecken und darauf verzichten können, etwas zu unternehmen, um das wissenschaftliche Fundament unserer Tätigkeit zu verstärken. Vielleicht müssen wir sogar etwas recht Drastisches tun, um hier endlich weiterzukommen und uns wenigstens einem Teil der Ziele anzunähern, von denen ich im Jahre 1964 gemeint hatte, sie sollten erreicht werden. Wem darf ich das Wort geben?

J.Schmitt: Bei diesem System, das Herr Eckardt entwickelt und uns hier vorgestellt hat, handelt es sich meiner Meinung nach zunächst noch nicht um eine Weiterentwicklung von Testverfahren, sondern um eine Weiterentwicklung der Testanwendung, die auch ohne Psychologen funktionieren kann. Wie eine Weiterentwicklung unserer Testverfahren aussehen soll, dazu kann wahrscheinlich Herr Stoll auf Grund der Umfrage einige Angaben machen. Konnten Sie, Herr Stoll, den Wünschen im Fragebogen z.B. entnehmen, dass ganz bestimmte Arten von Tests weiter- oder neuentwickelt werden sollten?

F.Stoll: Es sind zwei, drei Dinge, die zum Ausdruck kommen. Man wünscht neue Normen und eventuell neue Fassungen von Tests, insbesondere vom PSB, IST und HAWIK. Man scheint zufrieden zu sein mit den Interessentests. Ich bin da anderer Meinung. Weiter werden neue Tests gewünscht, die als "Situationsverfahren" konzipiert sind. Das ist, was die Leute am meisten wünschen. Aber ich muss sagen, ich weiss gar nicht so genau, was sich die Leute unter "Situationsverfahren" vorstellen. Können Sie mir helfen?

J.Schmitt: Mit situativer Diagnostik sind solche Verfahren gemeint, die z.T. auch in den Voten P.Landolfs indirekt gefordert werden. Bei der Lösung einer Problemsituation - der Testaufgabe - konzentriert man sich auf den Lösungsprozess, also das Vorgehen des Probanden bei der Lösung und weniger auf das Produkt, das Ergebnis wie beispielsweise beim IST.

F.Stoll: Das sind situative Verhaltenstests, und deren Fehlen wird am meisten als Mangel empfunden. Bei den Deutschschweizern sind es 31 Prozent der Befragten, die solche Tests verlangen, bei den Welschschweizern 37 Prozent. Die nächste Kategorie sind spezielle Fähigkeitstests mit 28 resp. 23 Prozent.

F.W.Schmid: Bei diesen hohen Werten für die "situativen Verhaltenstests" müsste schon überlegt werden, ob sie nicht dadurch zustandekommen, dass verschiedene Leute Verschiedenes in den Begriff hineinprojiziert haben.

T.Fuchs: Wenn ich situative Verhaltenstests angekreuzt hätte, hätte ich etwa gedacht an den Frustrationstest von Rosenzweig oder vielleicht auch an den Familienbeziehungstest (da hat man 25 Karten, auf jeder Karte ist eine Situation dargestellt und man erfindet Geschichten dazu). Oder es gibt den sozialen Motivationstest, wo einer eine Geschichte liest und entscheidet, wie er sich verhalten würde.

F.W.Schmid: Ein Teil der Antwortenden hat möglicherweise auch etwas derartiges darunter verstanden. Aber ich glaube nicht, dass wir mit diesen Kategorien weiterkommen.

F.Stoll: Nun, was die Forschungsrichtung angeht: ich will versuchen, mit der Testkommission und mit bestimmten Forschungsstellen den am meisten genannten Erwartungen nachzugehen. Wie weit uns dies gelingt, ist fraglich.

F.W.Schmid: Gäbe es Möglichkeiten, die wir von der Praxis aus hätten, hier mittelfristig etwas beizutragen? Können die Praktiker unter uns ihren vorgesetzten Stellen verständlich machen - vielleicht nicht gerade im Hinblick auf dieses, aber doch auf das nächste Budget -, dass sie zur vertretbaren Ausübung ihrer Tätigkeit bessere Mittel brauchen und dass diese Mittel irgendwo entwickelt werden müssen?

O.Maier: Beim HAWIK könnte man sich vorstellen, dass im Rahmen einer Praktikantentätigkeit so etwas möglich wäre, dass z.B. ein Praktikant von Ihnen gewisse Vorarbeiten während seines Praktikums leisten könnte.

F.Stoll: Ich denke, der Aufbau von neuen Normen für den HAWIK beispielsweise ist eine anspruchsvollere Tätigkeit, als dass sie ein Praktikant leisten könnte. Es gibt gewisse Nebenarbeiten, die man wohl Praktikanten übergeben kann, aber die Konzipierung von neuen, sauberen Normen für den HAWIK verlangt bedeutend mehr.

F.W.Schmid: Ich möchte hierzu noch ein ähnliches Bedenken anmelden. Herr Stoll hat heute morgen davon gesprochen, dass man eine Art Pilot-Gruppe gründen sollte, die sich der dringenden Bedürfnisse von seiten der Praxis anzunehmen hätte. Genau das haben wir seinerzeit im SBAP versucht, mit dem Ergebnis, dass wir nach kurzer Zeit in Schwierigkeiten gerieten bezüglich des erforderlichen Aufwandes an Arbeit und Geld. Man nimmt einen grossen Anlauf, aber wenn die Kontinuität in personeller und finanzieller Hinsicht nicht gesichert werden kann, so erlahmt der Elan bald einmal, und das Projekt schläft ein. Konkret gesprochen haben wir damals versucht, den alten IST etwas an die schweizerischen Verhältnisse anzupassen. Wir haben mit Kollege Pulver schon damals festgestellt, dass auch die itemanalytischen Gegebenheiten nicht mehr stimmen, wenn der Test von der deutschen auf eine schweizerische Population übertragen wird. Relativ kurz darauf wurde der neue IST angekündigt. Unsere Arbeit war deswegen nicht gerade für die Katze, aber sie hatte sicher nicht mehr die Tragweite, die ihr sonst zugekommen wäre. Man braucht schon eine erhebliche Disponibilität, um solchen Veränderungen folgen zu können.

Wem darf ich noch das Wort geben zu unserem Thema? Aus Herrn Schmitts Votum habe ich herausgehört, dass er das Projekt der Bundesanstalt für Arbeit als abschreckendes Beispiel empfindet. Ist dies die allgemeine Auffassung, oder gibt es andere Teilnehmer, die dazu positiver Stellung nehmen würden?

C.von Orelli: Ich sehe durchaus einen Sinn in einer Zentralisation gewisser Verfahren, vielleicht sogar die einzige Möglichkeit. Aber ich sträube mich, dass gleichzeitig auch die Beratungsstellen zentral gelenkt werden, und dass wir dann gezwungen würden, diese Verfahren auch wirklich anzuwenden. Ich glaube, hier besteht ein grosser Unterschied zum deutschen Modell.

F.W.Schmid: Und da sind wohl die Gegebenheiten hierzulande in administrativer und politischer Hinsicht doch so verschieden von denjenigen in der Bundesrepublik, dass enorme Schwierigkeiten entstehen würden.

U.Pulver: Auch ich würde sagen, im Rahmen einer mannigfaltigen Diagnostik hätte ich diese Unterlagen gerne, um als Berater damit zu arbeiten. Andererseits habe ich das Gefühl, dass ich mich in einem starken Masse Herrn Lang anschliessen muss. Ich glaube nicht, dass man da frei bleibt, wenn man solche Instrumente zur Verfügung hat. Ich könnte mir kaum vorstellen, dass sich die Politiker eine solche Chance entgehen lassen, wenn die Situation einmal ändert. Dies kann auch in der Bundesrepublik passieren. Wenn einmal die politischen Verhältnisse irgendwie ändern, dann wird auch die Bundesanstalt für Arbeit nicht mehr nein sagen können oder wollen zu dem Ansinnen, dass sie hier die Studenten auslesen muss. Das Problem ist ja tatsächlich so verzwickt. Es ist die berühmte alte Frage, die wir auch in unserer Arbeitsgemeinschaft immer wieder aufgeworfen haben: ist es besser, solche Tests bereit zu halten und, wenn schon ausgelesen werden muss, die Studenten dann wenigstens mit diesen Tests auszulesen als nach sonst irgendwelchen Gesichtspunkten, die nur willkürlicher sein können? Aber wenn man von diesen problematischen Konsequenzen absieht, ist das, was wir heute morgen gehört haben, ein imposantes Beispiel von der wissenschaftlichen Seite her betrachtet, wie auch als Hilfsmittel für die Berater.

Und noch ein Zweites, nämlich das, was Herr Schmitt angetönt hat, die Trennung von Psychologen und Beratern. Beim Mittagessen habe ich mit einem Ohr einem Gespräch zugehört. Die Psychologen in der deutschen Berufsberatung machen etwa 560 Gutachten von ungefähr einer halben Seite in 250 Arbeitstagen, also mehr als 2 pro Tag. Und diese Gutachten gehen dann an die Berater, und der Berater darf sie nicht weitergeben an die Ratsuchenden, sondern sie nur benützen als Grundlage für die Beratung. Sie sehen also: die Tests wurden durch eine Testassistentin aufgenommen, dann erhält der Psychologe die Zahlen, macht ein Gutachten von einer halben Seite daraus, das Gutachten wird vom Berater an den Ratsuchenden vermittelt - und da weiss ich nicht, ob das dann in dem Sinne, wie wir Beratung betreiben, noch sehr nützlich und wertvoll ist. Wenn wir als Berater ein solches Verfahren überhaupt brauchen wollten, müssten wir jedenfalls in einer viel direkteren Weise daran beteiligt sein.

Aber für uns in der Schweiz stellt sich ja höchstens die Frage, könnten wir uns anschliessen, wie sich Oesterreich angeschlossen hat und sogar das Südtirol daran ist, sich anzuschliessen. Könnten und wollten wir das? Selber ein solches Unternehmen aufzuziehen, dafür sind bei uns in der Schweiz einfach die demographischen Voraussetzungen nicht gegeben, geschweige denn die finanziellen und die politischen.

V.Lunin: Ich möchte mich dem anschliessen, was Herr Pulver gesagt hat. Haben wir wenigstens eine Gewähr dafür, dass wir zu dem, was an Forschungsergebnissen aus den Arbeiten von Herrn Eckardt hervorgeht, einen gewissen Zugang haben, weil ich meinen würde, dass dort doch ein Material anfällt, das für unsere eigene Reflexion von Wert ist?

F.Stoll: Ich fühle mich gar nicht motiviert, in Richtung der vorhin erwähnten Art von Beratungsdiagnostik zu arbeiten. Ich finde, wenn man die Mittel noch etwas verändern kann, dann soll man nach Lösungen suchen, die auch vom Computer unabhängig zu realisieren sind. Zum Beispiel sollten die Instrumente so gestaltet sein, dass der Ratsuchende selbst sie korrigieren kann. Ich glaube, hier gibt es ganz interessante Lösungen wie den neuesten Interessentest von Holland. In Zuoz wird es noch lange keinen Computer-Terminal geben!

R.Buchli: Ich möchte auf die erste Anregung von Herrn Pulver zurückkommen. Er hat gezeigt, dass wir uns hüten müssen, uns durch Politiker in den Griff kriegen zu lassen. Ich frage mich, ob da nicht eine irreale Ausgangssituation vorausgesetzt wird, wenn wir nämlich glauben, was wir unter uns intern ausmachen, das könnte sich auf die Möglichkeit auswirken, dass wir später einmal durch Politiker manipuliert werden. Wahrscheinlich geht es nicht so, dass wir hier beschliessen können und nachher annehmen dürfen, jetzt haben wir dies verhindert oder nicht. Wir können höchstens einsehen, dass unsere Oeffentlichkeitsarbeit ungenügend ist, dass wir es den Politikern überlassen, ein falsches Bild von uns zu haben. Und dass auf Grund dieses Bildes die Politiker sich nachher berechtigt fühlen, uns für gewisse Aufgaben gesellschaftlich zu benützen. Ich würde glauben, der Einsatz einer Testserie wie derjenigen der Bundesanstalt für Arbeit sei ziemlich unabhängig von Herrn Pulvers Anliegen, und wir könnten uns trotzdem darauf einlassen. Wir müssten aber gleichzeitig die Oeffentlichkeitsarbeit ernster nehmen und zeigen, warum ein Psychologe gewissen Erwartungen nicht entsprechen kann.

F.W.Schmid: Dies scheint mir ein interessanter Gesichtspunkt zu sein.

O.Maier: Weiter müsste man aus unserer Sicht, von der Schulpsychologie her, doch sagen, dass diese Gefahr, die Sie jetzt etwas in Frage gestellt haben, sehr real besteht. Mir ist nämlich aufgefallen, dass in Ihrem Kreis das Moment der Beratung einen so grossen Raum einnimmt, und dass die Selektion eigentlich an einem so kleinen Ort Platz haben darf. Bei uns ist es so, dass ein ganz massiver Druck - besonders bei der gegenwärtigen Finanzknappheit und dem Personalstopp - einfach dahingeht, zu sagen, ihr müsst Selektion betreiben, und am Schluss wird es dann heissen, ihr dürft nur noch Selektion betreiben. Ich habe es schon erlebt, dass man mir gesagt hat: Und jetzt schreiben wir euch auch noch vor, wie ihr Selektion betreiben müsst. Das ist demnach ein Mechanismus, der sehr stark droht. Es hat mich sehr beschäftigt, dass Sie da so wach sind, und dass wir Schulpsychologen es nicht waren. Sie haben noch einen grösseren Spielraum. Aber es ist zu befürchten, dass mit der Verschärfung der Situation ähnliches wie bei uns auf Sie zukommt.

F.W.Schmid: Meine Damen und Herren, ich glaube, wir müssen hier abbrechen, so viel noch zu sagen wäre. Für mich ist das erstaunliche und beglückende Erlebnis dieser Tagung die Fülle der Gesichtspunkte, die immer wieder in die Diskussion hineingetragen wurden. Ich werde sehr bereichert nach Hause fahren. Herr Pulver hat das Wort zu einer Schlussbetrachtung.

21. Schlusswort

Urs Pulver

Liebe Kolleginnen und Kollegen,

ich möchte ganz kurz Rückschau halten, und zwar zunächst Rückschau auf die Vorgeschichte dieses Kurses. Als wir uns zu seiner Durchführung entschlossen, hatten wir den Eindruck, es sei schon lange her, seit in unserer Arbeitsgemeinschaft etwas in Richtung Psychodiagnostik unternommen wurde. Wir vermuteten, es habe sich ein Bedürfnis angesammelt, dieses Thema wieder einmal gründlich durchzudiskutieren, und wir schlossen darum nicht aus, dass dies einer der bestbesuchten Kurse unserer neueren Geschichte werden könnte. Umso grösser war unsere Ueberraschung, als die Zahl der Anmeldungen stark hinter den Erwartungen zurückblieb. Darin erwies sich, dass es offensichtlich nicht einfach der Fehler der Programm-Verantwortlichen in den letzten Jahren war, dass die früher üblichen Diagnostik-Veranstaltungen nicht weitergeführt wurden. Vielmehr war diese Lücke selber schon ein Ausdruck eben jener Krise, von der wir hier ausführlich gesprochen haben und die auch die Schweizerische Gesellschaft für Psychologie zur Wahl ihres Tagungs-Themas im Frühjahr bestimmt hat.

Viele Eingeladene sind unserem Kurs ferngeblieben, ohne durch zwingende zeitliche Umstände an der Teilnahme verhindert zu sein. Vor allem drei Gründe sind uns wiederholt für das Wegbleiben genannt worden. Einmal gibt es eine ganze Reihe von Leuten unter uns Beratern, die die Tests und die ganze Diagnostik als überflüssig empfinden, die das Gefühl haben, damit hätten wir uns nun nicht mehr zu beschäftigen, das sei passé; jetzt seien andere Dinge in der Beratung aktuell, Gruppengespräche etwa, Gesprächstherapie usw. Dann gibt es zweitens jene, die den Eindruck haben, Diagnostik anzuwenden sei weiterhin richtig und wichtig; unnötig aber sei es, Theorie darüber zu betreiben. Praktische Ausbildung tue not. Man sollte darum an solchen Kursen gelehrt werden, ganz bestimmte Verfahren zu administrieren und zu interpretieren, statt allgemein über Tests zu schwatzen. Eine dritte Gruppe schliesslich vertritt die Meinung, um Tests anzuwenden sei zwar tatsächlich ein vertieftes Verständnis ihrer theoretischen Voraussetzungen unerlässlich; ihre Kurs-Abstinenz aber begründen sie aus der Auffassung, diese Voraussetzungen seien heute geklärt, fertig entwickelt, aus amerikanischen und zum Teil auch deutschsprachigen Lehrbüchern pfannenfertig erwerbbar. Darüber sei nun eigentlich kein Wort mehr zu verlieren; sinnvoll könne ein Diagnostik-Kurs nur dann sein, wenn ausgewählte Testfragen aufgrund der bestehenden Theorie diskutiert würden.

Allen diesen Einwänden zum Trotz haben wir es doch gewagt, eine Tagung den theoretischen Grundfragen der Psychodiagnostik zu widmen, und Sie, meine Damen und Herren, haben sich entschlossen, unserer Einladung Folge zu leisten. Wir, die wir uns hier zu diesem Zwecke versammelt haben, müssen uns darum abschliessend die Frage stellen: hat es sich dennoch gelohnt zu kommen, oder ist den Abwesenden und ihren Argumenten rückblickend doch recht zu geben? Wenn wir auf deren Einwände kurz eingehen, so müssen wir zunächst folgendes sagen. Ob Diagnostik heute noch ein sinnvolles Mittel in der Beratung darstellt, ob es sich noch lohne, sie anzuwenden, das muss jeder von uns für sich selber entscheiden. Diese Entscheidung kann sicher die Kursleitung niemand abnehmen. Aber vielleicht darf man zumindest sagen, dass unser Kurs bessere Grundlagen vermittelt hat, um eine so folgenreiche Option zu treffen, und sie wohl auch denen hätte vermitteln können, die zum voraus beschlossen haben, es lohne sich nicht, sich weiter mit Diagnostik zu beschäftigen. Was hingegen die beiden Bedenken betrifft, die von diagnostik-freundlichen Beratern geäussert worden sind, glaube ich nun doch, nach diesem Kurs, eine sehr eindeutige Antwort geben zu können. Ich würde nämlich als eines der Hauptergebnisse die Einsicht festhalten, dass jeder, der psychodiagnostische Mittel anwendet, sich zuvor und stets aufs neue sehr gründlich mit ihrer Theorie und ihren Grundlagen auseinandersetzen muss, und zwar vor allem gerade auch darum, weil Theorie und Grundlagen noch dermassen zwiespältig und ständig im Flusse sind. Die testtheoretischen Grundfragen heute für "geregelt" zu halten, ist ohne Zweifel voreilig und gefährlich; kaum etwas ist definitiv und für alle gelöst, und sehr vieles bedarf immer neuer kritischer Durchdringung.

Die Arbeit an der Testtheorie darf aber - das ist ein weiterer zusammenfassender Eindruck, der meines Erachtens aus der Kursarbeit zu gewinnen war - nicht allein der Wissenschaft überlassen werden. Wir Praktiker dürfen nicht bloss die Hochschule für deren Weiterentwicklung verantwortlich machen und nur die passiven Konsumenten der Früchte ihrer Bemühungen spielen. Vielmehr müssen wir mit im Gespräch sein und das Unsere beisteuern, um die hängigen Fragen zu klären. Dieses Gespräch, so scheint mir, ist von entscheidender Bedeutung.

Und damit komme ich zum Schlusseindruck, den ich von diesem Kurs mit heim nehme. Ich persönlich halte dafür, es sei das Erspriesslichste an diesen drei Tagen gewesen, dass wir das Gespräch gefördert und gepflegt haben, und zwar auf verschiedenen Ebenen und auf verschiedene Weise. Einmal war es ein Gespräch unter Leuten mit recht unterschiedlichen, ja teilweise gegensätzlichen Auffassungen über Psychodiagnostik. Wir haben uns dabei, so glaube ich, in einer sehr fairen Art auseinandergesetzt. Wir haben versucht, uns wirklich zu verstehen und einer Lösung näherzukommen. Das ist das eine. Dann haben wir zweitens das Gespräch unter den verschiedenen Stellen und auch zwischen den verschiedenen Disziplinen gepflegt. Wir haben einander gezeigt, wie wir arbeiten und von welchen Grundsätzen und Haltungen wir dabei ausgehen. Aber die wichtigste und fruchtbarste Ebene war vielleicht eben doch das Gespräch zwischen der Praxis und der Wissenschaft, wie es in den letzten drei Tagen nun lebhaft angebahnt wurde. Dieses Gespräch dürfen wir auf keinen Fall mehr abreissen lassen. Ich möchte darum in erster Linie unseren Referenten und Teilnehmern von der Hochschule den Dank dafür aussprechen, dass sie so rege mitgemacht haben und sich dermassen in unseren Kreis integrierten. Sie haben bewiesen, dass sie bereit sind, unsere Anliegen ernstzunehmen. Wir sollten nicht versäumen, diese Chance zu nutzen.

Ihnen allen aber, meine Damen und Herren, die Sie an unserem langen Gespräch teilgenommen haben, möchte ich abschliessend herzlich dafür danken und wünschen, dass Sie bereichert und angeregt nachhause fahren.

III. Lässt sich psychodiagnostische Tätigkeit heute noch verantworten?

Zusammenfassende Stellungnahmen

Vorbemerkungen

Die Beiträge zu Teil III datieren - im Gegensatz zu jenen der andern Teile des Buches - nicht aus dem Jahr 1975; Kapitel 22 wurde 1977, Kapitel 23 bis 25 wurden 1978 verfasst. J.-B.Dupont äusserte schon in Gwatt den Wunsch, ausführlicher auf das zweite Referat A.Langs (Kapitel 11) eintreten zu dürfen. Sein Text wurde von Frl. Christiane Mauderli, Mitarbeiterin des Psychologischen Instituts der Universität Bern, ins Deutsche übertragen. Die Herausgeber ihrerseits hielten es für wichtig, aus der Distanz dreier Jahre zusammenfassend zu den 1975er Themen Stellung zu nehmen, jeder aus seiner Sicht und ohne Kenntnis der Stellungnahmen seiner beiden Kollegen.

Eine solche Chance, sich heute nochmals mit den Fragen von 1975 zu befassen und die seinerzeitigen eigenen Aeusserungen zu präzisieren und zu ergänzen, war den andern Autoren nicht vergönnt. Es wäre darum unfair, sie heute unbesehen bei ihrem damaligen Wort zu behaften. Einer unserer Mitarbeiter hat sich wohl gleichsam zum Sprecher seiner Kollegen gemacht, wenn er in einer Zuschrift erwähnt, manches würde er "heute sicher nicht mehr so sagen" (wobei gerade auch die 1975er Symposien zu einer Weiterentwicklung seiner Auffassungen beigetragen hätten).

Einzelne Mitarbeiter haben sich inzwischen andernorts zu den hier behandelten Themen verlauten lassen; so etwa die Herren Eckardt (1976, 1977a,b,c), Flammer (1976, 1977, 1977 mit App und De Pretto, 1977 mit Gutmann), Meili (1977 mit Aebi, Heizmann und Schoefer, 1978 mit Steingrüber), Schallberger (1977, 1977 mit Frischknecht und Stoll, 1978 mit Aders), Schmid (1977a,b, 1978a), Schmitt (1978 mit Heimgartner, Kürsteiner und Wartenweiler), Spörli (1977, 1978, 1978 im Druck) und Stoll (1977). Im Rahmen der Erarbeitung von Analysen der verschiedenen Beratungsfunktionen durch AGAB-Mitglieder haben die Herren Biberstein, Pulver und Schmitt die psychodiagnostische Tätigkeit in der Beratung durchleuchtet (AGAB, 1976, Analysen 33-36). Mit dem Thema der Mittelschulselektion befasst sich eine Sondernummer des "Gymnasium Helveticum" (Schmid, 1978b; mit Beiträgen von Bain, Barth, Berger, Dupont, Hürsch, Meili, Pulver, Schmid und Trier). - Dass die in diesem Buche hart umstrittene Verwendung von Tests in der Hochschulselektion (Aeusserungen dazu findet man leicht mit Hilfe des Sachregisters) in der Bundesrepublik Deutschland weiter fortgeschritten ist, dürfte dem Leser bekannt sein; vgl. dazu etwa Michel, 1977. (Auch: Schallberger, 1977.)

In Kapitel 20 sind Wünsche und Pläne für die Weiterentwicklung der Psychodiagnostik in der Schweiz diskutiert worden. Aus der Sicht von 1978 wäre nun hinzuweisen auf die im Gange befindlichen Zürcher bzw. Deutschschweizer Eichungen des HAWIK und des PSB durch das Psychologische Institut der Universität Zürich. In der Schweizerischen Arbeitsgemeinschaft für akademische Berufs- und Studienberatung hat sich eine Arbeitsgruppe gebildet, die eine Erhebung über die in der akademischen Berufsberatung verwendeten Tests durchführte und regelmässige kasuistische Seminarien organisiert. Hingegen hat sich die Hoffnung auf eine neue Universität in der Schweiz seit 1975 zerschlagen.

22. Erwägungen über die Zweckmässigkeit der psychologischen Diagnostik in der Beratung (Antwort an Alfred Lang)

Jean-Blaise Dupont

I. Kürzlich hat Lang eine Reihe von Ueberlegungen formuliert, welche ihn dazu geführt haben, die Diagnostik in der Beratung (und vielleicht sogar die psychologische Diagnostik überhaupt) schroff abzulehnen; obwohl er sich weigert, einen dogmatischen Standpunkt zu vertreten, steht er offen zu dem polemischen und provokativen Charakter seiner Aeusserungen und wünscht in der Tat, eine Diskussion zwischen Psychologen verschiedener Schulung in Gang zu bringen. Ich habe schon kurz zu gewissen Bemerkungen von Lang Stellung genommen (S.53f.) und bin für die Einladung dankbar, erneut an der Debatte teilzunehmen; natürlich tue ich dies aus einer Perspektive, die von der seinen abweicht.

Um die Arena und in gewisser Weise die Modalitäten der Auseinandersetzung abzugrenzen, werde ich mich einerseits darauf beschränken, gewisse Aspekte des zweiten Referates von Lang frei zu kommentieren, und andererseits meinen eigenen Standpunkt formulieren, ohne immer explizit zu unterscheiden, um welche Art der Intervention es sich handelt. Es erschiene mir kleinlich, Lang auf der Spur folgen zu wollen und dabei zu versuchen, ihn bei einem Fehltritt zu ertappen oder ihm Wort für Wort zu widersprechen - auch wenn es manchmal angebracht ist, diese oder jene Aeusserung direkt zu beantworten; ausserdem habe ich nicht die Absicht, mich auf das von Lang gewählte (oder bevorzugte) System beschränken zu lassen und die Probleme in seiner Optik zu betrachten. Unsere Bezugssysteme sind voneinander so verschieden wie die Rezensionen ein und derselben Arbeit durch zwei unabhängig voneinander urteilende Kritiker. Lang erläutert die Problematik der Diagnostik bei der Beratung auf eine bestimmte Art, nämlich auf dem Hintergrund einer durch Wissenschaft, Psychologie und sogar Ethik determinierten Auffassung. Schon ganz einfach dadurch, dass ich auf andere Art versuche, andere Aspekte der gleichen Problematik hervorzuheben, hoffe ich, dass es mir gelingt, die Relativität unserer je besonderen Standpunkte deutlich werden zu lassen; ob entgegengesetzt oder komplementär, sie treffen die Frage nur partiell und entsprechen daher den Erwartungen der Leser nur unvollkommen, selbst wenn man den Einwänden von F.W.Schmid und U.Pulver oder anderen Rechnung trägt, und selbst wenn wir versucht hätten, eine Synthese der Gwatt-Tagung nach Ablauf in aller Ruhe zu erstellen. Es sei hier hervorgehoben, dass die Relativität unserer Standpunkte nicht zuletzt auf die besondere Position, die jeder von uns einnimmt, zurückzuführen ist. Insofern A.Lang tatsächlich eine gewisse Kenntnis der psychologischen Diagnostik besitzt, evoziert er sie auf globale Art, vom Standpunkt einer Drittperson aus - da er weder die Rolle des Psychologen, noch diejenige des Klienten oder Auftraggebers übernimmt; er kann sich mit Distanz äussern (und unbefangen). Andere, zu denen ich mich selber zähle, haben eine grosse Erfahrung in Diagnostik und halten es auch heute noch für notwendig, sie an die künftigen Psychologen weiterzugeben; trotz ihrer konkreten Kenntnisse erscheinen sie daher zugleich als Richter und Partei (also leicht suspekt?).

II. Nach diesen einleitenden Ueberlegungen komme ich zu einzelnen Bemerkungen:

1. In jeder psychologischen Praxis sollte man einerseits die explizite Diagnostik unterscheiden, welche mit der Anwendung der Testmethoden verbunden ist, und andererseits die Diagnostik (ob formuliert oder nicht) ohne Hilfe der Testmethoden. Es erscheint in der Tat sehr schwierig, die Diagnose, d.h. die Beurteilung - ob fundiert oder nicht - zu vermeiden, die jeder (automatisch?) in einer zwischenmenschlichen Beziehung in bezug auf seine Partner fällt, was die Rogerianer zweifellos bestreiten würden. Wie dem auch sei, man trifft heute Psychologen, welche bewusst auf Tests verzichten. Ihre verschiedenartigen Gründe könnte man, ohne sie alle zu nennen, in einzelne Kategorien aufteilen. Zum Teil sind sie erkenntnistheoretischer Art (wie die von Lang evozierten)

oder ethischer Art (wenn die Diagnostik z.B. mit der Begründung verworfen wird, sie stelle einen Eingriff in die Freiheit oder die Würde des Individuums dar); es gibt noch andere Motive, welche man sich weniger leicht eingesteht (wie die Bequemlichkeit desjenigen, der sich weigert oder Angst davor hat, sich mit einer heiklen Situation auseinanderzusetzen, weil sie dem Psychologen sowohl als auch dem Klienten, dem Auftraggeber oder dem Benutzer ein Vorgehen auferlegt, welches für verpflichtender gehalten wird als die Gesprächsverfahren). Gleichzeitig trifft man noch zahlreiche Psychologen, die Testmethoden auf breiter Basis anwenden und weiter entwickeln, und dies zweifellos ebenfalls aus Gründen epistemologischer oder ethischer Natur oder aus anderen mehr oder weniger einsichtigen Motiven, auf die ich weiter unten zurückkommen werde. Diese "Bewegung" ist nicht nur lebendig, sondern sie entwickelt sich weiter (man konsultiere z.B. die Arbeiten des Educational Testing Service), indem sie den vorgebrachten Kritiken Rechnung trägt. Einige bekannte Autoren (Anastasi, 1969) wenden Testmethoden weiterhin an und unterstützen ihre Ausbreitung, obwohl sie vor möglichem Missbrauch warnen und die Grenzen des Systems einsehen. Es wäre natürlich wenig angemessen, diese Methoden allein durch ihre Existenz rechtfertigen zu wollen; ihre weite Verbreitung sollte jedoch zu denken geben. Schon deshalb, weil man sie nicht dadurch aus der Welt schaffen wird, dass man sie im Namen der Wissenschaft und der Ethik verurteilt, und ebenso weil auf den ersten Blick die Psychologen, welche die Tests zusätzlich zu oder neben mehr oder weniger gut geführten Gesprächen anwenden, über vollständigere Information in bezug auf das Problem des Klienten verfügen, als diejenigen, die darauf verzichten und sich mit dem klassischen Gesprächsverfahren begnügen, ohne es mit einer Differenziertheit anwenden zu können, welche derjenigen der Testmethoden vergleichbar wäre. Es sieht so aus, als ob eine elementare Weisheit die ersteren veranlassen würde, nicht nur ihrer persönlichen Intuition und Aussagen von Drittpersonen zu folgen; als ob die Instrumente in ihren verschiedenen Formen (wirksam?) dazu beitragen würden, diese Intuition und diese Aussagen zu relativieren, ohne sie freilich eindeutig und unbedingt zu bestätigen oder global für ungültig zu erklären. Sind nun also die Psychologen, welche mit Hilfe von Instrumenten arbeiten, a priori weniger gewissenhaft als diejenigen, die sie verwerfen?

2. A.Lang würde zweifellos antworten, dass er sowohl die einen als auch die andern ablehnt, wenn es um die Rechtfertigung einer Diagnostik geht (und - insbesondere - es sei hier beigefügt, um die Rechtfertigung einer Prognostik). Die einen wie die anderen verspüren jedoch das Bedürfnis, die mehr oder weniger dringenden Fragen zu beantworten, welche von Klienten oder Auftraggebern gestellt werden. Darf man wirklich im Namen einer unfertigen und nicht perfekten Wissenschaft hic et nunc seine Hilfe verweigern? Auch wenn man im Hinblick auf die Perfektion ernsthafte Zweifel hegen kann, verfügt man nicht schon jetzt über eine gewisse Anzahl brauchbarer Voraussetzungen (zum Beispiel Flanagan, 1973), und ist die Intervention des Psychologen letzten Endes derjenigen der Umwelt nicht vorzuziehen? Schon an diesem Punkt würde ich dazu neigen, eine Wiedereinführung des Testens denjenigen vorzuschlagen, welche darauf verzichtet haben, und eine "revidierte und korrigierte" Verwendung denjenigen anzuraten, die in vielleicht zu naiver Weise davon Gebrauch machen.

3. Indem er zuerst die Tätigkeit des beratenden Psychologen darstellt als in Analogie vergleichbar mit derjenigen des Wissenschaftlers, der versucht, Probleme zu lösen, zeichnet Lang einige Elemente eines Portraits, dem ich beistimmen könnte, auch wenn ich es persönlich anders zeichnen würde. Ich halte es für vernünftig, die Komplexität des psychologischen Gegenstandes (im breiten Sinne) hervorzuheben, welcher namentlich durch seine genetischen und historischen Komponenten determiniert ist; man könnte zweifellos zeigen, dass die Vergangenheit und die Gegenwart die Zukunft teilweise bedingen. A.Lang beharrt jedoch auf der Ungewissheit, welche für die Voraussagen charakteristisch ist, nämlich in Hinsicht auf die Zukunft, und ganz besonders jener des Individuums. Auch wenn niemand von uns die Absicht hat, die Zukunft vorauszusagen, angesichts der Bedeutung von Umständen, die uns zum grössten Teil entgehen, erscheint es mir doch notwendig, folgende Aspekte zu erwähnen:

a) Die Gesamtheit der Eigenschaften, die über ein Individuum bekannt sind (wovon einige durch das Testen erfasst werden), setzen der Zukunft bis zu einem gewissen Punkt Grenzen oder determinieren sie, was immer die Umstände und die latenten Faktoren sein mögen, welche vom Psychologen nicht wahrgenommen werden und dennoch spätere Verhaltensweisen beeinflussen können. So verbessern zum Beispiel die raffiniertesten Unterrichtsformen die geistigen Leistungen eines Debilen oder Minderbegabten nur sehr wenig[1]; auf diesem Niveau gibt es in bestimmten Fällen durchaus Gewissheiten, welche der Psychologe den unwissenden oder gutgläubigen Personen (in diesem Fall den Eltern) mit dem notwendigen Takt mitteilen muss; und selbstverständlich wird er dabei auf die für die Entwicklung und Entfaltung des betreffenden Individuums günstigsten Möglichkeiten hinweisen.

b) Die Intervention des Psychologen findet meistens in einem räumlich und zeitlich mehr oder weniger begrenzten Rahmen statt, den man kaum je mit einer völlig unbestimmten Zukunft in Beziehung setzen wird. Es handelt sich z.B. um Alternativen von der Art: ist es angebracht, den Klienten zu einer langen Schulzeit zu ermutigen, oder ihm anzuraten, sie zu unterbrechen, um eine Lehre zu machen, und welche? Ist es in der Folge eines Versagens an der Universität richtig, den unglücklichen Kandidaten anzuregen, einen neuen Versuch zu machen, oder ist es besser, ihn in eine völlig andere Richtung zu weisen, und wenn ja, in welche? Ob er es will oder nicht, befindet sich der Klient in einer Situation, die ihn zu einem kurzfristigen Entschluss zwingt; er selber und/oder seine nächsten Angehörigen können die psychologische Beratung wünschen. Könnte der Psychologe in solchen Fällen nicht eingreifen, auch ohne sich als wissenschaftlichen Experten aufzuspielen?

[1] A.Lang schreibt:"Aber natürlich ändert sich der Proband"; persönlich würde ich genau das Gegenteil schreiben: der Klient ändert sich meistens nicht sehr stark. Welche Aenderungen meint Herr Lang genau? Sollte man ihn nicht auf Arbeiten verweisen wie die von Bloom (1966), in der die Stabilitäten mehr hervorgehoben sind als die Aenderungen? Müsste nicht zuerst bewiesen werden, dass das Ausmass der Aenderungen die Prognosen oder Voraussagen über den Haufen wirft?

c) Gibt es zwischen der Auslosung durch Münzenaufwerfen (Kopf oder Zahl) und der Perfektion der Gewissheit nicht Situationen, in denen das Testen interessante und nützliche Angaben über den Klienten liefert, welche manchmal weder der Klient selbst noch seine Umgebung, manchmal nicht einmal der Psychologe entdecken würden, wenn sie sich nur auf Beobachtungs- und Gesprächsmethoden verlassen würden? Kann man wirklich diejenigen, welche die Testmethoden anwenden, und diejenigen, welche sie vermeiden, auf die gleiche Art und Weise verwerfen - indem man sie auf das gleiche Niveau setzt?

4. A.Lang, so scheint es mir in der Tat, verurteilt die aus den Tests resultierende Diagnose, weil die Anwendung statistischer Gesetze auf das Individuum ein Problem darstellt. Ohne Zweifel ist das der Fall. Es erscheint mir besonders deutlich, wenn man von einem Testwert oder einer gegebenen Information ausgeht, oder sogar von mehreren Testwerten oder Informationen, welche gemäss den klassischen statistischen Techniken verarbeitet werden. Ist es nicht anders vom Moment an, wo man mehrere Testwerte gleichzeitig mit Informationen aus anderen Quellen verwertet (Anamnese, usw.), welche durch die multivariate Statistik rationeller behandelt werden können, indem man ihren Vorhersagewert besser verifizieren kann? (Gendre, 1976). Sollte man nicht heutzutage - lange nach P.E.Meehl (1954) - auch andere Arbeiten berücksichtigen, z.B. diejenigen, die F.W.Schmid in seinem Referat erwähnt? Ist es nicht angebracht, die Probleme auch auf dieser Ebene zu prüfen, ohne sich auf einen so abstrakten Ansatz zu beschränken?

Und dennoch, auch wenn es sich um Anwendungen handelt - und dies ist umso mehr der Fall für die empirischen oder experimentellen Studien, welche vor allem die Förderung der Erkenntnis anstreben - muss eine grosse "Uebersetzungs"- und Anpassungsarbeit für die Praktiker vollbracht werden. Diese verlangen eine solche übrigens auch, weil die Raffiniertheit der heutigen Untersuchungen ihrer Benützer-Optik nicht entspricht oder, genauer, ihnen nicht die Uebertragungen liefert, die sie erwarten. Ich werde weiter unten darauf zurückkommen und mich jetzt damit begnügen, die Frage zu stellen: Ist es illusorisch, für die Wissenschaftler akzeptierbare Uebertragungsverfahren ins Auge zu fassen, die für die Praktiker genau genug sind?

5. Indem er jedes Individuum als besondere Welt betrachtet, legt Lang ein Konzept des Menschen nahe, welches zweifellos von zahlreichen Psychologen geteilt wird. Die mehr oder weniger grossen Aehnlichkeiten, die man zwischen Individuen beobachten kann, erlauben es bestimmt nie, von Identitäten zu sprechen. Mit der Behauptung jedoch, dies sei auf die Tatsache zurückzuführen, dass "jedes Individuum seine eigene Geschichte hat, welche in die Zukunft offen ist", frage ich mich, ob Lang den richtigen Grund wählt. Weil die Offenheit nicht Unbestimmtheit gleichkommt, namentlich wegen der eingeschränkten Vielfalt möglicher Lebensläufe, scheinen mir - im Durchschnitt - die Individuen viel begrenzter und bedingter und auch viel weniger frei, als Lang es wünschen würde. Hingegen kann ich mir gut vorstellen, dass jeder halbwegs kluge praktizierende Psychologe - es gibt solche - ohne weiteres einsehen wird, dass es praktisch unmöglich ist, ein adäquates oder vollständiges psychologisches System oder Modell einer Person aufzustellen, wenn jedes Individuum eine eigene Welt darstellt.[2] Man muss sich zwar mit einem mehr oder weniger approximativen Modell begnügen; dies impliziert jedoch nicht ipso facto, dass solche Modelle erwiesenermassen ungenügend sind, wenn es darum geht, dem Individuum bei einer Entscheidung zu helfen. Geht es doch - wie schon erwähnt - um die Wahl zwischen einigen möglichen Lösungen, und nicht zwischen unbegrenzt vielen; andererseits setzt die Entscheidung die Zukunft des Individuums nicht unbedingt aufs Spiel.

Dass die Aufgabe des Praktikers gegenüber dem Klienten noch komplexer erscheint als diejenige des Experimentalpsychologen, der zum Beispiel die Wahrnehmung von visuellen Signalen untersucht, gebe ich gerne zu, und ich weiss auch, dass der Praktiker sich mit Instrumenten herumschlägt, deren Bestandteile er

[2] Es sei nebenbei bemerkt, dass man mit Hilfe einer gegebenen Menge verschiedener Testwerte nie zwei identische Profile erhält. Beschreibt man so nicht etwas Individuelles?

nur teilweise beherrscht; er hat manchmal Mühe, den Grad ihrer Angemessenheit in bezug auf das Problem des Klienten und den Grad ihrer Zuverlässigkeit zu bewerten. Muss man daraus schliessen, dass die (aus der gegenwärtigen Schwäche der Mittel einer komplexen Situation gegenüber resultierende) Ungewissheit nicht das wissenschaftliche Etikett verdient, welches der Gewissheit zugeteilt wird (die aus der Anwendung mächtigerer Mittel in weniger komplexen Situationen resultiert)?

6. Es erscheint mir notwendig, die Frage ein wenig anders zu stellen. Jetzt (und zweifellos auch noch in der Zukunft) ist es angebracht (und wird es angebracht sein), in der Diagnostik einen Ansatz zu entwickeln, der sich von demjenigen unterscheidet, der gewöhnlich in wissenschaftlichen Arbeiten, gleichgültig ob in experimenteller, genetischer oder differentieller Psychologie, verwendet wird. Dieser Ansatz würde Prozeduren (neue?) umfassen, anwendbar auf individuelle Fälle, in Umständen, deren Parameter man zum Teil nur unvollkommen messen kann, während man sich, wie schon erwähnt, gleichzeitig doch gezwungen sieht, Entscheidungen vorzuschlagen oder zumindest Personen, die unaufschiebbare Entscheidungen treffen müssen, Ratschläge zu geben. Der Psychologe, welcher in einem solchen Kontext handelt, kann natürlich die Zukunft seines Klienten mehr oder weniger tiefgreifend beeinflussen. Er begnügt sich also nicht damit, einfach "in der Suppe zu rühren", aber er stellt sich auch nicht als Experten vor, der die Wahrheit besitzt oder die Zukunft voraussagen kann. Wenn er eingreift, liegt der Grund darin, dass er dazu ein wenig besser gestellt ist als irgendjemand, weil er im Prinzip in der Lage ist, eine Meinung zu äussern, welche die gewonnenen Informationen in einen nicht unbeträchtlichen Wissensschatz integriert. Auf dieser Stufe ist er bestimmt noch kein Wissenschaftler, umso weniger als zahlreiche Psychologen diese skizzenhafte Darstellung mit weiteren Linien ergänzen möchten wie z.B. mit Intuition oder mit klinischem Spürsinn. Dieser klinische Spürsinn bestünde darin, auf Grund von Anzeichen Hypothesen aufzustellen[3], die man während der Intervention

[3] Die vom Psychologen berücksichtigten Anzeichen sind das Ergebnis der Inter-

selbst zu prüfen suchte, was voraussetzt, dass die Intervention von Fall zu Fall variabel verläuft und zu Beginn (genauer: bei Beginn der Informationsaufnahme) nicht voraussagbar ist.

7. Meiner Meinung nach ergibt dies noch keine ausreichende Definition des diagnostizierenden Psychologen. Diagnostik gewinnt eine sinnvolle Funktion nur in den Vorschlägen, Ratschlägen, Anregungen, die man auf ihrer Grundlage dem Klienten anbietet. Obwohl sich der Psychologe auf die mittels verschiedener Verfahren gesammelten Befunde stützt (einschliesslich der von der Wissenschaft Psychologie übernommenen Verfahren), muss er sich selbst die Lösungen ausdenken und erfinden. In diesem Sinne ist er dem Künstler verwandt, den Lang bewundert, jedoch mit einigen Unterschieden; der schöpferische Künstler arbeitet in Wirklichkeit sehr oft ohne äusseren Zwang, während der Psychologe gerade auf die Sachzwänge des Falles und der Situation eingehen und das Beste daraus machen muss; seine Arbeit entspricht deshalb eher der Kunst des Ingenieurs. Wenn der Psychologe eine Reihe von Lösungen vorschlägt, so wird er sie nach dem Grad ihrer Angemessenheit in eine Rangordnung zu bringen versuchen. Da seine Lösungsvorschläge aus einer optimalen Verwertung der gesammelten Befunde resultieren, sind die passendsten Lösungen diejenigen, welche - ich wiederhole - die bestmögliche Selbstverwirklichung oder die volle Entfaltung des Individuums anstreben.[4] Es versteht sich von selbst, dass diese Lösungen nicht unbedingt einfach die Erklärungen des Klienten widerspiegeln, aber in einem umfassenden Sinn seiner Zustimmung Rechnung tragen müssen.[5]

pretation gewisser Wahrnehmungen in Funktion früherer kasuistischer Erfahrung.

[4] In einem solchen Rahmen könnte man vielleicht von der intrinsischen Gültigkeit der Lösungen sprechen.

[5] Ich nehme hier (in ideologischer Hinsicht) einen personalistischen Standpunkt ein, der die Bedürfnisse der Person über die Bedürfnisse der Gesellschaft stellt, ohne sie jedoch dialektisch einander entgegenzustellen. Ich brauche diese Ansicht hier bloss beiläufig zu erwähnen, da ich mich anderswo ausführlicher geäussert habe (Dupont, 1970). Andere Standpunkte wären zweifellos ebenfalls legitim. In diesem Zusammenhang muss an die unvermeidliche Bezugnahme auf eine Ethik erinnert werden. Ich muss beifügen, dass meine Wahl auf einer anderen Ebene durch damit zusammenhängende Betrachtun-

III. In Weiterführung der vorangehenden Bemerkungen scheint es mir jetzt möglich, die zentralen Probleme der Diagnostik und der Prognostik in der Beratung wiederzuerwägen.

1. Es wäre ratsam, die Gesamtheit der zur Verfügung stehenden Untersuchungen - ob es sich nun um experimentelle, genetische, differentielle oder klinische Psychologie handelt - zu klassifizieren, indem man z.B. diejenigen, welche hauptsächlich die Vermehrung der Erkenntnis anstreben (und die vielleicht sehr wichtig und sogar nützlich sind, aber bezüglich der "Uebertragung" noch zu wünschen übrig lassen) von jenen unterschiede, welche schon zum eigentlichen Bereich der Anwendungen gehören (z.B. Validierungsstudien), d.h. von solchen, die zunächst nur für Populationen stringent gültig sind, welche mit jener der betreffenden Untersuchung übereinstimmen (was ebenfalls "Uebertragungen" erfordert).

2. Auf Grund dieser verschiedenen Untersuchungen wird man wohl das Problem des "Uebergangs" vom Kollektiven zum Individuellen lösen können, welches A.Lang mit Recht herausstellt; seinen kritischen Bemerkungen sollte man Aufmerksamkeit schenken, obwohl er keinen Lösungsvorschlag zu machen hat, um die damit verbundenen Schwierigkeiten zu meistern. In bezug auf bestimmte Aspekte denke ich da zum Beispiel an die Richtlinien über die Veröffentlichung von Handanweisungen, die im Rahmen der "Normen für psychologische Tests" vorgeschlagen worden sind (American Psychological Association, 1971). Die Verfasser von Test-Handbüchern werden verpflichtet, dem Praktiker die für die Testanwendung notwendigen Hilfen zu liefern, wobei sie präzisieren müssen, auf welche Grundlagen sie sich stützen; wer weitergehende Information kennen möchte, soll auf die Originaluntersuchungen verwiesen werden; der Praktiker muss mithin die notwendigen Uebertragungen nicht selber durchführen. Fehlen hingegen diese Angaben oder sind sie mangelhaft, so kann man sich

gen bestätigt wird: in den westlichen Gesellschaften kümmert sich der beratende Psychologe in erster Linie individuell um Klienten, welche ihn freiwillig aufsuchen; er interveniert nicht hauptsächlich auf kollektiver Ebene; dazu müsste er andere Rollen übernehmen, in einem umfassenderen Rahmen.

fragen, wie der gewissenhafte Praktiker wohl vorgeht, wie er die verfügbaren "Infrastrukturen" verwendet. Auf einer allgemeineren Ebene denke ich, dass es sich lohnen würde, hier die Vorschläge von Prediger (1974) in Erinnerung zu rufen, obwohl sie in erster Linie die angewandte Forschung betreffen.

3. Obwohl solche Uebertragungen zweifellos unentbehrlich sind, genügen sie nicht, weil in Wirklichkeit die Gesamtheit der Variablen eines Klienten (gesammelte Daten), über die der Praktiker verfügt, der Gesamtheit der wissenschaftlich untersuchten Variablen nicht genau entspricht und sich die Untersuchungsergebnisse streng genommen nur auf diese Gesamtheit anwenden lassen. Meistens verfügt der Praktiker tatsächlich über zusätzliche Information; wenn er z.B. die BGA (Batterie Générale d'Aptitudes) anwendet und sich dabei explizit auf die Arbeit von Gendre (1970) bezieht, beschränkt er sich nicht nur darauf; der vorgeschlagenen Interpretation fügt er eine klinische, individuelle Interpretation hinzu, und wäre es nur auf Grund der Anfragen des Klienten, der nicht einfach nur eine Meinung verlangt wie etwa die Nennung einer seinen Möglichkeiten angepassten Berufsgruppe, sondern der die Begutachtung benützt, um nähere Angaben zu erhalten; und in seiner Antwort hat der Psychologe ganz natürlich die Tendenz, zusätzliche Informationen, über die er verfügt, zu verwenden; diese Art vorzugehen ist in dem Masse gerechtfertigt, in dem die klinische "komplementäre" Interpretation sich a posteriori als richtiger erweist als die ursprünglich vorgeschlagene Interpretation. Wäre es nicht auf dieser Stufe angebracht, eine (wissenschaftliche?) Methodologie zu entwickeln mit dem Ziel, das "wahre" Portrait des Individuums zu erarbeiten oder, wenn man es vorzieht, das Modell oder das System der Person, auf Grund der verschiedenen verfügbaren "Infrastrukturen" (d.h. der Ergebnisse einer Anzahl validierter Tests, anamnestischer Angaben usw.)? Das wäre der medizinischen Praxis vergleichbar, die sich vor allem auf die durch die Ergebnisse der Laboranalysen konstituierte Infrastruktur stützt und sie in die Diagnose integriert. Dieses Modell oder Portrait - ich wiederhole dies - ist der wirklichen Person nie wirklich isomorph.

Wenn die Konstruktion eines solchen individuellen Objekts wahrscheinlich die Möglichkeiten der Wissenschaft übersteigt, ist es dann richtiger, sie von Anfang an auf die Seite zu legen - im Namen der Wissenschaft - als sie auszuprobieren? Andererseits kann man sich fragen, was die praktizierenden Psychologen in Wirklichkeit in dieser Hinsicht unternehmen[6]: wenden sie die verfügbaren Werkzeuge an, indem sie die notwendigen Untersuchungen und Kontrollen durchführen?

4. Um vom Modell der Person im Hinblick auf das gestellte Problem (Diagnose) zur Ausarbeitung von Lösungen (Prognose) zu gelangen, sind Verfahren erforderlich, besonders wenn man bedenkt, dass der Psychologe Lösungen erfinden kann, die sich nicht strikte aus den Daten ableiten lassen. Gibt es explizierbare Verfahren? und zwar solche, die andern Vorgehensweisen überlegen sind?[7] Es ist selbstverständlich, dass man hinterher die Gültigkeit der effektiv gewählten und realisierten Lösungen kontrollieren muss, wobei daran erinnert sei, dass man nicht wissen wird, was andere, nicht realisierte Lösungen ergeben hätten. Hierzu kommt noch eine andere Einschränkung: Man kontrolliert eine Lösung nur durch die Zufälligkeiten einer Lebensgeschichte, welche eine Menge von Variablen einschliesst, die man weder definieren noch aufzählen noch abwägen kann.

5. Die skizzierten Vorgehensweisen, welche zweifellos ebenso komplex sind wie diejenigen des Experimental- oder des Differentialpsychologen in ihrer wissenschaftlichen Tätigkeit, sind durch einen höheren Unsicherheitskoeffizienten beeinträchtigt. Und aus diesem Grunde wäre es angebracht, eine Entscheidungsstrategie zu entwickeln, welche auf Beratungsprobleme anwendbar ist, d.h. auf eine Situation, wo es sich darum handelt, eine

6 ...wobei in jedem Fall subjektive Dimensionen mitspielen, welche mit dem Zusammentreffen zweier (oder mehrerer) Personen in einem bestimmten Augenblick ihrer Lebensgeschichte zusammenhängen; auch wenn sie ein scheinbar klar umgrenztes Problem lösen wollen (die Wahl einer Ausbildung im Hinblick auf eine berufliche Tätigkeit), so kann sich doch weder die eine noch die andere aus ihren individuellen Bedingtheiten lösen.

7 Zu diesem Punkt erscheint mir die existierende Literatur ebenso mangelhaft wie jene Kapitel, die in klassischen Textbüchern der Ausarbeitung von Items bei der Testkonstruktion gewidmet sind.

grosse Anzahl von Parametern, die man nur ungefähr abwägen kann, zu integrieren, und dies aus der speziellen Sicht der Situation des Klienten. Man müsste dabei nicht eine umfassende, sondern eher eine umgrenzte Beschreibung anstreben, die einigermassen zweckmässig ist. Denn der Klient muss schliesslich eine Wahl treffen, sei es zwischen einigen "unausweichbaren" Zielen, sei es - in der Folge - zwischen den verschiedenen Verwirklichungsmöglichkeiten, welche zu dem gewählten Ziel führen.

6. In meinen Aeusserungen habe ich die Intervention des Psychologen (Testen im Hinblick auf Diagnose und Prognose) betrachtet, ohne zu präzisieren, ob es sich um eine einzige oder um mehrere aufeinanderfolgende Interventionen handle, im Zuge der sogenannten kontinuierlichen Beratung. Die kontinuierliche Beratung wäre an sich sehr wünschenswert, weil sie erlauben würde, die ersten Diagnosen zu kontrollieren und sie allmählich zu verbessern; sie scheint aber zur Zeit mehr Absicht als Wirklichkeit zu sein. Ist sie vielleicht nur ein Mythos (oder ein Köder) gewisser Psychologen für andere Psychologen? oder für die Oeffentlichkeit? Zur Beruhigung des Gewissens?

7. Ob punktuell oder kontinuierlich, die Beratung kann den Erfolg nur in den ersten Phasen der Laufbahn voraussagen (besonders Vorbereitung und Zugang zu einer Laufbahn). Wenn der Klient eine Laufbahn unter dem Einfluss der Beratung, die ihm zuteil wurde, verwirklichen kann, wenn diese Beratung den Klienten mehr oder weniger deutlich in eine bestimmte "Richtung" gelenkt hat, die unvermeidlich andere Wahlen ausschliesst, dann hätte auf jeden Fall auch irgendeine andere Entscheidung zum einen oder anderen Zeitpunkt zum Ausschluss gewisser Wege zugunsten anderer geführt; und oft sind solche Wege weniger "offen" als die vom Psychologen vorgeschlagenen. Allerdings hat die Ausschliesslichkeit eines Ausbildungsweges nicht unbedingt die ausschliessliche Wahl einer bestimmten weiteren Tätigkeit zur Folge. Ist es nicht angebracht, sich der einfachen Tatsache zu erinnern, dass zahlreiche Ausbildungen, akademische und andere, spätere Wahlmöglichkeiten offenlassen, welche sehr verschieden voneinander sind? Auf Grund der gleichen Ausbildung

als Ingenieur ist es zum Beispiel möglich, eine Tätigkeit in den verschiedensten Sektoren auszuüben: Forschung, Entwicklung, Produktion, Verkauf, allgemeine Verwaltung. Es wäre einfach, andere Beispiele auf verschiedenen Qualifikationsebenen und in verschiedenen Sektoren anzugeben. Von diesen Möglichkeiten muss der Psychologe ein Inventar machen <u>und</u> es seinen Klienten bekanntgeben, und er muss sie auf die "Sackgassen" aufmerksam machen.

IV. 1. In seinem Essay hat A.Lang die Diagnostik zuerst im Namen der Wissenschaft, dann im Namen einer bestimmten Ethik kritisiert und verurteilt. Indem er den wissenschaftlichen Standpunkt auf die betrachtete Problematik in ihrer Gesamtheit anwendet, scheint er Aspekte oder Dimensionen vernachlässigt zu haben, die ich zu skizzieren versuchte (III.). Seine Kritiken werden vielleicht mehr Gewicht bekommen, wenn sie auf die Arbeiten all jener Bezug nehmen, die sich mit Problemen der Diagnostik befassen, d.h. jener, die an ihrer Entwicklung arbeiten (ich denke z.B. an die Untersuchungen des Journal of Vocational Behavior) und jener, die sich über ihre tägliche Praxis äussern.

2. Wenn sich A.Lang auch in Kenntnis meiner Darlegungen weiterhin weigert, den "wissenschaftlichen" Status (stricto sensu) der Diagnostik anzuerkennen, dann sehe ich darin keinen grossen Nachteil, zumindest insoweit seine Ablehnung nicht einer Verurteilung der Weiterentwicklung und der Praxis der Diagnostik gleichkommt, was diese einem weniger edlen und weniger qualifizierten Aktivitätenbereich zuweisen würde als dem von Experimentalpsychologen, Entwicklungspsychologen usw. gepflegten. Die Weigerung, beide Arten von Aktivitäten mit der gleichen Etikette zu versehen, würde somit nur deren Unterschiedlichkeit zeigen.

3. Langs Ablehnung der diagnostischen Tätigkeit aus ethischen Gründen erscheint mir ebenfalls unangebracht. Ich möchte in diesem Zusammenhang betonen, dass man den Psychologen verurteilen muss, der die Instrumente der Diagnostik als Alibi verwendet; alle ehrlichen Leute werden hierin mit Lang einverstanden sein. Aber ist das wirklich häufig der Fall? Ich kann nicht umhin,

darauf zurückzukommen: Trägt diagnostische Tätigkeit nicht trotz allem dazu bei, das zu erreichen, was selbst Lang wünscht, und zwar besser als eine Beratung ohne Diagnostik? Nämlich, im Prinzip, eine bessere Definition der Projekte, welche dem Individuum zur Realisierung jener Entwicklungen im Sinne seiner Selbstverwirklichung verhelfen können, deren es fähig ist? Ist es unter diesem Gesichtspunkt nicht gerade die Einstellung desjenigen, der sich zurückzieht (um sich z.B. der Forschung zu widmen), die auf ethischer Ebene zum Problem werden könnte? Derjenige, der weiterhin Diagnostik betreibt (oder sie fördert), darf gewiss nicht seinem Klienten die Grenzen seiner Möglichkeiten verheimlichen, weil die Gesamtheit der psychologischen Kenntnisse, welche auf das Individuum anwendbar sind, noch sehr bescheiden ist. Das muss uns veranlassen, neben der Praxis selbst die Entwicklung einer Wissenschaft der Praxis zu fördern.

4. Wenn ich Lang richtig verstehe, würden die Voraussagen oder Prognosen dem Leben eines Menschen einen wesentlichen Aspekt seiner Qualität wegnehmen:"Eine solche praxisschlüssige Aussage über die Zukunft der Entwicklung - <u>darf</u> nicht sein. Sie nähme dem Leben der davon betroffenen Menschen ein wesentliches Stück seiner Qualität weg". Bedeutet das, dass die Unbestimmtheit den Wert einer "Tugend der Unvoraussicht" darstellt, welche die Freiheit besser wahrt als eine Anstrengung, die Zukunft zu erkunden, um ihr einen Sinn zu geben und um dem Individuum bessere Wahlen zu erlauben? Ist eine Ethik der Freiheit wichtiger als eine Ethik der Entfaltung? Ist Unbestimmtheit, die auch die Fehler umfasst, die man machen kann (und deren Folgen Stigmata hinterlassen können), mehr Wert als eine "Anbahnung" oder eine Warnung? Muss man den Klienten nicht über unsere Zweifel orientieren oder ihn davor warnen? Und dazu kommt: Ist der Klient wirklich freier, wenn er unseren Standpunkt nicht kennt, als wenn er ihn kennt? Soll man die Versuche zur Determination, welche Diagnosen und Prognosen zugrundeliegen, nur vom Standpunkt eines reduktionistischen Determinismus aus betrachten? Nimmt der Psychologe dabei gezwungenermassen einen psychoanalytisch gefärbten oder orientierten Standpunkt ein, der die

Entlarvung und Demystifizierung anstrebt? Ich glaube wirklich nicht, dass Lang offene Türen einrennt, wie er behauptet. Zwischen dem Freud'schen Determinismus und der Rogerianischen Nichtdirektivität, gibt es da keinen Platz für andere Konzepte des Menschen und, zu ihrer Durchführung, für andere Ansätze? Ich denke namentlich an den Entwurf beratungsspezifischer Modelle, die sukzessive erarbeitet werden (Osipow, 1973) und die sich weder von den therapeutischen noch von den experimentalpsychologischen Modellen ableiten lassen.

5. Indem der Psychologe seinem Klienten mehr oder weniger gut umschriebene Projekte anbietet, welche strukturiert und realisierbar sind, äussert er wahrscheinlich etwas mehr als einfach eine Meinung vom Typus "Aussenansicht". Muss dies jedoch notwendigerweise heissen, dass er keinen Einfluss auf seinen Klienten ausüben darf, weil die Existenzplanung weiterhin nur eine Frage der "Innenansicht" bleiben soll? Es steht ausser Zweifel, dass der Klient über das von ihm zu verwirklichende Projekt bestimmt; kann er es nicht <u>auch</u> durch die vermittelnde Intervention des Psychologen tun? Der Klient weiss nicht oder spürt nicht unbedingt, was er tun kann. Cannon sagte, Irrtum vorbehalten, dass der Mensch die Weisheit des Körpers verloren hat und dass die Physiologie ihm helfen kann, sie wiederzufinden. Hat der Mensch nicht auch andere Weisheiten verloren, und die Psychologie...

23. Psychodiagnostik und naive Menschenkenntnis

Urs Pulver

"Ist Psychodiagnostik verantwortbar?" Jene Generation psychologischer Praktiker, die heute die Mitte ihres Lebens und ihrer Berufslaufbahn bereits überschritten hat, ist ohne diese Frage aufgewachsen. Dass psychologische Erfassungsmittel ihnen bei ihrer Arbeit im Dienste der Mitmenschen oft behilflich sein könnten, betrachteten sie zum vornherein als Selbstverständlichkeit. (Vgl. etwa Pulver, 1966a,b, 1969.) Erst seit ungefähr einem Jahrzehnt sahen sie sich, bedrängt durch die Bedenken und Verdikte einer nachfolgenden Psychologengeneration, allmählich gezwungen, sich dieser Frage zu stellen. Sie mussten anerkennen, dass es Gründe gibt, die Anwendung psychologischer Mittel in Zweifel zu ziehen: etwa die Brüchigkeit der Grundannahmen (wie die Vorstellung verhaltensdeterminierender individueller Eigenschaften, welche gegen entwicklungsbedingte Wandlungen und situative Faktoren immun sein sollen), oder Misserfolge der empirischen Absicherung (als Konsequenz einer immer unerbittlicheren psychologischen Methodologie), oder schliesslich die ethische Anrüchigkeit (einer Anwendung nämlich von Mitteln, mit denen man über ein Individuum mehr weiss oder mehr zu wissen vorgibt als ihm selber bekannt ist).

Ist unser Tun also noch zu verantworten? Die Frage nach der Verantwortbarkeit einer Sache stellen heisst erwägen, ob sie nicht (besser) vermieden werden sollte. Wie steht es da mit der Psychodiagnostik - wäre sie denn überhaupt vermeidbar? Die Antwort hängt von unserem Verständnis dieses Begriffes ab. Interpretieren wir ihn im breitest möglichen Sinne als "Erfassen der Eigenart eines Menschen", so lautet sie ohne Zweifel: nein! In diesem Buch wurde verschiedentlich darauf hingewiesen, dass jede menschliche Interaktion ein "Erfassen" des Partners voraussetzt (z.B. Landolf, S. 73, Meili, S.202, Dupont, S.388). Menschen stehen nie miteinander in Beziehung, ohne sich voneinander ein Bild zu machen; wenn immer sie aneinander etwas "tun" wollen oder müssen - zuliebe oder zuleide: einander helfen, beurteilen, manipulieren, therapieren, selegieren usw. - dann müssen sie auch etwas voneinander wissen.

Wenn also die Argumentation nicht gegen die Anwendung bestimmter psychodiagnostischer Mittel, sondern gegen das "Erfassen" des Menschen überhaupt geführt wird, so drängt sich die Vermutung auf, dass die Kritik nicht eigentlich der Diagnostik gilt, sondern dem spezifischen Handeln, dem sie zu dienen hat. Die Grundfrage wäre dann entsprechend umzuformulieren: Ist Entscheiden verantwortbar? Ist Selegieren verantwortbar? Ist Beraten verantwortbar? Ist Helfen verantwortbar? Das sind aber Probleme einer sozialen Ethik. "Erfassen" an sich ablehnen, einfach weil es auch einer dieser umstrittenen Formen der Interaktion dienen kann, hiesse: Handeln am Andern grundsätzlich als unethisch erklären - und damit das Leben überhaupt verurteilen.

Mit "Psychodiagnostik" meint man nun freilich meist etwas Spezifischeres. Bruno Biberstein, Joachim Schmitt und ich haben letzthin für den Beratungssektor fünf Stufen des "Erfassens" von Mitmenschen zu unterscheiden versucht (AGAB, 1976, Nr.33, S.3f):

1. Implizites psychodiagnostisches Hypothesenbilden im Sinne der "intuitiven Beurteilung" eines Menschen ist integrierender Bestandteil jeder menschlichen Interaktion; es kann von der schematischen Anwendung grober, unüberprüfter Vorurteile bis zu einer differenzierten Wahrnehmung und Verarbeitung feiner Nuancen des Verhaltens anderer gehen.

2. In seiner differenzierteren, von schematischen Vorurteilen möglichst befreiten und vor allem expliziter gemachten Form bildet es einen konstituierenden Bestandteil jeder Beratung, die dem Klienten in seiner individuellen Eigenart dienen soll. (= Psychodiagnostik in einem weitesten, wenig gebräuchlichen Sinn.)[1]

3. Im spezifischeren Sinne können und müssen in der Beratung jedoch explizite Verfahren verschiedener Art[2] ... zur Anwendung kommen, die vom Berater bewusst und absichtlich dafür eingesetzt werden, die Hypothesenbildung über charakteristische Prozesse und Eigenart des Klienten systematischer anzugehen. (= Psychodiagnostik im weiteren Sinne...)[3]

[1] Eine entsprechende Stufe ist aber auch für andere Berufstätigkeiten und selbst für "Laien" erreichbar - gelegentlich haben sogar Fachpsychologen Anleitungen dazu geschrieben; vgl. etwa Müller-Freienfels, 1940/51.

[2] Im gleichen Text werden vorher aufgezählt: Beobachtung, Interpretation und Analyse von Verhalten, Ausdruck, Produkten, Leistungen, Lebensgeschichte und mitgebrachten Erwartungen des Klienten, von Beziehungsgeschehen, thematisierten Inhalten, sozioökonomischem Hintergrund usw.

[3] Stufe 3 würde ungefähr dem amerikanischen Begriff "Assessment" entprechen, wie er heute definiert wird (vgl. Sundberg, Snowden und Reynolds, 1978, S.179).

4. Ein Teil dieser Verfahren besteht darin, den Klienten, mit dessen Wissen und Einverständnis, mit einer festgelegten Aufgabe zu konfrontieren, um sein Verhalten und seine Leistungen feststellen und aus dem Vergleich mit Verhalten und Leistungen anderer Personen individuell relevante Hypothesen ableiten zu können. (= Tests im weiteren, in der Oeffentlichkeit üblicherweise verwendeten Sinne; sie könnten auch als "psychologische Untersuchungsmittel" gekennzeichnet werden. Bei dieser Verwendungsart spricht man von Psychodiagnostik im engeren Sinne...)

5. Unter diesen psychodiagnostischen Untersuchungsmitteln hebt sich wiederum eine Gruppe von Verfahren heraus, die in streng standardisierter Form vorgelegt und ausgewertet werden und bei denen es aufgrund empirisch-statistischer Ueberprüfungen möglich ist, die Leistung des einzelnen in einer zum voraus festgelegten Verhaltensdimension im Rahmen genau definierter Vergleichsgruppen präzise zu bestimmen und daraus Schlüsse auf die Wahrscheinlichkeit des Auftretens oder Vorhandenseins anderer klar definierter Verhaltensweisen oder Merkmale zu ziehen. (= Tests im engeren oder psychometrischen Sinne...)

Ob man mit dieser Stufenfolge einverstanden ist oder eine andere vorschlägt - unbestreitbar ist sicher, dass es viele Versuche gibt, über das unreflektierte Erfassen des Mitmenschen im Alltag hinauszukommen und bewusster, absichtlicher und systematischer dabei vorzugehen. Erst solche Versuche pflegen wir im allgemeinen als "Psychodiagnostik" zu qualifizieren - und damit stellt sich die Frage ihrer Vermeidbarkeit aufs neue. Vermutlich wäre es, selbst dem Fachmann, aufgrund echter Ueberzeugung oder unter moralischem Druck möglich, alle solchen Versuche zu unterlassen und berufliches Handeln allein auf die naive Menschenkenntnis abzustützen. Man kann Entscheide fällen, selegieren, beraten usw. ohne gezieltes Diagnostizieren, namentlich auch ohne Beizug psychologischer Hilfsmittel. Einige Kritiker der Psychodiagnostik scheinen im Effekt - wenn auch kaum im Wortlaut - etwas Entsprechendes anzustreben. Freilich müssen sie sich dann der unbequemen Frage Duponts (S.389f.) stellen: wird ihr Handeln am Andern dadurch verantwortbarer, "ethischer"?

Vergegenwärtigen wir uns einmal, was denn eigentlich die weiteren "Stufen" des Diagnostizierens Neues bringen gegenüber der "naiven" Menschenkenntnis im Alltag! Offensichtlich streben wir dabei doch zweierlei an. Einerseits möchten wir <u>mehr</u> vom Anderen wissen, unsere Kenntnis erweitern, bereichern, verfeinern. Anderseits geht es uns darum, ihn <u>richtiger</u> zu erfassen, also objektgetreuere, zuverlässigere Auskünfte über ihn zu erhalten[4]. Be-

[4] Vgl. dazu auch Gutjahr, 1971, S.36. Die ausgewogene Stellungnahme dieses DDR-Psychometrikers zu unserem Thema ist übrigens sehr lesenswert.

reicherung und Präzisierung des Bildes vom Anderen - dieses Doppelziel ist es, das den Menschen zu systematischerem und methodischerem Fremderfassen veranlasst. Grund dazu dürfte wohl genug bestehen - stützt sich doch jedes Handeln am Andern auf dieses Bild.

Wir sollten darum, so meine ich, alles begrüssen und fördern, was die Fremderkenntnis entweder bereichert oder aber zuverlässiger macht (am besten beides gleichzeitig!) - vorausgesetzt allerdings, das eine verbessere sich nicht auf Kosten des andern. Eine "Bereicherung" unserer Sicht des Andern wäre gefährlich, weil oft irreführend, wenn sie sich in geringerem Masse auf Realitäten, Erfahrungen und Beobachtungen stützte als Alltagsbeurteilungen (etwa nur auf blossen Spekulationen beruhte). Zusätzliche Erkenntnisquellen sind (mindestens) so kritisch zu handhaben wie unsere Alltagsinformationen; sonst führt differenzierteres Erfassen zu inadäquaterem Handeln. Das gleiche trifft aber auch in umgekehrter Richtung zu. Zuverlässigeres Wissen über den Andern schränkt die Angepasstheit unseres Handelns dann ein, wenn es erkauft wird mit einem Verlust an Breite und Differenziertheit der Information. Führt uns das Streben nach Genauigkeit nämlich dazu, dass wir "immer weniger immer exakter" erkennen, dass wir also gegenüber dem Alltagswissen Aussage um Aussage zurücknehmen, weil sie ("noch") nicht unsere Präzisionsansprüche erfüllt, dann wird unser Urteilen und Handeln immer schwieriger, zurückhaltender, armseliger - und zuletzt überhaupt unmöglich. Wir müssten uns dann, um mit Fred W.Schmid zu sprechen (S.221), in einer Klause einmauern lassen und das Ende unserer Tage abwarten. Wollen wir also unserem Mitmenschen, dem zu helfen wir uns zur beruflichen Aufgabe gemacht haben, nicht weniger gerecht werden als im Alltag, so muss unsere Fremderfassung mindestens so differenziert und mindestens so richtig sein wie die des Alltags; und jeder Zuwachs an Reichtum und Präzision, der nicht einen Abbau des andern mit sich bringt, ist zu verbuchen als Gewinn.

Die beiden zitierten Gefahren - einseitiges Wuchern der einen Qualität auf Kosten der anderen - sind durchaus real, werden allerdings von der Wissenschaft heute sehr unterschiedlich bewertet.

Mit der ersten setzt sich Stoll in seiner Uebersicht über den "Testgebrauch in der schweizerischen Beratungspraxis" (Kapitel 18 dieses Buches) auseinander. Aber die zweite ist heute ebenso aktuell. Sie lauert im Ausschliesslichkeitsanspruch der Erfassung gemäss "Stufe 5" unseres Kataloges, in der Zelebrierung statistischer Verifikation als alleiniger Quelle psychologischer Wahrheitsfindung, wie sie heute wohl deutlicher die westdeutsche als die schweizerische psychologische Landschaft beherrscht. Das Gleichgewicht zwischen "Finden" und "Verifizieren", auf das nach Bischof (1970) die Psychologie als Wissenschaft angewiesen ist, kann nicht bloss durch ungezügelte spekulative Testerei, sondern auch durch zwangsneurotisch hochgeschraubte Rechtfertigungsansprüche gestört werden. So erklärt mancher heutige Wissenschafter psychodiagnostische Tätigkeit insoweit als "nicht verantwortbar", als sie hinter der Präzision der psychometrischen Stufe zurückbleibt (und zurückbleiben muss). Aus solcher Sicht wären alle anderen auf unsere Fremderkenntnis verwendeten Verbesserungsbestrebungen als "vorwissenschaftlich" ausser Acht zu lassen, ja zu ver-achten. Die Folge ist, dass ein Mann mit diesem wissenschaftlichen Credo immer dann, wenn er das sichere Podest der Stufe 5 nicht erklimmen kann, die ganze Treppe hinunter auf die Stufe der naiven Menschenkenntnis zurückkollert.

Nun mag zwar das kompromisslos-einseitige Ideal perfektionistischer Absicherung dort angezeigt sein, wo es um Selektionsentscheide bei grossen Zahlen geht (vgl. Bertsch, S.236), weil hier alles darauf ankommt, die Gefahr falscher Entscheidungen zu reduzieren (Stoll, S.322), und nichts darauf, den Einzelfall differenziert zu erfassen. Hingegen wäre es völlig ungereimt, daraus auf einen höheren, ja allein verantwortbaren Erkenntniswert dieses Vorgehens zu schliessen. Denn für die Annäherung an dieses Ideal bezahlt der Wissenschafter einen hohen Preis. Die erbarmungslose Eigengesetzlichkeit seiner Methode zwingt ihn nämlich, Realitäten aus den Augen zu verlieren, die für die "naive" Menschenkenntnis selbstverständlich sind. Eine Rückbesinnung auf die Grundlagen zwischenmenschlichen Wahrnehmens im Alltag soll uns das deutlich machen.

Fritz Heider, ein zu wenig beachteter Theoretiker der Psychologie, vertritt folgende "naive" Erkenntnislehre: beim Erkennen gehe es darum, Konstantes (oder Berechenbares) festzustellen in der Erscheinungen Flucht, damit wir unsere Erwartungen danach richten und unser Handeln darauf basieren können. "Es ist ein wichtiges Prinzip sowohl der Psychologie des gesunden Menschenverstandes wie auch jeder wissenschaftlichen Theorie, dass der Mensch die Realität erfasst und sie vorauszusagen und zu beeinflussen vermag, indem er vorübergehendes und variables Verhalten und Geschehen zurückführt auf relativ konstante zugrundeliegende Bedingungen, die sogenannten dispositionalen Eigenschaften dieser Welt." (Heider, 1958, S.79, eigene Uebersetzung.) Jedes Handeln, das nicht bloss reflexartiges Reagieren ist, stellt demnach eine Auseinandersetzung dar nicht mit den zufälligen, fliehenden Aspekten der jeweiligen Erscheinungswelt, sondern mit dem, was man als konstitutive Züge - mehr oder weniger differenziert, mehr oder weniger richtig - dahinter wahrnimmt oder erschliesst. Im Rahmen dieser Strukturierung unserer Welt bildet das Erfassen der Charakteristika unserer Mitmenschen natürlich eines der dringlichsten Anliegen.

Dabei lässt sich wohl kaum abstreiten, dass es dem Menschen dank seiner "naiven" Erkenntnisse gelingt, eine beträchtliche Zahl zwischenmenschlicher Situationen im Alltag erfolgreich zu meistern. Auch wenn ihm im Detail oft Fehler (Täuschungen, Fehlinterpretationen) unterlaufen, so scheinen doch die Grundpfeiler seines Erkennens im Ganzen tragfähig zu sein. Zu solchen Grundpfeilern gehören nun aber auch die Einsichten,

- dass die Erkenntnis solcher "Konstanten" nicht realitätsadäquater wird, wenn man sie für alle Fälle "vorwegdefiniert" - ganz im Gegenteil. Je differenzierter der "Mann von der Strasse" denkt und urteilt, desto weniger verfällt er der Versuchung, alle Menschen mit dem gleichen Mass zu messen, wie etwa Untersuchungen über kognitive Strukturiertheit gezeigt haben (vgl. Seiler, 1973). Was Gordon W.Allport schon vor Jahrzehnten der psychologischen Wissenschaft vergeblich klarzumachen versuchte (1937) und Bem und Allen neulich (1974) wieder sehr eindrücklich demonstriert haben, ist für den Alltagspsychologen selbstverständlich: dass sich verschiedene Menschen durch unterschiedliche "Konstanten" am adäquatesten charakterisieren lassen[5];

- dass beobachtete Geschehnisse von Fall zu Fall auf andere Bedingungsstrukturen rückführbar, Befunde also mehrdeutig sein können (wofür Spörli kürzlich in einem Aufsatz lehrreiche Beispiele angeführt hat: 1977, S.300; vgl. auch Auderset, S.205 in diesem Band);
- dass man auch die "Innenperspektive" eines Menschen berücksichtigen muss, wenn man ihn wirklich erfassen möchte (vgl. Schmid, S.197), und zwar vor allem darum, weil das "Subjektive", die perspektivische Sichtweise unseres Mitmenschen, seine Situation ebenso stark mitbestimmt und für deren Weiterentwicklung jeweils ebenso massgebend ist wie alle "objektiv", von aussen, feststellbaren persönlichen und Umwelt-Faktoren (vgl. von Uslar, Kapitel 13)[6];
- dass Verhalten nicht bloss auf individuelle Charakteristika des Handelnden, sondern auch auf Umstände der Situation und der Umwelt zurückzuführen (vgl. Lang, S.17; Spörli, S.62; Berger, S.247), also aus "Konstanten" der umgebenden Welt so gut wie solchen der Personen zu erklären ist[7] (mit wechselnder "Attribution" von Fall zu Fall; vgl. Heider, 1958; Kelley, 1972);

[5] Da "individuelle Eigenschaften" aber statistisch kaum zu verifizieren sind, hat sich die Psychometrie bisher über diese alltägliche Einsicht hinweggesetzt und selbst Alternativvorschlägen wie dem Stephensons aus dem Jahre 1953 wenig Beachtung geschenkt.

[6] Ich war erstaunt und erfreut, in Veröffentlichungen sowjetrussischer und polnischer Psychologen den grundsätzlichen Gedankengängen von Uslars wiederzubegegnen: Rubinstein (1958, 1961/77) setzt sich eingehend mit der untrennbaren Verknüpfung von Subjektivem und Objektivem im Erkenntnisprozess auseinander; in Uebereinstimmung mit meinen Ausführungen auf S.61 betont er auch, dass "eine richtig verstandene Objektivität keineswegs die Entfremdung vom Subjekt" bedeute (1977, S.70), sondern dass Objektivität darin bestehe, "dass das von der Erkenntnistätigkeit des Subjekts Enthüllte dem Objekt adäquat" sei (S.66). Tomaszewski (1978) gibt u.a. eine faszinierende Analyse des Begriffs "Situation" im Sinne von Uslars und Imoberdorfs.

[7] Heute, da sich die Psychometrie endlich der Bedeutung der Umwelt zu erinnern beginnt, orientiert sie sich charakteristischerweise prompt an einer extrem "objektivierenden" Theorie, nämlich jener B.F.Skinners; vgl. etwa Schulte, 1976.

- dass "Konstanten", im weitesten Sinne des Wortes als einkalkulierbare Bedingungen verstanden, auch bloss vorübergehenden Charakter haben oder gar in Wandlungen oder Veränderungen bestehen können (vgl. Fuchs, S.244; Berger, S.308. - Mischels häufig zitierte Kritik an der Annahme konstanter Eigenschaften - 1968 - ist der naiven Menschenkenntnis durchaus konform).

All das sind für eine (differenzierte) Erfassung des Menschen auf "Stufe 1" Selbstverständlichkeiten; und auch der auf Stufen 3 und 4 operierende "klinische" Diagnostiker pflegt sie nur in dem Masse aus den Augen zu verlieren, als er sich während seiner Universitätsjahre auf eine streng positivistische Wissenschaftsauffassung verpflichten liess. Im statistischen Weltbild reiner Psychometrie hingegen haben sie allesamt vereinfachten und verfestigten Denkschemata weichen müssen, die allein das ersehnte Mass an Absicherung zu gewährleisten scheinen, in ihrer Einseitigkeit der erlebten Wirklichkeit jedoch so weit entrückt sind, dass selbst führende Testfachleute wie Leo Goldman heute an der Brauchbarkeit der Diagnostik zu zweifeln beginnen (1974). Und amerikanische Wissenschafter von Rang sehen sich veranlasst, zu einer vollständigen Neubesinnung aufzurufen (Mischel, 1977) und nachdrücklich die Berücksichtigung all jener selbstverständlichen Einsichten zu fordern, die der naiven Menschenkenntnis gar nie verloren gegangen sind.

Die Rückbesinnung auf die Alltagspsychologie kann uns auch das in diesem Buch besonders hart umstrittene Problem der Prognosen klären helfen. Handeln geschieht stets in die Zukunft hinein; es heisst Einfluss nehmen auf Bedingungen, die den Fortgang meiner "Welt" bestimmen. Wenn ich deren "Konstanten" möglichst differenziert und richtig erfasse, dann erlaubt mir das, vorwegzunehmen, was in näherer oder fernerer Zukunft auf mich zukommt, und gibt mir die Möglichkeit, mich handelnd entsprechend einzustellen. In diesem allgemeinsten Sinne liegt im "Erfassen" stets auch ein "Prognostizieren", und umgekehrt baut jede Zukunftsplanung, im Alltag so gut wie in der psychologischen Sprechstunde, auf dem auf, was wir über Person und Welt bisher zu wissen bekamen.

Dabei gehen wir im täglichen Leben je nach den Umständen verschieden vor. Stehen wir vor präzisen Fragestellungen (etwa: wird mein Kollege diese und diese berufliche Aufgabe bewältigen können?), dann neigen wir dazu, auf spezifische Erfahrungen zurückzugreifen (hat er das und das bisher lösen können?), wobei wir durchaus auch persönlichen Wandlungen und situativen Bedingungen Rechnung tragen. Sind die Probleme komplexer und offener (etwa: soll er seine Stelle wechseln?), so werden wir unsere Ueberlegungen und allfälligen Ratschläge von einem allgemeineren und umfassenderen Gesamtbild seiner Person und ihrer Welt ableiten. Wir werden dieses Bild, vergleichend und abwägend, in den Rahmen verschiedener, mehr oder weniger global abgeschätzter Varianten zukünftiger Entwicklungen stellen.

Ueblicherweise meinen wir mit dem Wort "Prognose" nur gezielte Voraussagen bestimmter Ereignisse im erstgenannten Sinne. Psychologische Berater halten sie, so verstanden, für einen wenig relevanten Teil ihrer Tätigkeit (vgl. Schmid, S.44ff., auch Meili, S.226); das gilt offenbar auch für die klinischen Psychologen der USA, die anlässlich einer Umfrage die Auffassung vertraten, Prognosen zu erstellen sei nur ein ganz untergeordnetes Ziel ihrer diagnostischen Arbeit (Wade und Baker, 1977). Daran, dass auch sie mit ihren Klienten Zukunftsfragen erörtern, wird wohl niemand zweifeln. Nun ist es jedoch das erklärte Ziel psychometrisch ausgerichteter Wissenschafter, derlei "klinische" Zukunftserwägungen völlig zu ersetzen durch ein lückenloses Netz von Einzelprognosen ("Validitätswissen"). Wie weit man es auf diesem Wege bringen kann, zeigt das Test-Validierungs-und-Interpretations-System der Bundesanstalt für Arbeit in Nürnberg. Die Darstellung Hans-Henning Eckardts in diesem Band (Kapitel 19) macht die demographischen Voraussetzungen klar und demonstriert den gewaltigen Aufwand, vor allem auch die Breite des Vorgehens (S.351), die dafür erforderlich sind. Eine andere Schilderung aus seiner Feder (1977c) lässt uns noch deutlicher erkennen, wie umfassend Datenerhebung und -validierung angelegt sein müssen, damit die eingebauten Fehlerquellen sich gegenseitig einigermassen neutralisieren. Sind die Vorarbeiten aber einmal unter Dach, dann kann der Computer - hinlängliche Stabilität der Verhältnisse vorausgesetzt - globale Prognosen der Erfolgs- und Befriedigungschancen eines Ratsuchenden an verschiedenen Plätzen des Beschäftigungssystems rein mechanisch in sehr zuverlässiger Weise errechnen. Dennoch plädiert Eckardt - im Sinne seines "Ausblicks" in diesem Bande (S.354f.), den er 1977(c) anhand eines hilfreichen Schemas der "Informationsverarbeitung in der berufswahlunterstützenden psychologischen Diagnostik" weiter expliziert hat (S.558) - nicht für ein Ueber-Bord-Werfen aller klinischen Ueberlegungen dort, wo mechanisch erstellte Prognosen möglich sind, sondern für ein "optimales Zusammenwirken" der beiden Vorgehensweisen. Klinische Ueberlegungsweisen werden sachlich darum nötig bleiben, weil das System nie alle im Einzelfalle relevanten Informationen lückenlos berücksichtigen kann (vgl. auch Schallberger, S.84).

Sie sind als Korrektiv aber auch darum unerlässlich, weil ein rein mechanisches Verfahren jede Nachvollziehbarkeit durch den Klienten und damit auch jede "pädagogische" Wirkung der Psychodiagnostik (im Sinne Ganders, S.217) ausschliesst und den Ratsuchenden nicht zu einer "eigenen", sondern nur zu einer von aussen gesteuerten "guten" (vielleicht sogar: der allerbesten) Berufswahl führen kann. Diese könnte dann aber ebensogut von einem anderen für ihn vollzogen werden - und mit seiner Autonomie hätte es ein Ende. Damit treffen wir noch einmal auf das, was Lang zu Beginn unserer Diskussionen das "Validitätsdilemma" nannte (S.27) oder was Landolf, mit Blick auf die Gefährlichkeit valider Mittel, deren sich die Gesellschaft für ihre Zwecke bemächtigt, als Paradoxon der Psychometrie herausstrich (S.338). Psychometrisch perfektionierte Erfassung kann dem Mitmenschen zum Verhängnis werden.

So gelangen wir denn zur umgekehrten Auffassung über die Vertretbarkeit der Psychodiagnostik als der typische Wissenschafter unserer Zeit: nicht wenn und soweit diese auch unterhalb der psychometrischen Stufe operiert, halten wir sie für unverantwortbar, sondern vielmehr gerade dann, wenn sie sich allein auf diese Stufe beschränkt.

Wir kommen zum Schluss. Zusammenfassend darf man wohl sagen, es wäre widersinnig, alle Versuche, Menschen in ihrer Eigenart zu erfassen, schlechthin unverantwortbar zu nennen, und sinnlos, dies gegenüber allen Bemühungen zur Systematisierung und Verbesserung der Fremderkenntnis zu tun. Was allenfalls nicht verantwortbar sein könnte, sind einerseits gewisse Ziele, die man damit zu erreichen versucht, und anderseits spezifische Vorgehensweisen und Mittel der Diagnostik. Beides ist in diesem Bande ausgiebig zur Sprache gekommen. Im vorliegenden Kapitel befassten wir uns vor allem mit dem zweiten Aspekt. Wir räumten ein, dass es gefährlich sei, seinem diagnostischen Einfallsreichtum unkontrolliert den Lauf zu lassen. Angesichts der vorherrschenden Stimmung in Forschung und Ausbildung scheint uns jedoch eine andere Gefahr heute akuter. Ist es doch die Ueberzeugung vieler, dass Psychodiagnostik erst auf der höchsten Stufe ihrer möglichen "Perfektion" verantwortbar werde, und dass nur unablässige Anstrengungen in dieser Richtung die "Krise der Diagnostik" zu beheben vermöchten. Aber die Ueberbetonung verifizierender Wissenschaftlichkeit führt zu schwerwiegenden Problemen: sie entfremdet die Erfassung des Mitmenschen zusehends ihren Wurzeln, der Menschenkenntnis im Alltag, und erfordert starre und einseitige, realitätsfremde Denkschemata. Damit erzeugt sie so grosse Fehlerquellen, dass sie die eigenen Anstrengungen ihrer Früchte beraubt, falls sie nicht durch ergänzende Sichtweisen korrigiert wird. Aber nicht genug damit: sie kann dem Menschen, dem sie helfen soll, erst noch zum Gefängnis werden.

Man fühlt sich darum beim Ruf nach "immer noch mehr" Wissenschaftlichkeit, noch mehr statistischer Absicherung an die Lehre von Watzlawick, Weakland und Fisch (1974) erinnert, nach der Krisen meist nicht durch Intensivierung der bisherigen Anstrengungen, sondern nur durch "Umkehr" überwunden werden können. Ich sähe diese Umkehr in der Besinnung auf die naive Menschenkenntnis. Wie im Alltag - aber in verfeinerter und kontrollierter Weise - müssen wir versuchen, den Menschen in seiner Situation zu verstehen, individuelle Züge und äussere Bedingungen in ihrer Verflochtenheit zu erfassen und die persönliche Sicht nachzuvollziehen, in welcher unser Klient diese sachlichen Gegebenheiten erlebt. Wir werden dann zwar nicht seine Zukunft voraussehen, aber zusammen mit ihm in die Zukunft blicken können.

24. Das Problem mit der Psychodiagnostik: Kein gutes Fundament für eine Profession! (Ein Nachwort)

Alfred Lang

Die nachstehenden Gedanken sind einmal mehr, wie das unser Gegenstand wohl erzwingt, skizzenhaft. Ich muss auf die Behandlung einer ganzen Reihe von Themen, die mich in der Zwischenzeit und bei der zusammenhängenen Lektüre der vorliegenden Texte beschäftigt haben, verzichten. Ich habe auch davon abgesehen, verschiedene Missverständnisse, die in den Diskussionen zutage getreten sind, zu kommentieren; der geneigte Leser wird anhand der Texte dazu selber in der Lage sein. Was ich statt dessen versucht habe, ist, mein Verständnis einiger grundsätzlicher Aspekte des Problems mit der Psychodiagnostik noch einmal in einem gewissen Zusammenhang darzulegen, so etwas wie einen roten Faden durch meine Argumentation zu geben. Dass ich dies nach den Diskussionen der zwei Tagungen hoffentlich besser kann als vorher, dafür danke ich allen Teilnehmern, die so freundlich waren, auf den unerfreulichen Dialog einzutreten.

Das Anregende, aber auch das Unbefriedigende dieses Bandes über die Anwendbarkeit von Psychologie auf den konkreten Menschen beruht wohl darauf, dass ein sehr weiter Bogen gespannt wird von Methodenproblemen standardisierter Testdiagnostik bis hin zu sozialen, politischen und ethischen Grundfragen unseres Daseins. Aus naheliegenden Gründen besteht im allgemeinen die Tendenz, diese Fragen als mehreren verschiedenen Disziplinen zugehörig zu betrachten und daher - sofern ihre rationale Behandlung erwünscht ist - voneinander getrennt zu bearbeiten. Versucht man dennoch ihre umfassende Betrachtung, so ist man auf nicht-rationale Schlussweisen auf Analogiedenken und ähnliche Vorgehensweisen, - um noch einmal einen Ausdruck von Robert Musil aufzunehmen: auf ratioïdes Denken verwiesen.

Nicht-Schlüssigkeit (bezogen natürlich auf rationale Kriterien) ist solchem Denken seiner Natur gemäss einfach und leicht nachzuweisen. Auch wenn in einigen der Beiträge aus verständlicher Abwehrhaltung von diesem Gegenmittel Gebrauch gemacht wird, so finde ich es doch in der Rückschau bemerkenswert, dass so viele Angehörige einer Disziplin, welche Wissenschaftlichkeit als Rechtfertigung für ihr Tun beansprucht, in so weitgehendem Mass bereit sind, auch in fühlender und ahnender Weise auf die aufgeworfenen Fragen einzugehen. Man mag das abtun als unter dem Druck der Praxis gebildete, eigentlich unerfreuliche Denkgewohnheiten; man mag auch altvertraute Gegensätze, die unser Fach seit jeher belasten, dafür verantwortlich erklären; es könnte aber auch sein, dass der Rekurs auf solche Denkweisen dem Zeitgeist eminent verpflichtet ist, vielleicht einem Erschrockensein über überbordende Rationalität angesichts von reicherem Dasein entspringt. Es scheint allen Teilnehmern klar zu sein, dass unsere wissenschaftlich-rationalen Erkenntnisse und Methoden nur dann Sinn machen, wenn wir sie mit Werten und Zielen konkreter Menschen in Verbindung bringen. Zwar werde ich noch als Positivist verdächtigt (S.43,143) - offensichtlich zu unrecht (S.124); aber alle Teilnehmer scheinen auch anzuerkennen, dass eine Chance für die Gemeinschaft darin liegt, mit einem rationalen Vorgehen, so weit das eben geht, einen gemeinsamen Boden zu erringen.

Wissenschaft und Praxis

Es mag Erstaunen hervorrufen, dass ich - gewissermassen als ein "Vertreter der Wissenschaft" zur Gwatter Tagung eingeladen (S.97) - die Sprengung der Grenzen des Rationalen befürworte. Ich weigere mich aber, die übliche Gegenüberstellung von Wissenschaft und Praxis für sinnvoll zu halten. Das Verhältnis zwischen Wissenschaft und Praxis sehe ich wie das von Teil und Ganzem.

Vertretbare Praxis in einer Welt von zusammenlebenden Menschen muss wenigstens teilweise auf wissenschaftliche Verfahren und Erkenntnis abstellen; vor allem aber betont Praxis das Setzen von Werten. Auch Wissenschaft muss Werte setzen, in der Auswahl des Gegenstandes, in der Bevorzugung bestimmter Theorien, in den Konventionen über die tauglichen Methoden, in jedem Fall und unvermeidlich!

Für das heikle Verhältnis zwischen Wissenschaft und Praxis oder - um die Dialektik zu betonen - zwischen Sachverhalten und Wertsetzungen gibt es vereinfachend gesehen drei grundsätzliche Lösungsmöglichkeiten:

1) Die in unserer Kultur bisher vorwiegend praktizierte ist die "Monopolisierung" der Erkenntnis von den Sachverhalten. Wer mehr Wissen über die Sachverhalte besitzt, neigt dazu, auch mehr Kompetenz in Wertfragen für sich zu beanspruchen. Unsere Gesellschaft ist in den letzten Jahrzehnten in einem erstaunlichen Ausmass bereit gewesen, diesen an sich unbegründeten Anspruch zu akzeptieren.
2) Ein zweiter Weg ist die bevorzugte Lösung linker und rechter Minderheiten: es ist die "Monopolisierung" der Wertsetzung oder die Konzentration der Macht. Wer darüber bestimmt, welche Ziele wertvoll sind, der vermag in einem erstaunlichen Ausmass oft auch zu deklarieren, was die "Wahrheit" ist und was nicht. Wie viele Beispiele zeigen, ist die Wissenschaft anfälliger für Kniefälle als sie selber gern möchte. Das gilt verstärkt für Wissenschaft, die viel Geld kostet.
3) Die dritte Variante - die einzige, die mir eine Lösung zu sein scheint - ist die "liberale" oder pluralistische. Da wir Menschen nicht nur Gesellschaftswesen, sondern zugleich auch Individuen sind, müssen wir es wohl als ein Grundrecht ansehen, dass jeder seine eigenen Ziele setzen kann. Natürlich finden diese Zielsetzungen ihre Grenzen an den Zielsetzungen der Andern; die gesellschaftliche Ordnung dient genau dazu, allen möglichst weitgehend ihre Ziele zu gewähren. Dass wir die meisten Ziele gemeinsam haben, und dass sie gemeinsam besser realisierbar sind, finden die Meisten bald einmal heraus.

Für das Verhältnis zwischen Sachkenntnis und Wertsetzung bedeutet die liberale Lösung, dass so weit wie immer möglich jene Wissenschaft vorzuziehen ist, welche in dem Sinne wertneutral ist, dass erst ihre Anwender darüber entscheiden, auf welche Zielsetzung hin sie davon Gebrauch machen wollen. Darin liegt aus meiner

Sicht die einzige Garantie, dass eine Wissenschaft wie die Psychologie auf eine menschenwürdige Weise angewendet wird. Das ist dann der Fall, wenn die Erkenntnisse und Verfahren der Psychologie prinzipiell jedem Menschen zur Verfügung stehen anstatt einer ausgewählten Gruppe von Fachleuten und denjenigen, die sich der Fachleute für ihre Zwecke bedienen.

Das Problem mit der Psychodiagnostik

Bis vor wenigen Jahren galt die Psychodiagnostik als die Hauptanwendung der Psychologie im praktischen Bereich; diese Rolle wird ihr jetzt von der Psychotherapie streitig gemacht. Meine Einwände könnten ebensogut bezüglich der eingreifenden Massnahmen vorgebracht werden; hier stehen aber die feststellenden Tätigkeiten des Psychologen im Vordergrund. Ich möchte noch einmal betonen, dass für mich Diagnose und Prognose, Entscheidung und Massnahme nur Aspekte ein und derselben psychagogischen Dienstleistung sind. So nützlich ihre getrennte Betrachtung für didaktische Zwecke sein mag, im konkreten Fall sind sie für den Betroffenen untrennbar ineinander verwoben. Ein ausgewogenes Verhältnis mögen sie in guter psychologischer Beratung bilden.

Am Beispiel der Psychodiagnostik versuche ich nun meine Argumentation in ihren wesentlichen Zügen noch einmal darzustellen.

1. Ich gehe von der Feststellung aus, dass die verschiedenen verfügbaren Hilfsmittel der Diagnostik im Rahmen psychologischer Dienstleistung zur angemessenen Beschreibung dessen, worauf es im Sinne einer neutralen Aussenansicht der Entwicklung von Individuen mutmasslich ankommt, nicht genügen. Das ist die Feststellung der "Krise der Diagnostik": an sich eine chronische Krise, in den letzten Jahren aber verdeutlicht durch die Wegwendung einer grossen Zahl früherer Diagnostiker hin zu direkter therapeutischer Intervention.

Diese These wurde kaum bestritten. Ein Kommentar ist aber angezeigt bezüglich des Ausdrucks "neutrale Aussenansicht". Auf dem Hintergrund des liberalen Lösungsmodells der Wertfrage ist es zwingend, dass der Diagnostiker die Bewertung der Feststellungen dem Auftraggeber überlässt. Das ist ein anerkannter Grundsatz im Fall der Auslese; im Fall der Beratung ist der mündige Klient der Auftraggeber. Der Auftrag besteht in jedem Fall in der "Lieferung von Material" ("Information"), sei es über den Probanden selbst, sei es über weitere relevante Umstände, sei es in Rohform, sei es mehr oder weniger weitgehend aufgearbeitet zur Vorbereitung der zu treffenden Entscheidungen. Dieses "Material" nenne ich die "Aussenansicht"; es mit der Innenansicht des Klienten, also seiner erlebten Existenz, gleichzusetzen (S.197,209), scheint nun mir Begriffsverwirrung zu implizieren. Sicher kann diagnostisches Material zur Differenzierung der Innenansicht beitragen; so gut, wie es sie auch "verstellen" kann, dank des handlichen Angebots an Jargon.

Auf die Feststellung des Ungenügens der diagnostischen Hilfsmittel sind zweierlei Reaktionen möglich. Die bisher vorwiegende - von der antipathischen Attitüde des Typs: "Psychisches sei grundsätzlich nicht messbar" abgesehen - sind Bemühungen zur Verbesserung der Methoden. Sehr verbreitete und sehr intensive Bemühungen dieser Art haben nur einen sehr partiellen Erfolg gebracht. Mir scheint deshalb, man müsste einmal intensiver nach den Gründen dieses Misserfolgs suchen. Zweitens könnte man dann auch nach dem Sinn der entsprechenden Zielsetzung fragen.

2. Zur möglichen Begründung des Misserfolgs. Ich behaupte, dass es in der Natur der Sache liegt, dass die herkömmliche Psychodiagnostik nicht gut genug sein kann. Zwischen den geläufigen Konzeptionen der Persönlichkeit, auf denen die Diagnostik beruht, und einigen offensichtlichen, aber weitgehend vernachlässigten Eigentümlichkeiten des Individuums in der Welt besteht nämlich eine so starke Diskrepanz, dass eine viel umfassendere Methodik des Tatsachenfeststellens die übliche, auf konstante Personmerkmale zentrierte Psychodiagnostik ersetzen müsste.

Ich sehe hauptsächlich drei solcher Eigentümlichkeiten, von denen zwei in Referaten und Diskussionen der beiden Tagungen verschiedentlich genannt worden sind, während die dritte eigenartigerweise selten zur Sprache kommt.[1] Es sind dies:

[1] Zwar hat Herr von Uslar in seinem Vortrag auf die Rolle der Situation, der objektiven und der wahrgenommenen, hingewiesen, er hat sich aber dann vor allem der diagnostischen Situation gewidmet.

a) das Problem der Individualität (auf dem Hintergrund nomothetischer Forschung über individuelle Differenzen, deren Aussagen allesamt populationsbezogen sind).

b) das Problem der Entwicklung (angesichts von Methoden, die konstruiert sind, nur das Konstante zu erfassen). In diesem Zusammenhang möchte ich durchaus meine These, auf die Entwicklung des Individuums zu setzen (vgl. S.126,137f.,206ff.) und Herrn Duponts Antithese von der konstanten Persönlichkeit (vgl. S.391) in die Synthese zusammenfliessen lassen, dass Stabilität und Wandel in angemessenem Verhältnis gelungenes Leben ausmachen.

c) das Problem des sogenannten Interaktionalismus, wie er etwa in Lewins (1963) berühmter Formel V = f (P,U) (Verhalten, Entwicklung, auch Persönlichkeit sei eine Funktion der psychologischen Person und der psychologischen Umwelt, vgl. auch Lang, im Druck) zum Ausdruck kommt. Dieses fundamentale Problem der Persönlichkeitspsychologie ist in den letzten Jahren sehr eingehend diskutiert worden (vgl. besonders Bowers, 1973; Endler & Magnusson, 1976; Magnusson & Endler, 1977). Man hat allerdings erst begonnen zu sehen, dass an der Wurzel dieses Problems die Vernachlässigung des ökologischen Aspekts der Psychologie liegt (vgl. Graumann, 1978). Zu einseitig hat man sich besonders in der Persönlichkeitsforschung und damit natürlich auch in der Diagnostik nur mit den Merkmalen und Verhaltensweisen der Person befasst und kaum eine systematische Methodologie entwickelt, die dem Umstand Rechnung trägt, dass keine Person anders als in einer Umwelt existieren kann, dass die Menschen diese Umwelt gestalten und beeinflussen, dass diese Umwelt auf die Menschen zurückwirkt.

Die traditionelle Psychodiagnostik missachtet meiner Meinung nach diese drei Eigentümlichkeiten psychologischer Sachverhalte weitgehend: die Testdiagnostik fast vollständig, die mehr intuitive, mit projektiven Verfahren und Gespräch operierende im günstigen Fall etwas weniger, allerdings für den Preis der aufgegebenen Kontrollierbarkeit. Sicherlich wehren sich viele Diskussionsteilnehmer in diesem Band mit Recht gegen meinen Vorwurf, man missachte diese drei Probleme auch in der Praxis. Ich anerkenne entsprechende

Bemühungen durchaus; nur meine ich, dass ich so früh den Boden der Rationalität nicht aufgeben möchte.

Wieder - so scheint es mir - kann man auf diese Feststellungen mit zweierlei Reaktionen antworten.

3. Die eine mögliche Reaktion: eine adäquatere Psychologie anstreben; mit Approximationen zwar nie zufrieden sein, sie aber dennoch einsetzen. Man kann einmal sagen: diese Einwände mögen prinzipiell richtig sein; aber Rom ist auch nicht an einem Tag erbaut worden. Früher oder später werden wir über eine adäquatere Psychologie verfügen, die diesen drei Problemen gerecht wird. Früher oder später werden wir die Persönlichkeitspsychologie in das Ganze der Psychologie besser integriert haben, und wir werden einmal über eine umfassende Tatsachendiagnostik verfügen, welche Person und Umwelt und ihre Transaktionen, welche Entwicklung und Individualität einschliesst. Inzwischen können wir allerdings nicht warten; es warten Klienten auf unsere Dienstleistungen, sie bedürfen unser dringend...

In diesem Zusammenhang möchte ich der Argumentation Herrn Duponts in weiten Teilen zustimmen. Was er mit viel Feinsinn schildert und was in vielen Einzelheiten auch in manchen anderen Diskussionsbeiträgen, die meine Position zu relativieren versuchten, zum Ausdruck kommt, sind in der Tat Möglichkeiten des Vorgehens, die interessant beachtenswert und verfolgenswert erscheinen. Man kann das alles tun um den verschiedenen Einwänden Rechnung zu tragen. Vieles davon wird tatsächlich und mit viel Einsatz getan, und es ist zweifellos respektabel. Ich wiederhole, dass ich zu keiner Zeit die guten Intentionen der meisten Diagnostiker und Berater in Zweifel gezogen habe.

Ich akzeptiere also diese erste Reaktion grundsätzlich; ich finde sie sachlich angemessen und vernünftig. Weite Bereiche meiner eigenen Forschungs- und Lehrtätigkeit verstehe ich in eben diesem Sinn. Und dennoch habe ich das Gefühl, dass diese Haltung einer Ergänzung bedarf. Mir ist mit den Jahren die "Macher"-Attitüde ebenso suspekt geworden wie die Anti-Erkenntnis-Emphase. Wenn etwas möglich erscheint, so braucht es deswegen noch nicht gleich auch gut und erstrebenswert zu sein.

4. Die andere mögliche Reaktion: Infragestellung einiger Zielsetzungen. Ich möchte also auch die Frage nach dem Sinn solchen Diagnostizierens stellen und diskutieren. Und da muss ich gestehen, dass ich beim Wiederlesen der Texte dieser beiden Tagungen keine Stelle gefunden habe - und es ist mir auch aus der weiteren Literatur keine bekannt -, wo mit einem besseren Argument für Diagnostik plädiert wird als mit der Beteuerung: die Entscheidungen müssten auch ohne Diagnostik getroffen werden; mit Diagnostik seien sie zumindest nicht schlechter, vielleicht aber in vielen Fällen etwas besser. (Nur für einige sehr spezielle Selektionsverfahren gibt es bisher Kosten-Nutzen-Analysen.)

Gegen Behauptungen dieser Generalität kann man schwer argumentieren, umso mehr als es sich eigentlich um eine empirische Frage handelte, falls man in der Lage wäre, sinnvolle Kriterien für das "Besser-oder-Schlechter" anzugeben. Wie schwierig diese Frage in Wirklichkeit ist, kann man nach knapp zwei Jahrzehnten ernsthafter Psychotherapie-Erfolgsforschung vielleicht ein wenig ahnen. (Ich empfehle beispielsweise die Lektüre des angekündigten Buches von Glass et al.; vgl. Smith & Glass, 1977, und aber auch Gallo, 1978.) Die Bewertung von Beratungs-Effekten dürfte nach meinem Empfinden noch um ein Vielfaches schwieriger sein.

Auf dem Hintergrund der oben skizzierten liberalen Lösung des Theorie-Praxis-Problems ist es jedoch unangemessen, die Frage nach dem Sinn so allgemein zu stellen. Denn es sind natürlich verschiedene Anwendungsweisen der Diagnostik zu unterscheiden. Ich bedaure sehr, dass ich in den verschiedenen Diskussionen nicht auf einer differenzierteren Sicht der Dinge beharrt und gelegentlich sogar zur Verwischung der Begriffe beigetragen habe; ich hatte den Eindruck, dass man sich nicht - so wenig wie übrigens die einschlägige Literatur - auf eine alles umfassende Einteilung einigen könnte, da jeder Teilnehmer begreiflicherweise dazu neigte, die Dinge vor allem aus seiner Sicht zu sehen. Ueber der Diskussion der Autonomie-Problematik kam der mögliche Nutzen der in meinem Berner Vortrag vorgeschlagenen Einteilung gar nicht zur Sprache. Es blieb bei den ad hoc Gegenüberstellungen von "objektiv vs. subjektiv", "Selektion vs. Beratung", "Aussenansicht vs. Innenansicht" usw. Keine dieser Polaritäten kann wirklich befriedigen; ich füge eine weitere bei, um meine Argumentation in plakativer Thesenform weiterführen zu können: Diagnostik über vs. Diagnostik für das Individuum.[2]

5. Wird Diagnostik über Individuen gemacht in dem Sinne, dass eine Institution auf Grund von einigen ausgewählten Merkmalen der Person Selektions- oder Klassifikationsentscheidungen trifft, so ist gegen die Anwendung partieller Persondiagnostik wenig einzuwenden - sofern allerdings die entscheidende Institution nicht über eine umfassende Machtposition verfügt. Ich wehre mich dementsprechend dagegen, dass z.B. der Staat und seine Institutionen psychodiagnostisch unterstützte Entscheidungen treffen, betrachte es aber als ein gutes Recht von untereinander in echter Konkurrenz stehenden Institutionen aller Art, dass sie mit Hilfe von Wahrscheinlichkeitsentscheidungen beispielsweise Besten- oder Schlechtesten-Auslese von Anwärtern oder Personal usw. betreiben. Niemand muss sich diesen Verfahren unterziehen, es sei denn, der damit verbundene Nutzen ist es ihm wert.

6. Etwas anderes sind Feststellungen für das Individuum, d.h. Beiträge zur Bereicherung seiner Innenansicht. Wie ich im Berner Vortrag dargelegt habe, scheint es mir wesentlich auf die Art des Kontraktes zwischen Klient und Berater anzukommen, ob man dem Klienten diese partiellen Erkenntnisse über seine Person, die man mit der herkömmlichen Diagnostik gewinnen kann, zumuten darf. Die Gefahr, dass dieser sie trotz bester gegenteiliger Intention des Beraters für mehr als eine partielle und ungenaue und mit Irrtumsmöglichkeiten gespickte Aussenansicht nimmt, scheint mir beträchtlich. Immer dann, wenn der Klient schlecht oder überhaupt nicht imstande ist, zwischen den beiden Paradigmen (über vs. für Individuen) zu unterscheiden - man denke besonders an Kinder! - und also dazu neigt, den Berater mit einer Instanz zu verwechseln, sollte der beratende Diagnostiker alarmiert sein.

[2] Diese Gegenüberstellung erinnert an Schallbergers (S.82ff.) Formulierung vom "interindividuellen Vergleichen" vs. der Erfassung der "intraindividuellen Organisation"; sie ist aber damit nicht identisch, weil auch interindividuelle Vergleichsbefunde für das Individuum bedeutungsvoll sein können.

Ich weiss, dass der gewissenhafte Berater diese Problematik sieht und Einiges tut, um ihr zu begegnen, sei es in der Art der Kontrakte, die er abschliesst, sei es durch Aufklärung des Klienten. Er kann auf die Fehlerbehaftetheit aller Feststellungen hinweisen. Er wird auch die Partialität der Feststellungen betonen und die härteren Daten explizit durch weichere Impressionen ergänzen. Als guter Berater wird er auch seine Rolle als blosser Förderer einer eigenen Innenansicht des Klienten herausstellen, und so weiter. Ich halte das alles für sehr erfreulich, kann mich aber des Eindrucks nicht erwehren, dass der Berater bei der Wahl solcher Massnahmen leicht selber in Schwierigkeiten gerät: er kann seine Leistungen nicht in beliebigem Ausmass relativieren - auch im Interesse des Klienten nicht - und zugleich erwarten, dass sie von seiner Klientele gebührend geschätzt wird. Unter diesen Umständen ist der Berater ständig auf einer Gratwanderung; natürlicherweise wird er dazu tendieren, die Rolle des Diagnostikers <u>über</u> das Individuum anzunehmen.

Dennoch bin ich der Meinung - und man gestatte mir die Bemerkung, dass ich zu keinem Zeitpunkt eine weitergehende Meinung geäussert habe -, dass im Rahmen der Beratung auch Psychodiagnostik <u>für</u> das Individuum manchmal wertvoll ist und unter Beachtung aller erdenklichen Sorgfalt und Vorsicht eingesetzt werden kann. Es scheint mir jedoch angesichts der geschilderten Schwierigkeiten, man sollte diese Anwendung auf die Nothelferfunktion begrenzen.

Damit weitet sich die Perspektive. Psychodiagnostik ist bloss das besondere Beispiel, anhand dessen eine allgemeinere Problematik diskutiert werden kann. Ich komme damit zu meiner zentralen These:

<u>Vorsicht mit der Professionalisierung der psychologischen Beratung!</u>

Ich frage mich also, ob es wünschbar ist, die Verbesserung der Innenansichten von Menschen einer speziellen Profession von Fachleuten anheimzustellen. Leider ist hier nicht der Platz, dieser Frage ausführlich nachzugehen, noch - was ich viel lieber täte - über konstruktive Alternativen nachzudenken.

Man wird mir entgegenhalten, in meiner privilegierten Position sei ich nicht legitimiert, so zu argumentieren. Hierzu muss ich zu bedenken geben, dass wohl privilegierte Positionen wie die meine ursprünglich - heutige Praxis könnte das häufig vergessen lassen - unter anderem zu dem Zweck eingerichtet wurden, Gesichtspunkte jenseits von Interessenvertretung geltend zu machen.

Der erste Teil meines Gleichnisses vom "In-der-Suppe-Rühren" wurde - durchaus meiner Intention entsprechend - recht positiv aufgenommen. Nachdenklich stimmt mich, dass kein Diskussionsredner den zweiten Teil, um dessentwillen das Sprichwort eigentlich bemüht worden ist, der Erwähnung wert gehalten hat: nämlich, dass ein anderer als der Berater in der Regel die Suppe auslöffelt...

Ich glaube, dass das Zusammenleben von Menschen ganz wesentlich vom gegenseitigen Uebernehmen von Verantwortung füreinander getragen wird. Mich schreckt das Wachstum der anonymen Institutionen, von Recht und Regeln in unserer Gesellschaft. Ganz besonders starke Bedenken habe ich dagegen, den professionellen Berater, d.h. ein gesellschaftliches "Institut", in die Entwicklung der Persönlichkeit einzubeziehen. Wie man seit einiger Zeit immer deutlicher sieht, sind auch ältere und etabliertere Professionen hoch überfordert, wenn sie die Verantwortung "für das Leben" ihrer eigentlich autonomen "Klienten" - Menschen, Nationen, Kulturen - übernehmen sollten. Mir scheint, die Frage der Verantwortung müsste von den Psychologen eingehend diskutiert werden, und nicht nur am Beispiel der Diagnostik.

Mithin stimme ich der These zu (vgl. S.56 und 74f.), die Krise der Diagnostik sei eigentlich eine Krise der Diagnostiker, sofern dies heissen soll, dass hier eine Profession in einer Existenzkrise - oder richtiger wohl: in einer Geburtskrise - steckt. (Die These war natürlich von ihren Urhebern viel "psychologischer" gemeint.) Das Instrumentarium, "die" Diagnostik, ist für gewisse Zwecke schon recht; man hat es aber für viel weitergehende Ziele einsetzen und zudem darauf die Existenz einer Profession begründen wollen Das wurde eine unbefriedigende Existenz, und Viele sind ausgebrochen und aufgebrochen, sich ein neues Tätigkeitsfeld zu erobern (um die gleiche Erfahrung noch einmal zu machen?!). Ich glaube, es sind die Schwierigkeiten beim Versuch der Etablierung einer Profession, die den Inhalt des vorliegenden Buches ausmachen. Meine These ist, dass sich Psychodiagnostik und psychodiagnostisch unterstützte Beratung schlecht dazu eignen.

Zur Ausbildung

Wenn die Krise der Diagnostik eine solche Krise der Diagnostiker ist, dann kann sie natürlich nicht durch eine Veränderung oder Verbesserung der Ausbildung in Psychodiagnostik überwunden werden. Eine naheliegende Aktion, aber der grösste Fehler, den wir in dieser Situation begehen könnten, wäre meiner Ansicht nach, die psychodiagnostische Ausbildung noch weitergehend, als dies heute schon der Fall ist, von der allgemeinen psychologischen Ausbildung abzutrennen und ihr Eigenleben zu fördern. Und dasselbe gilt natürlich für die beraterische oder die psychotherapeutische Ausbildung. Die Krise wurde vielleicht dadurch erst möglich, dass die Diagnostik in vielen Instituten tatsächlich ein Eigenleben geführt hat und immer noch führt.

Auch derjenige Psychologe, der als Berater tätig sein will, soll sich so viel wie nur möglich "Psychologie" schlechthin aneignen: Allgemeine Psychologie, Entwicklungspsychologie, Sozialpsychologie und auch Persönlichkeits- und Differentialpsychologie. Gewiss soll jeder auch Verfahren des Tatsachenfeststellens verstehen und "handhaben" lernen; aber die personbezogenen Verfahren der traditionellen Psychodiagnostik sollten vermehrt noch in die allgemeine Methodologie integriert werden (beide Seiten könnten übrigens davon gewinnen, vgl. Cronbach, 1957 und 1975). Man sollte das Psychologiestudium verstehen als eine Auseinandersetzung mit einer lebendigen Wissenschaft auf dem Hintergrund einer lebendigen Praxis. Aber auch das beste Psychologiestudium kann niemals die ganze Vorbereitung für eine psychologisch fundierte Tätigkeit abgeben.

Wenn "Validierung des Diagnostikers" heissen soll, dass ein Psychologe mit gründlichen Grundlagenkenntnissen unter Anleitung von Praktikern und Wissenschaftlern in eine berufliche Tätigkeit wie das psychagogische Beraten eingeübt wird, dann kann ich dieser Formel zustimmen. Die intensive Auseinandersetzung auch mit konkreten

Menschen in ihren Lebenssituationen muss unter Rückbezug auf das allgemeine Wissen und die Methodenkritik einen wesentlichen Teil schon des Psychologiestudiums und mehr noch der anschliessenden Berufseinmündung (Aufbaustudium) ausmachen. Und natürlich muss dieser kontrollierte Vorgang der "Brauchbarer-Machung" (wenn ich die aktive Begriffskomponente des Ausdrucks "Validierung" so übersetze darf) während der ganzen Berufslaufbahn fortgesetzt werden.

Wenn aber "Validierung des Diagnostikers" die Ueberprüfung seiner "Güte" und das Etikettieren der akzeptablen Exemplare mit einer entsprechenden Marke heissen sollte, dann müsste ich angesichts der nicht belegbaren "Brauchbarkeit" solcher Marken mein Veto einlegen. Die psychologischen Universitätsinstitute sind keine Berufsschulen, sie können und sollen es nicht werden, solange psychologische Tätigkeiten so grundsätzlichen Schwierigkeiten begegnen, wie sie in diesem Buch diskutiert worden sind.

25. Erklären und Verstehen in der Psychodiagnostik: Versuch einer Abgrenzung

Fred W.Schmid

Die Diskussion über die Psychodiagnostik hat gewaltet. Sie hat gewaltet in einer Ausführlichkeit und Differenziertheit, wie es bisher kaum irgendwo der Fall war, jedenfalls nicht an eine breitere Oeffentlichkeit gedrungen und literaturkundig geworden ist[1]. In dieser Tatsache an und für sich liegt die Bedeutung der Berner und Gwatter Tagungen und der Beiträge, die dazu verfasst wurden.

Als ein besonderes Merkmal dieser Diskussion wird in Erinnerung bleiben, dass sie unter Vertretern der wissenschaftlichen Institutionen und der professionellen Praxis geführt werden konnte, und zwar in einer partnerschaftlichen Form. In Anbetracht der Seltenheit, mit der solche Gespräche über die Gemarkungen hinweg stattfinden, kann man sich fragen, ob dasjenige, über das hier berichtet wird, sein Zustandekommen nur einer glücklichen Zufallskonstellation verdankte oder ob es vielleicht doch zu den Eigenschaften der Diagnostik gehört, Psychologen verschiedener Ausrichtung zu Gedankenaustausch und Stellungnahme herauszufordern, was als Zeichen unverminderter Lebenskraft zu werten wäre.

Es wäre anderseits verfrüht, zu behaupten, die Begegnungen, über die hier Rechenschaft abgelegt wird, hätten auch bereits zu einer Verständigung zwischen den Parteien geführt, und die meisten Punkte, um die sich die Auseinandersetzung drehte, könnten als erledigt abgeschrieben werden. Dafür lagen die ursprünglichen Standpunkte zu weit auseinander und erwies sich die Materie als zu vielschichtig und komplex. Trotz mancherlei Annäherungen und Uebereinstimmungen in Detailfragen, die sich in den Voten abzeichneten,

[1] Immerhin ist an die Polemik zwischen Wellek (1952, 1954, 1956) und Hofstätter (1956) zu erinnern, die sich auf einer theoretischen Ebene abspielte und um Sinn und Gefahren der Statistik kreiste. Auch kämpfte man damals noch mit spitzeren Waffen...

macht es den Anschein, der Gegensatz zwischen den Auffassungen der Wissenschaft (bzw. einer bestimmten, gegenwärtig an den Hochschulen bevorzugt gepflegten Art von Wissenschaft) und der Praxis (bzw. einer zwar angefochtenen, aber nach wie vor verbreiteten und durch berufliche Traditionen sanktionierten Praxis) existiere im wesentlichen weiter und werde noch mancher Kontroverse "in rebus diagnosticis" Nahrung liefern. Und doch hat sich etwas Entscheidendes geändert, indem der Konflikt, der vorher eher zu einer wechselseitigen Neutralisierung und verbreiteten Gleichgültigkeit geführt hatte, eindeutig ins Konstruktive gewendet werden konnte. Dadurch kam ein Klärungsprozess in Gang, dessen Verlauf nicht voraussehbar war und der eine überraschende Fülle von teils altvertrauten, teils neuartigen Perspektiven und Erkenntnissen zu Tage förderte. Wer sich von seinem beruflichen Herkommen und Selbstverständnis her beiden Lagern, dem wissenschaftlichen und dem praktischen, ein Stück weit zugehörig fühlt - was eigentlich für jedermann gelten müsste, der sich auf dem anspruchsvollen Gebiet der Psychodiagnostik ein selbständiges Urteil zutraut -, wird auch in Zukunft fast nicht anders können, als die begonnene Gedankenarbeit weiterzuführen, um die verbleibenden Divergenzen beseitigen zu helfen und seinen bestmöglichen Beitrag an die Formulierung jener Theorie der Praxis zu leisten, deren Fehlen in den Diskussionen immer wieder so schmerzlich vermerkt worden ist. In diesem Sinne sind jedenfalls die folgenden Thesen aufzufassen, die einen vorläufigen Schlusspunkt unter die Verhandlungen setzen.

Vielleicht lässt sich am besten aufzeigen, wo der Kern des Problems liegt, indem nochmals auf Langs ursprüngliche Definition der Diagnostik zurückgegriffen und diese einer anderen gegenübergestellt wird, mit der sich viele Berater, wie wir auf Grund ihrer Aeusserungen vermuten, eher befreunden könnten. Lang schreibt (S.21):

> "Als angewandte Differentialpsychologie meint Diagnostik das geregelte Sammeln von Daten über Individuen derart, dass Entscheidungen gerechtfertigt sind, welche den Lebenslauf, die Entwicklung dieser Individuen in intendierter Art beeinflussen."

Müsste ich meine eigene Auffassung, von der ich mich in meiner zwanzigjährigen Tätigkeit als Berater habe leiten lassen, in einem annähernd so kompakten Satz zusammenfassen, so könnte dieser etwa lauten:

> "Beraterische Diagnostik ist die Schaffung einer auf eine zu treffende Entscheidung - z.B. die Berufswahl - hin ausgerichteten Erkundungssituation, in welcher der Klient im Gespräch mit einem Psychologen und in der Beschäftigung mit ausgewählten Aufgaben seine Persönlichkeit entfalten und zur Darstellung bringen kann, so dass klar wird, worin sein Problem besteht, was für Ziele er anstreben möchte und welche Schritte er unternehmen kann, um diese zu erreichen."

Zwischen diesen beiden Definitionsversuchen - über deren Endgültigkeit hier nicht zu befinden ist - liegen offenbar ganze Welten, und man kann eine Anzahl von Dimensionen aufzeigen, in denen sie sich diametral gegeneinander abheben. "Psychometrisches vs. klinisches Modell", "Prognose vs. Förderung der Selbsteinsicht des Klienten", "Objektivierung der Verfahren vs. Sensibilisierung des Beraters" sind Stichworte, die sofort in den Sinn kommen und keiner weiteren Erläuterung mehr bedürfen. Weite Passagen der in dem vorliegenden Band vereinigten Texte sind nichts anderes als Variationen über das eine, immer wiederkehrende Grundthema. Ein Baum, dessen Krone so breit auslädt, muss mit tiefen Wurzeln in die Erde hinabreichen; sie enden offenbar in Bereichen, die nicht grundsätzlich und umfassend genug reflektiert werden können.

Ein Blick in die Wissenschaftsgeschichte zeigt, dass die Kontroverse um die Psychodiagnostik als späte Manifestation des alten <u>Methodenstreites</u> in der Psychologie gedeutet werden kann. Diesem hat zuletzt Bischof (1970) einen aufschlussreichen Essay gewidmet, der den Herausgebern leider erst "post festum" zur Kenntnis gelangt ist.[2] Seiner - auf Dilthey (1894, 1895/6, 1910) zurückgehenden - Terminologie folgend, können wir auch in der Psychodiagnostik unterscheiden zwischen der <u>erklärenden</u> und der <u>verstehenden</u> Bemühung, einer letztlich natur- und einer geisteswissenschaftlichen Betrach-

[2] Wir verdanken den Hinweis darauf Herrn Wulf Listenow, Graphologe in Zürich.

tungsweise.[3] Was ergibt sich aus dieser Unterscheidung für die uns beschäftigende Fragestellung, und wie lassen sich die beiden klassischen Grundhaltungen auf dem Gebiet der psychologischen Diagnostik voneinander abgrenzen?

Die Antwort dürfte lauten, der psychometrisch arbeitende Diagnostiker suche das Verhalten des Probanden zu erklären, indem er es auf messbare Eigenschaftsvariablen zurückführe, und von diesen ausgehend wiederum zu prognostizieren; während der klinisch arbeitende Berater danach strebe, es zu verstehen und zu interpretieren. Erklärung erfordert Fakten, die aus ihrem individuellen und situativen Kontext herausgelöst, miteinander verglichen und verrechnet werden können. Verständnis ist die Erfassung von Zusammenhängen in einem dynamischen Ganzen. Wer erklären will, engt seine Aufmerksamkeit ein und richtet sie gezielt auf den zu untersuchenden Gegenstand; wer sich um Verständnis bemüht, lässt sie hin und her schweifen, bis ihm aufgeht, was vorher verborgen war. Entsprechend verschieden ist der Aufforderungscharakter der Situationen, vor die der Klient gestellt wird. Im einen Fall wird eine genau umschriebene Reaktion von ihm verlangt, unter Verzicht auf jegliche Spontaneität; im andern soll er sich gehen lassen und sagen oder tun, "was ihm gerade einfällt". Metrische Tests liegen in ihrem Strukturierungsgrad über vergleichbaren Alltagssituationen, projektive Verfahren darunter; sie weisen entgegengesetzte Affinitäten auf zu den Erkenntnismodi des Erklärens und Verstehens.

Anderseits besteht eine natürliche Verwandtschaft zwischen dem Vorgehen des Diagnostikers und dem Verhalten des Klienten, das von ihm zum Gegenstand der Untersuchung gemacht wird. Nimmt man die erwähnten beiden Dimensionen zusammen, so erhält man eine Art Parallelogramm, dessen Eckpunkte durch die einander entsprechenden, bzw. antagonistischen Verhaltensweisen gebildet werden.

[3] Letztere ist in diesem Band repräsentativ vertreten durch von Uslars Referat (S.169ff.). - M.Polanyi, auf den ich mich in meinem Gwatter Referat gestützt habe (S.155ff.), wäre in dieses veränderte Bezugsschema einzuordnen als ein Denker, der in der naturwissenschaftlichen Forschung Elemente des Verstehens aufdeckt und ihnen auch dort einen wichtigen Platz einräumt.

Langs Position scheint mir dadurch gekennzeichnet, dass er von diesen vier Eckpunkten nur drei sieht oder gelten lassen will; nämlich erstens die gebundene Reaktion seitens des Probanden, zweitens die ihr zugehörige erklärend-prognostische Methode des Psychologen und drittens das Spontanverhalten, in dem die Autonomie-Ansprüche des Klienten mitschwingen. Dieser letzteren Verhaltensform konnte er ursprünglich nur die falsche (psychometrische) oder dann gar keine Erfassungsmöglichkeit zuordnen, wodurch er in sein "Dilemma zwischen den Dilemmata" (S.28) geriet. In seinem zweiten Referat unternahm er den Versuch eines Ausbruchs aus dem selbstgebauten Käfig, indem er sich zum Zugeständnis durchrang, die beraterische Diagnostik spiele sich in einem "context of discovery" ab (S.132). Gleichzeitig entwertete er jedoch die damit angedeutete Anerkennung der verstehenden Interpretation und der ihr wesensverwandten, nicht voll durchstrukturierten diagnostischen Verfahren mit der Behauptung, in diesem Bereich herrsche eine völlige Freiheit des Vorgehens und die darin erhobenen Befunde könnten lediglich aus der Person des Diagnostikers heraus gerechtfertigt werden, womit er den schon früher erhobenen Vorwurf der Willkürlichkeit in etwas gemilderter Form wiederaufnahm.

Es ist Lang insoweit beizupflichten, als keine verbindlichen "Verstehensrezepte" aufgestellt werden können und dem Berater bei der Wahl der einzusetzenden Methoden und Hilfsmittel meist ein erheblicher Spielraum bleibt (vgl. S.149ff.). Dies bedeutet jedoch keineswegs, dass das Verständnis einer Persönlichkeit und ihrer Probleme beliebig und willkürlich wäre; ebensowenig, wie es die fachkundige Auslegung eines historischen Ereignisses oder eines Kunstwerkes ist. Wie bei dieser sind gewisse Verfahrensregeln für die Beschaffung, Ueberprüfung, Klassifizierung und Bewertung der Daten zu befolgen. Je eindeutiger, klarer gegliedert und vollständiger die letzteren vorliegen, desto stärker reduziert sich die Zahl der für die weitere Deutungsarbeit verfügbaren Freiheitsgrade und desto unausweichlicher wird eine Betrachtungsweise, der sich kein unvoreingenommener und informierter Beobachter - finde er sich in der Rolle des Beraters, des Klienten oder eines interessierten Dritten - schliesslich mehr entziehen kann. Zugegeben: die erforderlichen Urteilsakte sind dabei gewöhnlich um einige Grössenordnungen anspruchsvoller und subtiler, als ein konsequenter Operationismus verlangt, und das Ideal einer vollständigen Uebereinstimmung zwischen den Beteiligten kann deshalb nicht immer erreicht werden, bzw. nur dann, wenn Verständnis und Einsichtsbereitschaft in genügendem Ausmass vorhanden sind. Es handelt sich dabei jedoch um eine praktische Schwierigkeit, die nichts an der prinzipiellen Tatsache ändert, dass es nicht die Willkür des Untersuchenden, sondern die Natur des Gegenstandes ist, welche letztlich die Methode diktiert. Wir nähern uns ihm an, indem wir uns von den Gemeinsamkeiten und Analogien leiten lassen, die er mit anderen, uns bekannteren Gegenständen aufweist. Diese Aehnlichkeiten sind es, die bei aller Eigenart des individuellen Falles doch Uebertragungen und damit überhaupt die Gewinnung von Erkenntnis gestatten.

Wenn es darüber hinaus gelingt, Regelmässigkeiten in einer einschlägigen statistischen Gruppe festzustellen, so sind diese deshalb von besonderem Wert, weil sie in einem heuristischen Sinne, das heisst, als Arbeitshypothesen, auf eine grössere Zahl von ähnlich gelagerten Fällen transponiert werden können, und zwar unter Inkaufnahme des kleinsten durchschnittlichen Ausgangsfehlers. Wenn ich weiss, dass ein Intelligenztest im Ausmass von r = .40 mit dem Mittelschulerfolg korreliert, so bin ich bei jeder Beratung eines Mittelschülers, in der die Frage seiner schulischen Leistungsfähigkeit eine Rolle spielt, sachlich und moralisch dazu gezwungen, abzuklären, in welchem Verhältnis seine Intelligenz und Schulleistung zueinander stehen, weil ich sonst Gefahr liefe, ein für das Verständnis seiner Situation wesentliches Element zu übersehen (vgl. dazu etwa Bain, 1978). Wenn ich hierauf in der Reihenfolge absteigender Validitäten und unter gleichzeitiger Tiefhaltung der Interkorrelationen die zur Verfügung stehenden Instrumente eines nach dem anderen einsetze, so ist dies die ökonomischste Strategie, die ich verfolgen kann, um das Feld der häufiger vorkommenden Ursachen von Schulleistungsdefiziten und verwandten Erscheinungen abzustecken. Diese Ueberlegungen bilden den Anlass dafür, als eine der Grundlagen für eine personzentrierte, klinische Arbeitsweise in der Diagnostik <u>normative Forschung</u> zu betreiben. So weit diese stabile Zusammenhänge aufdeckt, ist es ein Gebot professioneller Vernunft, für die Abklärung entsprechender Fragen in der Praxis sauber validierte Instrumente einzusetzen, um die in Betracht kommenden Einflüsse mit einem Minimum an Aufwand abgrenzen und aufspüren zu können.

Anderseits beinhaltet die Kenntnis der Gruppenregel noch <u>kein Wissen um den Einzelfall</u>, wie in der Diskussion mehrfach und zu Recht konstatiert wurde. Ferner kann aus der Abwesenheit eines Zusammenhangs im untersuchten statistischen Agglomerat nicht geschlossen werden, dass für das Individuum nicht ein solcher vorliegt und bei ihm vielleicht sogar die ausschlaggebende Rolle spielt. Die Begründung dieser letzteren Feststellung ergibt sich aus der Tatsache, dass für jeden von uns eine unendliche Menge von Populationen definiert werden kann, denen er angehört und von denen jede wieder andere Merkmale aufweist, die keineswegs alle erforscht werden können (was eine andere Art ist, den Gedanken der Individualität in Annäherung auszudrücken). Dies besagt aber, dass aus dem Fehlen eines statistischen Validitätsnachweises nicht die Nutzlosigkeit eines Erfassungsmittels im Einzelfall oder in einer speziellen Gruppe von solchen abgeleitet werden kann, wie dies von wissenschaftlichen Puristen immer wieder etwa getan wird. Es ist vielmehr vollständig legitim und sinnvoll, <u>zusätzlich</u> zu den statistisch abgesicherten Proben jede andere einzusetzen, die wir benötigen und von der wir auf Grund der Erfahrung mit ähnlich gelagerten Fällen, einer aussagefähigen Persönlichkeitstheorie oder einer wie immer begründeten Vermutung erwarten dürfen, dass sie einen Erkenntnisfortschritt bringen wird. Jede anderslautende Empfehlung hätte rein dogmatischen Charakter und liefe auf eine durch nichts zu rechtfertigende Scheuklappenpolitik hinaus.

Entscheidend ist dabei die - von Pulver (S.105ff.) vorweggenommene - Erkenntnis, <u>dass die Verifizierung im konkreten Fall so oder so zu leisten bleibt</u>, und dass ihrer in gleicher Weise <u>sämtliche</u> Aussagen über den Klienten bedürfen, auch wenn sie auf vielfach validierten Tests beruhen. Diese Ueberprüfung kann jedoch nicht mehr auf dem gewohnten statistischen Weg, sondern nur mehr "befund-intern", das heisst, durch Quervergleiche zwischen den Daten und gemäss den Gesetzen psychologischer Plausibilität erfolgen. Es geht hier darum, die mannigfaltigen, aus ganz verschiedenen Beobachtungs- und Verhaltensbereichen stammenden Einzelbefunde und -resultate in ein in sich stimmiges dynamisches Modell der individuellen Persönlichkeit einzuordnen, wie dies an früherer Stelle dargelegt wurde (S.160ff.); eine Aufgabe, die ebensoviel praktische Menschenkenntnis und kontrollierte Intuition wie "psychologische Allgemeinbildung" und theoretisches Wissen (z.B. tiefenpsychologischer Natur) erfordert und bei deren Lösung erfahrungsgemäss die weniger strukturierten und statistisch schwer validierbaren Verfahren (Schmid, 1968), von der einfachen Kenntnisnahme und Beobachtung im Gespräch bis hin zu den "grossen" projektiven Erfassungsmitteln, die wertvollsten Beiträge leisten. Wir bewegen uns im Bereich des Verstehens, das nach Dilthey mit Hypothesen[4] endigt, während das Erklären mit ihnen beginnt (1894, S.175).

Mit der analytischen Zuordnung von Methode und Gegenstand (im Sinne des Untersuchungsverhaltens oder "praedicens") ist der diagnostische Akt jedoch noch nicht abschliessend beschrieben. Als dritte und praktisch bedeutsamste Komponente kommt das zukünftige Realverhalten, das "praedicendum" hinzu. Lang leitet aus dieser altbekannten Feststellung die Folgerung ab, Diagnose und Prognose könnten nicht voneinander unterschieden werden, sondern seien einander weitgehend bedingende Aspekte ein- und desselben Vorgangs (S.67). Anderseits ist es eine empirische Tatsache, dass in der Psychologie Prognosen auch ohne Bemühung um Verständnis erstellt werden (z.B. in psychometrisch konzipierten Selektionsprogrammen), und dass lange nicht jede diagnostische Einzelerkenntnis sich auch schon in eine naheliegende - oder gar: die gewünschte, eine Lösung des Problems erleichternde - prognostische Aussage umsetzen lässt. Vielmehr bestehen auch hier divergierende Schwerpunkte, sowie strukturelle Entsprechungen zwischen dem metrisch-erklärenden Vorgehen und einer traditionell verstandenen Prognose

[4] Hypothesen, die immerhin in Längsschnitt-Untersuchungen auf ihre Tragfähigkeit überprüft werden können. Vgl. S.167.

einerseits, der klinisch-verstehenden Erfassung und der Erarbeitung einer persönlichen "Zukunftsperspektive" (Pulver, S.116,239) anderseits (Levy, 1963; Cronbach, 1970). Wenn man fragt, wie "Zukunftsperspektive" und "Prognose" denn auseinandergehalten werden könnten, so ist die Antwort eindeutig: die erstere bezieht die kontinuierlichen Wahlen und Wertungen des Probanden und das, was daraus in Wechselwirkung mit einer sich ebenfalls wandelnden Umwelt an individueller Entwicklung hervorgeht, grundsätzlich in die Betrachtung mit ein (daher ihr charakteristisches "Verschwimmen" nach vorne), wohingegen die letztere sie vom Begriff her ausklammert, bzw. sie auf der empirischen Ebene nur als Fehlervarianz mitenthält. Je nachdem, ob uns die abstrakte Präzision oder die konkrete Relevanz unserer Feststellungen, die Aussen- oder Innenansicht des Klienten, seine Fremd- oder Selbstbestimmung wichtiger ist, werden wir die eine oder die andere Sichtweise bevorzugen und unserer Intervention zugrundelegen. In einem beraterischen Kontext dürften wir uns über diese Entscheidung allerdings selten lange den Kopf zerbrechen.

Damit sind wir, wie mir scheint, beim eigentlichen Ursprung der Dialektik von psychometrischem und klinischem Vorgehen, Erklären und Verstehen in der Psychodiagnostik angelangt. Diese Dialektik ist nur zum Teil durch die des öftern zur Sprache gekommene, besonders klar von Schallberger durchgeführte Unterscheidung von "interindividuellem Vergleichen" und der "Erfassung der intraindividuellen Organisation" (S.82ff.) begründet. Ebenso wesentlich ist für sie die andersartige Beantwortung der Frage nach der <u>spontanen Eigenaktivität</u> dieser Organisation und nach dem Vorhandensein eines nicht weiter reduzierbaren, <u>autonomen personalen Zentrums</u>, welches das Verhalten steuert und ihm seinen intentionalen Charakter verleiht. Es handelt sich, wie mehrfach vermutet wurde, um die Frage des <u>Menschenbildes</u>, von dem wir ausgehen und uns bei der Auswahl der geeignet erscheinenden Arbeitsmittel leiten lassen.

Die personale Konzeption, die in den Geisteswissenschaften die vorherrschende ist, führt bei der Anwendung auf das Verhalten zu gewissen erkenntnistheoretischen Schwierigkeiten. Die Annahme eines (teilweise) autonomen Selbst in der Persönlichkeit beschwört die Gefahr einer Verletzung des denkökonomischen oder Parsimonitätsprinzips und eines leeren logischen Regresses herauf, der durchsichtigen anthropozentrischen Interessen dient. Die Behavioristen haben sich gerne über die "kleinen Männer" mockiert, die im Gehirn ihr Unwesen trieben. Dabei übersahen sie aber vielleicht dass bereits schon auf tieferen, biologischen Lebensstufen ähnlich geheimnisvolle Steuerungsvorgänge auftreten - man denke an die Erscheinungen der Morphogenese -, die sich einer Erklärung auf Grund bekannter physikalisch-chemischer Prozesse bisher entziehen. Das analoge psychologische Problem scheint jedoch von einer Lösung noch viel weiter entfernt, so dass es begreiflich ist, wenn es manchen kritischen Beobachtern schwerfällt, sich eine davon belastete Sichtweise zu eigen zu machen.

Dennoch glaube ich, dass uns in Wirklichkeit keine Alternative bleibt und dass als Grundlage einer beraterischen Diagnostik ernsthaft nur ein personales, der Freiheit des Individuums und seinen schöpferischen Möglichkeiten gerecht werdendes Menschenbild in Betracht kommt. Es sind wenigstens drei gewichtige Argumente, welche in diese Richtung weisen; ein logisches, ein empirisches und ein ethisches. In logischer Sicht liegt eine auffallende Asymmetrie der Verhältnisse vor, indem der Gedanke einer relativen Autonomie des Selbst[5] wohl mit demjenigen der Anpassung an äussere Realitäten vereinbar ist (was unter anderem eben bedeutet, dass eine klinisch-diagnostische Untersuchung neben dem Gespräch, den Beobachtungs-, Ausdrucks- und projektiven Verfahren sehr wohl auch metrische Tests umfassen kann); während der umgekehrte Weg kaum beschritten und der personale, kreative Aspekt des Verhaltens schwerlich aus einer lückenlosen, einheitlich gerichteten Kausalität abgeleitet werden kann. Die Neigung scheint vor der Eignung, die Motivation vor der Kognition, der Primär- vor dem Sekundärprozess tatsächlich in einer Weise das Primat zu beanspruchen, wie Freud dies mit der Wahl seiner Termini seinerzeit nahelegen wollte. Bedeutet dies nicht, dass schon in einer allgemeinen Psychologie, auf die sich die berateri-

[5] Es ist im selben Sinne frei, wie es der Diagnostiker bei seinen Bemühungen um Verständnis ist, nämlich im Rahmen der vorgegebenen, mit Sinngehalt zu erfüllenden Strukturen.

sche stützen können sollte, das Verstehen vor dem Erklären den Vorrang hat und ihn auch behalten muss?

Was die empirische Sachlage betrifft, so decken sich die Ergebnisse der bisherigen psychodiagnostischen und experimentellen Forschung mit dem Selbstverständnis des seelisch gesunden, erwachsenen Angehörigen unserer Kultur und seiner "Alltagspsychologie" (Pulver, S.117ff.). Er erlebt sich in evidenter Weise als zur Freiheit und Selbständigkeit berufener Agent und will in dieser Befindlichkeit von seinen Partnern - und ganz gewiss von seinem Berufs- und Lebensberater - akzeptiert werden. Kein invariantes Verhaltensgesetz ist bisher bekannt geworden, durch das er sich in dieser Einstellung beirren lassen müsste. Im Gegenteil kann jede neue Korrelation von verhaltenstechnisch unzureichender Höhe, die in der Forschungsliteratur referiert wird und nicht bloss ein methodisches Artefakt darstellt, als zusätzlicher Hinweis dafür gelten, welch grosses Gewicht den intraindividuellen Gegebenheiten zukommt und wieviel Spielraum bleibt für die Einwirkung eines eigengesetzlichen Selbst. Unter den mir zugänglichen empirischen Befunden finde ich nirgends Anhaltspunkte dafür, dass die Einführung von Computern immer grösserer Kapazität, wie Bischof (op.cit.) befürchtet, etwas an diesem Tatbestand ändern könnte. Ihrer "Macht" sind, wenn ich richtig sehe, schon dadurch kaum zu überwindende Grenzen gesetzt, als sie personale Daten wohl registrieren und analysieren, aber nicht verstehen können - aus dem einfachen Grunde, weil sie selber keine mitfühlenden und der Betroffenheit fähigen Menschen sind.

Schliesslich der ethische Gesichtspunkt. Jede Verhaltenstheorie behavioristischer Ausrichtung gerät, wenn sie ohne vermittelnde Individualerfassung und Einbeziehung eines autonomen Selbst auf den Einzelfall angewandt wird, unweigerlich in jenen Konflikt zwischen Irrelevanz und Vergewaltigung, von dem Lang die diagnostische Tätigkeit wie von Skylla und Charybdis bedroht sieht und welcher den Ausgangspunkt unserer Diskussionen gebildet hat. Eine Beratung, welche ihre Selbstachtung bewahren und ein gesellschaftliches Bedürfnis erfüllen will, kann sich weder der einen noch der anderen Gefahr preisgeben, sondern muss versuchen, wie weiland Odysseus auf seinem Schiff, heil zwischen ihnen hindurchzusteuern.

Dies kann ihr gemäss den Einsichten, die wir an den beiden Tagungen gewonnen haben, nur gelingen, indem sie sich vermehrt aus der Abhängigkeit von der heute einzig als "modern" geltenden, naturwissenschaftlich-erklärenden Forschung und Theoriebildung löst und jenseits einer eng gefassten "Differentialpsychologie" ein ihr gemässeres, solides Fundament zu finden trachtet.

Die besten Chancen dafür sehe ich im Rückgriff auf jene humanistische Persönlichkeitspsychologie, welche den personalen Aspekten des menschlichen Verhaltens den ihnen zukommenden Platz einräumt und uns immer wieder an deren Wert und Bedeutung erinnert. Einem ihrer hervorragendsten Vertreter, dem schon früher zitierten Gordon W.Allport, verdanken wir ein Motto, unter dem eine verantwortbare Ausübung und fruchtbare Fortentwicklung der beraterischen Diagnostik, unabhängig von der Gunst oder Ungunst des Zeitgeistes, weiterhin möglich sein sollte (1961, S.520):

> "Einen Menschen gut zu kennen bedeutet, seine Ziele zu kennen; das heisst, zu wissen, was für eine Art von Zukunft er herbeizuführen sucht."

Anhang

Liste der Referenten und Votanten

Die Angaben betreffend Titel und Funktionen beziehen sich auf die Jahre der Tagungen (1975) und der Publikation (1978); bei Veränderungen in der Zwischenzeit sind die beiden Angaben getrennt aufgeführt. Die Adressen gelten für 1978.

ANDINA, Rinaldo, Dr.phil., dipl.Psych. 1975: Akademischer Berufsberater des Kantons Graubünden. 1978: Mitarbeiter an der Evangelischen Mittelschule Samedan und private Praxis für Berufsberatung. 7524 Zuoz.

AUDERSET, Jacques, psych.dipl. Betriebspsychologe bei der Société d'Assistance Technique pour Produits Nestlé, Vevey. Condémine 8, 1804 Corsier.

BACHMANN, Leo, Dipl.Psych. Akademische Studien- und Berufsberatung der Zentralschweiz, Luzern. Zentralstrasse 28, 6002 Luzern.

BERGER, Franz, Dr.phil., Dipl.-Psych. Leiter der Studien- und Studentenberatung Basel-Stadt. Münzgasse 16, 4051 Basel.

BERTSCH, Linus, lic.phil. Ausbildungsleiter Schweizerischer Verband für Berufsberatung. Eidmattstrasse 51, 8032 Zürich.

BIBERSTEIN, Bruno, lic.phil. Kantonale Berufs- und Studienberatung Aargau. Gönhardweg 48, 5000 Aarau.

BLASER, Andreas, Dr.phil. Psychologischer Dienst der Psychiatrischen Universitätspoliklinik der Universität Bern; 1978 Privatdozent für medizinische Psychologie. (1978 in U.S.A.) Kalcheggweg 21, 3006 Bern.

BUCHLI, Robert, lic.phil. Leiter der Akademischen Studien- und Berufsberatung Solothurn. Gurzelngasse 13, 4500 Solothurn.

DUPONT, Jean-Blaise, Dr.en psych., Prof.ord. Directeur de l'Institut de psychologie appliquée de l'université de Lausanne. Avenue Vinet 19, 1004 Lausanne.

ECKARDT, Hans-Henning, Dr.phil., Dipl.-Psych. Leiter der Zentralen Arbeitsgruppe für Grundlagenarbeiten im Psychologischen Dienst (ZAP) der Bundesanstalt für Arbeit (Bundesrepublik Deutschland). Postfach, D-8500 Nürnberg 1.

FLAMMER, August, Dr.phil., Dipl.Psych. Ord.Professor für Psychologie an der Universität Freiburg/Schweiz und Lehrbeauftragter für differentielle Psychologie und Diagnostik an der Universität Bern. 1978: Direktor des Psychologischen Instituts der Universität Freiburg. 1 chemin de la forêt, 1723 Marly.

FUCHS, Toni, Dr.phil. Psychologische Privatpraxis/Psychotherapie. Hauptstrasse 62, 4132 Muttenz.

GANDER, Pierre, lic.théol., dipl.Psych. Orientation pré-universitaire (VD). Place Chauderon 7, Case postale 50, 1000 Lausanne 9.

HÄLG, Paul, Dipl.Psych. 1975: Sonderschule Ringlikon, Schulheim und psychiatrische Beobachtungsstation der Stadt Zürich. 1978: Schulpsychologischer Dienst Dietikon. Schöneggstrasse 12, 8953 Dietikon.

JECKO, Robert, Dr.phil. Vorsteher des Amtes für Berufsberatung und Akademischer Berufsberater des Kantons Basel-Land. Oristalstrasse 10, 4410 Liestal.

LANDOLF, Peter, Dr.phil. Leiter der Studentenberatung der Universität Bern. Effingerstrasse 6, 3011 Bern.

LANG, Alfred, Dr.phil. Ausserord.Professor für Psychologie und Oberassistent am Psychologischen Institut der Universität Bern. Gesellschaftsstrasse 49, 3012 Bern.

LUNIN, Vincent, Dr.phil. Chef der Akademischen Berufsberatung Zürich. Hirschengraben 28, 8001 Zürich.

MAIER, Otto lic.phil. 1975: Kantonale Erziehungsberatung Schaffhausen. 1978: Klinik St. Pirminsberg. 7312 Pfäfers.

MEILI, Richard, Dr.phil. Emer.Professor für Psychologie und vormals Direktor des Psychologischen Instituts der Universität Bern. Jungfraustrasse 21, 3073 Gümligen.

NUSSBAUMER, Hans, Dr.phil. Akademische Berufsberatung Bern. Gutenbergstrasse 21, 3011 Bern.

von ORELLI, Claude, dipl.Psych. Studien- und Studentenberatung Basel-Stadt. Münzgasse 16, 4051 Basel.

PULVER, Urs, Dr.phil. Leiter der Akademischen Berufsberatung Bern. Gutenbergstrasse 21, 3011 Bern.

SCHALLBERGER, Urs, Dr.phil. Lehrbeauftragter und Oberassistent an der Abteilung für Angewandte Psychologie des Psychologischen Instituts der Universität Zürich. Zürichbergstrasse 44, 8044 Zürich.

SCHAUB, Hans-Peter, lic.phil. Studien- und Studentenberatung Basel-Stadt, Münzgasse 16, 4051 Basel.

SCHMID, Fred W., Dr.phil. dipl.Psych. Privatpraxis als Beratender Psychologe (Berufsberatung und Betriebspsychologie). Freiestrasse 155, 8032 Zürich.

SCHMITT, Joachim, Dipl.-Psych. Psychodiagnostiker an der Akademischen Berufsberatung Zürich. Hirschengraben 28, 8001 Zürich.

SCHÖNENBERGER, Walter, Dr.phil. Kantonale Berufs- und Studienberatung Aargau. Gönhardweg 48, 5000 Aarau.

SPÖRLI, Siro, Dr.phil. Inhaber des Instituts für psychologische Forschung und Beratung. Neustadtstrasse 7, 6003 Luzern.

STOLL, François, Dr.ès lettres. Ord.Professor für angewandte Psychologie, Leiter der Abteilung Angewandte Psychologie, Psychologisches Institut der Universität Zürich. Zürichbergstrasse 44, 8044 Zürich.

TAUTENHAHN, Beat, 1975 cand.phil., Assistent an der Studentenberatung der Universität Bern. 1978 lic.phil., Akademische Berufsberatung Bern. Gutenbergstrasse 21, 3011 Bern.

von USLAR, Detlev, Dr.phil. Ord.Professor für allgemeine theoretische Psychologie und philosophische Grundlagen der Psychologie und Leiter der Abteilung für anthropologische Psychologie am Psychologischen Institut der Universität Zürich. Am Oeschbrig 27, 8053 Zürich.

WÄLTI, Ulrich, Dr.phil. 1975: Kinderpsychologe an der Medizinischen Kinderklinik der Universität Bern. 1978: Leiter der Kantonalen Erziehungsberatung Köniz. Kohlenweg 12, 3097 Liebefeld.

WEIDMANN, Hermine, Dr.phil., dipl.Psych. Privatpraxis für Akademische Studien- und Berufsberatung und (1978) Teilzeitauftrag für Akademische Studien- und Berufsberatung des Kantons Schaffhausen. Sempacherstrasse 16, 8032 Zürich.

Literaturverzeichnis

ABC-Handbuch zu den ausbildungs-, berufs- und wirtschaftszweigspezifischen Beschäftigungschancen. Nürnberg: Institut für Arbeitsmarkt- und Berufsforschung der Bundesanstalt für Arbeit, 1974.

ALLPORT, G.W. Personality: A Psychological Interpretation. New York: Holt, 1937. (Deutsch unter dem Titel: Persönlichkeit. Meisenheim am Glan: Anton Hain, 1959.)

ALLPORT, G.W. What units shall we employ? In: ALLPORT, G.W. Personality and Social Encounter. Selected Essays. Boston: Beacon Press, 1960.

ALLPORT, G.W. Pattern and Growth in Personality. New York: Holt, Rinehart & Winston, 1961. (Auch deutsch unter dem Titel: Gestalt und Wachstum in der Persönlichkeit. Meisenheim am Glan: Anton Hain, 1970.)

American Psychological Association. Standards for Educational and Psychological Tests and Manuals. Washington, D.C.: APA, 1966. (Traduction française: J.B. DUPONT. Genève: Droz, 1971.)

ANASTASI, A. Psychology, psychologists, and psychological testing. American Psychologist, 1967, 22, 297-306. (Traduction française: BINOP, 1969, 25, 3-20.)

AGAB (Schweizerische Arbeitsgemeinschaft für akademische Berufs- und Studienberatung. Redaktion: PULVER U.) Auf dem Weg zum Studium. Betrachtungen über Aufgaben, Methoden und Probleme der akademischen Berufsberatung in der Schweiz. Zürich: Zentralsekretariat für Berufsberatung, 1966.

AGAB. Funktionen der Beratungsdienste für Mittelschüler und Studierende. Analysen, erarbeitet von den Mitgliedern der Arbeitsgemeinschaft. Vervielfältigung, Bern, 1976.

BAIN, D. Utilité et utilisation des tests d'intelligence pour l'orientation dans l'enseignement secondaire. In: SCHMID, 1978b, 183-186.

BEM, D.J. & ALLEN, A. On predicting some of the people some of the time: The search for cross-situational consistencies in behavior. Psychological Review, 1974, 81, 506-520.

Beratung der Mittelschüler und Studierenden im Rahmen der Beratungsdienste im schweizerischen Erziehungs- und Ausbildungswesen, Die. Schlussbericht der von der Schweizerischen Hochschulkonferenz eingesetzten Kommission für akademische Berufsberatung. Wissenschaftspolitik, 1974, Beiheft 5.

BERGER, F. Versetzungsgefährdete Gymnasiasten. Ein empirischer Beitrag zum Problem des Schulversagens. Freiburg i.Br.: Inaugural-Dissertation, Albert-Ludwigs-Universität, 1974.

BERGER, F. Schulerfolg: nur eine Frage der Intelligenz? In: SCHMID, 1978b, 186-189.

BISCHOF, N. Verstehen und Erklären in der Wissenschaft vom Menschen. Zeitschrift für Menschenkunde, 1970, 34, 338-364.

BLOOM, B.S. Stability and Change in Human Characteristics. New York: Wiley, 1964. (Deutsch unter dem Titel: Stabilität und Veränderung menschlicher Merkmale. Weinheim: Beltz, 1971.)

BOMMER, J.P. Zum Henker mit dem Intelligenzquotienten! Die Weltwoche, 1975, Nr. 38 (24.9.), S.45f.

BOWERS, K.S. Situationism in psychology: an analysis and a critique. Psychological Review, 1973, 80, 307-336.

BRANDT, L.W. & BRANDT, E.P. Der Psychologe und der Mensch. Psychologische Rundschau, 1974, 25, 255-266.

BRAY, D.W., CAMPBELL, R.J. & GRANT, D.L. Formative Years in Business: A Long-term AT&T Study of Managerial Lives. New York: Wiley, 1974.

BRICKENKAMP, R. Handbuch psychologischer und pädagogischer Tests. Göttingen: Hogrefe, 1975.

BRIDGMAN, P.W. The Logic of Modern Physics. New York: Macmillan, 1927.

BRIDGMAN, P.W. The Nature of Physical Theory. Princeton, N.J.: Princeton University Press, 1936.

CARDINET, J., TOURNEUR, I. & ALLAL, L. The symmetry of generalizability theory: Applications to educational measurement. Journal of Educational Measurement, 1976, 13, 119-135.

CHABERNY, A. & SCHOBER-GOTTWALD, K. Risiko und Chance bei der Ausbildungs- und Berufswahl. Mitteilungen aus der Arbeitsmarkt- und Berufsforschung, 1976, 9, 19-41.

CLAUSNITZER, K. MOT-Entwicklungsarbeiten 1971-1973. Informationen des Psychologischen Dienstes der Bundesanstalt für Arbeit, Nr. 19, 1974.

COOLEY, W.W. A computer measurement system for guidance. Harvard Educational Review, 1964, 34, 559-572.

CRENSHAW, D.A. et al. The use of projective methods in research: 1947-1965. Journal of Projective Techniques and Personality Assessment, 1968, 32, 3-9.

CRONBACH, L.J. The two disciplines of scientific psychology. American Psychologist, 1957, 12, 671-684.

CRONBACH, L.J. Essentials of Psychological Testing. Third Edition. New York: Harper & Row, 1970.

CRONBACH, L.J. Beyond the two disciplines of scientific psychology. American Psychologist, 1975, 30, 116-127.

CRONBACH, L.J. & GLESER, G.C. Psychological Tests and Personnel Decisions. Second Edition. Urbana, Ill.: University of Illinois Press, 1965.

CRONBACH, L.J., GLESER, G.C., NANDA, H. & RAJARATNAM, N. The Dependability of Behavioral Measurements: Theory of Generalizability for Scores and Profiles. New York: Wiley, 1972.

CRONBACH, L.J. & SNOW, R.E. Aptitudes and Instructional Methods. New York: Irvington, 1977.

DILTHEY, W. Ideen über eine beschreibende und zergliedernde Psychologie (1894). Gesammelte Schriften, V. Band. Stuttgart: B.G.Teubner, 1974 (6. Auflage).

DILTHEY, W. Ueber vergleichende Psychologie. Beiträge zum Studium der Individualität (1895/6). Gesammelte Schriften, V. Band. Stuttgart: B.G. Teubner, 1974 (6.Auflage).

DILTHEY, W. Entwürfe zur Kritik der historischen Vernunft, Erster Teil. Erleben, Ausdruck und Verstehen (1910). Gesammelte Schriften, VII. Band. Stuttgart: B.G.Teubner, 1973 (6. Auflage).

DRENTH, P.J.D. Der psychologische Test. Eine Einführung in seine Theorie und seine Anwendungen. München: Johann Ambrosius Barth, 1969. (Niederländische Originalausgabe: Arnhem: Van Loghum Slaterus, 1966.)

DUNNETTE, M.D. The assessment of managerial talent. In McREYNOLDS, P. (Ed.) Advances in Psychological Assessment, Volume II. Palo Alto, CA.: Science and Behavior Books, Inc., 1971, 79-108.

DUPONT, J.B. Les objectifs du conseil en orientation scolaire et professionnelle. L'orientation scolaire et professionnelle, 1975, 4, 7-19.

DUPONT, J.B. Tests psychologiques et évolution scolaire. In: SCHMID, 1978b, 173-176.

ECKARDT, H.H. Der gegenwärtige Stand der Forschung zur mathematischen Begabung. Literaturbericht Psychologie (Nürnberg: Bundesanstalt für Arbeit), Nr. 1, 1970, 1-32.
ECKARDT, H.H. Das Test-Validierungs-und-Interpretations-System des Psychologischen Dienstes der Bundesanstalt für Arbeit. Arbeit und Beruf, 1976, 27, 356-359.
ECKARDT, H.H. Test-Validierungs-und-Interpretations-System: Aktuelle Fragen. Informationen des Psychologischen Dienstes der Bundesanstalt für Arbeit, Nr. 32, 1977a.
ECKARDT, H.H. Möglichkeiten des Einsatzes der elektronischen Datenverarbeitung in der psychologischen Eignungsdiagnostik. In: TRIEBE & ULICH, 1977b, 139-189.
ECKARDT, H.H. Psychologische Diagnostik im Dienst beruflicher Beratung. In: SEIFERT, K.H. (Hrsg.) Handbuch der Berufspsychologie. Göttingen: Hogrefe, 1977c, 531-578.
ENDLER, N.S. & MAGNUSSON, D. Toward an interactional psychology of personality. Psychological Bulletin, 1976, 83, 956-974.
ENGELBRECHT, W. Validierung einer Berufseignungs-Testbatterie und Verwendung der Ergebnisse für eine computerunterstützte berufsbezogene Testbefundinterpretation. Diagnostica, 1975, 21, 3-24, 97-106.
ENGELBRECHT, W. Weiterentwicklung der maschinellen Testbefundinterpretation zur EUB-Testbatterie. Diagnostica, 1978, 24, 39-49.
EPSTEIN, S. The self-concept revisited, or a theory of a theory. American Psychologist, 1973, 28, 404-416.
FISCHER, G.H. Einführung in die Theorie psychologischer Tests. Grundlagen und Anwendungen. Bern: Hans Huber, 1974.
FISCHER, G.H. & SPADA, H. Die psychometrischen Grundlagen des Rorschachtests und der Holtzman Inkblot Technique. Bern: Hans Huber, 1973.
FLAMMER, A. Wechselwirkung zwischen Schülermerkmal und Unterrichtsmethode. Zeitschrift für Entwicklungspsychologie und Pädagogische Psychologie, 1973, 5, 130-147.
FLAMMER, A. Längsschnittuntersuchung mit Lern- und Transfertests. Schweizerische Zeitschrift für Psychologie, 1974, 33, 14-32.
FLAMMER, A. Individuelle Unterschiede im Lernen. Weinheim: Beltz, 1975.
FLAMMER, A. Wechselwirkung zwischen Schülermerkmalen und Unterrichtsmethoden - eine zerronnene Hoffnung? Universität Freiburg: Memorandum Nr. 6, 1976.
FLAMMER, A. Aptitude-Treatment Interaction (ATI) - nach dem Abflauen der ersten Begeisterung. In: TACK, W.H. (Hrsg.) Bericht über den 30. Kongress der Deutschen Gesellschaft für Psychologie in Regensburg 1976. Band 2. Göttingen: Hogrefe, 1977, 228-229.
FLAMMER, A., APP, U. & DE PRETTO, J. Zur Aequivalenz von Intelligenztests bei zwölfjährigen Schweizer Kindern. Vierteljahresschrift für Heilpädagogik und ihre Nachbargebiete (VHN), 1977, 46, 29-36.
FLAMMER, A. & GUTMANN, W. Das Prinzip der Subsidiarität in der pädagogischen Diagnostik. In: GARTEN, H.K. (Hrsg.) Diagnose von Lernprozessen. Braunschweig: Westermann, 1977, 88-96.
FLANAGAN, J.C. The Career Data Book. Palo Alto, Ca.: American Institutes for Research, 1973.
FOCK, C. MOT-Entwicklungsprogramm. Informationen des Psychologischen Dienstes der Bundesanstalt für Arbeit, Nr. 31, 1977.
GALLO, P.S. Meta-analysis - a mixed meta-phor? American Psychologist, 1978, 33, 515-517.

GENDRE, F. L'orientation professionnelle à l'ère des ordinateurs. Neuchâtel: Delachaux et Niestlé, 1970.
GENDRE, F. L'analyse statistique multivariée. Genève: Droz, 1976.
GLASS, G.V., SMITH, M.L. & MILLER, T.I. The Benefits of Psychotherapy. Baltimore, Md.: John Hopkins University Press, im Druck (1978).
GOLDMAN, L. Using Tests in Counseling. Second Edition. New York: Appleton-Century-Crofts, 1971.
GOLDMAN, L. Test information in counseling: A critical view. In: Measurement for Self-Understanding and Personal Development. Proceedings of the 1973 Invitational Conference on Testing Problems. Princeton, N.J.: Educational Testing Service, 1974.
GRAUMANN, C.F. Grundlagen einer Phänomenologie und Psychologie der Perspektivität. (Phänomenologisch-psychologische Forschungen, 2). Berlin: De Gruyter, 1960.
GRAUMANN, C.F. (Hrsg.) Oekologische Perspektiven in der Psychologie. Bern: Hans Huber, 1978.
GUTJAHR, W. Die Messung psychischer Eigenschaften. Berlin: VEB Deutscher Verlag der Wissenschaften, 1971.
HARTMANN, H. Psychologische Diagnostik. Auftrag - Testsituation - Gutachten. Urban-Taschenbücher, Band 135. Stuttgart: Kohlhammer, 1970.
HEIDEGGER, M. Sein und Zeit. 12.Auflage. Tübingen: Niemeyer, 1972.
HEIDER, F. The Psychology of Interpersonal Relations. New York: Wiley, 1958. (Deutsch unter dem Titel: Die Psychologie der interpersonalen Beziehungen. Stuttgart: Klett, 1977.)
HILTMANN, H. Persönlichkeitsdiagnostik. Praxis der Psychotherapie, 1969, 24, 34-40.
HOFSTÄTTER, P.R. Zur Frage der Intuition in der Psychodiagnostik. Studium Generale, 1956, 9, 527-537.
HOLMEN, M.C. & DOCTER, R.C. Educational and Psychological Testing. New York: Russell Sage Foundation, 1972.
HUBER, H.P. Psychometrische Einzelfalldiagnostik. Weinheim: Beltz, 1973.
HUCK, J.R. Assessment Centers: A review of the external and internal validities. Personnel Psychology, 1973, 26, 191-212.
HUSSERL, E. Die Idee der Phänomenologie. Gesammelte Werke (Husserliana) 2. Den Haag: Nijhoff, 1950.
IMOBERDORF, U. Die diagnostische Situation. Beiträge zur Theorie psychologischen Deutens. Bonn: Bouvier, Verlag Herbert Grundmann, 1971.
IVEY, A.E. Microcounseling. Innovations in Interviewing Training. Springfield, Ill.: Charles C.Thomas, 1971.
KAMINSKI, G. Verhaltenstheorie und Verhaltensmodifikation. Entwurf einer integrativen Theorie psychologischer Praxis am Individuum. Stuttgart: Klett, 1970.
KELLEY, H.H. Causal Schemata and the Attribution Process. Morristown, N.J.: General Learning Press, 1972.
KELLY, G.A. The Psychology of Personal Constructs. Volume I: A Theory of Personality. New York: Norton, 1955.
KOESTER, G.A. A study of the diagnostic process. Educational and Psychological Measurement, 1954, 14, 473-486.
KOTTER, J.P., FAUX, V.A. & McARTHUR, C. Self-Assessment and Career-Development. A text on the selection and management of a career. (With workbook.) Cambridge, Mass.: Harvard Business School, ohne Jahr (mimeographed text).

Krise der Diagnostik. Fortsetzung der Diskussion. Schweizerische Zeitschrift für Psychologie, 1976, 35, 49-61.

KUNZ, H. Ueber den Sinn und die Grenzen des psychologischen Erkennens. Beiheft zur Psyche. Stuttgart: Klett, 1957.

LANDOLF, P. Der Intelligenztest in der akademischen Berufsberatung. In: AGAB, 1966, 122-131.

LANG, A. Ueber zwei Teilsysteme der Persönlichkeit. Beitrag zur psychologischen Theorie und Diagnostik. Bern: Hans Huber, 1964.

LANG, A. Psychodiagnostik als ethisches Dilemma. In: TRIEBE & ULICH, 1977, 190-202.

LANG, A. Die Feldtheorie von Kurt Lewin. In: HEIGL-EVERS, A. (Hrsg.) Die Psychologie des 20. Jahrhunderts, Band 8 ("Lewin und die Folgen"). Zürich: Kindler, im Druck.

LANG, A., KAUFMANN, F., & KOPP, W. Experimentelle Untersuchung zur Verbesserung des Vorsignalbildes F-5*. Vervielfältigtes Manuskript. Bern: Schweizerische Bundesbahnen, 1973.

LANG, A. & STOLL, F. Kurzbericht: Zur Lage der Testdiagnostik in der Schweiz. Schweizerische Zeitschrift für Psychologie, 1976, 35, 139-142.

LEVY, L.H. Psychological Interpretation. New York: Holt, Rinehart & Winston, 1963.

LEWIN, K. Der Begriff der Genese in Physik, Biologie und Entwicklungsgeschichte: eine Untersuchung zur vergleichenden Wissenschaftslehre. Berlin: Springer, 1922.

LEWIN, K. Feldtheorie in den Sozialwissenschaften. Bern: Hans Huber, 1963.

LIENERT, G.A. Testaufbau und Testanalyse. Dritte Auflage. Weinheim: Beltz, 1969.

LORENZ, K. Die angeborenen Formen möglicher Erfahrung. Zeitschrift für Tierpsychologie, 1942/43, 5, 235-409.

LORENZ, K. Das sogenannte Böse. Zur Naturgeschichte der Aggression. Wien: Dr.G.Borotha-Schoeler Verlag, 1963. (Auch dtv Nr. 1000, München, 1974.)

LORENZ, K. Die Rückseite des Spiegels. Versuch einer Naturgeschichte menschlichen Erkennens. München: Piper, 1973.

LOUCH, A.R. Explanation and Human Action. Berkeley,CA.: University of California Press, 1966.

MAGNUSSON, D. & ENDLER, N.S. (Eds.) Personality at the Crossroads: Current Issues in Interactional Psychology. Hillsdale, N.J.: Erlbaum, 1977.

McARTHUR, C. Analyzing the clinical process. Journal of Counseling Psychology, 1954, 1, 203-208.

MEEHL, P.E. Clinical Versus Statistical Prediction. Minneapolis: University of Minnesota Press, 1954.

MEEHL, P.E. What can the clinician do well? In: JACKSON, D.N. & MESSICK, S. (Eds.) Problems in Human Assessment. New York: McGraw-Hill, 1967, 594-599.

MEILI, R. Psychologische Diagnostik. Bern: Hans Huber, 1937. (Spätere, überarbeitete Auflagen unter dem Titel: Lehrbuch der psychologischen Diagnostik.)

MEILI, R. Intelligenz und Schulleistungen: Ergebnisse einer repräsentativen Untersuchung. In: SCHMID, 1978b, 169-173.

MEILI, R., AEBI, H.J., HEIZMANN, M.L. & SCHOEFER, E. Intelligenz und Schulleistungen in höheren Mittelschulen der deutschen Schweiz. Schweizerische Zeitschrift für Psychologie, 1977, 36, 77-99.

MEILI, R. & STEINGRÜBER, H.J. Lehrbuch der psychologischen Diagnostik. 6., völlig neu bearbeitete und ergänzte Auflage. Bern: Hans Huber, 1978.

MICHEL, L. Allgemeine Grundlagen psychometrischer Tests. In: HEISS, R. (Hrsg.) Psychologische Diagnostik. Handbuch der Psychologie, Band 6. Göttingen: Hogrefe, 1964.

MICHEL, L. Hochschuleingangstest für das Studienfeld Medizin. München: Gersbach, 1977.

MINKOWSKA, F. Le Rorschach. A la recherche du monde des formes. Paris: Desclée de Brouwer, 1956.

MISCHEL, W. Personality and Assessment. New York: Wiley, 1968.

MISCHEL, W. On the future of personality measurement. American Psychologist, 1977, 32, 246-254.

MÜLLER-FREIENFELS, R. Menschenkenntnis und Menschenbehandlung. Eine praktische Psychologie für jedermann. Berlin: Deutscher Verlag, 1940/1951.

MURRAY, H.A., et al. Explorations in Personality. A clinical and experimental study of fifty men of college age. New York: Oxford University Press, 1938.

NIP-Documentatie van tests en testresearch in Nederland. 3e ed. Zaandijk, 1969.

OSIPOW, S.H. Theories of Career Development. Second Edition. New York: Appleton-Century-Crofts. 1973.

von PACZENSKY, S. Der Testknacker. Wie man Karriere-Tests erfolgreich besteht. München: C.Bertelsmann, 1974.

PARKER, C.A. As a clinician thinks... Journal of Counseling Psychology, 1958, 5, 253-261.

PFÄFFLI, T. & BELSER, K. Fragebogenuntersuchung zur Lage der Testdiagnostik in der Schweiz. Berichte aus dem Psychologischen Institut der Universität Bern, Nr. 4, 1976. (Vergriffen.)

POLANYI, M. Personal Knowledge. Towards a Post-Critical Philosophy. London: Routledge & Kegan Paul, and Chicago: University of Chicago Press, 1958.

PREDIGER, D.J. Tests and development. Career guidance: the untried relationship. Measurement and Evaluation in Guidance, 1972, 5, 426-429.

PREDIGER, D.J. The role of assessment in career guidance. In: HERR, E.L. (Ed.) Vocational Guidance and Human Development. Boston: Houghton Mifflin, 1974, 325-349.

PULVER, U. Aufgaben und Probleme der akademischen Berufsberatung. In: AGAB, 1966a, 28-39.

PULVER, U. Akademische Berufsberatung und Entscheidungsfreiheit des Maturanden. In: AGAB, 1966b, 59-70.

PULVER, U. Schwierigkeiten bei Gymnasiasten. Berufsberatung und Berufsbildung, 1969, 54, 17-29.

PULVER, U. Der Berater und seine Zielsetzungen beim Beratungsgespräch. In: Gesprächsführung in der Beratung. Kurzreferate einer Arbeitstagung der Schweiz. Arbeitsgemeinschaft für akademische Berufs- und Studienberatung (vervielfältigt). Bern: Studentenberatung, 1973.

PULVER, U. Der Zusammenhang von Intelligenz und Mittelschulerfolg: eine Frage der Perspektive. In: SCHMID, 1978b, 179-183.

REICHENBACH, H. Experience and Prediction. Chicago, Ill.: University of Chicago Press, 1938.

RIEBEN, L., ROTH, S. & SCHMID-KITSIKIS, E. La crise du diagnostic. Revue suisse de psychologie, 1975, 34, 206-212.

ROE, R.A. Testgebruik in Nederland. De NIP enquetes van 1967 en 1971. De Psycholog, 1974, 9, 57-70.

ROSENTHAL, B.G. Von der Armut der Psychologie - und wie ihr abzuhelfen wäre. Stuttgart: Klett, 1974. (Original: "The Images of Man", New York: Basic Books, 1971.)

ROSENTHAL, R. Experimenter Effects in Behavioral Research. New York: Appleton-Century-Crofts, 1966.

ROST, J. Diagnostik des Lernzuwachses. IPN-Arbeitsbericht 26. Kiel: Institut für die Pädagogik der Naturwissenschaften, 1977.

RUBINSTEIN, S.L. Grundlagen der allgemeinen Psychologie. Berlin: Verlag Volk und Wissen, 1958. (Russische Originalausgabe: Moskau, 1946.)

RUBINSTEIN, S.L. Sein und Bewusstsein. Die Stellung des Psychischen im allgemeinen Zusammenhang der Erscheinungen in der materiellen Welt. Berlin: Akademie-Verlag, 1961 (8.Auflage 1977. Russische Originalausgabe: Moskau, 1957.)

RÜTTER, T. Formen der Testaufgabe. Eine Einführung für didaktische Zwecke. München: C.H.Beck, 1973.

SADER, M. Möglichkeiten und Grenzen psychologischer Testverfahren. Ueberlegungen zu Theorie und Praxis der psychologischen Diagnostik. Bern: Hans Huber, 1961.

SATERDAG, H. & APENBURG, E. Orientierungsprobleme und Erfolgsbeeinträchtigung bei Studierenden. Saarbrücker Studien zur Hochschulentwicklung, 14, Saarbrücken, 1972.

SCHACHTEL, E.G. Experiential Foundations of Rorschach's Test. New York: Basic Books, 1966.

SCHAFER, R. Psychoanalytic Interpretation in Rorschach Testing. Theory and Application. New York: Grune & Stratton, 1954.

SCHALLBERGER, U. Maturanoten und Studienerfolg. Zürich: Berichte aus der Abteilung Angewandte Psychologie, Nr.9, 1977.

SCHALLBERGER, U. & ADERS, A. Statistische Angaben zum Berufsbildertest. In: ACHTNICH, M. Berufsbildertest. Bern: Hans Huber, im Druck.

SCHALLBERGER, U., FRISCHKNECHT, E. & STOLL, F. Aufgabenanalyse des IST-70 bei Schweizer Jugendlichen. Schweizerische Zeitschrift für Psychologie, 1977, 36, 179-194.

SCHMID, F.W. Psychologische Berufsberatung: Entwicklungstendenzen, Gefahren, Ziele. Berufsberatung und Berufsbildung, 1964, 48, 1-10.

SCHMID F.W. Bericht über die Testumfrage des SBAP. Bulletin des Schweizerischen Berufsverbandes für Angewandte Psychologie, Nr.13, 1965, 20-23.

SCHMID, F.W. Ueber Sinn und Bedeutung des Beratungsgesprächs. In: AGAB, 1966a, 71-79.

SCHMID, F.W. Das Verhältnis von Psychologie und Berufsberatung und die Stellung der Psychologie in der Ausbildung der Berufsberater. Zürich: Schweizerischer Verband für Berufsberatung, 1966b (Nr.30 der SVB-Schriftenreihe.)

SCHMID, F.W. Projektive Tests in der Berufsberatung. Berufsberatung und Berufsbildung, 1966c, 51, 307-317.

SCHMID, F.W. Projective tests in vocational counseling. Journal of Projective Techniques and Personality Assessment, 1968, 32, 10-15.

SCHMID, F.W. Intelligenzforschung. Eine Dokumentation. Zürich/Aarau: Benziger-Sauerländer, 1977a.

SCHMID, F.W. Literaturverzeichnis über Assessment Centers. Zürich: Verf., 1977b (Vervielfältigung).

SCHMID, F.W. Rezensionen über: TRIEBE, J.K., Das Interview im Kontext der Eignungsdiagnostik, 1977; und TRIEBE & ULICH, 1977. Schweizerische Zeitschrift für Psychologie, 1978a, 37, 74-76.

SCHMID, F.W. (Hrsg.) Voraussetzungen für den Schulerfolg in Höheren Mittelschulen der Schweiz. Ergebnisse empirischer Untersuchungen, Kommentare und Ausblicke. Gymnasium Helveticum, 1978b, 32, 167-200.

SCHMID, K. Die komplementäre Wirklichkeit des Wissenschaftlers. Entwurf der Festrede für den ETH-Tag am 14.November 1974. ETH-Bulletin, 1974, 8, Nr.100 vom 17.12.

SCHMITT, J., HEIMGARTNER, E., KÜRSTEINER, O. & WARTENWEILER, F. Zur Ausbildung von Erwachsenen auf dem zweiten Bildungsweg. Untersuchung zum Ausbildungsverlauf eines Schülerjahrganges an der Kantonalen Maturitätsschule für Erwachsene Zürich. Zürich: Akademische Berufsberatung, 1978.

SCHULTE, D. Psychodiagnostik zur Erklärung und Modifikation von Verhalten. In: PAWLIK, K. (Hrsg.) Diagnose der Diagnostik. Beiträge zur Diskussion der psychologischen Diagnostik in der Verhaltensmodifikation. Stuttgart: Klett, 1976. (Konzepte der Humanwissenschaften.) 149-176.

Schweizerische Gesellschaft für Psychologie. Ethische Richtlinien. Schweizerische Zeitschrift für Psychologie, 1975, 34, 362-266.

SEILER, T.B. (Hrsg.) Kognitive Strukturiertheit. Theorien, Analysen, Befunde. Stuttgart: Kohlhammer, 1973.

SIMMAT, W.E. Zur Entwicklung einer elektronischen Test-Apparatur. Rundbrief für den Psychologischen Dienst der Bundesanstalt für Arbeitsvermittlung und Arbeitslosenversicherung, Nr.2, 1965.

SKINNER, B.F. Beyond Freedom and Dignity. New York: Bantam, 1971. (Deutsch unter dem Titel: Jenseits von Freiheit und Würde. Hamburg: Rowohlt, 1973.)

SMITH, M.L. & GLASS, G.V. Metaanalysis of psychotherapy outcome studies. American Psychologist, 1977, 32, 752-760.

SNOW, C.P. The Two Cultures: and a Second Look. Cambridge: University Press, 1964. (Deutsch unter dem Titel: Die zwei Kulturen. Stuttgart: Klett, 1967.)

SPÖRLI, S. Die diagnostische Philosophie innerhalb der schweizerischen Verkehrspsychologie. Schweizerische Zeitschrift für Psychologie, 1977, 36, 295-302.

SPÖRLI, S. Kritische Theorie diagnostischer Praxis - dargestellt am Beispiel Verkehrspsychologie. Bern: Hans Huber, 1978.

SPÖRLI, S. Verkehrspsychologie zwischen Machen und Lieben. Gruppendynamik, 1978, 9 (im Druck).

SPRINTHALL, N.A. Fantasy and reality in research: How to move beyond the unproductive paradox. Counselor Education and Supervision, 1975, 14, 310-322.

STEPHENSON, W. The Study of Behavior. Q-Technique and Its Methodology. Chicago, Ill.: University of Chicago Press, 1953.

STERN, W. Ueber Psychologie der individuellen Differenzen; Ideen zu einer differentiellen Psychologie. Leipzig: Barth, 1900.

STERN, W. Die differentielle Psychologie in ihren methodischen Grundlagen. Leipzig: Barth, 1911.

STEVENS, S.S. Psychology and the science of science. In: MARX, M.H. (Ed.) Psychological Theory. Contemporary Readings. New York: Macmillan, 1951, 21-54.

STOLL, F. Zur Abhängigkeit des Eignungsdiagnostikers und des Probanden: Lösungsvorschläge. In: TRIEBE & ULICH, 1977, 203-213.

SUNDBERG, N.D., SNOWDEN, L.R. & REYNOLDS, W.M. Toward assessment of personal competence and incompetence in life situations. Annual Review of Psychology, 1978, 29, 179-221.

Symposium: Krise der Diagnostik. Jahresversammlung 1975 der Schweizerischen Gesellschaft für Psychologie. Schweizerische Zeitschrift für Psychologie, 1975, 34, 205-249.

TAYLOR, Ch. The Explanation of Behaviour. London: Routledge and Kegan Paul, 1964.

TOMASZEWSKI, T. Tätigkeit und Bewusstsein. Beiträge zur Einführung in die polnische Tätigkeitspsychologie. Weinheim: Beltz, 1978.

TRIEBE, J.K. & ULICH, E. (Hrsg.) Beiträge zur Eignungsdiagnostik. Bern: Hans Huber, 1977.

TYLER, L.E. The Work of the Counselor. Third Edition. New York: Appleton-Century-Crofts, 1969.

von UEXKÜLL, J. Streifzüge durch die Umwelten von Tieren und Menschen. (Berlin, 1934.) Neuausgabe: Conditio humana. Frankfurt: Fischer, 1970.

UNGRICHT, J. Der "Sohn-Aufsatz" als psychodiagnostisches Hilfsmittel. Schweizerische Zeitschrift für Psychologie, 1955, 14, 27-45.

von USLAR, D. Die Wirklichkeit des Psychischen. Leiblichkeit, Zeitlichkeit. Pfullingen: Günther Neske, 1969.

von USLAR, D. Psychologie und Welt. Zürich: Werner Classen, 1976. (Erstausgabe: 1972.)

WADE, T.C. & BAKER, T.B. Opinions and use of psychological tests. A survey of clinical psychologists. American Psychologist, 1977, 32, 874-882.

WATSON, J.B. Behaviorism. Revised edition. New York: Norton, 1930. (Deutsch unter dem Titel: Der Behaviorismus. Berlin: Deutsche Verlagsanstalt, 1930.)

WATZLAWICK, P., WEAKLAND, J.H. & FISCH, R. Lösungen. Zur Theorie und Praxis menschlichen Wandels. Bern: Hans Huber, 1974. (Originalausgabe: Change. Principles of Problem Formation and Problem Resolution. New York: Norton, 1974.)

WEINGARTNER, P. Wissenschaftstheorie I: Einführung in die Hauptprobleme. Stuttgart: Frommann, 1971.

WELLEK, A. Das Problem der Exaktheit in der charakterologischen Diagnostik. Studium Generale, 1952, 5, 422-432.

WELLEK, A. Der Stand der psychologischen Diagnostik im Ueberblick. Studium Generale, 1954, 7, 464-472.

WELLEK, A. Mathematik, Intuition und Raten. Zur erkenntnistheoretischen und methodologischen Problematik der exakten Psychologie. Studium Generale, 1956, 9, 537-555.

WESTMEYER, H. Logik der Diagnostik. Grundlagen einer normativen Diagnostik. Stuttgart: Kohlhammer, 1972.

WIGGINS, J.S. Personality and Prediction: Principles of Personality Assessment. Reading: Addison-Wesley, 1973.

von WRIGHT, G.H. Erklären und Verstehen. Frankfurt a.M.: Athenäum Fischer Taschenbuch, 1974. (Originalausgabe: Explanation and Understanding. Ithaca, N.Y.: Cornell University Press, 1971.)

ZUBIN, J., ERON, L.D. & SCHUMER, F. An Experimental Approach to Projective Techniques. New York: Wiley, 1965.

Personenregister

Zahlen in Kursiv bezeichnen Seiten mit Beiträgen der betreffenden Mitarbeiter

Sachregister

Erschliessung nach Fragenkomplexen:

AB	Allgemeine Beurteilung der Diagnostik
AF	Allgemeine Fragen der Diagnostik
AP	Anlässe, Problemstellungen
AW	Aus- und Weiterbildungsfragen
BD	Der Berater, Diagnostiker
BK	- seine Beziehung zum Klienten
DP	Diagnostische Praxis
DS	Daten(sammlung)
DU	Durchführung der Untersuchung
DV	Diagnostische Verfahren
EP	Erkenntnisprobleme
FE	Fragenkomplex Entscheidung
FP	Fragenkomplex Prognose
FS	Fragenkomplex Selektion
GF	Gesellschaftspolitische Fragen
HL	Hinweise auf Länder
HI	Hinweise auf Institutionen und Vereinigungen
IC	Individuum: Charakteristika
IE	- Erfassungsweisen
IG	- und Gruppe
IV	- Entwicklung, Veränderungen
KP	Der Klient und seine Probleme
LA	Laufbahnaspekte
NB	Nachbarwissenschaften und -berufe
OA	Oeffentlichkeit, Auftraggeber
RE	Rentabilität, Effizienz
PA	Psychologie: Anwendungsgebiete
PD	- Dienstleistungen
PF	- Fachrichtungen, Schulen
SV	Steuerung des Verhaltens
UB	Umwelt(bedingungen)
VA	Verifikation, Absicherung
VH	Verarbeitung der Daten: Hilfsmittel
VI	Vorgehen bei der Interpretation
WD	Wirkungen der Diagnostik
WE	Werte, ethische Gesichtspunkte
ZP	Zielsetzungen psychologischer Interventionen

Abkürzungen:

D. Diagnostik/Diagnostiker K. Klient